W0298266

ullstein

TRAUM ÜBER KOPF

Lars Bendels

Als Volunteers um die ganze Welt

Ullstein

Namen und Charakterzüge von einigen Personen wurden mit Rücksicht auf ihre Privatsphäre verändert. Der Name des südafrikanischen Reservats, das als »Nunguland« bezeichnet wird, wurde aus Artenschutzgründen ebenfalls abgewandelt. Diese Maßnahme dient der Sicherheit vor Nashorn-Wilderei.

Wir verpflichten uns zu Nachhaltigkeit

- Papiere aus nachhaltiger Waldwirtschaft und anderen kontrollierten Quellen
- Druckfarben auf pflanzlicher Basis
- ullstein.de/nachhaltigkeit

FSC MIX Papier FSC® C083411

ISBN 978-3-548-06935-7

Originalausgabe im Ullstein Taschenbuch

1. Auflage Juni 2024

© Ullstein Buchverlage GmbH, Berlin, 2024

Wir behalten uns die Nutzung unserer Inhalte für Text und Data Mining im Sinne von § 44b UrhG ausdrücklich vor.

Satz: LVD GmbH, Berlin

Gesetzt aus der Minion Pro

Druck und Bindearbeiten: CPI books GmbH, Leck

Für alle, die sich weigern,
ihre Träume aufzugeben.

Wo kämen wir hin, wenn jeder sagte,
wo kämen wir hin, und keiner ginge, um zu sehen,
wohin wir kämen, wenn man ginge.

Kurt Marti

INHALT

PROLOG | 45° SÜD

Niemand atmet. Wie festgefroren verharren wir in der sengenden Hitze. Mit den Händen an den Ohrmuscheln horchen wir angestrengt, ob wir dem Spitzmaulnashorn bereits näher gekommen sind. Nashörner selbst geben ohne besonderen Grund kaum Geräusche von sich. Der verräterische Laut, den wir orten wollen, ist das Trillern der Rotschnabel-Madenhacker. Die überwiegend dunkelbraunen Vögel mit ihren typischen gelb umrandeten roten Augen ernähren sich vom Blut großer Säugetiere. Weil sie es ihnen vorwiegend in Form vollgesogener Zecken vom Körper pflücken, gehen viele Tierarten die Symbiose gerne ein. Würden wir jetzt, da die Spuren des Nashorns langsam frischer werden und der Busch immer dichter wuchert, einen Madenhacker hören, könnten wir abschätzen, wo sich das Nashorn befindet, auch ohne es zu sehen.

Im Lehrplan der Berufsschule, die uns zu Safari Guides ausbilden will, sind wir in der Phase, die sich auf sogenannte Walking Safaris konzentriert. Dazu sind wir in einem Camp tief im südafrikanischen Busch untergebracht, ohne Zäune oder Mauern um uns herum. Hier lernen wir, wie man Urlaubsgäste zu Fuß an wilde Tiere heranführt. Tagsüber in der Theorie, morgens und spätnachmittags in der Praxis. Auf den Schutz des Geländewagens zu verzichten ist die wohl sinnlichste Art, die Wildnis Afrikas zu erkunden. Mit dem ersten Schritt, den man in den Lebensraum von Löwe, Elefant und Co. setzt, sind alle Sinne angeknipst. Das Gefühl, angreifbar zu sein, schaltet alle meine Antennen auf Empfang, und alle Gedanken aus, die nichts mit dem Hier und Jetzt zu tun haben. Ich sehe, höre, fühle und rieche meine Umwelt mit einer Intensität, die ich meinen im Büroalltag verkümmert geglaubten Sinnen gar nicht zugetraut hätte. Mir entgeht kein verdächtig wackelnder Ast, kein Warnruf eines Beutetiers, kein strenger Geruch. Und in diesem Augenblick geben meine gespitzten Ohren alles, um auch den entferntesten Ruf eines Madenhackers nicht zu überhören. Irgendwo im Westen warnt ein Kudu bellend seine Artgenossen. Weit genug von uns entfernt, wir müssen uns also keine Sorgen um das Raubtier machen, das die Großantilope vermutlich gewittert hat. Das Trillern der Madenhacker bleibt jedoch aus.

Mit einem Stock schnippt Instructor Ian den roten Sand in die Höhe. Das macht er in regelmäßigen Abständen immer wieder, um sich zu vergewissern, dass wir weiterhin gegen den Wind laufen. Dreht der Wind, laufen wir Gefahr, dass sich das Nashorn von uns entfernt, noch lange bevor wir es entdeckt haben. Aber der Wind steht noch immer richtig, und da wir auch keine Madenhacker hören, gibt Ian uns per Handzeichen zu verstehen weiterzulaufen. Ihm hinterher schlängeln wir uns aufgereiht wie an einer Perlenschnur an wildem Salbei vorbei. In dieser Formation folgen wir dem Spitzmaulnashorn schon seit vier Stunden, ohne es zu Gesicht bekommen zu haben. Und ausgerechnet jetzt, da die Spuren immer frischer werden, führen sie von der offenen Ebene rein in das undurchsichtige Dickicht aus Mopanebäumen. Wäre dies kein Unterricht mit einem der erfahrensten Safari Guides der Branche, sondern eine Safari mit ungeschulten Gästen, würde die Tour hier enden. Die Bäume mit den Schmetterlingsblättern sind nicht nur unter Spitzmaulnashörnern beliebt, sie gehören auch zur Leibspeise von Elefanten. Doch selbst ein ausgewachsener Elefant kann in einem solch dichten Blätterwerk unsichtbar werden. Das Risiko, sich unbeabsichtigt in der Komfortzone von Elefant oder Nashorn wiederzufinden, wäre zu groß. Kommt man den Dickhäutern versehentlich zu nah, schalten beide Arten auf Angriff. Mit Glück würde der Elefant nur einen Scheinangriff unternehmen und uns die Chance zum Rückzug lassen. Das Spitzmaulnashorn hingegen schauspielert nicht. Wer es wagt, ihm auf die Pelle zu rücken, wird mit einem bis zu 1,3 Meter langen Horn aufgespießt. In einem solchen Fall bliebe als letztes Mittel nur noch der Griff zum Gewehr, das jeder Safari Guide für den absoluten Notfall mitführen muss. Es wäre eine wahre Tragödie, Menschen für den Artenschutz begeistern zu wollen und dabei in eine Situation zu geraten, die im Abschuss eines bedrohten Tieres endet. Solche GAUs passieren glücklicherweise nur äußerst selten. Ian sowie allen anderen Ausbildern, von denen ich bislang lernen durfte, ist in ihren langjährigen Berufslaufbahnen ein solcher Unfall nicht passiert. Mit jemandem wie ihm an unserer Seite und auch durch das Wissen, das ich in den letzten Ausbildungsmonaten anhäufen konnte, fühle ich mich sicher. Die zuversichtlichen Blicke meiner fünf MitschülerInnen bestätigen mir, dass mein Gefühl kein versteckter Leichtsinn ist.

Ich laufe an dritter Stelle, gleich hinter Ian und seinem Back-up Finley, einem zweiten Safari Guide, der ebenfalls ein Gewehr mitführt und den Lead Guide in all seinen Aufgaben unterstützt. Ein Spitzmaulnashorn in seinem natürlichen Lebensraum beobachten zu können wäre wirklich etwas ganz Besonderes. Denn die Spezies ist stark gefährdet. Wilderer haben es auf ihr Horn abgesehen, weil es noch immer Anwendung in der Traditionellen Chinesischen Medizin findet. Es besteht aus Keratin, dem Stoff, aus dem Fingernägel gemacht sind. Und doch fantasieren unzählige Menschen eine magische Heilkraft in das medizinisch komplett wirkfreie Material hinein. Das illegale Abschlachten wilder Nashörner ist traurige Realität. Auf dem asiatischen Schwarzmarkt erzielt ihr Horn mit

65 000 Dollar pro Kilogramm höhere Preise als Gold. Aus diesem Grund versehen wir keinen unserer Nashorn-Posts in den sozialen Medien mit einem exakten Geotag. Es wäre eine Einladung an jeden Wilderer.

Ich kann es kaum erwarten, das Tier zu sehen, dessen Spuren und Zeichen wir seit dem frühen Morgen folgen. Kurz bevor wir das Mopane-Dickicht erreichen, gehe ich im Kopf noch einmal die fünf goldenen Regeln durch:

1. Nicht sprechen. Wir kommunizieren per Handzeichen oder mit natürlichen Geräuschen wie einem Fingerschnipsen oder Pfeifen.
2. Alle Kommandos von Lead Guide und Back-up umgehend befolgen. Wer nicht spurt, riskiert im Zweifel das eigene Leben und das der MitschülerInnen. Diskutiert wird im Camp.
3. In einer Reihe laufen, damit uns Tiere nicht als acht Individuen, sondern als eine Einheit wahrnehmen.
4. Stets hinter Lead Guide und Back-up bleiben. Sollte Gefahr drohen, dann von vorne. Stehe ich im Fall der Fälle zwischen den Gewehrträgern und der Gefahr, wäre es Ian und Finley unmöglich, mir zu helfen.
5. Und die wichtigste aller goldenen Regeln: nicht rennen. Niemals! Ganz egal, was passiert. Alles, was im Busch lebt, ist schneller als ich. Und bei vielen Raubtieren weckt schnelles Laufen erst recht den Jagdtrieb.

Der Schatten der dicht stehenden Mopane-Bäume ist eine Erleichterung. Ich wische mir den Schweiß aus den Augen. Mein Blick folgt dem schmalen Tierpfad. Ein rotsandiges, in südliche Richtung laufendes Band, der einzige beschwerdefreie Weg durch das grüne

Geäst. Für uns, aber auch für das Rhinozeros, das soeben erst hier gewesen sein muss. Dass es sich um ein ausgewachsenes Tier handelt, zeigt die Größe seiner Fußspuren. Als Unpaarhufer lassen sich in jedem Abdruck drei markante Zehen erkennen. Der in der Mitte ist der dickste und breiteste, die äußeren Zehen sind kleiner, wesentlich schmaler und etwas abgespreizter vom mittleren Zeh, als es in der Spur eines Breitmaulnashorns der Fall wäre. Je weniger Details der Wind in den Fußspuren verweht hat, desto jünger sind sie normalerweise. In dem dichten windstillen Mopane-Wäldchen ist auf Faustregeln wie diese allerdings kein Verlass. Doch überall zu erkennen sind frisch abgezwickte Zweigspitzen. Abgebissen in einem perfekten 45-Grad-Winkel, weshalb es sich nur um unser Spitzmaulnashorn handeln kann. Mit Handzeichen weisen wir uns mucksmäuschenstill gegenseitig auf all die frischen Spuren und Zeichen hin. Wir verlangsamen unser Tempo auf ein Mindestmaß, achten auf jeden Zweig, auf den wir treten könnten, horchen konzentriert. Mit seinem Stock deutet Ian auf eine Stelle vor uns, an der das Buschwerk links vom Pfad unterbrochen ist. Ist das eine Abzweigung? Wir sind noch zehn Meter entfernt, verringern den Abstand zu der Stelle Minischritt für Minischritt, um sie einsehen zu können. Dann hebt Ian die Hand, woraufhin die ganze Karawane hinter ihm abrupt stehen bleibt. Etwas ist seltsam. Nicht nur wir sind still, die Natur ist es auch. Kein einziges Vogelzwitschern liegt in der Luft. Kein summendes Insekt. Kein Mopane-Blatt, das es wagt, leise zu rascheln. Die Stille, die uns umfängt, ist bedrohlich. Sie ist – zu still. Ian macht einen letzten Schritt, damit er vorsichtig links um die Ecke schauen kann. Und dann passiert es.

Der Nashornbulle senkt seinen massigen Schädel, während er in kurzen Stößen wütend durch die Nüstern schnaubt und sich ohne zu zögern auf Ian stürzt. Mein Herz rast so schnell, als wollte es mir aus der Brust springen. Ich höre, wie jemand eine Patrone in den Lauf hebelt, kann aber keinen Schuss wahrnehmen. Der aufgebrachte Bulle braucht nur zwei Schritte, dann schleudert er Ian mit einer einzigen Kopfbewegung aus dem Weg. Unser Ausbilder verschwindet in hohem Bogen im dichten Blätterwerk. Nur einen Wimpernschlag später ist auch von dem Nashorn nichts mehr zu sehen. Als würde die grüne Wand aus Mopane-Bäumen nicht existieren, kracht das 1,3 Tonnen schwere Tier in vollem Lauf einfach durch die Vegetation und sucht unter dem Geräusch brechender Äste in südlicher Richtung das Weite. Nur eine Staubwolke lässt es zurück.

Bewegungsunfähig stehe ich keine zwei Meter hinter der Stelle, an der eben noch Ian stand. Kohlensäure pumpt durch meine Adern. Dann brüllt mich Finley aus der Schockstarre: »Rückzug! Rückzug!«

Während wir uns rückwärtslaufend in Sicherheit bringen, überschlagen sich meine Gedanken. Wo ist Ian? Ist Ian tot? Wie konnte das passieren? Warum hat niemand geschossen? Und was zum Geier bewegt mich bitte zu einer solchen Reise?

1 | STÖRUNG AUF DER STAMMSTRECKE

München, Bayern, Deutschland

Die heillos verspätete S-Bahn ist proppenvoll. Auf der Münchner Stammstrecke fallen alle naselang Züge wegen irgendwelcher Störungen aus. Seit ich vor vier Jahren hergezogen bin, geht das schon so. Beim Einsteigen drängle ich mich an die gegenüberliegende Tür, neben der ich noch einen freien Haltegriff erspähe. So kalt mir die morgendliche Dezemberluft gerade noch in den Nacken fuhr, so froh bin ich jetzt darüber, in dieser stickigen, feuchtwarmen Luft keinen Schal um den Hals zu haben.

»Wohin fährst du?«, frage ich den Typen gegenüber. Ich stelle ihm diese Frage nicht zum ersten Mal. Im Gegenteil. Betriebsgestört wie die MVG, stelle ich ihm Tag für Tag dieselbe Frage. Nur eine Antwort habe ich bislang nicht erhalten. Auch heute nicht. Wie immer starrt er mich stattdessen an, denkt nach, mustert mich. Ich starre zurück, denke nach, mustere ihn. Dunkelblonde Haare, gewellt, lang genug, um sie sich hinters Ohr zu streifen. Unter der Lederjacke mein Lieblingshemd, das mit dem Loch an der Brusttasche. Hinter meinem spiegelverkehrten Türfenster-Ich dämmert es. Halb transparent stehe ich da, stehe ich neben mir wie ein Schatten meiner Selbst. Die Welt da draußen fliegt einfach durch mich hindurch. Viel zu schnell, um sie richtig sehen zu können.

Am Hauptbahnhof Umstieg in die U2. Der Weg zum anderen Gleis ein einziges Gedränge hektisch umhereilender Menschen. Leere Augen und zusammengepresste Kiefer. Als wären sie unterwegs Richtung Hölle, dabei aber etwas spät dran. Es riecht gleichzeitig nach Parfüm und Leberkäse. Ich ziehe mir den Hemdkragen über die Nase und denke an den klaren technischen Duft meines Geländewagens.

Rubi, ein alter Jeep Wrangler, ist mein Fluchtfahrzeug, meine Komplizin für alle Fälle. Bei glühendem, vom Hamsterrad-Dynamo heiß gekurbeltem Fernweh hält sie meiner Seele das theoretische Hintertürchen offen, der Routine entfliehen zu können, an jeden Ort der Welt. Rubi ist das Versprechen von Freiheit, sie ist gute Laune auf vier Rädern. Sie hat einen Knopf im Cockpit, der mit einer Presslufthupe verbunden ist. Wenn man den drückt, bläst Rubi so fröhlich in fünf Hörner, dass man im Umkreis von 250 Metern jeden zum Lächeln bringt, der keine Polizeiuniform trägt. Ihre Anschaffung gehört auf die Liste der Kompromisse, die ich mit mir selbst eingegangen bin. Rubi zählt sicherlich nicht zu den sparsamsten Benzinern, also zogen sich die Verhandlungen. Unter Auflagen ging mein Gewissen den Deal mit meinem Herzen aber doch noch ein. Autos wie Rubi sind nicht dafür gemacht, um geradeaus zu fahren. Sie sind gemacht, um auszuscheren. Mit ihr irgendwann der Länge nach durch Afrika, das wär's! Fröhlich hupend Menschen zum Lachen bringen, in der Savanne campen – das Leben als Roadtrip begreifen und die Fahrt genießen.

In der U2 erhasche ich einen freien Sitz auf einem Viererplatz und lande neben einem produktiv in sein Schulheft hustenden Teenager mit fiebrigen Augen. Auf dem Handy scrolle ich durch die Nachrichten. Klimapaket, das keines ist. Trump boykottiert Impeachment. Buschbrände in Australien. Piñera gewinnt die Präsidentschaftswahl in Chile. Ich wechsele zu Instagram. Affektiver

Eskapismus, aber anders halte ich den Zustand der Welt im Dezember 2019 kaum aus.

Meine Instagram-Wall, eine unsortierte Collage schöner Erlebnisse, erinnert an alles von Bedeutung. 1 233 Versuche, flüchtige Momente zu konservieren. Wildnis, Tiere, ferne Länder, #positivevibesonly. Beinahe alle Fotos sind auf Rucksackreisen und Wochenendausflügen entstanden. Sie erzählen Geschichten von Abenteuern in der Natur, von Marshmallows an Lagerfeuern und Tannentee aus Emaillebechern. Sie handeln von kleineren und größeren Fluchten, von dem Gefühl, für die Dauer einer Individualreise frei zu sein, während sich mein alltägliches Leben wie eine Pauschalreise von der Stange anfühlt. Seltsam vorgezeichnet, fremdbestimmt, als verlaufe es auf längst verlegten Schienen. Für jeden dieselbe Richtung, dieselben Zwischenstationen: Hochzeit, Kinder, Kredit, Einbauküche, Thermomix-Partys – Endpunkt Altersheim. Das Leben der Eltern leben. Kann ja nicht falsch sein. Und wenn ich mich so umsehe, die ausdruckslosen Gesichter zu lesen versuche, dann scheint die U2 voll zu sein mit Menschen wie mir. Die Bazillenschleuder links von mir und der kahlköpfige Mann schräg gegenüber, der sich mit einer Leberkässemmel bekleckert. Die Frau mit ihrem bemitleidenswert überzüchteten Chihuahua, der vergeblich versucht, sich aus seiner Chanel-Handtasche zu befreien. Wir alle sitzen im selben Zug. Ich bin umgeben von Mitreisenden, die jede Woche zwischen #mondayblues und #thankgoditsfriday fünf Tage Lebenszeit entwerten, ohne etwas von der Welt hinter der Scheibe mitzukriegen. Vollkaskoversichert, ohne eine Abzweigung zu riskieren. Als Erster im Büro, als Letzter zu Haus. Im Bett noch schnell eine E-Mail an den Chef und die Sprachnachricht vom Kunden beantworten. Am Samstag den Anzug für die Hochzeit am Sonntag aus der Reinigung holen. Geschenk kaufen nicht vergessen. Aber erst zur Reinigung – und einen Schlenker in die Agentur, bin ja eh in der Stadt. Montag Team-Lunch, abends zum Sport und Mülltonne rausstellen. Ruhelosigkeit als Routine. Durchökonomisiert leben wir über die Ressourcen des Planeten wie über unsere eigenen. Erschöpft von der Zeit, die immer zu knapp ist. Wir rasen in einem Schnellzug in dieselbe Richtung, ohne einmal stehen zu bleiben und zu hinterfragen, warum.

Als Werber fällt mir eine Antwort ein, weshalb die westliche Welt ungeachtet ihrer Bildung keinen Verdacht schöpft: Konsum überdeckt selbst leiseste Zweifel, trübt den Verstand und euphorisiert das Gemüt. Er kompensiert fast jede Art von Frust, doch weil sein Rausch lediglich von kurzer Dauer ist, hängen wir uns an seinen Tropf. Wir lechzen nach Wohlstand und Status, sehnen uns nach Anerkennung und bezahlen dafür mit Verbindlichkeiten, die unsere Abhängigkeiten weiter zementieren. Wir tauschen Dinge gegen unsere Tage – was für ein irrer Deal! Für die bizarre Suche nach geldwertem Glück und Nachbars Anerkennung. »Schaut her, ich hab's geschafft!«, hört man meine Generation über den neuen Gartenzaun rufen, Jahrzehnte, bevor die letzte Schuld getilgt ist. Im Hintergrund das stete Summen des Mähroboters, damit auch ja kein Halm quer wächst.

Und doch lese ich ständig darüber, dass immer mehr Menschen unglücklich werden. Offenbar macht es einen Unterschied, ob man ein Leben führt, das nur gut aussieht, oder eines, das sich auch gut anfühlt. Der Mensch lebt nicht allein von finanzieller Sicherheit. Wir aber plansparen die Wege dieses einen Lebens so zukunftsverdrossen voraus, als läge es schon hinter uns. Was ist das für ein Erwachsensein, das Zuversicht und Neugier als Relikte kindlicher Einfältigkeit annulliert? Woher kommt der Irrglaube, sich ein festes Bild von einer unkontrollierbaren Zukunft machen zu können? Als wüssten wir es nicht besser. Als gäbe es keine Unfälle, keine Krankheiten. Als könnten wir unser Leben in eine Schachtel mit Watte packen. Wir aber planen hartnäckig voraus. So, wie andere uns vermittelt haben, dass es uns im Alter glücklich macht. Nichts gegen eine geschlossene Rentenlücke. Und doch ist unklar, ob man es überhaupt bis ins betagte Alter schafft. Zumal sich bei Renteneintritt unausweichlich die Frage nach der körperlichen und geistigen Verfassung stellt. Bleibt genug Energie, um mir meine jahrzehntelang verschobenen Träume doch noch zu erfüllen? Oder bleibe ich auf ihnen sitzen und warte, dass mein Leben wie eine Tasse kalt gewordener Ersatzkaffee endet? Die beste Absicherung für eine unvorhersehbare Zukunft, beschließe ich, ist ein zu jedem Zeitpunkt des Lebens gelebtes Leben.

Am Frankfurter Ring steige ich durch die zischende Doppeltür in den 178er-Bus. In zehn Minuten ist mein fast einstündiger Anfahrtsweg ins Büro mal wieder geschafft. Draußen ist es hell geworden. »Wohin fährst du?« Im Fenster verblasst die wiederkehrende Frage an mich selbst. Auch heute verabschiedet sie sich ohne Antwort, aber immerhin mit einer Tendenz: Ich bin zu kurz auf der Welt, um mein Leben wie einen eingeschlafenen Fußballkick über die zweite Halbzeit zu bringen. Als sei es ein Zustand, den man irgendwie nach Hause schaukelt. Mein Leben und ich, wir sind kein Verwaltungsapparat, kein Käfig aus Regeln. In wilder Ehe funktionieren wir noch immer am besten. Statt noch länger auf Konformitäten zu bauen, will ich gegen die Ordnung anrennen, will, dass meine Träume wieder etwas wert sind. Ich will durch jede einzelne Tür gehen, die das Leben für mich bereithält, und nachgucken, wohin ich käme. Da knall ich hinter mir auch gerne mal eine schallend zu, lass es tüchtig scheppern, damit vorne ein paar neue aufspringen. Es gibt einfach so vieles, was ich noch nicht über das Leben weiß. Und ich bin nicht bereit, all das in irgendeine Rentenzeit zu verschieben, in der ich mit schwindenden Sinnen und Kräften die Welt nur noch vorm plärrenden Fernseher betrachten kann.

Nein, schon aus Prinzip will ich mir nicht schon heute ausmalen müssen, wie meine Zukunft in drei Jahrzehnten vielleicht aussehen könnte. Vielleicht will mir deshalb auch keine eindeutige Antwort darauf einfallen, »wohin ich fahre«. Vielleicht möchte ich es ja einfach gar nicht länger so ganz genau wissen. Und vielleicht ist diese herbeigesehnte Unbestimmtheit genau das, was für mich ein selbstbestimmtes Leben ausmacht. Ich will heute niemandem versprechen müssen, wer ich morgen sein werde. Ich bin jetzt 38 und träume weder vom Ruhestand noch von einem schnurgerade vorprogrammierten Lebensweg dorthin. Ich träume davon, die beschissene Stammstrecke zu stören und meinem eigenen inneren Kompass zu folgen. »Stop«, lese ich und drücke die rote Haltewunschtaste. Ist es nicht genau so, wie Doc Brown die Zerstörung seiner Zeitmaschine in *Zurück in die Zukunft III* kommentiert? Erst als der DeLorean nur noch ein trister Haufen Schrott auf den Bahngleisen Hill Valleys ist, versinnbildlicht er die absolute Erlösung. Wahres Glück »bedeutet nur, dass deine Zukunft noch nicht geschrieben ist.«

Mein Magen knurrt mich aus der Konzentration. Es ist gleich halb neun, ich habe noch nichts zu Abend gegessen, dafür in den letzten zwei Stunden drei Tassen Kaffee getrunken. Trotzdem ist die Präsentation für morgen noch immer nicht fertig. Mein Bürofenster ist so schwarz wie das in der S-Bahn heute früh. Im Dunkeln zur Arbeit, im Dunkeln zurück. Winter im durchschnittsdeutschen Büroalltag.

»Mach nicht mehr so lang«, ruft mir Jacek vom Flur aus zu, bevor er doch noch mal seinen Kopf durch den Türspalt steckt. »Im Kühlschrank steht noch Bier. Halt durch!«

Halt durch. Präziser hätte er meinen allgemeinen Gemütszustand wohl kaum zusammenfassen können. Jacek arbeitet mit mir im internationalen Marketing eines großen Handelskonzerns. Während ich an der strategischen Markenausrichtung arbeite, unterstützt er die Landesvertretungen bei den daraus resultierenden Umsetzungen. Was meine Verantwortung betrifft, bin ich so ungefähr da, wo ich vor etlichen Jahren als Junior Berater einer Frankfurter Werbeagentur mal hinwollte. Ich sollte zufrieden sein. Und doch schwirren die Zweifel so unermüdlich um meinen Kopf herum wie eine Wolke lästiger Fliegen. Was tue ich hier eigentlich, mal abgesehen vom Geldverdienen? Warum wollte ich unbedingt in die Werbung? Die Tage häufen sich, an denen ich das selbst nicht mehr so ganz genau weiß.

Manchmal frage ich mich, ob ich auf mein eigenes Werbeversprechen reingefallen bin. Haben all die durchgearbeiteten Nächte, hastigen Fast-Food-Mahlzeiten, aus Stress gerauchten Zigaretten und zu viel Alkohol auf zu vielen Branchen-Events je zu irgendetwas Bedeutungsvollem geführt? Einem nichtmonetären Ergebnis, das mich womöglich gar erfüllt? Oder bezahle ich in Wahrheit einfach nur einen viel zu hohen Preis für das vermeintlich erfüllte Leben eines Werbers im hausgemachten Teufelskreis des Konsums?

Seit jeher faszinieren mich fremde Kulturen, ferne Länder, unberührte Natur und allen voran wilde Tiere. Obwohl ich schon in vielen Teilen der Welt unterwegs sein durfte, würde ich am liebsten noch viel mehr und noch viel länger reisen, Kamera und Fernglas einpacken und alle meine Lieblingstiere in freier Wildbahn aufspüren. Nur leider richten menschengemachtes Artensterben und Klimawandel den Planeten gerade schneller zugrunde, als ich ihn mir angucken könnte. Die Welt geht den Bach runter. Weil die Welt, in der wir leben, sich selbst konsumiert. Und ich bin der Typ, der alle dazu bringt, immer noch mehr von dem Kram zu kaufen, den sie eigentlich gar nicht brauchen.

In meine Karriere habe ich viel Schweiß und Tränen investiert. Ausbildung, Studium und erste Schritte in der Agenturwelt waren keine Selbstläufer. Und doch habe ich es geliebt. Es machte mir nichts aus, mir in der Agentur die Nächte um die Ohren zu schlagen. Für solche Fälle hatte ich den Flyer vom nächstgelegenen Pizzabringdienst, ein Ersatzpäckchen Zigaretten und eine Zahnbürste in der Schreibtischschublade und später auch Ibuprofen, um die Migräne flach zu halten. Ich erinnere mich noch genau an die Gänsehaut, als ich zur Tonabnahme in einem Frankfurter Kino saß und auf großer Leinwand den allerersten *Marlboro*-Spot sah, an dem ich mitwirken durfte. Cowboys, Freiheit, Abenteuer.

Heute stehe ich mit beiden Beinen im Leben – in einem, das einfach nicht mehr zu mir passen mag. Die Indizienkette ist lang: fünfzehn Berufsjahre, neun Umzüge und eine Scheidung. Wenn ich ehrlich bin, habe ich mir ein glückliches Leben als Kind irgendwie anders vorgestellt. Genau wie das Geldverdienen. »Was willst du werden, wenn du mal groß bist?« Auf die einfallslose Erwachsenenfrage fand ich die tollsten Antworten. Früher dachte ich, ich würde als Paläontologe Dinosaurierknochen ausgraben oder als feldforschender Biologe mit wilden Tieren leben oder für die Sonntagszeitung abenteuerliche Reportagen über exotische Orte schreiben. Um dahin zu kommen, klang altsprachliches Gymnasium nicht verkehrt. Aber dann, irgendwann in der Oberstufe, hatte ich es satt. Ich färbte mir die Haare, ließ mir eine Nadel durchs Ohr stechen, lackierte mir die Fingernägel, zog mir bunt karierte Hosen an und tat auch sonst alles, was ich für unumgänglich hielt, um größtmögliche Distanz zwischen mich und die Barbour-Jacken tragenden Bonzenkinder zu bringen. Das Verlangen, ihr ultimativer Gegenentwurf zu sein, war der Beginn meiner Punk-Phase. Noch wenig politisiert, dafür in unbekümmertem Hedonismus durchs Leben streifend, war ich natürlich keiner. Mir fiel schlicht keine andere Überschrift für meine Lust ein, mich gegen die versnobten Konventionen und alles, was die Gesellschaft für mich vorgesehen hatte, aufzulehnen. Das Gefühl des Widerständigen war überragend! Plötzlich stand ich für was, für Krach und Vielfalt und damit einhergehend für grenzenlosen Spaß. Ich hatte mir damit sicherlich nicht das tiefsinnigste aller Wertekostüme angelegt, aber der postpubertären Selbstfindung langte es allemal. Meine Metamorphose sollte sich als goldener Schlüssel zu all dem entpuppen, was für mein Teenager-Ich pures Glück bedeutete: Pogo, Joints und *Karlsquell* aus der Dose. Ich feierte das Leben, das ich mit einem Mal hatte, und nahm alles mit, was es mir vor die Füße legte. Ich gewann an Erfahrung und verlor meine guten Noten.

Meine schulischen Leistungen gingen in den Keller. Ich hatte in diesen Jahren einfach keinen Kopf fürs Lernen. Zumal es dank Dexter-Holland-Frisur plötzlich sogar mit den Mädchen klappte. Ich verlor mich in Songtexten der Toten Hosen, ließ kein wichtiges Konzert und keine noch so unwichtige Party aus. Selbst in ursprünglichen Lieblingsfächern wie Biologie und Geografie verlor ich den Anschluss, womit entsprechende Studiengänge Klausur für Klausur in unerreichbare Ferne rückten. Gute Noten fuhr ich eigentlich nur noch in Kunst und Deutsch ein. Ich wusste also, ich hatte ein Gespür für Kreation und Sprache. Und in welcher anderen Branche kann man diese beiden Fähigkeiten besser mit rauschenden Partys verbinden als in der Werbung?

Auf den Fluren ist es still geworden. Im Atrium fummelt noch jemand am Beamer rum, sonst sehe ich auf dem Weg zur Küche niemanden mehr. Jacek hat nicht zu viel versprochen. Im Kühlschrank finde ich nicht nur das in Bayern übliche Helle, sondern auch zwei Flaschen Pils. Wie immer in meinem Berufsleben hat die Karriereplanung vorgegeben, an welchen Ort ich ziehe. Jetzt ist es also München. Ausgerechnet hier ergab sich für Julia und mich die Gelegenheit, einen bedeutenden Karriereschritt hinzulegen. In meinem Fall ging es um den lange anvisierten Seitenwechsel: von der manchmal etwas unwürdig winselnden Dienstleistungswelt der Agenturen zur Auftraggeberseite eines Unternehmens. Sozialisiert in Städten mit ausgeprägten Kioskkulturen, war München der letzte Ort, der bei Julia und mir auf die Liste wünschenswerter Lebensmittelpunkte gewandert wäre. Doch den nächsten Step im makellosen Lebenslauf fest im Blick, sahen wir über unsere Vorbehalte hinweg. Drei Jahre später war unsere Ehe geschieden. Natürlich nicht wegen München. Auch wenn die überhebliche Selbstverliebtheit der Stadt keine gemeinsamen Wohlfühlmomente begünstigte, haben wir uns aus anderen Gründen getrennt. Insbesondere, weil wir unsere persönlichen Vorstellungen eines guten Lebens ständig diesem ganzen Karrierescheiß untergeordnet haben. Und weil jeder für sich viel über Grundsätzliches nachgedacht hat, es aber nie zur Sprache brachte. Bis der Überbau zersetzt war und wir uns eines traurigen Tages eingestehen mussten, dass wir uns zwar noch immer sehr mochten, aber eben nicht so, wie sich ein Liebespaar unseren Vorstellungen nach mögen sollte.

Heute bin ich stolz auf uns. Weil wir mutig genug waren, uns der Situation zu stellen. Der Weg dahin, gepflastert mit Selbstzweifeln und depressiven Schlaglöchern, war allerdings lang. Nicht ungewöhnlich, vermute ich, wenn man den Verlust einer wichtigen Bezugsperson wegzustecken hat. Wut aufeinander hätte helfen können – vielleicht –, um schneller drüber hinwegzukommen. Aber das Ding war: Wir mochten uns ja. Schon bald verschwanden Sinn und Vernunft unserer Trennung. Von jetzt auf gleich, wie hinter einem Vorhang im Theater. Nächster Akt: das einäugige Gedächtnis. Gefesselt an Verflossenes, spielte mein Hirn ausschließlich die hellen Momente unserer Beziehung aus und verdunkelte meine

Situation damit ins Pechschwarze. Im Restaurant, an der Haltestelle, an der Kinokasse, hinter jeder verfluchten Ecke lauerte eine nächste, noch schönere Erinnerung. Stete, stumpfe Gewalt. Irgendwann kam ich nicht mehr gut klar damit.

Normalerweise mache ich die Dinge lieber mit mir selber aus. Da Eigenbrötlerei aber schon in der Beziehung zu Julia zu nichts Gutem geführt hatte, bin ich dann doch eine ganze Zeit lang in Therapie gegangen – und das erwies sich dann als Ausweg aus der großen Acht in meinem Kopf. Mir ist schmerzhaft klar geworden, dass ich nicht mehr dieselbe Person bin, die ich vor meiner Hochzeit war. Menschen entwickeln sich nun mal weiter. Und wenn ich so an mein Wertekostüm aus Sturm- und Punkzeiten zurückdenke, bin ich froh, dass das noch nicht das Ende der Fahnenstange war. Sofern man gern als Paar durchs Leben gehen will, ist es aber keine schlechte Idee, Veränderungen mit seinem Partner zu besprechen und das Miteinander immer wieder neu auszuloten.

Ob aufmüpfiger Oberstufler oder fernreisender Backpacker, ob karriereorientierter Werber oder zweifelnder Ehemann – wenn unterschiedliche Lebensphasen zu unterschiedlichen Updates meiner selbst führen, sollte ich dann nicht regelmäßig abgleichen, ob meine Lebensumstände auch wirklich noch immer zu meiner Persönlichkeit passen? Werte, Haltungen, Interessenfelder, der Blick auf die Welt, in Teilen auch der eigene Charakter, all das sind organische Variablen des eigenen Wesens, die sich formen und kontinuierlich weiterentwickeln. Jeden Tag machen wir neue Erfahrungen, die verändern, wer wir sind. Dennoch wird die einmal in jungen Jahren getroffene Berufswahl selten nachjustiert. Der Beruf bleibt unantastbar, meist ein ganzes Arbeitsleben lang. Wann zum Geier ist man überhaupt auf diese Schnapsidee gekommen, das *Jetzt* zu seinem *Für immer* hochzustilisieren? Und das, obwohl Umfragen immer wieder die hohe Unzufriedenheit deutscher ArbeitnehmerInnen bestätigen. Passende Studien zeigen, was dahintersteckt: Immer mehr Menschen erkennen keinen gesellschaftlichen Mehrwert in ihrem Tun. Die Einstellung zur Arbeit hat sich verändert. In einer krisengebeutelten Welt sehnen sich Mitarbeitende nach zweckorientierten Aufgaben und stellen die Sinnfrage. Sie wollen mit ihrer Arbeit einen Beitrag leisten, der gerne wirtschaftlichen, darüber hinaus aber eben auch gemeinnützigen Wert stiftet. Deshalb gewinnt die soziale und ökologische Ausrichtung von Unternehmen an Bedeutung. Für den Kampf gegen die Klimakrise ist das eine gute Entwicklung. Chefetagen, die ihre Konzernführung weiterhin an keinen anderen Kennzahlen als Profit und Shareholder Value orientieren oder sich lieber mit grüner Farbe anstreichen, als das Geschäftsmodell der Stunde anzupassen, die es für unseren Planeten in fünf Minuten zu schlagen droht, sorgen für eine Belegschaft, die sich in einen anderen Job hineinwünscht. In einem Podcast hörte ich kürzlich von dem *Gallup Engagement Index*, einer Studie, die der deutschen Wirtschaft 5,7 Millionen ArbeitnehmerInnen diagnostiziert, die innerlich gekündigt haben. Das Phänomen des *Quiet Quitting* ist nicht zu unterschätzen. Wenn alle Unzufriedenen auch nur zehn Prozent weniger arbeiten, rechneten Experten in einem Kommentar dazu vor, würden die schwarzen Unternehmerschafe ihre Läden langfristig von ganz allein gegen die Wand fahren.

Aber woran liegt es, dass so viele frustrierte ArbeitnehmerInnen ihren Gedanken noch keine Taten folgen ließen? Wieso fällt Veränderung auch dann so schwer, wenn man merkt, dass der eigene Lebensstil eigentlich gar nicht mehr so richtig zum Weltbild passen will? Fühlt sich meine Lebensweise gerade wirklich so gut und so richtig an, wie ich es mir vormache? Könnte es nicht auch eine andere Version von mir geben, in der meine Überzeugungen an erster Stelle stehen? Eine, in der ich mit mir und meiner Arbeit zufrieden bin, weil ich zumindest für ein paar der Dinge eine Wirkung erziele, die mir heute wirklich wichtig sind? Ich glaube, ich habe mir diese Fragen längst beantwortet. Ich will nicht länger Geisel uralter Entscheidungen bleiben, will mich nicht auf einen einzigen Beruf festnageln lassen. Bis hierhin ist alles super aufgegangen, hat alles Spaß gemacht, ich habe wahnsinnig viel gelernt und bin vielen Firmen und Menschen sehr dankbar dafür. Aber irgendwas muss sich jetzt ändern. Ich blicke in zu viele strahlende Gesichter mit matten Augen, begegne zu vielen Leuten, die Zukunft sagen, wenn sie Beförderung meinen.

Ich klappe das Laptop zu und greife nach meiner Bierflasche. Ich will nicht um jeden Preis reich, sondern lieber ein bisschen wertvoller werden. Auf einen Plot-Twist! Und eine dicke Störung auf der Stammstrecke.

»Was willst du werden, wenn du mal groß bist?« Auch ein paar Tage später lassen mich die Gedanken an alte Traumberufe nicht mehr los. Aus dem Supermarktregal wirft mir das Zwiebackgesicht meiner Kindheit einen spitzen Blick zu. Die Liste an erinnerten Antworten, die ich in meinen ersten zehn Lebensjahren auf die Lieblingsfrage aller Erwachsenen gegeben habe, wird länger und länger. Auffällig ist, was sie gemein haben: Alle Berufe sind zweckgerichtet, und meistens haben sie was mit Natur oder wilden Tieren zu tun. Mal abgesehen von Colt Seavers und Jody Banks, bewunderte ich als Kind nichtfiktionale HeldInnen wie Heinz Sielmann in seinen *Expeditionen ins Tierreich* und seit *Gorillas im Nebel* natürlich Dian Fossey. Heute sind es ArtenschützerInnen wie David Attenborough und Jane Goodall. Menschen, die auf ein Leben zurückblicken, das mit sinnvoller Vergangenheit gesättigt ist. Während ihre Biografien von Entschlossenheit, Mut und Abenteuern erzählen, schreibe ich PowerPoint-Charts über loyale und weniger loyale Kundschaft.

Meine Faszination für Tiere aber ist ungebrochen, was bei meiner familiären Vorbelastung keine Überraschung ist. Ohne jeden Zweifel habe ich sie meinem Vater zu verdanken, der zu jedem Zeitpunkt seines Lebens Tiere um sich herum hatte. Meine prägendsten Kindheitserinnerungen hängen alle mit unserem Schäferhund zusammen. Rex war schon da, als ich auf die Welt kam. Und erst mit steinalten siebzehn Jahren war es an der Zeit, ihn einzuschläfern. Im Garten gab es auch Kaninchenställe und einen libellenumschwirrten Gartenteich voller Fische und Frösche. Tatsächlich träumte mein Vater als Nachkriegskind davon, Tierpfleger zu werden. Doch dann kam das echte Leben dazwischen. Das einer Generation, deren limitierte Möglichkeiten nicht ansatzweise mit der Fülle an Perspektiven meiner Generation zu vergleichen sind. Für mich gibt es keine schwierige Lebensrealität, die mich daran hindern würde, etwas auszuprobieren, was in mir stecken könnte. Fast zum Greifen spürbar die Verantwortung, die Spitze der Bedürfnispyramide nicht achtlos auf der Straße liegen zu lassen. Verheißungsvoller als die Chance auf Selbstverwirklichung kann ein Privileg nicht sein. In die Freundschaftsbücher meiner frühen SchulfreundInnen habe ich die unterschiedlichsten Berufe auf die Steckbriefseiten gekritzelt. Als Walforscher wäre ich mit den größten Säugern der Erdgeschichte unterwegs, würde als Safari Guide mit wilden Tieren ein und denselben Lebensraum teilen oder als Paläontologe Millimeter für Millimeter neue Geschichten der Dinosaurier freilegen. Manchmal wünschte ich, nachsehen zu können, wie sich die Kindheitsträume angefühlt hätten, wären sie denn von mir gelebt worden. Was wäre, wenn? Was wäre aus all den Erwachsenenleben geworden, die ich mir ebenso hätte vorstellen können? Was sind die Alternativen zu dem, was ich jetzt bin?

Da leider noch niemand eine Glaskugel mit Schmetterlingseffekt erfunden hat, würden mir auch schon ein paar Sonnenstrahlen reichen, um mein Gemüt zu erhellen. Mit jedem Tag heizt das graue Dezemberwetter das ohnehin chronisch in mir schwelende Fernweh weiter an. Seit einem Roadtrip durch Neuseeland, mein erster Ausflug auf die Südhalbkugel, lässt es sich ohne neue Reisepläne einfach nicht mehr wegignorieren. Mein Freund Alex und ich waren Anfang zwanzig, hatten kaum Geld, dafür jede Menge Zeit. Besonders in Erinnerung ist mir eine Nacht am Waimakariri River geblieben. Es war später Nachmittag. Wir fuhren südlich vom Arthur's Pass die 73 runter Richtung Christchurch. Vor uns durchzogen pinke Federwolken einen pastellblauen Himmel, vor dem sich im Rückspiegel die neuseeländischen Alpen türmten. An den Stellen, wo sie ein bisschen Horizont preisgaben, liefen die Elemente wie Aquarellfarben violett ineinander. Am vielleicht friedlichsten Abend eines ansonsten von Unvorhersehbarkeiten durchtriebenen Monats auf vier Rädern zeigte sich die ganze Schönheit des Abenteuers. Weit ausladende Lupinenfelder, die überall entlang der Flussufer in denselben Farben leuchteten wie der Abendhimmel, verstärkten das Unwirklichkeitsgefühl, das wir Realität nannten. Wenn im neuseeländischen Sommer zwischen November und Februar die Lupinen blühen, verwandelt sich der Waimakariri District manchmal in ein einziges großes Zuckerwatteland. Mitten hindurch, zwischen flachen Kiesbänken, mäandert der samtig-türkise gleichnamige Fluss dahin. Es dämmerte bereits als ich das weiße Coupé in den Feldweg steuerte und wenige Meter vorm Flussufer die Handbremse zog. Es war schon der zweite Wagen, den uns die Autovermietung widerwillig anvertraute. Dank der doch noch abgeschlossenen Zusatzversicherung konnten wir ihn gegen den ersten eintauschen – einen Totalschaden, der den Unfall vor ein paar Tagen nicht überlebt hatte. Im Gegensatz zu uns. Alex reichte mir Gaskocher, zwei Konservendosen und zwei lauwarme Flaschen *Steinlager* aufs Dach. Der Rest vom Sechserträger landete angeseilt im kalten Flussbett. Restlichtlos verschluckte die stockschwarze Nacht die Alpen. Und auch der Waimakariri war nur noch ein am Ufer leckendes Geräusch. Grillen zirpten, Tabak knisterte. Wir rauchten, tranken Bier, schmeckten Freiheit. Mit dem kühlen Autodach im Rücken starrten wir ehrfürchtig schwarze Löcher in die funkelnde Unendlichkeit und taten nichts anderes, als uns zu wundern. Über uns, denen das Universum seine Geheimnisse millionenfach zumorst und wir sie doch nicht zu lesen vermögen. Wir waren uns sicher, hier, am Ende der Welt, die beste Zeit unseres Lebens zu haben. Trotzdem kam keiner von uns auf die Idee, einfach hierzubleiben. Morgen, da würden wir weiterziehen. Und irgendwie war das total okay. Ich schätze, weil das Beste immer vor einem liegt.

Mit zwei Einkaufstüten in den Händen knarzen die niedrigen Holzstufen auf dem Weg in den dritten Stock doppelt so schön. Hier, in der obersten Etage eines denkmalgeschützten Backsteingebäudes im Münchner Westen, habe ich nach der Trennung von Julia meine Wohnung bezogen. Ein heller Ort mit vielen Fenstern, die den Raum zwischen den frei liegenden Balken schon bei Sonnenaufgang mit Licht fluten. Meine kleine Werkstatt steht jetzt nicht mehr im Keller, sondern im Wohnbereich. Vorm Bücherregal baumelt eine Hängematte, und der alte Chopper mit Bierdosenhalterung wurde zum Raumtrenner zwischen Küche und Couchbereich upgecycelt.

Ich räume noch schnell den Einkauf in den Kühlschrank, bevor ich mit Anja zum Telefonieren verabredet bin. Unsere Kennenlernphase muss fürchterlich für sie gewesen sein. Ich frage mich bis heute, was sie mit einem Typen wollte, der jede Woche zur Psychotherapeutin gerannt ist, um seine an die Wand gefahrene Ehe zu verarbeiten.

Anja ist im Allgäu aufgewachsen. *All* wie Alpen, habe ich gelernt, und *gäu* wie Geäu. So, wie viele Berge ein Gebirge sind, sind viele Auen ein Geäu. Das Alpen-Geäu. Zwischen bunten Hügelwiesen und sich unbekümmert dahinschlängelnden Flüssen ruhen grüne Kuppen. Hier gibt es keine aufregenden Steilgipfel. Dafür sind die Täler aber auch weniger tief, was ich schon immer als Metapher für den ausgeglichen wirkenden Menschenschlag aufgefasst habe. Heißt es nicht, die heimatlichen Gefilde prägen das Gemüt? Anjas Wesen ist jedenfalls so sanftmütig wie das ihres bayerisch-schwäbischen Ursprungsländles. Mindestens. Nach der Schule ist sie nach München gezogen, um sich dort zur Dolmetscherin und Übersetzerin ausbilden zu lassen. Aus purer Liebe zur spanischen Sprache. Münchner Mietpreise lassen sich mit reinen Übersetzungsarbeiten kaum bezahlen, also führte sie ihr Sprachtalent auch immer wieder in die Werbebranche, wo wir uns eines schönen Tages über den Weg liefen.

Anja ist der radikalste Bauchmensch, den ich kenne. Wie viel ich in dieser Hinsicht von ihr lernen kann und wie oft sie mir damit einen Schritt voraus ist, bewundere ich immer wieder aufs Neue. Anja ist zurückhaltend, fröhlich und randvoll mit Empathie. Sie fühlt sich einfach in alles rein, in Windeseile, und lässt ihren Emotionen im selben Augenblick freien Lauf. Ich bin mir sicher, dass Anja der herzwärmste Mensch auf dieser Welt ist und es auch jeder erfahren würde, wäre sie nicht so wahnsinnig schüchtern. Vielleicht steht sie sich damit manchmal ein bisschen selbst im Weg. Aber so kann ihr meine eher extrovertierte Persönlichkeit dann wenigstens auch ab und an von Nutzen sein.

Seit ich meine Absichtserklärung, die Dinge künftig ein bisschen anders zu leben, auch Anja gegenüber laut ausgesprochen hatte, passierte etwas mit uns. Ich wusste, dass auch sie ein Übermaß an Reiselust und Entdeckergeist in sich herumträgt. Der gemeinsame Wunsch, noch viele ferne Länder mit dem Rucksack entdecken zu wollen, führte zu unserem ersten gemeinsamen Urlaub quer durch Norwegens Hardangervidda. Nachdem unsere junge Beziehung die drei Wanderwochen im Zelt ohne Kontakt zur Außenwelt und regelmäßige Duschgelegenheiten unbeschadet überstanden hatte, fiel uns nichts mehr ein, was uns auseinanderbringen könnte.

Anjas Lieblingssprache ist womöglich nicht ganz unbeteiligt daran, dass neben anderen typischen Outdoor-Mekkas wie Kanada oder Neuseeland einige lateinamerikanische Länder ganz oben auf ihrer Hitliste stehen. Peru zum Beispiel oder Mexiko, wo sie irgendwann einmal zwischen Catrinas und Ofrendas vier Tage lang durch bunt geschmückte Straßen tanzen und das Leben am Tag der Toten feiern will. »Ich bin ein Sonne-, Strand- und Wassermensch«, hörte ich Anja oft sagen. Mir war also klar, dass Fernweh zu unseren Gemeinsamkeiten zählt. Wobei das mit Fernweh ja so eine Sache ist. Da ist geteiltes Leid kein halbes Leid, da multipliziert es sich aufs Doppelte.

Womit ich nicht gerechnet hatte, war ihr unmittelbares Verständnis für mein Hadern mit der spürbaren Widersinnig- und Gleichförmigkeit meines Arbeitsalltags. »Mein Leben fühlt sich so seltsam vorgezeichnet an«, erklärte ich mich ihr kürzlich auf einer Parkbank. Es war einer dieser postapokalyptisch wirkenden Wintersonntage, deren grauer Kälte nur ein paar Krähen zu trotzen vermögen. »Ehrlich gesagt weiß ich gar nicht mehr so genau, ob ich das jeden Tag so weitermachen will wie bislang.«

»Du meinst deinen Job?«

»So, wie ich ihn momentan mache, passt das jedenfalls nicht mehr. Da führt er einfach zu nichts, was mir wirklich wichtig ist.«

»Zu was führt er denn dann?«

»Zu gar nichts, außer zu bezahlten Rechnungen!« Ich merkte,

dass ich mich reinsteigerte, aber das musste jetzt sein. »Ich meine, die Welt geht den Bach runter, und alle sitzen da, zucken mit den Schultern und gucken zu. Und was mache ich? Den Leuten neue Fernseher andrehen, damit sie auch ja sitzen bleiben und sich das Spektakel in 8K ansehen, statt an der Welt teilzunehmen. Ich glaube, ich habe genug sinnlosen Quatsch fabriziert.«

»Also kündigen. Und was dann? Hast du schon einen neuen Job im Sinn?«

»Nein, das ist es ja. Na ja, weil ... Also ich wäre gern ...«, ich druckste ein bisschen herum. »Du weißt schon, ich wäre gern noch konsequenter. Und mutiger. Ich dachte immer, ich bin das alles schon, aber in Wahrheit bin ich nichts davon. Ich wünschte, ich würde eine Rolle finden, in der ich von Nutzen sein kann.«

»Hast du eine konkrete Idee dafür?«

Von irgendwo krähte ein Rabe aus den kahlen Baumkronen.

»So weit bin ich noch nicht ...« Ich überlegte, wie ich es sagen sollte. Ich wollte nicht, dass es albern wirkte. Bis es mir dann doch egal war.

»Das klingt vielleicht verrückt, aber ich frage mich in letzter Zeit ständig, wie es wohl in einem dieser Berufe wäre, von denen ich als Kind geträumt habe.« Kaum ausgesprochen, hing der Satz zwischen uns. Als kleine Atemwolke in der kalten Winterluft. Dann nahm sie ihn sich vor.

»Lass mich raten.« Ich liebe es, wenn Anja komplizierte Themen zum Kinderspiel erklärt. Sie setzte sich kerzengerade hin, richtete ihren Röntgenblick auf meine Stirn und sagte: »Tierfilmer in Afrika!«

Ich nickte lachend. »Ja, so was in der Richtung. Aber damit werde ich in diesem Leben wohl kein Geld mehr verdienen.«

Anja merkte, wie ernst es mir dieses Mal war. »Woher willst du das wissen, ohne es ausprobiert zu haben? Ich würde am liebsten was mit Wildkräutern machen. Das wollte ich schon immer. Nur was genau und wo, das weiß ich bis heute noch nicht so recht.«

Für Anja sind Pflanzen und ihre Nutzbarkeit in etwa das, was Tiere für mich sind. Es begeistert sie, ihre Küche mit Zutaten zu ergänzen, die sie aus der Natur mitgebracht hat. Wildgemüse, Wildfrüchte und Wildkräuter sind ihre Vitamin- und Dopaminbomben. Selbst gepflücktes Glück statt verpackter Supermarktware. Nur regionale Wochenmärkte üben eine ähnlich starke Anziehung auf sie aus. Und so sprudelte es bald auch aus ihr heraus. »Marktfarmerin auf den Azoren, Permagärtnerin in Kanada oder eine Wildkräuter-Konditorei in Mexiko?«

Seit diesem Wintersonntag wurde das Fantasieren in andere Lebensentwürfe unser liebstes Gedankenexperiment. Wir bauten Luftschloss um Luftschloss. Früher oder später würden wir eines davon in Zement gießen. Denn jetzt war es beschlossen. Wir würden uns auf einen unserer Sehnsuchtsorte einigen, wo jeder einen seiner erträumten Lebensentwürfe ausprobieren könnte. Seither schien alles möglich. Außer, sich für eine Sache zu entscheiden.

Ich lege mich in die Hängematte vorm Bücherregal und wähle Anjas Nummer. Großspurig hatte ich ihr schon am Nachmittag angekündigt, endlich eine Antwort auf all die schwierigen Fragen gefunden zu haben, die unserem Selbstversuch bislang im Weg standen: Für welches Land und welchen Traumjob entscheiden wir uns? Wie kriegen wir einen Fuß in die Tür von jeweils einem Beruf, für den wir noch keinerlei theoretische und praktische Qualifikation vorweisen können? Und was, wenn das ganze Experiment volle Kanne nach hinten losgeht oder sich der vermeintliche Traumberuf in Wirklichkeit ganz anders darstellt als erdacht? Die Antwort sei mir soeben eingefallen, tippte ich in die E-Mail, im Büro, beim Kaffeeholen, einfach so!

»Na, dann sag endlich«, klingt es ohne Begrüßung aus der Leitung.

»Stell dir mal vor, wie es wäre, wenn wir ab morgen früh einfach nicht mehr ins Büro fahren.«

»Das stelle ich mir so ziemlich jeden Sonntag vor.«

»Stell dir vor, wir würden stattdessen morgen als, sagen wir, Walforscher in Kanada arbeiten.« Ich genieße es ein bisschen, der Sache mehr Trommelwirbel als nötig vorauszuschicken. Anja eher nicht.

»So weit waren wir schon im Park.« Ich kann ihr Augenrollen hören. »Für wie realistisch hältst du das? Ich meine Walforscher, Lars. Was willst du denen denn sagen? ›Hi, ich bin der Werbefuzzi aus München, kann ich mal an Ihren vom Aussterben bedrohten Sonstwas-Walen rumforschen?‹«

»Genau das!«, lache ich. »Und anschließend stülpen wir uns auch noch jeden anderen Lebensentwurf über, den wir uns irgendwann mal ausgemalt haben. Wir entscheiden uns nämlich gar nicht für eine bestimmte Sache – zumindest noch nicht. Erst, wenn wir alle Berufe ausprobiert haben, die wir uns vorstellen können.«

»Ja klar«, sagt sie skeptisch, »und wie soll das bitte schön möglich sein?«

»Nun ja«, impfe ich meiner Herleitung eine letzte Sekunde Spannung ein, »indem wir einfach unentgeltlich arbeiten.«

Zwei Sekunden herrscht Funkstille, dann macht Anja den ersten Aufschlag in das überschwänglichste Telefon-Pingpong, das je ausgetragen wurde. In unserem euphorischen Schlagabtausch zischen die Bälle von einer Grundlinie zur anderen, bis nach nur einem Satz die ganze Idee ausgespielt ist: Wir reisen als Freiwillige um die Welt! Als Volunteers, unbezahlt von Land zu Land, von Ehrenamt zu Ehrenamt, womit wir gleichzeitig einen positiven Beitrag leisten können. Es ist der größte Selbstversuch, den wir uns vorstellen können. In einer Welt, die sich selbst konsumiert, kündigen wir unsere

Jobs als Werber, um rund um den Globus in sinnenhafte Lebensentwürfe einzutauchen. Wenn alles so klappt, wie wir es uns vorstellen, finden wir heraus, wie sich ein Leben in unseren Sehnsuchtsländern anfühlt und wie es in Wirklichkeit wäre, in den Traumberufen aus Kindheitstagen zu arbeiten. Im Nachhinein werden wir uns manchmal fragen, welcher Wunsch eigentlich zuerst da war – zeitgemäß die Welt zu bereisen oder ein Erwachsensein auszuprobieren, wie es das Kind in uns leben würde.

Im Fieber der fertig gebackenen Reiseidee ruft Anja: »Ich kann's kaum erwarten zu kündigen!« Auch in ihr scheint eine domestizierte Rebellin zu wohnen, die gerade aus dem Dornröschenschlaf erwacht ist. »Wie oft habe ich mir gedacht, dass eine Weltreise die einzig logische Antwort auf unser Fernweh ist. Aber da fehlte immer das Substanzielle.«

»Jetzt machen wir eine Traumjob-Walz daraus. Für uns und die gute Sache.«

»Dem Sommer folgen«, träumt Anja, »so wie die Zugvögel. Und wo uns der Wind hinweht, lassen wir uns in einem Freiwilligen-Projekt nieder.«

Eine Traumstunde später legen wir schließlich auf, und ich setze mich an den Schreibtisch. Ich will alles, was mit dieser Reise zu tun hat, aufschreiben. Wir wollen herausfinden, ob wir künftig vielleicht doch ein kleines bisschen erfüllender leben und arbeiten können, wofür wir eine Open-End-Reise unternehmen. Wir tauschen sie gegen die Privilegien eines behüteten Münchner Stadtlebens. Wohnungen und Festanstellungen werden gekündigt, weil wir nicht wissen, ob und wann wir zurückkommen. Es geht um auf der Strecke gebliebene, längst verwaschene Träume, abgelegte Wünsche, nicht eingeschlagene Wege, nie geöffnete Türen. Und um das Gefühl, wieder alle Möglichkeiten im Leben zu haben. Auch, wenn eine davon ist, nach dem Abenteuer kürzertreten zu müssen als davor. Aber was, wenn es gut ausgeht? Was, wenn manches, woran wir als Kinder geglaubt hatten, doch noch wahr werden könnte? Ich klappe das Laptop auf, öffne ein neues Dokument und schreibe unsere Reiseidee hinein. Dann klicke ich auf »Speichern unter …« und tippe: *Als Volunteers um die Welt.*

2 | TRAUM ÜBER KOPF

München, Bayern, Deutschland

Schon seit Wochen liefen im Radio keine Staumeldungen mehr. Es war der Frühling, den die Menschen hinter verschlossenen Türen verbrachten. Sofern man nicht ohnehin unter demselben Dach wohnte, war man abgeschnitten von seinen Mitmenschen, isoliert von seinen Freunden, Geschwistern und Eltern. Während draußen die Krokusse durch hellgrünes Gras wuchsen, Hummelköniginnen nach Nistplätzen suchten und die Weißstörche aus Afrika zurückkamen, blieben Anja und mir nur Handy- und Laptop-Displays als Fenster zur Welt. Es verlieh der Kunde der Frühlingsboten etwas Dystopisches, das sich fürchterlich surreal anfühlte. Doch das Radio und ein Blick auf den kondensstreifenfreien Himmel bestätigten, dass es sich um keine Fiktion handelte: Die Menschen dieser Welt fuhren tatsächlich nicht mehr in andere Städte. Und sie flogen schon gar nicht mehr in andere Länder, deren Grenzen ohnehin dichtgemacht waren.

Auf den Winter, in dem wir beschlossen, unsere sieben Sachen zu packen, den restlichen Kram zu verkaufen und die Welt als wandernde Freiwillige zu bereisen, folgte ein Frühjahr, das die Menschheit eingesperrt in den eigenen vier Wänden verbrachte. Und auf dem gesamten Planeten wusste niemand, wann und wie dieser Zustand enden würde.

Kurz vor Ostern sah ich aus dem Küchenfenster. Vereinzelt hatte die Aprilsonne zarte Blätter aus den Ästen gelockt, die über geisterhaft leer gefegte Straßen ragten. Dann und wann patrouillierte ein Polizeiauto. Präsenz zeigen für die strikte Einhaltung der Ausgangssperre und ihrer Auflagen. Man ging nur einmal, höchstens zweimal am Tag vor die Tür. Nur ganz kurz und nur allein, mit Atemschutzmaske, um Lebensmittel einzukaufen oder eine kleine Runde um den Block zu joggen. Aus meinem Fenster im dritten Stock blickte ich in die Realität der unbefristeten und schon jetzt umfangreichsten internationalen Quarantäne der Geschichte. Im Frühjahr 2020 versetzte das Coronavirus die globalisierte Welt ins künstliche Koma. Und Anja und ich? Wir planten derweil eine Weltreise.

Ein paar Wochen später. Zum Geburtstag sangen die Kolleginnen und Kollegen mir ein Ständchen. Sie ahnten nicht, dass der 39-Jährige, der ihren Gesängen lächelnd per Videokonferenz aus dem Homeoffice lauschte, schon seit Wochen auch aus anderen Gründen mit der Corona-Krise haderte. Ich bemühte mich sehr, mir meine inneren Konflikte nicht anmerken zu lassen.

Wie leichtsinnig und undankbar würden sie jemanden finden, der seine Kündigung herbeisehnt, während andere mit Kurzarbeitsgehältern zu kämpfen haben, viele gar um ihre Existenz bangen? Für wie blauäugig würden sie mich halten, eine Weltreise in Zeiten zu planen, in denen nichts, aber auch gar nichts vorherzusehen war? Niemand wusste, wann und ob es einen Impfstoff gegen das neuartige Virus geben würde, wann das Reisen wieder zu verantworten wäre und sich Menschen wieder begegnen dürften.

Auf »Gesundheit und Freude sei auch mit dabei« endete das Ständchen. Man klatschte und erkundigte sich, wie mein Geburtstag unter COVID-19-Auflagen denn so aussehen werde. Dann zoomte das Bild einer Kollegin auf. »Corona wird auch Positives bewirken«, sagte sie in die Runde. Sie hatte sich bereits einen dieser virtuellen Hintergründe eingerichtet, vor denen es schien, als spreche sie nicht aus dem Homeoffice, sondern aus einem schicken Designerbüro im Industriestil zu uns. »Hundertprozentig wird die Pandemie die Digitalisierung der Republik beschleunigen.« Hinter meinem entspiegelten LCD-Bildschirm stimmten alle aus ihren kleinen Fenstern der Frau im großen Fenster zu. Und auch ich nickte und sehnte mich mehr denn je nach unverpixelter Wirklichkeit.

Es folgten die vorhersehbaren Faxgerät-Witze, dann wünschten sich alle einen schönen Tag, und meine Sorgen, undankbar oder leichtsinnig zu sein, waren wie weggewischt. Undankbar wäre es, würde ich an einem Job festhalten, mit dem ich mich nicht mehr vollumfänglich identifizieren kann. Und jetzt, da ich immerhin schon herausgefunden habe, was ich nicht will, wäre es doch hochgradig leichtsinnig, würde ich nicht auch alles unternehmen, um herauszufinden, was ich stattdessen will. Gerade in einer Zeit wie der Corona-Krise, in der uns einmal mehr vor Augen geführt wird, wie abrupt Politik, Wirtschaft und Gesundheitssysteme ins Wanken geraten können, in der wir erfahren müssen, dass offene Grenzen demokratischer Länder keine immerwährenden Selbstverständlichkeiten sind, sollte ich mich baldmöglichst auf die Reise begeben.

Knapp anderthalb Jahre später sitze ich an einem sonnigen Septembermorgen noch immer im Homeoffice. Nicht mehr bei mir, sondern bei Anja. Zweifach geimpft, sind wir nur noch einen Klick davon entfernt, unsere Kündigungsschreiben ins E-Mail-Postfach unserer Personalabteilungen zu schicken. Keiner von uns hatte je zuvor einen Arbeitsvertrag aufgehoben, ohne bereits einen neuen in der Hand zu halten. Diese Kündigung ist anders. Was auf sie folgen wird, ist nicht der nächste logische Schritt auf der Karriereleiter. Dieses Mal ist der nächste Schritt der Sprung in die Ungewissheit eines Selbstexperiments. Wir springen ins kalte Wasser und bezahlen sogar noch dafür mit einem großen Teil unserer Ersparnisse. Kein geskripteter Ablaufplan, kein fest einkalkuliertes Happy End. Nichts als die Idee für eine Expedition ins Glück, geleitet von fast verflüchtigten Witterungen aus Kindheitstagen, ohne die geringste Ahnung, wohin sie uns letztlich führen werden. Woher so viel Vertrauen ins eigene Vorgefühl kommt, können wir uns nicht erklären. Doch würden wir unsere Reise nicht ernst genug nehmen, unseren Träumen nicht mit einer satten Ladung Pathos und Zweckoptimismus ihr Gewicht zurückgeben, würden wir es wahrscheinlich nicht schaffen, unsere Herzen für dieses Abenteuer in die Hand zu nehmen.

Schon kurz nach dem virtuellen Geburtstagsständchen meiner Kollegen verschickte ich eine erste Kündigung, nämlich die an meinen Vermieter. Anja und ich hatten beschlossen, die Pandemie gemeinsam in ihrer Wohnung auszusitzen und die dadurch eingesparten Mietkosten ins Reisebudget zu stecken. Also begann ich schon damals, all mein Hab und Gut zu verkaufen und zu verschenken. Bis auf ein paar wenige Gegenstände, an denen unbezahlbare Erinnerungen hängen, sollte alles weg. Tabula rasa für das Gefühl absoluter Freiheit. Eine Einlagerung unserer Habseligkeiten kam deshalb nicht für uns infrage. In einem Mietcontainer verkämen sie zu Abhängigkeiten. Lagerkosten könnten wir uns ohne Einkommen nur für einen limitierten Zeitraum leisten. Und wozu? Um dann mit den Hinterlassenschaften eines alten Lebensabschnitts in einen neuen zu starten? Nein, eine Einlagerung widerspräche einfach allem, für was unsere nach vorn gerichtete Reise stehen soll. Aus demselben Grund waren auch Untervermietung und Sabbatical nie ernst zu nehmende Optionen für uns. Dieses eine Mal werden wir uns niemandem versprechen. Wir wollen uns ausprobieren, so lange wie nötig oder so lange wie möglich.

Der Anfang des eigenen Ausverkaufs tat weh. Denn den machte mein Ausreißermobil Rubi. Voll beladen mit unbezahlbaren Erinnerungen, hätte ich sie am liebsten behalten. Und doch würde sie in keinen Umzugskarton passen, um auf dem Dachboden meiner Eltern einen Platz neben den anderen Ausnahmegegenständen zu finden. Immerhin ging danach alles leichter von der Hand. Kaum war der Abschied von Rubi verdaut, war es mir sogar eine Lust, mal richtig klar Schiff zu machen. Fazit: In meiner Vorstellung hatte ich immer viel mehr unter dem Trennungsschmerz gelitten, als es dann in Wirklichkeit der Fall war. Unfassbar, wie viel Zeug sich über die Jahre ansammelt! Drei Monate später zog ich mit zwei Reisetaschen und einem Rucksack zu Anja. Seither lebe ich also aus dem Koffer, was sich bislang aber wunderbar aushalten ließ, denn ich sehe die neuen Umstände bereits als Teil unserer *Vagateers*-Reise. Vaga … was?! *@vagateers,* kurz für *Vagabonding Volunteers,* so haben wir unser digitales Reisetagebuch genannt. Die Konten auf Instagram und YouTube waren rasch erstellt, doch den Starttag unserer Reise mussten wir in anderthalb Pandemiejahren noch dreimal verschieben.

Mit guten Chancen auf eine rechtzeitige dritte Booster-Impfung scheint der Tag unserer Abreise jetzt aber wirklich vor der Tür zu stehen. Zwischen Klimakrise, Artensterben, Pandemie und Populismus wurde es allerhöchste Zeit, eine passende Antwort auf die Gretchenfrage zu finden: Wie zum Geier wollen wir einen krisengebeutelten Planeten bereisen? Der Zustand der Erde ist, gelinde gesagt, desolat. Wie wir heute reisen, entscheidet darüber, wie er morgen aussieht. Also wie geht man sie an, die zeitgemäße Weltreise?

Nachhaltig. Das ist das Erste, was einem dazu einfällt. Und eine ganze Weile lang auch das Einzige. Weil ein Begriff wie Nachhaltigkeit so abstrakt vielschichtig und dabei so lähmend präzise ist. Sobald ich einen Fuß in den Flieger setze, kann ich mir das mit der uneingeschränkten Nachhaltigkeit ja schon abschminken. Andererseits gibt es bewundernswerte Beispiele von Menschen, die Fernreisen komplett ohne Flugzeug geschafft haben. Andere verzichten aufs Auto, viele nehmen das Segelboot, und wieder andere reisen ausschließlich aus eigener Kraft, fahren mit dem Fahrrad oder laufen gar zu Fuß die Kontinente ab. Zurzeit befindet sich zum Beispiel die Australierin Lucy Barnard mit ihrem Hund Wombat auf einer 30 000 km langen Wanderung, die sie vom südlichsten Punkt Chiles bis zum nördlichsten Punkt Alaskas führen soll. Wenn sie das geschafft hat, wäre sie die erste Frau, die diese Strecke jemals zu Fuß zurückgelegt hat. So inspirierend diese Projekte sind, mit unserer Reiseidee ließen sich vergleichbare Leistungen wohl nicht unter einen Hut bringen. Was also tun, wenn der vollumfängliche Verzicht auf fossil betriebene Verkehrsmittel nicht mit den persönlichen Reisegründen zu vereinbaren ist?

Ich glaube nicht, dass es in unserer Zeit darum geht, niemals wieder zu fliegen, nie wieder Auto zu fahren, nie wieder dieses und niemals wieder jenes zu tun. Trotzdem braucht diese Welt nichts dringender als Mut machende Geschichten von WegbereiterInnen wie Lucy, die von möglich gemachten Unmöglichkeiten handeln. Sie helfen, sich eine Sensibilität dafür zu bewahren, welche Auswirkungen die Wahl des Verkehrsmittels hat. Wer dafür empfänglich bleibt, zieht ganz automatisch angemessene Schlüsse. Zum Beispiel Zwischenlandungen zu vermeiden, wenn sich schon der Flieger nicht vermeiden lässt. Weniger Orte besuchen, dafür länger bleiben. Unterkünfte von Locals buchen oder welche mit zertifizierten Nachhaltigkeitskonzepten. Auch die Vermeidung von Einwegplastik und ein achtsamer Energie- und Wasserverbrauch sind wichtige Stellschrauben. Das Netz ist voll mit empfehlenswerten Blog-Beiträgen, die sich ausführlich damit beschäftigen, wie man angemessen herumkommt. Indem wir bewusste Entscheidungen über das Wie einer Reise treffen, können wir sie umweltverträglicher gestalten.

Zusätzlich haben wir uns in das große Thema »Voluntourimus« eingelesen. Wir konnten aber niemanden ausfindig machen, von dem wir lernen könnten, wie man als Volunteers die ganze Welt am Stück bereist und nebenher auch noch eine nicht enden wollende Liste an Traumberufen abarbeitet. Also haben wir uns im Vorfeld selbst ein paar Auflagen erteilt und sie als kleines Vademecum unseren Tagebüchern beigelegt, damit wir den Widerspruch zwischen dem Bereisen und Erhalten unseres Planeten unterwegs möglichst gering halten. Es sind unsere sieben goldenen Walz-Regeln.

1. **Ökologische Projekte:** Wir wollen unseren Gastländern ein bisschen was zurückgeben. Wir erfüllen uns nur Traumjobs, die einen positiven Beitrag in der Klimakrise oder gegen das Artensterben leisten. Bei aller über die Zeit geretteter Bewunderung für Colt Seavers: den Job als kalifornischer Kopfgeldjäger muss ich ein anderes Mal ausprobieren.
2. **Lokale Projekte:** Wir arbeiten nicht gegen, sondern mit Locals – an ihren lokalen Projekten und Ideen. Wir sind uns der Masche verantwortungsloser Betriebe bewusst, mit reisenden Volunteers die vielerorts ohnehin dürftigen Gehälter für lokale Arbeitskräfte zu umgehen.
3. **Flexibel zum Ziel:** Wenn wir, etwa wegen mangelnder theoretischer Vorkenntnisse, als klassische Volunteers nicht weiterkommen, versuchen wir, über Praktika, Aus- oder Weiterbildungsmöglichkeiten ans Ziel unserer Berufsträume zu gelangen. Doch egal, wie, immer …
4. **Ohne Bezahlung:** Wir arbeiten als Freiwillige, wenn möglich gegen Kost und Logis, doch stets unentgeltlich. In vielen Fäl-

len kosten Volunteering-Gelegenheiten Geld. Aus guten Gründen, doch dazu später mehr.

5. **Keine fixe Reiseroute, kein fester Zeitplan:** Sehnsuchtsorte haben wir überall auf der Welt. Projekte, die uns erlauben, in einen unserer doch manchmal recht speziellen Traumjobs zu schnuppern, werden dagegen weniger leicht zu finden sein. Deshalb gehen Projekte im Zweifelsfall vor, auch wenn wir dafür Umwege in Kauf nehmen müssen. Sie sollen uns leiten und Stück für Stück die Reiseroute bestimmen.
6. **Langsam reisen:** Weniger Orte, dafür länger bleiben. Die Orte, an denen wir arbeiten werden, wollen wir mit dem Großteil unserer zur Verfügung stehenden Zeit kennenlernen. Laufen die Visa aus oder zieht der Sommer weiter, ziehen wir spätestens mit. Unsere Transportmöglichkeiten wägen wir bestmöglich ab. Finden wir keine Alternative zum Flugzeug, kompensieren wir unsere CO_2-Emissionen.
7. **Dauer der Reise:** Wie lange wir reisen, ist völlig offen. Wer weiß, ob wir den Ort finden, an dem sich alles fügt und wir so glücklich sind, dass wir bleiben wollen. Anderenfalls wollen wir so lange durch zweckbestimmte Lebensentwürfe walzen, bis das Reisebudget aufgebraucht ist. Wann dieser Zeitpunkt eintreten wird, weiß nur der Wind.

Mit Laptops auf den Schößen sitzen wir nebeneinander auf Anjas Wetten-Dass-Sofa, das viel zu groß ist für ihr Wohnzimmer. Mit den Zeigefingern im Anschlag gucken wir uns verschwörerisch an. Ich zähle runter, »Drei, zwei, anderthalb, eins!«, dann klickt die Enter-Taste.

»Wir haben es wirklich getan, Lars!«, ruft Anja halb begeistert, halb überrascht von der eigenen Courage. »Jetzt gibt es kein Zurück mehr!«

Einen Moment lang starren wir ungläubig lachend in die oberste Zeile vom Gesendet-Ordner. So ein leises Klickgeräusch für die Besiegelung von so einem großen Wagnis.

»Was machen wir jetzt?«, frage ich aufgekratzt.

»Rausgehen und feiern!«

Sendlinger Passanten bieten wir an diesem Septembertag keinen alltäglichen Anblick. Zwei erwachsene Menschen trinkend und tanzend in der Mittagssonne auf einer Parkbank am Luise-Kiesselbach-Platz. Die Boombox hüpft im Bass, eine klatscht stabil gegen den Takt, der andere schimpft in radegebrochenem Bayrisch auf sich selbst ein, dass ihm die Kronkorken aus den Augen fallen. »Und des ois a no mitten am Dog! Joa san mia denn do in Berlin? Grattler san des!«

Zwei Monate später sind wir in München abgemeldet. Mit dem Auszug aus Anjas Wohnung und für die Dauer von vier Wochen trennen sich im Dezember 2021 unsere Wege. Es ist fast auf den Tag genau zwei Jahre her, dass ich in der S-Bahn zur Arbeit fuhr und mich zu fragen begann, was mich hier eigentlich noch hält. Heute sitze ich wieder in der Bahn. Dieses Mal aber im Zug nach Hannover, während Anja auf gleiche Weise nach Memmingen unterwegs ist. Heute Morgen haben wir uns am Münchner Hauptbahnhof voneinander verabschiedet. Die letzten Wochen vor unserem Abflug verbringen wir jeweils in der Heimat bei unseren Eltern. Die FFP2-Masken können ihr Strahlen über meine Ankunft nicht verbergen. »Wie schön, dich wieder hier zu haben!«, ruft mir meine Mutter entgegen.

Meine Eltern haben mit Verständnis und Zuspruch auf unsere Pläne reagiert. Vor allem meiner Mutter bin ich dankbar dafür, denn ich weiß, dass sie die eine Sorge heruntergeschluckt hat, die auch ich nicht aussprechen will. Beide Eltern erfreuen sich glücklicherweise bester Gesundheit. Was aber ein Zustand ist, der bekanntlich nur unbestimmt lange anhält – genau wie unsere Reise. Selbstverständlich stellt man sich mit 76 und 80 Jahren da insgeheim die Wiedersehensfrage.

Ich bin jetzt 40, das ist gerade einmal halb so alt wie mein Vater, überlege ich, während wir in Isernhagen durch die Straßen meiner Kindheit fahren. Und doch haben es nicht alle aus meinem Freundeskreis bis hierhin geschafft. Meine erste feste Freundin nicht und auch mein alter Kumpel Freda nicht. Wobei es Freda nach jahrelangem Kampf gegen die Leukämie irgendwann hat kommen sehen. Eines Tages fing er das Gleitschirmfliegen an. Mich hat das damals kein bisschen gewundert. Ob sterbenskrank oder kerngesund, am Tod können wir nichts ändern. Nur am Leben. Ist doch klar, dass er sich da satt isst. Ich hingegen weiß noch nicht mal, worauf ich eigentlich Hunger habe.

»Fühlst du das auch nicht?«, will Anja in der Schlange vorm Check-in Schalter von mir wissen.

Nachdem sich jeder am Vorabend von Freunden und am frühen Morgen von der Familie verabschiedet hatte, trafen wir uns vor einer halben Stunde am Münchner Flughafen endlich wieder. Unsere Züge kamen fast zeitgleich an. Also meiner Wiedersehensfreude fehlt es an nichts, denke ich etwas beunruhigt.

»Was fehlt dir denn?«, will ich wissen.

»Ich hab immer gedacht, ich wäre am Abreisetag total nervös. Aber das Gegenteil ist der Fall. Ausgerechnet heute bin ich Ober-Nervösi komplett ruhig. Das ist doch komisch, oder nicht?«

»Na ja, ein bisschen Schiss hab ich schon«, gebe ich zu. »Wenn ein Instagram-Konto die einzige Adresse ist, unter der man in den nächsten Jahren anzutreffen ist, kann sich mein Gemütszustand manchmal nicht zwischen ›Oha!‹ und ›Oh, geil!‹ entscheiden.«

Da muss sie lachen. »Was für eine Achterbahnfahrt.«

Aber Anja hat recht. Tatsächlich fühle ich mich auch erstaunlich leicht. Fast alles, was ich noch besitze, passt in die beiden Rucksäcke vor mir. Jeder von uns hat einen großen Wanderrucksack und einen kleinen fürs Handgepäck dabei. Zum ersten Mal im Leben habe ich aber auch keinerlei Verbindlichkeiten mit mir herumzutragen, die indirekt Einfluss auf mein Verhalten nehmen würden. Abkömmliche Versicherungen, Zeitschriftenabos, ja selbst unnötige Apps sind gekündigt. Es muss keine Wohnung umsorgt und kein Auto instand gehalten werden. Nie zuvor waren meine laufenden Kosten der Null so nah. Nichts zurückzulassen ruft ein erstaunlich aufgeräumtes Gefühl von Leichtigkeit hervor. Minimalismus und Freiheit sind offenbar eng miteinander verwandt.

»Jetzt sind wir frei wie nie«, denke ich laut. »Wenn ich's mir recht überlege, wurde das auch dringend mal Zeit. Aber ich muss es erst mal sacken lassen. Wie soll ich sagen, ich hab auch schon weniger Verwegenes unternommen. Vielleicht«, relativiere ich, weil ich merke, dass ich diese Veränderung mehr will, als ich Schiss vor ihr habe, »fühle ich irgendwas zwischen Angst und Euphorie. Also ja, wie in der Achterbahn.«

Es ist der 4. Januar 2022, als wir per One-Way-Ticket in die Achterbahnfahrt unseres Lebens starten. Über den Wolken überlegen wir noch eine Zeit lang weiter, wie genau wir uns fühlen. So oft haben wir uns vorab gefragt, was so ein Moment des Aufbruchs wohl mit einem macht.

Anja legt eine Strähne hinters Ohr, die sich in den Wimpern verfangen hatte, dann sagt sie: »Es fühlt sich an, als hätte man die Resettaste gedrückt.«

Zurückgestellt auf Werkseinstellungen, blicke ich in das Perlmutt der untergehenden Wintersonne. Wir sind unterwegs. Losgezogen, um in fernen Traumländern ferne Berufsträume zu leben.

Bar jeder Vernunft, bange ich, wenn ich auf die komfortablen Umstände zurückblicke, die wir dafür aufgegeben haben. Doch im Hier und Jetzt, hoch über den Wolken, wo nur die Freiheit zählt, bin ich lieber Ikarus als Sisyphus. Nicht mal allein war ich je so frei wie in diesem Moment mit Anja. Traum über Kopf, das mag schon sein. Doch vor uns liegt die ganze Welt. Was sie für uns bereithält, werden wir irgendwo da draußen erfahren. Erste Station: der südafrikanische Busch.

3 | WIEDERVERZAUBERUNG DER WELT

Makuleke, Limpopo, Südafrika
Mashatu, Central District, Botswana

Trommelschläge schallen durch die Nacht. Eben noch dumpf aus der Ferne, dringen die Geräusche jetzt mit jedem Schlag klarer an mein Ohr. In der Dunkelheit fingere ich mein Handy unter dem Kopfkissen hervor. Viertel vor fünf. Das fahle Licht des Bildschirms fällt auf mein Moskitonetz und verrät, was ich im Schlaf vergessen hatte. Ich befinde mich in einer kleinen Holzhütte, einem reetgedeckten Pfahlbau, der sich hinter dicht wachsendem Elefantenohr versteckt, in einem der abgelegensten Bereiche des Kruger-Nationalparks. Gestern sind Anja und ich nach ermüdend langer Anreise eingezogen. In Häuschen Nummer eins, gleich neben dem Study Deck. Auf die restlichen neun Hütten sind unsere siebzehn MitschülerInnen verteilt. Weit abseits der Touristenmassen, da, wo Südafrika, Simbabwe und Mosambik in unberührter Wildnis aufeinandertreffen, befindet sich das Ausbildungscamp Makuleke. Das Buschinternat liegt gleich unterhalb des Grenzflusses Limpopo, in dem sich Nilpferde und Krokodile tummeln. Es ist eines von insgesamt drei Camps, in denen wir in den kommenden Monaten zu professionellen Safari Guides ausgebildet werden sollen. Zäune gibt es hier nicht, dafür die ganze Vielfalt der südafrikanischen Tierwelt. Vor allem Elefanten spazieren gerne mal durchs Camp, und ich glaube, dass dieses tieffrequente Grummeln, das heute Nacht auf leisen Sohlen um unsere Hütte wanderte, einer gewesen sein muss.

Irgendwo in Afrika mit wilden Tieren zu leben ist vielleicht der älteste meiner Kindheitsträume. Und doch kam ich erst als Erwachsener zum ersten Mal auf den Kontinent. Ich reiste damals für ein paar Wochen nach Kenia, besuchte das berühmte Sheldrick-Elefanten-Waisenhaus und verbrachte so viel Zeit wie möglich in den südlichen Nationalparks, wo ich als Volunteer am Alltag der Safari Ranger teilhaben konnte. Jeden Tag unternahmen wir Patrouillen, zählten Tierbestände, kartierten ihre Wanderrouten, entfernten Schlingfallen von Wilderern, reparierten Schotterpisten und den in die Jahre gekommenen Land Cruiser. Was Amboselis grasende Elefantenherden, der majestätische Kilimandscharo, seine Krone aus Schnee und Tsavos endlose Weiten mit mir gemacht haben, ist unmöglich in Worte zu fassen. Ich würde alle möglichen Länder auf der Welt gerne mal bereisen, doch meine Sehnsucht nach Afrika brennt auf anderer Flamme. Gegen Ende meines Aufenthalts fiel Head Ranger Jomo auf, dass ich noch keinen Löwen gesehen hatte. Ich zuckte mit den Achseln. Was soll man da schon machen? »Schade, aber auch nicht allzu schlimm«, meinte ich. Daraufhin lächelte er, deutete mit einer Kopfbewegung auf den alten Land Cruiser und sagte: »Steig ein. Ich finde dir welche.« Eine Dreiviertelstunde lang fuhren wir durch die Savanne, bevor Jomo den Geländewagen durch hohes Gras lenkte und vor einer ausladenden Schirmakazie anhielt. Ich sah mich um, entdeckte erst nichts und dann ein ganzes Rudel. Im Schatten der Baumkrone reckte ein Löwe nach dem anderen neugierig seinen Kopf aus dem hohen Gras. Ich konnte sogar zwei Welpen erkennen, die auf ihre Mutter kletterten, um überhaupt etwas sehen zu können. Es ist mir bis heute ein Rätsel, wie Jomo das Rudel so zielsicher ausfindig machen konnte, das uns wochenlang verborgen geblieben war. Auf der Herfahrt hielt er einmal an, begutachtete eine Löwenspur im Sand, die er für nur wenige Stunden alt hielt. Aber es musste weit mehr dahinterstecken als professionelles Spurenlesen, denn die Pfotenabdrücke verloren sich nach wenigen Metern wieder im Gras. Viel mehr schien er die Natur in ihrer Gesamtheit lesen zu können, als sei sie ein Buch. Er musste Zeichen in ihr erkennen können, die für mich unsichtbar waren. Seither war für mich klar, dass ich das auch lernen will. Genau wie Jomo will auch ich alle nötigen Fähigkeiten besitzen, um mich sicher durch die afrikanische Wildnis zu bewegen und jedes Tier aufspüren zu können, das in meiner Umgebung lebt. Deshalb starten wir unsere Reise nicht als Volunteers, sondern als Azubis. Deshalb sind wir hier, im wilden Klassenzimmer von Makuleke.

Den ersten Monat unserer Reise verbrachten wir in einem Mietwagen, mit dem wir von Kapstadt bis nach Johannesburg quer durchs Land fuhren. In diese erste Station unserer Walz investieren wir insgesamt fünf Monate Zeit und einen fünfstelligen Betrag. So einen Batzen Geld auf einmal auszugeben, das tut weh. Aber vorausgesetzt, wir bestehen die Abschlussprüfungen, dürften wir uns Safari Guides oder *Field Guides* nennen, was die offizielle Bezeichnung für den Beruf ist. Zertifiziert von PrüferInnen eines im internationalen Naturschutzsektor renommierten Verbands, der Field Guides Association of Southern Africa (FGASA). Plötzlich stünden also nicht mehr nur marketingrelevante Qualifikationen auf unseren Lebensläufen, sondern auch eine, die uns ein breites biologisches Grundverständnis bescheinigt. Für künftige Bewerbungen auf begehrte Volunteering-Jobs rechnen wir uns damit bessere Chancen aus. Die Ausbildung soll Sprungbrett in unsere Reise durch weitere Traumjobs sein. Bleibt nur zu hoffen, dass wir uns damit nicht übernommen haben. Überall haben wir davon gelesen, wie anspruchsvoll, fordernd und strapaziös die Lehrzeit sein soll.

»Anja, Lars, seid ihr wach?«, ruft die Trommlerin durch das Gitterfenster unserer Hütte. Die Stimme gehört zu Emilia, die sich uns gestern als Back-up-Guide vorgestellt hat. Die Ausbildung, die für uns heute beginnt, hat sie längst beendet. Jetzt arbeitet sie hier im Camp und unterstützt neben zwei weiteren Back-ups das dreiköpfige Lehrerkollegium. Die drei Lehrer, die sie hier Instructors nennen, sind allesamt gestandene Safari Guides mit langjähriger Berufserfahrung. Ryan, Desmond und Head Instructor Blake, der hier im Camp ganzjährig zu Hause ist.

Anja knipst ihre Kopflampe an. »Ja, vielen Dank fürs Wecken!« Während Emilia trommelnd weiterzieht, schlüpfen wir aus unseren Feldbetten. Zeit, uns über die wunderlichen Geräusche der Nacht zu unterhalten, haben wir nicht. Keine dreißig Minuten später stehen wir in kaki- und olivfarbener Arbeitskleidung neben unseren MitschülerInnen auf dem Study Deck. Zu kurzen Hosen und robusten Hemden tragen wir Hüte und feste Wanderschuhe. Außerdem hat jeder ausreichend Trinkwasser, ein Fernglas und einen Notizblock dabei. Alle im Camp sind negativ auf Corona getestet, sodass wir hier draußen guten Gewissens auf das Tragen von Masken verzichten können.

Wie alle anderen Gebäude hat das Study Deck ein Dach aus Reet und steht auf Stelzen. Im Unterschied zu den Wohnhütten ist es aber zu allen Seiten offen und dient gleichzeitig als Klassen- und Esszimmer. Die Tische sind zu einem großen U zusammengestellt, an dessen offenem Ende eine Leinwand und ein Whiteboard aufgestellt sind. Daneben zwei Bücherregale voller Fachliteratur über die hiesige Flora und Fauna. Man blickt auf einen breit verzweigten Nyala-Baum, der gut zwanzig Meter in die Höhe ragt. Seine Äste reichen bis über das Study Deck. Im ersten Dämmerlicht beobachten wir, wie sich eine Horde Paviane auf ihm versammelt und um die besten Futterplätze streitet. Wild brüllend gehen sie aufeinander los, jagen sich von einem Ast zum anderen und scheinen im Trubel gar nicht zu bemerken, dass die meisten Beeren nicht in ihren Mäulern, sondern auf dem Boden landen.

Unser Frühstück besteht aus Rusks, steinharten, knochentrockenen Kekskłumpen, die man in seinen Instantkaffee taucht. Andernfalls würde man sich daran auch die Zähne ausbeißen. Erstaunlicherweise verwandelt das Bad im Emaillebecher aber nicht nur den Keksklumpen in Kaubares, sondern auch die Pulverplörre in Genießbares. So wenig ansprechend sich Essen und Heißgetränk nebeneinander präsentieren, so überraschend gut ist beides in Kombination.

Um kurz vor halb sechs bittet uns Emilia, das Frühstück zu beenden. Es ist Samstag, aber Wochenenden werden wir vorläufig keine mehr haben. Im Busch sei jeden Tag Montag, hatte man uns gestern bei der abendlichen Vorstellungsrunde erklärt, und montags beginnt der Unterricht um halb sechs. Anschließend wurden wir in drei Lerngruppen aufgeteilt. Also finden wir uns in einer überschaubaren siebenköpfigen Fahrgemeinschaft bei Desmond im olivgrünen Land Rover wieder. Ryans Gruppe ist mit dem zweiten Geländewagen unterwegs, und die von Blake startet mit einer Wanderung in den ersten Schultag.

Neben Anja und mir besteht unsere Gruppe aus den Niederländerinnen Lotte und Fleur, Christa aus der Schweiz, Ben aus England und dem Südafrikaner Gabriel. In Schrittgeschwindigkeit lenkt Desmond den Land Rover über eine Schotterpiste, die so eng ist, dass wir uns manchmal vor Schlägen abstehender Äste in Acht nehmen müssen. In der letzten Reihe sitzen Anja und ich am höchsten, weil die vier Sitzreihen wie im Kino nach vorne abfallen, damit alle genug sehen können. Äste, unter denen man in den vorderen Reihen einfach durchtaucht, lassen sich hinten im Wagen nur mit den Unterarmen abwehren. Desmond fährt allerdings sehr vorausschauend und warnt uns rechtzeitig, wenn sich ein Ast nicht umfahren lässt. Überhaupt scheint er mit viel Bedacht auf sein Umfeld unterwegs zu sein. Ich würde ihn ein kleines bisschen jünger als mich schätzen, auf Mitte dreißig vielleicht. Bei durchschnittlicher Körpergröße ist er von athletischer Statur. Er hat schwarze Haare und fast ebenso dunkle hellwache Augen. Aus seinem kantigen Gesicht strahlt stets ein Lächeln, wenn er uns mit viel Geduld sein Wissen vermittelt. »Als Field Guide ist man das Bindeglied zwischen seinen Safarigästen und der Wildnis. Südafrika verfügt über ein reiches Naturerbe und einmalige Ökosysteme. Ein guter Guide bringt seinen Gästen nicht nur die Tier- und Pflanzenwelt näher. Wenn wir ein Bewusstsein dafür schaffen wollen, wie schützenswert eine natürliche Umgebung ist, geht's immer auch um indigene Kulturgeschichte. Und natürlich ist das Allerwichtigste die Sicherheit der Gäste.«

Die erste Lektion, die wir zum Thema »Sicherheit« lernen, ist die Pflege eines sogenannten ständigen Situationsbewusstseins. Es bedeutet, dass wir kontinuierlich und mit allen Sinnen die Umgebung scannen müssen, um auch kleinste Veränderungen darin wahrzunehmen. Außerdem sollen wir uns zu jedem Zeitpunkt über unseren aktuellen Standort im Klaren sein. Zusätzlich müssen wir stets die Himmelsrichtungen, Wolken und Wetter, die verbleibenden Tagesstunden, die Entfernung zum Zielort sowie Ressourcen wie Trinkwasser und Essen im Blick behalten.

Im goldenen Licht der aufgehenden Sonne glitzern Spinnweben zwischen den Blättern. Immer wieder hält Desmond an, zeigt auf Bäume, Sträucher, Tiere und Spuren und erklärt, was es damit auf sich hat. Von einem knorrigen Ast ruft ein blau leuchtender Senegalliest stimmungsvoll in den Wald hinein. Schon bald sind die abgezeichneten Tierspuren von Zibetkatze, Hyäne, Leopard und Kaffernbüffel in meinem Notizblock sowie die Namen, Merkmale und Verwendungsmöglichkeiten von fünf verschiedenen Baumarten. Auch die türkisblaue Feder einer Grünscheitelracke findet Platz zwischen den Seiten. Oft bremsen wir aber auch, um keinen der braun gesprenkelten Laufvögel zu überfahren. »Das sind Schopffrankoline«, erklärt Desmond. »Seht ihr das weiße Band über ihren Augen? Das ist ein gutes Merkmal, um sie von anderen Arten zu unterscheiden. Morgens sammeln sie die Grassamen ein, die durch Wind und Wildwechsel auf der Straße gelandet sind. Das ist einfach viel angenehmer, als sich im taunassen Gras das Gefieder zu verkleben.« Dann stellt er den Motor ab. »Steigt mal aus, ich will euch was zeigen.« Mit einem Stock kreist er die Fußabdrücke der Frankoline ein und erklärt, wie sie sich von den Abdrücken anderer Vögel unterscheiden. »Und prägt euch unbedingt auch den Ruf ein. Auch daran müsst ihr den Schopffrankolin später identifizieren können.« Ich mache mir fleißig Notizen, aber es fällt mir wahnsinnig schwer, Adjektive für diesen Ruf zu finden. Ich höre nichts als lautes, für meine Ohren absolut austauschbares Gegacker. So, wie man es von jedem Hühnervogel erwarten würde. Für die Abschlussprüfungen müssen wir 105 Vögel anhand ihres Aussehens, aber auch 64 Vögel allein anhand ihrer Rufe identifizieren können. Dabei ist es nicht etwa so, dass jede Art nur einen einzigen Ruf auf Lager hätte. Da gibt es Kontaktlaute, Warnrufe, Drohrufe, Flugrufe, Alarmrufe und Gesänge verschiedenster Melodien. Bei den Jungen im Nest kommen sogar noch Bettelrufe hinzu. Und natürlich müssen wir Verhalten und Vorkommen der Vögel genauso studieren wie für alle anderen Tiergruppen auch: Säugetiere, Fische, Reptilien, Amphibien und Gliederfüßer. Für jemanden wie mich, der bis auf ein paar Urlaube seine Zeit in Büroräumen abgesessen hat, erfordert die Ausbildung zum Safari Guide erschreckend große Mengen an Wildniswissen. Insgesamt stehen siebzehn Fächer auf dem Lehrplan. Neben Tierkunde und Tierverhalten umfasst das Studium Bereiche wie Geologie, Klima und Wetter, Natur- und Umweltschutz, Sternkunde, Pflanzenkunde, Ökologie, Taxonomie sowie die historische Besiedlung afrikanischer Lebensräume durch den Menschen. Mich überkommt jedes Mal leichte Panik, sobald ich mir den immensen Lernumfang so klar und deutlich vor Augen führe. Schon in weniger als zwei Monaten soll die Grundausbildung vor unabhängigen PrüferInnen erfolgreich abgeschlossen werden. Dabei handelt es sich um Kenntnisse, die für unsere frühsteinzeitlichen Vorfahren nichts anderes waren als Trivialitäten. Alltagswissen früher Jäger und Sammler, die sich noch als Teil der Natur verstanden haben, ist für den modernen Menschen zu einem siebenfach versiegelten Buch geworden. Während wir uns mit Navigationsgeräten in jedem asphaltierten Winkel der Welt zurechtfinden, in keinem betonierten Großstadtdschungel die Orientierung verlieren, haben wir unseren angestammten Lebensraum zur Terra incognita verkommen lassen.

Die Wildnis um mich herum sieht ganz anders aus als damals in den Savannen Kenias. In Ostafrika waren es die epischen Weiten, in denen gewaltige Herden über Tausende von Kilometern ihren Instinkten folgten. Im Busch von Makuleke werden zwischen uralten Affenbrotbäumen und Lalapalmen auch die kleinen Wunderwelten sichtbar. Seidenspinnen, die goldfarbene Netze zwischen silberne Blätter spannen, oder Ameisen, die in bedrohlich zischenden Überfallkommandos über den Waldboden patrouillieren und ganze Termitenhügel plündern. Mit Desmond wird Ehrfurcht zu Staunen. Im Gegensatz zur offenen Savanne kann man hier nie einsehen, was einen hinter der nächsten Kurve erwartet. Jederzeit könnte man plötzlich vor einem Elefanten stehen.

»Am Limpopo machen wir Kaffeepause«, schlägt Desmond vor. »Wer will auf den Tracker Seat?« Er meint damit einen einzelnen Sitz, der vorne auf der Motorhaube verschraubt ist und auf Safari für den Spurenlesenden, den sogenannten Tracker, vorgesehen ist. Natürlich will da jeder sitzen, und alle recken sofort ihre Arme in die Höhe. Alle außer Anja, die darauf vertraut, dass sie schon irgendwann auch mal an der Reihe sein wird. »Also gut«, entscheidet Desmond, »dann nimm doch gern Platz, Anja.« Es wird nicht das letzte Mal sein, dass er uns seine feinen Antennen vorführt.

Am Ufer des Limpopo angekommen, entdecken wir einen Sattelstorch, der mit seinem langen rot-gelben Schnabel Fische aus den Flachbereichen fängt, und eine kleine Gruppe Flusspferde, die sich grunzend im Wasser versammelt hat. Bei Kaffee und Rusks beobachten wir ein halbwüchsiges Krokodil, das auf Abstand zu den Dickhäutern geht. Auch als ausgewachsenes Sechs-Meter-Reptil würde es gegen einen Pulk aufgebrachter Hippos den Kürzeren ziehen. »Sie haben keine natürlichen Feinde und sind echte Choleriker. Da kommt es nicht selten zu brenzligen Situationen«, erklärt uns Desmond. »Sie sind wahnsinnig schnell reizbar und verteidigen ihr Revier mit aller Gewalt. Wahrscheinlich sind sie sich ihrer Überlegenheit bewusst und schalten deshalb sofort auf Angriff.« Wir stehen im Halbkreis am Ufer, höchstens fünfzehn Meter von den Flusspferden entfernt. Nur Augen, Ohren, Nasenlöcher und Wirbelsäule gucken aus dem bräunlichen Wasser hervor. »Erkennt ihr, wie sie uns mustern? Sie haben uns genau im Blick. Alle Ohrmuscheln sind auf uns gerichtet.«

»Sind wir hier denn vor einem Angriff sicher?«, will Anja wissen.

»Wäre hier flaches Ufer, wären wir niemals aus dem Auto gestiegen. Aber so ein vier Meter tiefer Steilhang ist eine sichere Barriere. Da kommt kein Hippo hoch.«

Ob des pummeligen Körpers und eines Gewichts von über vier Tonnen traut man es ihnen kaum zu, doch wenn es darauf ankommt, können diese Tiere enorm schnell sein. Flusspferde sind semiaquatisch, kommen an Land auf 30 Stundenkilometer und im

Wasser sogar auf 50, womit sich auch motorisierte Touristenboote einholen lassen. Dabei können sie nicht einmal schwimmen. Sie stoßen sich vom Grund ab und hüpfen wie übergroße Gummibälle im Wasser vorwärts.

Mit der Zeit scheint den lebenden Wasserflummis unser Kaffeeklatsch langweilig zu werden. Gemächlich treiben sie flussabwärts. Auf einem landet ein Kuhreiher und surft mit ihnen gen Süden. Mutualismus ist das Fachwort für derartige Verhaltensweisen, in denen beide Tierarten voneinander profitieren. In diesem Fall pflückt der weiß gefiederte Reiher dem Flusspferd Parasiten aus der Haut, die für ihn einen leckeren Snack darstellen. Außerdem erhält er eine Mitfahrgelegenheit, von der aus man perfekt nach Fröschen und anderem schmackhaften Getier Ausschau halten kann.

Da wir in Zukunft auch zu Fuß im Busch unterwegs sein werden, gibt Desmond uns noch einen wertvollen Tipp mit auf den Weg. »Bei Hippos, die an Land grasen, müsst ihr unbedingt darauf achten, dass ihr niemals in die Zone zwischen den Tieren und ihrem Fluss oder See geratet. Was auch immer den direkten Weg zurück ins Wasser versperrt, wird kompromisslos beiseitegeräumt. Gebt jeder Tierart immer den Raum, den sie benötigt. Egal, ob zu Fuß oder im Auto.«

Es geht Desmond dabei nicht nur um Sicherheit, sondern auch darum, dass Safaris ethisch korrekt stattfinden. »Natürlich geht es um das bestmögliche Erlebnis für eure Kunden. Aber niemals auf Kosten der Natur.«

»Woran erkenne ich denn, ob ich eine unethische Safari gebucht habe?«, will ich wissen.

»Bei der Buchung ist das leider schwer. Aber wenn ein Anbieter verspricht, an nur einem Tag die *Big Five* zu finden, dann wäre ich schon skeptisch. Ohne mit Vollgas durch riesige Naturschutzgebiete zu brettern, ist so ein Versprechen kaum zu halten.«

Zu den *Big Five* gehören Löwe, Leopard, Nashorn, Elefant und Büffel. Der Begriff wird häufig missverstanden. Auch wenn alle aufgezählten Spezies einen Menschen töten könnten, geht es nicht um die gefährlichsten fünf Tiere Afrikas, sondern um die, die am schwersten zu jagen sind. *Big Five* ist also ein Sammelbegriff der Großwildjäger, weshalb ihn Desmond generell für fragwürdig hält. »Na ja, es ist halt Jägerlatein. Ziemlich reißerisches noch dazu. Für mich passt das nicht in Konzepte, die auf nachhaltigen Ökotourismus setzen. Ich kann ja verstehen, dass man sich eine spektakuläre Tierbegegnung wünscht. Aber ein Besuch in den Lebensräumen dieser Tiere ist so viel mehr als das. Wir sind hier ja nicht im Zoo.«

Als die Hippos verschwunden sind, ist Zeit, uns gegenseitig ein bisschen besser unter die Lupe zu nehmen. Jeder erzählt, was ihn hierher verschlagen hat. Die Gründe könnten kaum unterschiedlicher sein: Während der sympathische Südafrikaner Gabriel seinen Lebensunterhalt als Safari Guide in Namibia verdienen will, legt Lotte das klassische Gap Year ein. Sie ist von kleinerer, gedrungener Gestalt, hat braune Locken und von allen in unserer Klasse das strahlendste Lächeln. In der Ausbildung zur Rangerin will sie mehr über die Natur lernen, bevor ihr Jurastudium losgeht. Nach und nach erfahren wir mehr über unsere fünf MitschülerInnen, bis zuletzt auch Anja und ich unsere Geschichten erzählen. Erst im Nachhinein wird uns auffallen, was dieses erste Kennenlernen so besonders für uns gemacht hat: Erstmals mussten wir uns nicht langwierig erklären. Keine entsetzten Blicke und auch keine »Seid ihr euch wirklich sicher«-Nachfragen bei den Worten »alles gekündigt« und »unbestimmte Zeit«. Sich auf Anhieb verstanden zu fühlen ist eine schöne Erfahrung.

Mit einem Stein in der Hand läutet Desmond das Ende der Pause ein. »Wer weiß, was das hier ist?« Und schon hebt er noch einen zweiten, spitz zulaufenden Stein vom Boden auf.

Auch Gabriel findet einen solchen Stein in der Böschung. »Sieht aus wie ein Faustkeil.«

»Absolut richtig! Das sind Faustkeile aus der Steinzeit.«

»Und die Dinger liegen hier einfach so rum?«, frage ich erstaunt.

»Ja, die sind hier am Crook's Corner keine Seltenheit. Rund um das Gebiet, wo der Luvuvhu in den Limpopo fließt, finden sich überall Werkzeuge aus der Steinzeit.«

Zeugnisse aus der Zeit der Jäger und Sammler kannte ich bislang nur aus dem Museum.

»Wie kann das sein?«, will ich wissen. »Gab es hier eine Siedlung?«

»Vieles deutet darauf hin. Ganz in der Nähe habe ich auch schon Überreste von Äxten gefunden und Felsmalereien gesehen. Für die Entwicklungsgeschichte des Menschen ist diese Gegend von außergewöhnlicher Bedeutung. Von hier stammen Hominidenfunde, die deutlich älter sind als zwei Millionen Jahre. Einige der ältesten Beweise menschlicher Existenz kommen von hier. Manche Anthropologen halten es deshalb für möglich, dass die Wiege der Menschheit irgendwo hier am Limpopo liegt.«

Den umherschweifenden Blicken meiner MitschülerInnen nach zu urteilen, sehe nicht nur ich den Ort unseres Kaffeekränzchens noch einmal mit anderen Augen. Vor zwei Millionen Jahren tauchte der Homo erectus in Afrika auf, konnte mit dem Feuer umgehen und erschuf Werkzeuge aus Gestein, wie wir sie gerade in den eigenen Händen halten. Eine solch geschichtsträchtige Vergangenheit passt zu dem ungewöhnlichen Abwechslungsreichtum dieser Landschaft, die sich zwischen Limpopo und Luvuvhu als sedimentreiche Lebensadern erstreckt und sich dabei so stark vom Rest des Kruger-Nationalparks unterscheidet. Weil es so entlegen und der Öffentlichkeit kaum zugänglich ist, hat sich in Makuleke eine der letzten unberührten Landstriche Südafrikas erhalten. Dichtes Buschland, spektakuläre Felsschluchten, offene Savannen, Mopane- und limettengrüne Fieberbaumwälder gehen nahtlos ineinander über. Auf nur 240 Quadratkilometern, das entspricht etwa einem Prozent des Nationalparks, sind 75 Prozent aller im Kruger vorkommenden Tierarten zu Hause. Große Elefanten- und Büffelherden leben in unmittelbarer Nähe unseres Camps. Zebraherden, Paviane, Warzenschweine, Kudus, Nyalas, Impalas und sogar Klippspringer ziehen Löwenrudel und einzelgängerische Leoparden an. Kein Wunder, dass unsere Vorfahren ausgerechnet hier siedeln wollten, denke ich auf dem Weg zurück ins Camp.

Neben einem Affenbrotbaum gigantischen Umfangs bringt Desmond den Wagen erneut zum Stehen. In Makuleke werden diese Bäume oft um die Hälfte größer als gewöhnliche Baobabs. »Der sieht aus, als hätte ihn ein Riese verkehrt rum in den Boden gesteckt.« Desmond gibt Anja recht: »Deshalb nennen wir ihn auch ›Upside-down tree‹. Wobei Baobabs keine Kambiumschicht hinter der Rinde haben und deshalb weniger Bäume als vielmehr überdimensionale Sukkulenten sind. Obwohl der Vergleich ebenfalls hinkt. Sie saugen sich zwar bis oben hin mit Wasser voll, fühlen sich aber nicht so weich an, wie sie aussehen. Ihre Struktur passt einfach in keine pflanzliche Norm.«

Wir hüpfen vom Wagen, während Desmond uns alles über die Bäume erzählt, die keine sind. Zum Beispiel, dass Elefanten in Trockenzeiten große Stücke mit ihren Stoßzähnen aus den Stämmen brechen und darauf herumkauen, um an das eingelagerte Wasser zu kommen. Und dass sich um den Baobab die Mythen und Legenden verschiedenster indigener Ethnien ranken, die ihn als Sitz verstorbener Seelen und Geister verehren. Zu acht fassen wir uns an den Händen. Wir wollen sehen, ob wir einmal um den Stamm herumkommen, und scheitern kläglich. Unser Menschenkettchen schafft es mit Ach und Krach um ein Viertel des Baobabs, den Desmond auf mindestens eintausend Jahre schätzt. Ein lebender Zeuge längst vergangener Zeiten. Dieser Ort ist spürbar mehr als die Summe seiner Teile. Schon am ersten Schultag wird mir klar, weshalb das Volk der Makuleke sein Land bis heute als magisch verehrt. Ob wohl Max Weber jemals hier gewesen ist?

1917 hat der deutsche Soziologe die *Entzauberung der Welt* erforscht. Er schrieb darüber, wie die zunehmende Rationalisierung die Wunder der Erde banalisierte. Mit der wissenschaftlichen Revolution seien all die Legenden und Mythen, mit denen man unerklärliche Naturphänomene deutete, einer Unzahl von empirischen Fakten gewichen. Anstatt Natur und Göttern weiterhin mit Demut zu begegnen, ernannte sich der Mensch einfach selbst zur Krone der Schöpfung. Mit der Entmystifizierung verlor die Natur an Bedeutung, und der Mensch richtete seine Umwelt genauso zugrunde wie allen Zauber, den seine eigene Existenz bis dahin ausgemacht hatte. Die Gabe, Magie in allem Lebenden zu erkennen, haben sich nur die Naturvölker bis heute erhalten. Weil sich diese Fähigkeit verwandeln lässt in Freude, Hoffnung und in Sinn – in genau die Dinge, an denen es modernen Gesellschaften heute an allen Ecken und Enden fehlt.

Am späten Nachmittag fahren wir noch ein weiteres Mal raus. Nach zwei Unterrichtsstunden auf dem Study Deck quetscht sich die ganze neunzehnköpfige Klasse in die beiden Safari Trucks. Statt Kaffee und Rusks haben wir Kaltgetränke an Bord, mit denen wir in den kommenden zwei Monaten keinen einzigen Sonnenuntergang mehr verpassen werden. Ohne Sundowner ist eine Safari einfach keine Safari. Im Konvoi holpert unser fahrendes Klassenzimmer durch den Busch. Keine zehn Minuten sind wir unterwegs, als sich einmal mehr Desmonds Gespür für das Verborgene bemerkbar macht. Als er den Motor abstellt, wird es auch auf den Sitzreihen schlagartig mucksmäuschenstill. Alle versuchen zu erkennen, warum Desmond so abrupt angehalten hat. Dann kann auch ich endlich seine beeindruckend großen Gründe erkennen: Drei stattliche Elefantenbullen haben sich dazu entschlossen, uns zum Feierabend die Kinnläden runterzuklappen. Zwanzig Meter vor uns tritt einer nach dem anderen aus dem Geäst. Die Fähigkeit von Elefanten, mit dem Hintergrund zu verschmelzen, ist wahrlich verblüffend. Die gewaltigen Tiere haben eine Schulterhöhe von drei Metern. Und doch sind sie erstaunlich geschickt darin, sich in Luft aufzulösen. Leicht versetzt marschiert die Junggesellengruppe auf uns zu. Tonnenschwer und widersprüchlich geräuschlos. Dicke gelenkschonende Fußpolster aus Fettgewebe absorbieren die Wucht ihrer großen Schritte, mit denen sie sich unseren Fahrzeugen frontal nähern. Ihre starke Kurzsichtigkeit scheint Instructor Ryan nicht zu beunruhigen, der vorn auf dem Tracker Seat sitzt. Auch auf mich machen die drei schweren Jungs einen unaufgeregten Eindruck. Vor der Motorhaube bleibt der erste stehen. In seinem Mundwinkel steckt ein Büschel schmetterlingsgeformter Mopane-Blätter. Rüsselnd inspiziert er Ryan, ohne ihn dabei zu berühren. Er scheint ganz genau zu wissen, wo seine mächtigen Stoßzähne enden. Es ist faszinierend zu beobachten, mit wie viel Sanftmut das schwerste Landsäugetier auf Erden seine Umgebung untersucht, die in diesem Augenblick Ryan heißt. Entspannt fächern anderthalb Meter lange Ohren durch die laue Abendluft. Dann hat er genug gerochen. Als das Trio von dannen zieht und sich neunzehn Münder wieder schließen, flattert unversehens ein Vogel aus dem Dickicht. Erstaunlicherweise zeigt er keinerlei Scheu, sondern fliegt geradewegs auf uns zu. Doch was dann geschieht, lässt uns vor Verwunderung die Augen reiben. Ohne Unterlass umkreist er unseren Wagen, immer wieder und wieder, laut trällernd, als wolle er uns etwas Wichtiges mitteilen. Nach einigen Runden gönnt er sich auf einem Ast eine Verschnaufpause. Sein hellroter Schnabel, die schwarze

Kehle und zwei weiße Bäckchen sind jetzt gut zu erkennen. Dann versucht es das aufgebrachte Kerlchen erneut, tanzt in der Luft auf und wieder ab und versucht mit aller Hingabe, unsere Aufmerksamkeit zu gewinnen. Im Cockpit von Desmond ertönt das Funkgerät. Es ist Head Instructor Blake, der im Wagen hinter uns am Steuer sitzt: »Hey, Des, die Gewehre liegen im Camp. Wir können ihm nicht folgen. Over.« »Copy that. Schon gar nicht um diese Uhrzeit. Wir fahren weiter, die Sonne geht bald unter. Over and out.«

Wenig später stoßen wir beim Sundowner auf den Tag an. Dazu haben wir am Rande einer offenen Ebene geparkt, auf der sich eine Herde friedlich grasender Kaffernbüffel eingefunden hat. Bei Dosenbier und Limonade lehnen wir mit Gabriel und Lotte an der Motorhaube. Berauscht von der Begegnung mit den Elefantenbullen, plappern wir aufgeregt durcheinander und stellen uns vor, wie es wäre, hätte einer von uns an Ryans Stelle auf dem Tracker Seat gesessen. Dann fällt uns der Vogel wieder ein, und wir wenden uns an Desmond.

»Das war ein Großer Honiganzeiger, ein Männchen. Er wollte, dass wir ihm folgen. Aber es ging nicht, weil wir keine Gewehre dabeihaben, ohne die wir nicht mit euch durch den Busch laufen dürfen.«

»Ernsthaft?« Anja sieht Desmond an, als würde er Märchen erzählen. »Er wollte, dass wir ihm hinterher laufen?«

»Absolut, wir sind Teil der Natur und damit auch Teil symbiotischer Beziehungen.«

»So wie Nilpferde und Kuhreiher?«

»Ja genau, mutualistisch. Es gibt eine uralte Symbiose zwischen Honiganzeigern und Menschen, die hier draußen noch immer besteht. Der Honiganzeiger liebt Bienenlarven und weiß, dass wir Menschen Honig essen. Im Gegensatz zu uns kann er einen Bienenstock aber nicht selbstständig öffnen. Um an Larven und Wachs zu kommen, braucht er Hilfe von einem Komplizen, der die Fähigkeiten und das Werkzeug dazu besitzt. Hat er ein Bienennest entdeckt, hält er deshalb Ausschau nach einem Menschen, den er zu seinem wertvollen Fund führt. Aber wehe dem, der ihm seinen Anteil verweigert! Für den Honiganzeiger sind Betrug und Selbstsucht unverzeihliche Vergehen, heißt es in den Sagen der San. Wer es dennoch wagt, ihn leer ausgehen zu lassen und alle Waben für sich zu behalten, den führt er beim nächsten Mal nicht zum Honig, sondern auf direktem Weg zu den Löwen.«

Vor schwarzen Büffelsilhouetten gucken wir der Sonne beim Untergehen zu. Versunken in den Himmelsfarben, die mich an Honigtoast erinnern, muss ich noch mal an Max Weber denken. Ich stimme ihm zu: Einer Welt, in der es auf jede Frage eine Antwort gibt, fehlt es an Zauber. Weber hatte zahlreiche Reisen unternommen, doch wenn ich unseren ersten Tag als Ranger-Lehrlinge Revue passieren lasse, dann schätze ich, dass er wohl nicht in Makuleke vorbeigekommen ist. Wo tausend Jahre alte Bäume kopfüber in den Himmel emporwachsen, graue Riesen unsichtbar werden und wo man Vögeln durch verwunschene Wälder zu goldgelben Schätzen folgen kann, da braucht es manchmal nur einen einzigen Tag, um unseren Planeten wieder als einen Ort zu begreifen, an dem sich Märchenhaftes abspielt.

Im täglichen Wechsel bilden je zwei SchülerInnen das *Duty Team.* Die englische Bezeichnung bringt auf den Punkt, was damit einhergeht: eine ganze Reihe an Pflichten. Der Weckdienst gehört dazu, aber auch die Vorbereitung je einer Verpflegungsbox für alle Lerngruppen mit Rusks, Keksen, heißem Wasser, Teebeuteln und löslichem Kaffeepulver. Solch große Mengen Wasser auf der kleinen Gasflamme einer Buschküche zu kochen braucht Zeit. Deshalb müssen die ersten Flötenkessel spätestens um vier Uhr morgens auf dem Herd stehen. So früh ist es noch stockduster. Da findet jeder Handgriff im Schein der Kopflampe statt, und man sollte aufpassen, wo man hinlangt. Auch Schlangen, Spinnen und Skorpione gehören in der Wildnis zum Alltag. Und Hundertfüßer, deren Unterschied zu Tausendfüßern uns ein Mitschüler unlängst vorführte. Im Gegensatz zu ihren vegetarischen Verwandten haben Hundertfüßer Giftdrüsen, mit denen sie Frösche, Vögel und Mäuse erlegen. In der Morgendämmerung hatte Nick den zwanzig Zentimeter langen Skolopender übersehen, der es sich auf seinem Stuhl gemütlich gemacht hatte. Seither kann ich aus sicherer Quelle bestätigen, dass es Schöneres gibt, als den Tag mit einem Biss ins Gemächt einzuläuten. Derartige Unfälle mit Riesenläufern sind schon an weniger empfindlichen Körperstellen schmerzhaft. Darüber hinaus ist mit ihrer Toxizität nicht zu spaßen. Der glimpfliche Ausgang bei Nick ist vermutlich dem festen Stoff seiner Hose zu verdanken.

Sind alle Verpflegungsboxen gepackt, dreht einer vom Duty Team pünktlich um Viertel vor fünf eine Runde mit der Buschtrommel. Es folgen vier bis fünf Stunden praktischer Unterricht, verpackt als Safari, den die Lerngruppen abwechselnd laufend und fahrend unternehmen. Auf diese Weise schwärmen alle Teams jeden Tag in andere Himmelsrichtungen aus, und man bekommt nach und nach fast alle prüfungsrelevanten Tierarten zu sehen. Manche bleiben uns aber auch tagelang hartnäckig verborgen. Dann untersuchen wir ihre Fußabdrücke, Ausscheidungen, Kratzspuren oder sonstige Hinterlassenschaften, um mehr über ihr Verhalten zu erfahren. Zu Anjas Freude wird der Pflanzenkunde mindestens genauso viel Studienzeit eingeräumt wie den Tieren. Und ich muss gestehen, dass ich Anjas Leidenschaft für alles Photosynthetisierende von Tag zu Tag besser nachvollziehen kann. Im Busch wachsen erstaunliche Pflanzen. Violetter Teufelsdorn lässt sich mit nur einem Spritzer Wasser in Flüssigseife verwandeln. Wilder Salbei taugt als natürliches Mückenschutzmittel, und die Schoten Roter Buschweide geben wir auf unseren Exkursionen wie Teebeutel in heißes Wasser. Wir lernen, woran wir giftige Pflanzen erkennen können und dass es sich lohnt, die Essgewohnheiten der Grünen Meerkatze zu studieren. Da ihr Verdauungssystem dem des Menschen stark ähnelt, ist der kleine Primat ein hilfreicher Indikator bei der Suche nach Essbarem. Oft kehrt Anja mit einer Handvoll Büffeldornblätter zurück ins Camp, die sie als nussig schmeckendes Topping auf ihren Salat gibt.

Unser Wissensstand wird in wöchentlichen Tests überprüft. Dabei geht es niemals nur um biologische Fakten. Bei Pflanzen geht es immer auch um deren Verwendungsmöglichkeiten, bei Tieren stets auch um Spuren und Verhaltensweisen. Auch ihre Bedeutungen für einheimische Volksgruppen wird abgefragt, die wir in Fabeln und Sagen finden können.

Erst nach der frühen Unterrichtseinheit im Busch gibt es ein ausgiebiges Frühstücksbüfett, mit allem, was das Rangerherz begehrt. Zubereitet von einheimischen KöchInnen, aufgetischt und präsentiert vom Duty Team, damit wir trainieren, rund um die Uhr gute GastgeberInnen zu sein. Denn auch das gehört zum Job eines Safari Guide.

Nach dem Frühstück ist vor dem Theorieunterricht, nach dem Theorieunterricht ist vor dem Mittagessen, und nach dem Mittagessen ist vor der Abendaktivität, die, genau wie die morgendliche Safari, als Exkursion zu Fuß oder als Lehrfahrt im Geländewagen stattfindet und mit einem Sundowner endet. So kommen wir täglich auf acht bis zehn Stunden, die wir draußen in der Wildnis verbringen. Fürs Pauken vor Tests und Klassenarbeiten bleibt da nur wenig Zeit. Tatsächlich kommt es vor, dass einem an Duty-Tagen nicht einmal genug Zeit zum Duschen bleibt. Stresslevel und Lernkurve schießen proportional steil gen Norden, was am Ende eines jeden Tages zu einem unerwartet angenehmen Gefühl von Zufriedenheit führt. Anfangs durchaus überfordert, riet uns Desmond, dem Prozess zu vertrauen. »Die täglichen Vorlesungen, Hunderte von Stunden auf Safari, dann eure persönlichen Erlebnisse da draußen und abends die Geschichten von den anderen am Lagerfeuer – da bleibt der Stoff bald automatisch im Gedächtnis hängen.«

Bei all den Herausforderungen zehren wir vom guten Gefühl persönlichen Fortschritts, gesteigerter Konzentrationsfähigkeit und sensibilisierter Sinne. Mit jedem Tag saugen wir neue Eindrücke in uns auf, studieren neue Puzzleteile der Wildnis, von den großen, die trompeten und brüllen, bis zu den winzig kleinen, die unter Steinen krabbeln. Bis wir immer besser verstehen, wie sie zusammengehören, und sich langsam, aber sicher ein Bild ergibt. Desmond: »Euer Fach ist die Wildnis, die Umgebung, in der ihr momentan lebt. Bewusst oder unbewusst studiert ihr also sowieso 24/7.«

Der prall gefüllte Stundenplan verdichtet die Zeit. Ruckzuck ist das erste Drittel unserer Ausbildung vorbei, in dem so viel passiert ist, dass man rückblickend meinen möchte, es seien Monate statt Wochen vergangen. Auf unseren Exkursionen schlüpfen wir mittlerweile ganz selbstverständlich in die Rolle des Safari Guide. Bei jeder Ausfahrt übernimmt jemand anderes das Steuer und versucht, seiner Lerngruppe eine möglichst spannende Safari zu bereiten. Die MitschülerInnen mimen die neugierigen Gäste, die einen auch gerne mal mit einer besonders gemeinen Frage foppen. Einmal hielt ich neben einer Herde Giraffen. In meinem Vortrag über die längsten aller Säugetiere versuchte ich, meine Gäste mit möglichst außergewöhnlichen Fakten bei Laune zu halten. Begeistert erzählte ich von ihrer blauen, mit viel Schleim überzogenen Wunderzunge, der keine Dornen etwas anhaben können. Ich sprach über ihr stehendes Schlafverhalten, ihre äußerst seltene Wasseraufnahme, die sie im halben Spagat angreifbar für Raubtiere macht, die Doppelfunktion ihrer Fellzeichnung als Tarnung und Wärmeregler und über das sogenannte *Necking* – die Art, auf die Giraffenbullen miteinander um Weibchen kämpfen, indem sie ihre schweren Köpfe mit voller Wucht gegen den Hals des Gegners schlagen. »Und in der Gruppe vor uns, ist da denn ein Bulle dabei?«, wollte Gabriel in gespielter Neugier von mir wissen. Durch das hohe Buschwerk war das offensichtlichste aller Merkmale verdeckt. Ich hielt mich am Lenkrad fest und drehte mich zu Gabriel um, der grinsend auf meine Reaktion wartete. Auch ich musste lachen. »Ich wette, lieber Gabriel, du möchtest uns deine Frage am liebsten selbst beantworten.« Immerhin werde ich nun nie wieder vergessen, dass die Hörner der Männchen von Konkurrenzkämpfen oben ganz kahl sind, während die der Weibchen rundum mit Fell versehen sind. Weil gemeine FragenstellerInnen mit hundsgemeinen Rachefragen rechnen müssen, kommt der Spaß im Land Rover nie zu kurz.

Das letzte Abendessen in Makuleke ist ein wahres Festmahl. Sowieso ist das Essen im Busch ausgezeichnet. Jede Mahlzeit ein Leib und Seele streichelndes Highlight im durchgetakteten Azubi-Alltag. Doch zum Abschied gönnen uns die tollen KöchInnen ein Braai der Sonderklasse. Braai ist Afrikaans und bedeutet so viel wie braten. Ein Braai ist also ein Grillabend, bei dem es über dem Lagerfeuer gegartes Fleisch und vegetarische Alternativen mit verschiedenen Beilagen gibt. Was unser letztes Braai in Makuleke so besonders macht, ist die große Auswahl an köstlichen Beilagen. Da stehen Schüsseln voller Rahmspinat neben frischem Pap, einer Art festem Maismehlbrei, der sich mit den Fingern essen lässt. Dazu gibt es ausgezeichnetes Chakalaka, eine pikant gewürzte Gemüsepfanne mit viel Weißkohl und Paprika, und heiße Rote Bete in Würfeln. Und dann gibt es auch noch einen ganzen Wärmebehälter voll dampfender Vetkoeks. Die frittierten Teigtaschen lassen sich mit all den südafrikanischen Leckereien füllen, die uns den Abschied aus Makuleke extraschwer machen. Als Dessert gibt es warmen Malva-Pudding, der kein Pudding im eigentlichen Sinn ist, sondern ein fluffiger Rührkuchen, den man mit Vanillesoße übergießt. Die wird vom Kuchen wie ein Schwamm aufgesogen, was ihn so einmalig saftig macht. Mit vollen Bäuchen sitzen wir bis spätnachts am knisternden Lagerfeuer. Unter Orions leuchtenden Gürtelsternen lauschen wir Desmonds Rangergeschichten und den Rufen der Nachtschwalben. »Sich an Makuleke zu erinnern«, flüstert Anja, »wird sich wie Heimweh anfühlen.«

Warm fällt die Nachmittagssonne auf unsere verstaubten Hüte. In verschwitzten Kakihemden bestaunen wir das weite Land zu unseren Füßen. Vorbei an Pavianen und Tüpfelhyänen sind wir bis auf den Eagles Rock geklettert. Oben angekommen, nimmt mir der Ausblick auf so viel Ursprünglichkeit das bisschen Atem, das mir nach dem Aufstieg noch geblieben war. Nebeneinander aufgereiht stehen wir in vollkommener Stille auf einem Plateau aus Sandstein. Durch die ockerfarbene Savanne windet sich unaufgeregt ein Fluss dahin. Im südafrikanischen Sommer um die zwanzig Meter breit, nimmt der Motloutse sein sandiges Bett nur zu einem Viertel ein. Bis zum Horizont säumen dunkelgrüne Nyala-Bäume seinen Weg durch trockenes Grasland. Friedlich grasende Zebras werfen lange Schatten. Im Westen springen Impalas mühelos über ein paar Büsche hinweg. Und ganz im Norden steigen rote Staubwolken hinter einer Herde wandernder Streifengnus auf, die man von hier oben auch ohne Fernglas sehen kann. Langsam wandert mein Blick über den Schöpfungsfrieden, der auf dem Land liegt. Die Natur wirkt so unberührt, als hätte noch kein Mensch seinen Astronautenfuß hineingesetzt. Ein Bild, das meinem Herzen die Schleusen öffnet und es mit innerer Ruhe fluten würde, wäre ich nicht gleichzeitig so aus dem Häuschen darüber, dass es Orte wie diesen überhaupt noch gibt. Auf dem Eagles Rock haben wir den perfekten Überblick über unser neues Klassenzimmer. Mashatu, das Wildreservat im Süden Botswanas.

Keeya hat uns auf diesen Felsen geführt. Wie alle anderen unserer LehrerInnen arbeitet auch sie parallel als Safari Guide. Es ist wirklich schön, in der noch immer als Männerdomäne gelesenen Branche an eine Ausbilderin zu geraten. Außerdem kommen sowohl Keeya als auch ihr Back-up-Guide Masego aus der Region. Es ist ihr Land, das sie uns zeigen. Die Einheimischen nennen es »Land der Riesen«, denn in Mashatu sind die sieben größten und schwersten Geschöpfe Botswanas beheimatet: Elefant, Giraffe, Löwe, Elenantilope, Strauß, Riesentrappe und Baobab.

Die Flügel der schwarzen Adler, die in den Aufwinden kreisen, sind zwei Meter weit gespannt. »Welche Art?«, fragt Keeya in die Runde. Wir wissen es alle, aber Lotte antwortet am schnellsten. »Klippenadler!«

»Sehr gut! Kannst du uns noch was über sie erzählen?«

»Wie wir Menschen leben manche als Einzelgänger und andere als Paar. Und sie bauen gewaltige Nester, zwei Meter im Durchmesser und mehrere Meter hoch.«

»Super, Lotte! Fällt sonst noch jemandem etwas ein?«

»Er hat sich so sehr auf die Jagd von Klippschliefern spezialisiert, dass sich seine Lebensweise und Verbreitung an der seiner Hauptbeute orientiert«, erklärt Anja, die sich mehr und mehr zur Vogelexpertin unserer Gruppe mausert. »Wo Klippschliefer vorkommen, in hügeligem Gelände, da sind Klippenadler nicht weit. Aas frisst er so gut wie nie. Deshalb zählt er zu den sekundären Verbrauchern.«

Mit Sekundärverbraucher meint sie die Rolle von Beutegreifern im afrikanischen Nährstoffkreislauf. Den Anfang machen die Pflanzen, die sogenannten Produzenten, die durch Photosynthese ihre eigene Nahrung herstellen. Ohne sie gäbe es keine Pflanzenfresser, also Zebras oder Giraffen, die in der Nahrungskette eines Ökosystems Primärverbraucher genannt werden. Prädatoren wie Löwen oder Klippenadler ernähren sich als sekundäre Verbraucher von den primären, bevor sich Tertiärverbraucher wie aasfressende Geier über deren Reste hermachen. Insekten und Bakterien sind Zersetzer, die sich wiederum um die Hinterlassenschaften der Tiere kümmern. Dabei schließen sie den Kreislauf, denn die Abfallprodukte aller Verbraucher spalten sie wieder zu jenen Nährstoffen und Mineralien auf, die Pflanzen neben Sonnenlicht und CO_2 für ein gesundes Wachstum benötigen. So einfach die Zusammenhänge in der Natur sind, so faszinierend wirken sie auf mich. Jedes Lebewesen füllt eine Vielzahl gemeinnütziger Rollen aus, geht mit anderen Spezies wechselseitige Symbiosen ein und macht sich damit unersetzlich im Kreislauf der Natur. Nur weil die eine Spezies existiert, kann es die andere geben. Würde eine Art plötzlich aussterben, könnte das ebenso katastrophale Folgen für viele andere Arten haben. Mancherorts im südlichen Afrika hat sich der Mensch diesem natürlichen Miteinander noch nicht entzogen. In den Kulturen der Zulu und Xhosa haben sie ein besonderes Wort dafür. *Ubuntu* ist eine Lebensphilosophie, in der Empathie das Maß aller Dinge ist. Es bedeutet, sich selbst in anderen Menschen zu erkennen. Während wir die Welt seit Descartes vom Ich aus denken – ich denke, also bin ich –, ist die Perspektive bantusprachiger Völker das Wir: Ich bin, weil du bist, und ich kann nur sein, wenn du bist. Gemeint ist eine universelle Verbundenheit aller Menschen durch Werte wie Mitgefühl, Selbstlosigkeit, Nächstenliebe und das Bewusstsein, dabei Teil eines übergeordneten Geflechts aus Umwelt,

Gemeinschaft und Spiritualität zu sein. Für Nelson Mandela war Ubuntu gar der Schlüssel für ein friedliches Miteinander nach der Apartheid. Fest davon überzeugt, »dass wir uns selbst verwirklichen, in dem wir teilen und uns um die Menschen um uns herum kümmern«, wie Obama die Ubuntu-Philosophie in einer Rede zum Gedenken an den Präsidenten Südafrikas beschrieb.

An einem zurzeit nur Sand und Staub führenden Fluss inmitten der Savanne, versteckt in einem kleinen Wäldchen, liegt das Ausbildungscamp Mashatu. Statt einer Pfahlhütte mit eigenem kleinen Badezimmer teilen sich je zwei SchülerInnen ein olivfarbenes Kuppelzelt. Mit ausreichend Abstand zueinander verteilen sie sich in weichem Büffelgras zwischen Afrikanischer Myrrhe, Schirmakazien und knorrigen Schakalbeerenbäumen. Unser Zelt steht auf einer kleinen, von Regenbäumen umstandenen Lichtung mit freiem Blick zum Himmel. Bis auf den Eingangsbereich sind an allen drei Seiten große Textilgitterfenster in die Zeltwände genäht, auf denen morgens die Sonnentaler tanzen. Duschen und Toiletten werden mit allen geteilt. Wie es sich für ein Ranger-Badezimmer gehört, gibt es zwar Wände, aber kein Dach. Gegessen wird an rustikalen Holztischen, die unter der Krone eines mächtigen Nyalabaums aufgestellt sind. Nyalabäume werden in Botswana allerdings Mashatu-Bäume genannt, wie uns Masego nicht ohne Stolz immer wieder gern erklärt. »Nur zur Sicherheit!«, grinst er dann.

Sich beim Abendessen als Erster am Büfett bedienen zu dürfen, wird mit jedem Tag schwerer. Denn sind alle Wärmebehälter aufgetischt, spielt das Duty Team über eine App zufällig ausgewählte Vogelstimmen der 64 Arten ab, die wir bis zur Prüfung fehlerfrei draufhaben müssen. Wer als Erstes die Hand hebt und mit der korrekten Spezies antwortet, darf zum Büfett. So geht das eine ganze Weile, bis sich irgendwann alle bedienen dürfen. Der Trick beim Lernen der Vogelstimmen sind persönliche Assoziationen, also Tonabfolgen mit altbekannten Bildern zu verknüpfen. Der Weißstrichel-Drosselhäherling klingt nämlich ganz genau so wie Opas alter Kadett, der Waffenkiebitz wie die bunten Speichenklickerperlen an Kinderfahrrädern und der Abdimstorch wie eine undichte Luftpumpe. Mit der Herangehensweise wird die ganze Klasse immer sattelfester, sodass es mitunter dauern kann, bis man sich endlich was auf seinen Teller laden darf. Vom Blätterdach des großen Mashatu-Baums schleicht sich derweil ein Haubenbartvogel in unauffällig kleinen Flugmanöverchen hinunter. Bei einem Abendessen im Freien ist es immer nur da hell, wo man mit seiner Kopflampe gerade hinschaut. Deshalb schafft er es hin und wieder sogar, ein Stückchen Obst zu mopsen, bevor wir ihn daran hindern können.

Das Lagerfeuer brennt bereits, als ich mit Anja zum Ufer des trockenen Flussbetts laufe, um mit den anderen noch ein Bier zu trinken. Mit einem *Black Label* in der Hand winkt uns Lotte aufgeregt in die Runde.

»Habt ihr das auch gehört? Das Brüllen? Also, wir glauben ja, das war ein Löwe.«

»Löwen?« Mit einem Schulterblick überprüft Anja, ob sich etwas in ihrem toten Winkel verbirgt.

»Ja, das sind Löwen.« Masego setzt sich zu uns. »Sie scheinen sich heute Nacht im Flussbett aufzuhalten.«

»Äh, Momentchen mal …«, die Information scheint Lotte zu beunruhigen. »Sprichst du von unserem Flussbett? Also dem hinter mir?« Sie deutet mit dem Daumen über ihre Schulter.

Auch mir wird wieder bewusst, dass unsere Camps nicht umzäunt sind. Dabei grenzt die kleine Grasfläche, auf der Anjas und mein Zelt steht, ebenso unmittelbar an die Flussbettkante wie der Lagerfeuerplatz.

»Ja, aber macht euch keine Sorgen. Bleibt einfach aufmerksam, haltet euch an die Regeln, und genießt ihre Nähe. Und denkt dran, dass ihr nachts immer zu zweit und nie ohne Taschenlampe auf die Toilette geht.«

»Genießen?«, fragt Lotte ungläubig. »Die Nähe von einem Rudel nachtaktiver Schleichjäger? Du weißt schon, wie dünn so eine Zeltwand ist?«

Kaum hat sie das ausgesprochen, brüllt es schon wieder. Tiefes Grollen, mehrmals hintereinander, das wie ein Gewitter als ferne Mahnung durch die weite Savanne schallt und alles darin zum Schweigen bringt.

»Menschen stehen bei Löwen normalerweise nicht auf dem Speiseplan. Sollten sie durchs Camp laufen, dann nur, weil es zufällig auf ihrem Weg liegt«, erklärt uns Masego.

Weil sie andere Beute bevorzugen und der Mensch in keiner natürlichen Hinsicht als Rivale gilt, kommt es tatsächlich äußerst selten vor, dass Löwen Menschen angreifen. In der Wildnis ist Energie ein kostbares Gut, das man nicht für etwas verschwendet, das nicht ins Fress- oder Verteidigungsmuster passt. Die meisten Unfälle mit Löwen passieren, wenn der Mensch eine Bedrohung für sie darstellt. Etwa, wenn Menschen Löwen jagen, durch landwirtschaftliche Nutzflächen ihren Lebensraum einschränken, bei einer Selbstfahrer-Safari einfach aus dem Auto aussteigen oder ihnen in anderer Weise zu nah auf die Pelle rücken. Wer, warum auch immer, dennoch plötzlich einem Löwen gegenüberstehen sollte, muss seine Drohgebärden deuten können. Wirkt das Tier entspannt, oder ist man ihm bereits so nah, dass es sich bedroht fühlt? Legt sich ein Löwe zum Beispiel auf den Bauch und fixiert einen, sollte man augenblicklich den Rückzug antreten, ganz langsam, ohne ihm dabei den Rücken zuzudrehen. Denn in einem wichtigen Detail verhält sich ein Löwe ganz genau so wie Nachbars Miezekatze: Was sich bewegt, weckt den Jagdinstinkt. Wie bei einer Hauskatze, für die eine Maus, ein Schmetterling oder das bunte Spielzeugbällchen erst dann interessant werden, wenn sie sich bewegen. Davonlaufendes hat auch für Löwen eine unwiderstehliche Anziehungskraft. Deshalb, komme, was wolle, wird in der Wildnis niemals gerannt. Nie! Weil in Afrika ausnahmslos jede potenziell gefährliche Tierart schneller ist als der Mensch, ist das Rennverbot die wahrscheinlich wichtigste aller goldenen Safari-Regeln.

Zähne zeigen oder Brüllen sind letzte Warnzeichen eines Löwen. Steht das gewaltige Raubtier auf und schwingt dabei aufgeregt mit seinem Schwanz hin und her, wird es jeden Augenblick angreifen. Und selbst im Falle einer Löwenattacke gilt: Nicht davonrennen! Stattdessen groß machen, mit den Armen wedeln und so laut es geht zurückbrüllen. Mit etwas Glück verunsichert das den Löwen. Wie genau ein Löwe in solchen Extremsituationen auf menschliche Verhaltensweisen reagiert, ist stark abhängig vom individuellen Tier, das zuvor gute, schlechte oder noch keine Erfahrungen mit Menschen gemacht hat. Sollte man in die Fänge eines Löwen geraten, sind die Überlebenschancen minimal. Afrikas größte Raubkatze wird bis zu 2,5 Meter lang und 225 Kilogramm schwer. Wer sich wehrt, reizt die Triebe eines Löwen nur unnötig, was bei einer Beißkraft von 560 Kilogramm alles andere als ratsam ist. Stattdessen empfehlen Überlebende, den Löwen einfach auf einer Extremität herumkauen zu lassen. Wer ihm ein Bein oder einen Arm überlässt, erhöhe seine Chance, dass der Löwe sein Interesse verliert. Über anekdotische Evidenz gehen solche Berichte jedoch nicht hinaus. Was wir sicher wissen: Solange wir für Löwen und andere wilde Tiere erst gar keine Bedrohung darstellen, ist ein Angriff äußerst unwahrscheinlich.

»Ihr seid doch morgen mit mir und Keeya unterwegs«, sagt Masego zu unserer Lerngruppe, die fast vollständig am Feuer versammelt ist. »Lasst uns im Flussbett starten. Da können wir nach den Spuren von heute Nacht sehen und das Rudel anschließend aufspüren.«

Es ist eine laue, sternenklare Nacht. Über uns funkelt die Milchstraße, vor uns prasselt behaglich das Lagerfeuer. Während wir uns von den tanzenden Flammen hypnotisieren lassen, hören wir den Löwen im ausgetrockneten Flusslauf zu. Die Urkraft, mit der ein Löwe in die nächtliche Savanne brüllt, ist ein zeitloses Symbol der Überlegenheit, das seine erdende Wirkung nicht verfehlt. »Ein akustisches Erbe«, nennt es Masego ehrfurchtsvoll, »das uns mit der Wildheit des Löwen verbindet und uns daran erinnert, dass wir nicht über den Dingen stehen, sondern Teil eines großen Ganzen sind.« Auch uns lässt das Brüllen auf schaurig-schöne Art – das findet jetzt auch Lotte – uns ungeheuer klein fühlen und rückt die Dinge wieder ins richtige Verhältnis. Auf die hanebüchene Idee, er nehme eine Sonderstellung in der Natur ein, ist der Mensch ganz sicher nicht in Anwesenheit eines Löwen gekommen.

Als wir uns auf den Weg ins Bett machen, sind nur noch Anja, ich und Lotte übrig. Gemeinsam löschen wir das Feuer und können kaum fassen, was die Dunkelheit fernab jeder Lichtverschmutzung preisgibt. Niemand von uns dreien hat die Milchstraße je zuvor so hell und überwältigend klar leuchten sehen. Myriaden von Himmelslichtern schlängeln sich als silbernes Band durch Raum und Zeit. Mühelos wie auf einem langzeitbelichteten Foto betrachten wir alle Konstellationen und interstellaren Wolken, die uns in Sternkunde beigebracht wurden. Die Milchstraße besteht aus zweihundert Milliarden Sternen, die spiralförmig angeordnet unsere Heimatgalaxie bilden. Sie ist ein gigantischer Sternenwirbel mit einem Durchmesser von über 100 000 Lichtjahren. Eines schönen Zufalls wegen ist unser Blauer Planet in einem der äußersten Arme dieses

Wirbels beheimatet. Nur deshalb ist uns ein so prachtvoller Blick auf unser eigenes kosmisches Zuhause vergönnt.

Auf dem Weg zu unserem Zelt setzen wir Lotte vor ihrem ab. Kurz danach kriechen auch wir in unsere Schlafsäcke und rollen uns zusammen. Für heute sind die Augenlider zu schwer zum Staunen. Während das Universum still vor sich hin klingt und die Löwen ihrer Rufe nach Dominanz nicht müde werden, frage ich mich beim Einschlafen, ob man sich je kleiner fühlen könnte. Nichts ahnend, dass mir die Antwort noch vor dem Morgengrauen begegnen wird.

Die Nacht liegt friedlich und samtschwarz über Camp Mashatu, als ein tieffrequentes Grummeln in meine Träume fährt. Bald darauf rüttelt es an meinem Schlafsack.

»Lars!«, höre ich Anja im Flüsterton. »Lars, du musst unbedingt wach werden!«

Als ich aufblinzele, sehe ich sie auf ihrem Kopfkissen hocken. Die Arme um ihre angewinkelten Beine geschlungen, blickt sie zum Gitterfenster hinaus. »Komm her zu mir. Aber ganz leise. Es ist so schön!«, wispert sie. »So schön, dass man weinen möchte.«

»Was ist denn los?«, frage ich verunsichert über ihren Gemütszustand. Da versetzt das tiefe, erdige Brummgeräusch die Luft erneut in Schwingung. Aber dieses Mal kommt mir wieder in den Sinn, wo ich es schon einmal gehört hatte. Es ist das Geräusch, das in der allerersten Nacht unsere Pfahlhütte in Makuleke umkreiste.

»Wir haben Besuch von einer Elefantenfamilie.«

So lautlos wie möglich schäle ich mich aus dem Schlafsack. Dann rutsche ich an Anjas Zeltfenster. Hinter dem Gitternetz wölbt sich ein badewannengroßer Bauch schwer zu uns herab. Nur Zentimeter vor unseren Nasenspitzen erkennen wir seine unzähligen Falten und die tiefen Furchen, in denen sich der Staub sammelt. Ihre dicke Haut schützt Elefanten vor Verletzungen, kann aber gleichzeitig feinste Berührungen spüren. Eine hauchdünne Schicht Nylon zwischen uns und einem Elefanten – solange wir uns ruhig verhalten, müssen wir nicht befürchten, platt getrampelt zu werden. In winzigen Bewegungen rutschen wir zum Eingang und lugen aus der Zelttür hinaus. Wie viele es wohl sind? Den Tieren so nah, können wir aber keinesfalls riskieren, sie durch unsere Taschenlampen aufzuschrecken. Doch unserer Elefanteninventur steht ein silbern leuchtendes Sternenmeer zur Seite. In den Farben der Nacht zählen wir zwei kleinere, drei mittelgroße und zwei kolossal große Elefanten. Da ausgewachsene Bullen als Einzelgänger oder in Junggesellenbanden umherziehen, ist klar, dass es ausschließlich Kühe und Kälber sind, die sich am Büffelgras unseres Vorgartens bedienen. Umhüllt von zufrieden mahlenden Kaugeräuschen und leise raschelnden Regenbäumen, fallen wir in ein Zeitloch. Als uns die Herde in westliche Richtung verlässt, haben wir keine Ahnung, wie lange sie bei uns war. Eine Ewigkeit, vielleicht sogar zwei. Wäre ich alleine im Zelt gewesen, hätte ich eine so wundersame Begegnung am nächsten Morgen wohl für Einbildung gehalten. Und doch waren es weder die silbern schimmernden Elefanten noch der gestirnte Himmel, die diese Nacht unvergesslich gemacht haben, sondern Anja. Gemeinsam muss keiner das Unglaubliche für sich alleine erinnern. Kann ich meinen Augen nicht trauen, vertraue ich den ihren.

Am nächsten Morgen schleppen wir uns hundemüde zum Frühstück. Viel Zeit zum Wachwerden bleibt uns nicht. Bei Rusks und Kaffee sehe ich Masego bereits überaus motivierten Schrittes auf uns zumarschieren.

»Field Obs, liebe Leute! Holt eure Ferngläser und was zu schreiben, in fünf Minuten geht's los. Wir wollen nicht zu viel Zeit verlieren.«

»Was ist mit den Löwen?« Lotte scheint wirklich auf den Geschmack gekommen zu sein.

»Die tracken wir gleich nach den Field Obs«, versichert Masego und drückt ihr ein Klemmbrett und einen linierten Bogen Schreibpapier in die Hand. »Jetzt hol dir aber erst mal einen Stift.«

Field Obs ist die Kurzform für Field Observations. Sie komplettieren das Set an Prüfungen, die wir regelmäßig absolvieren müssen. Im Gegensatz zu den theoretischen Tests, die man sich wie Klassenarbeiten vorstellen kann, machen Field Obs richtig Spaß. Dabei laufen wir mit Klemmbrett unterm Arm den LehrerInnen hinterher. Unterwegs zeigen sie auf verschiedenste Dinge, zu denen wir Fragen beantworten müssen.

Die erste Frage stellt Keeya heute, noch bevor wir das Camp verlassen. Neben dem Tisch, auf dem die Keksdosen stehen, kreist sie mit ihrem Zeigestock eine Tierspur im Sand ein. »In die erste Zeile schreibt ihr die Tierart und um welchen der Füße es sich handelt. In Zeile Nummer zwei kommt die Sozialstruktur.«

Die Schwierigkeit der Fragen hat in letzter Zeit erheblich zugenommen. Mit der vorliegenden Spur habe ich aber keine Probleme. Ich erkenne vier nierenförmige Zehen, dazu die Abdrücke der Krallen und zwei Bögen an der Unterseite der Fußsohle. Das kann nur eine Tüpfelhyäne gewesen sein. Ob die Elefantenfamilie letzte Nacht ihretwegen weitergezogen ist? Ich sehe mir den eingekreisten Abdruck noch einmal näher an und messe ihn mit meinem Zeigefinger aus. Im Sand erscheinen Tierspuren oft größer, als sie tatsächlich sind. Abzüglich dieses optischen Effekts schätze ich die Spur auf neun Zentimeter. Außerhalb des Kreises erkenne ich noch weitere Abdrücke des Tiers, die etwas kleiner sind. Damit ist klar, dass es sich bei der eingekreisten Spur um eine der Vorderpfoten handeln muss, die bei Hyänen immer etwas größer sind als die hinteren Tatzen. Mit Blick auf ihre Ausrichtung schreibe ich schließlich »vorne links« auf meinen Zettel.

Nun zu Zeile zwei. Hyänen leben in großen Clans von bis zu hundert Tieren, die aus mehreren Familien bestehen. Darin haben die dominantesten Weibchen das Sagen. Männchen stehen in der Rangordnung ganz unten. Sie sind den Weibchen auch körperlich unterlegen, weniger kräftig gebaut und dürfen immer erst als Letzte fressen. In die zweite Zeile schreibe ich also »Matriarchat«.

In den nächsten anderthalb Stunden bringen wir die Field Obs außerhalb des Camps zu Ende. Wir lesen weitere Fußspuren, benennen Bäume und ihre Nutzarten, Vögel, die nur zu hören, aber nicht zu sehen sind, ordnen Schubberspuren einem Elefanten zu, identifizieren den Dung von drei Antilopenarten und beantworten vor einem Termitenhügel Fragen zu Aufbau und Bewohnern. Der heutige Test wäre für mich gut gelaufen, würden mir die kleineren Katzenartigen nicht immer wieder Probleme bereiten. Serval, Karakal, Zibetkatze, Falbkatze – es gibt eine ganze Reihe an Pfotenabdrücken, die ich ständig miteinander verwechsele. Da ist es ein Glück für mich, dass nach den Field Obs die Suche nach Großkatzen im Vordergrund steht.

Guides einer benachbarten Lodge haben Masego über Funk den Standort eines Löwenrudels verraten. Es soll sich in der Nähe einer Herde Streifengnus aufhalten, und Mageso glaubt, dass es sich um dieselben Löwen handelt, die heute Nacht noch in unserem Flussbett unterwegs waren. Wir springen also in den Land Cruiser, Masego nimmt auf dem Beifahrersitz Platz, Keeya sitzt mit mir in der ersten Gästereihe, und der Fahrersitz ist heute mal wieder für Anja reserviert. Über die Selbstverständlichkeit, mit der wir mittlerweile einen uns noch im Januar völlig fremden Beruf ausüben – wobei die Betonung auf *üben* liegt –, wundere ich mich immer noch. Als hätte sie nie etwas anderes gemacht, lenkt Anja ein tonnenschweres Allradfahrzeug über Stein, Schotterpisten, Schlamm und Sand. Bis zuletzt hatte sie sich nicht zugetraut, mein Ausreißerfahrzeug Rubi auch nur auf glattem Asphalt zu fahren. Jetzt sind der Umgang mit Untersetzungsgetriebe und Differenzialsperren, die Bedienung des Funkgeräts, Check und Pflege des Motorraums und sogar der Wechsel eines überdimensionalen Offroad-Reifens selbstverständliche Handgriffe für sie.

Die Löwen zum Ziel, gibt Masego vor, in welche Richtung gefahren wird, während sich Keeya auf Anjas Verhalten als heutiger Safari Guide konzentriert. Dabei hat sie viel Lob für Anja übrig, die vorzugsweise über Pflanzen und Vögel spricht, heute aber auch interessante Vorträge zu Säugetieren hält. Besonders spannend wird es, als wir im kühlen Schatten eines Schäferbaums eine Gepardin mit fünf Jungen entdecken, die schon fast so groß sind wie die Mutter selbst. Während alle Ferngläser und Teleobjektive auf die Familie gerichtet sind, interpretiert Anja für uns, was sich vor unseren Augen abspielt.

»Wie ihr seht, sind die Kleinen schon recht groß. Sie sind vermutlich auf dem Sprung in die Selbstständigkeit. Seht ihr die Herde Impalas auf zwei Uhr? Geparden sind Hetzjäger, sie brauchen viel Platz zum Jagen, um einen Vorteil aus ihrer Geschwindigkeit ziehen zu können. Die offene Fläche, auf der die Impalas grasen, könnte einen Versuch wert sein.«

Tatsächlich behält Anja recht. Während die fünf Kids im Schatten warten, schauen sie Mommy noch einmal ganz genau zu, wie das mit dem Anschleichen funktioniert. Aufrecht sitzend verfolgen die aufmerksamen Lehrlinge jede Bewegung ihrer Mutter. Als sie nah genug an die Herde herangekommen ist, startet sie einen Scheinangriff. »Schließlich sollen die Kinder ihr Essen selber fangen«, kommentiert Anja die Szene. Eine Viertelstunde später können wir sogar noch den ein oder anderen, leider erfolglosen Jagdversuch der Jungkatzen durch unsere Ferngläser beobachten. Dann widmen wir uns wieder der Suche nach Löwen.

Nur etwas später, als wir auf einer Ebene zwischen zwei Felsformationen eine Gnuherde entdecken, parkt Anja den Safari Truck. Keeya und Masego springen zuerst hinaus und laden ihre Büchsen. Für den absoluten Notfall ist das Mitführen eines großkalibrigen Gewehrs Pflicht. Von unseren LehrerInnen, die ihren Lebensunterhalt allesamt auch als Safari Guides verdienen, musste bislang noch niemand von der Schusswaffe Gebrauch machen. Damit das so bleibt, gehen wir, wie vor jedem Bush Walk, noch einmal die fünf goldenen Regeln durch: Sprechverbot beim Laufen, alle Kommandos umgehend befolgen, dicht hintereinander in einer Reihe laufen, in jeder Situation hinter den GewehrträgerInnen bleiben und niemals rennen, ganz egal, was passiert.

Ein Grund für die Aufteilung unserer Klasse in drei Lerngruppen sind die Walking Safaris. Naturethisch praktiziert, bestehen sie aus nicht mehr als acht TeilnehmerInnen. Dabei geht es um Ruhe, Geschlossenheit, Unauffälligkeit und das bestmögliche Erlebnis in der Natur, ohne ihr dabei zu schaden. So eine kleine Gruppe lässt sich durch die Wildnis schlängeln, ohne neu ausgetretene Pfade zu hinterlassen. Im Idealfall bemerken uns die Tiere gar nicht und gehen ihrem natürlichen Verhalten ungestört nach.

Keeya prüft die Windrichtung, bevor sie sich für eine Route entscheidet. Damit uns die Streifengnus nicht wittern, müssen wir östlich von ihnen einen weitläufigen Bogen um sie schlagen. Eine aufgeschreckte Herde würde auch die Löwen in Alarmbereitschaft versetzen, was wir unbedingt verhindern wollen, da wir sie in nicht allzu weiter Entfernung hinter den Gnus vermuten.

Im Gänsemarsch setzt sich unsere kleine Abenteuerbande schließlich in Bewegung. Bedachten Schrittes wandern wir durch hohes Guineagras. Links von uns die Gnus, rechts entdecke ich in einiger Entfernung eine Giraffe, die an einer Schirmakazie knabbert. Es ist ein freundlicher Tag mit blauem Himmel, dem eine gnädig gestimmte Sonne ein paar Schäfchenwolken übrig gelassen hat. Leise raschelt das Gras, und mit dem Wind weht das Blöken der Gnus an unsere Ohren. Unterschiedlichste Vögel zwitschern fröhlich durcheinander, doch das eigentümliche Trillern der Madenhacker kann ich mittlerweile gut aus dem Konzert heraushören. In Situationen, in denen man es mit Löwen zu tun bekommt, ist das nicht zwangsläufig wichtig. Die Katzen haben auf eine Putzsymbiose mit den Rotschnäbeln nämlich gar keine Lust. Streifengnus hingegen schon. Auch, weil ihre gefiederten Freunde Warnrufe ausstoßen, wenn sie ein Raubtier in der Nähe bemerkt haben. Putzkolonne und Alarmanlage in einem. Deshalb könnten sie in unserer Situation trotzdem wichtige Hinweisgeber sein.

Keeya hebt die Hand, womit sie uns bedeutet, stehen zu bleiben. Jetzt sehen auch wir das Kalb, das seiner Größe nach zu urteilen schon ein paar Monate auf der Welt sein muss. Obwohl sich seine grasende Gnuherde nur langsam über die Savanne schiebt, kann es kaum Schritt halten. Es läuft auf nur drei Beinen. Der linke Vorderlauf scheint mehrfach gebrochen und baumelt stark deformiert in der Luft. »Leichte Beute für die Löwen«, höre ich Keeya murmeln.

Nach einer halben Stunde ändert sich die Landschaft. Halbhohe Mopane-Bäume wachsen auf braunem Sand. Jetzt, da das Gras verschwunden ist, müssen wir nicht lange Ausschau halten, um die großen runden Pfotenabdrücke der Löwen zu finden.

»Die Spuren im Sand sehen so aus, als hätten sie sich hier eine längere Zeit lang aufgehalten«, interpretiert Keeya. »Dann aber müssen sie einen Grund gehabt haben, um aufzubrechen. Anderthalb Kilometer nördlich von hier verläuft ein Fluss, der um diese Jahreszeit Wasser führt. Seine Ufer sind gut bewachsen. Vielleicht hat sich das Rudel da satt getrunken und liegt jetzt faul am schattigen Flussufer. Lasst es uns versuchen!«

In der Hoffnung, auf eine Löwenfährte zu stoßen, die zu Keeyas Vermutung passt, wandern wir in Richtung eines lichten Wäldchens weiter, als uns ein aus dem Nichts kommendes Knacken zusammenfahren lässt. In der Laufbewegung eingefroren, wagt keiner von uns, mit der Wimper zu zucken. Totenstille. Sechzehn Augen und Ohren scannen das Buschwerk. Während sich unsere Sinne auf das Unbekannte richten, höre ich mein Herz pochen. Plötzlich zerschneidet lautes Flügelschlagen die Stille. Sechs-, siebenmal, dicht über unseren Köpfen, dann ist der Gelbschnabeltoko nicht mehr zu sehen und zu hören. Was hat ihn aufgescheucht? Der Ast, von dem er geflohen ist, schwingt kreisförmig aus. Durchs Fernglas untersuche ich den Baum. Erst als er sich schlängelnd zurück ins Unterholz bewegt, erkenne ich unten am Stamm den letzten Meter eines Felsenpython. Seine Rückenzeichnung aus braungrauen Sattelflecken lässt ihn im Bodenlaub fast unsichtbar werden. Die Riesenschlange wird anderswo erfolgreicher sein.

Mit meinen Händen vergrößere ich meine Ohrmuscheln. Angestrengt versuche ich, noch ein weiteres Geräusch aus der verdächtigen Richtung zu trichtern. Doch da ist nichts. Außer einem nicht greifbaren Gefühl von Präsenz, das mich das Gegenteil beschwören lässt. Die Luft knistert. Und dann, mit einem Mal, öffnet sich der Busch. In erhabener Mühelosigkeit, als handele es sich um einen Vorhang aus grünem Samt, tritt eine botswanische Riesin aus den Mopane-Bäumen. Eine Kuh, das erkenne ich an ihrer kantigen Stirn sofort, obwohl die Elefantendame noch gut dreißig Meter von uns entfernt ist. Mit Anmut und Würde bewegt sie ihren massigen Körper, Elefantenschritt für Elefantenschritt, durch ihr Reich. Der Leitkuh hinterher schreiten Familienmitglieder aller Altersklassen auf die offene Waldfläche. Den Kleinsten schlackern die Rüssel unbeholfen zwischen den Vorderstampfern hin und her. Jetzt treten sie überall aus dem Grün, Kinder, Tanten und Cousinen. Sie steuern als graue Kolonne geradewegs auf uns zu. Die Matriarchin ist schon fast bei uns. Auf Keeyas Kommando bewegen wir uns langsam an die Seite und gehen in die Hocke. Wenn das bisschen Wind zu unseren Gunsten bleibt und sich niemand von uns bewegt, wird uns die kurzsichtige Herde nicht bemerken. So weit die Theorie – und doch stockt mir der Atem, als die riesige Anführerin gemessenen Schrittes an uns vorbeiläuft. Uns trennen nur wenige Meter. Im Schatten langer schwarzer Wimpern ruht ihre bernsteinfarbene Weisheit. Dahinter verbirgt sie eine ganze Welt von Emotionen, die nur sie zu verstehen scheint. Elefanten sind hochgradig empathische, fürsorgliche Geschöpfe mit sensiblen Antennen füreinander. Bei Geburten unterstützen sich die Kühe gegenseitig, helfen Neugeborenen auf die Beine und aus der Patsche, wenn ein verwaistes Elefantenkind von seinen Tanten adoptiert und gesäugt wird. Ihr Umgang mit verstorbenen Artgenossen, für die sie eine Art Totenwache zu halten scheinen und deren Überreste sie sanft mit ihren Rüsseln und Füßen abtasten, lässt vermuten, dass die feinfühligen Kolosse Trauer empfinden. In ihrer sanften Intensität nimmt mich ihre Aura mehr gefangen als die Gegenwart jedes anderen Lebewesens. Jeder Moment in der Gegenwart eines frei lebenden Elefanten ist ein Erinnerungsschnipsel von unbegrenzter Haltbarkeit. Ich wünschte mir, jeder Mensch könnte eine solche Begegnung erleben – die Welt wäre zweifellos eine andere.

Wie lange wir regungslos in der Hocke verharrten, ahne ich erst, als mir beim Aufstehen das Blut in die Unterschenkel schießt. Die Herde ist vorbeigezogen, und wir stellen uns in einem Kreis zusammen. Die Elefanten sind in unsere anvisierte Laufrichtung verschwunden, dorthin, wo wir die Löwen vermuten. Doch wir wollen der Herde nicht weiter nachstellen und brechen die Löwensuche an dieser Stelle ab.

Hinter wildem Salbei taucht das Camp vor uns auf. Als Anja den Land Cruiser parkt, kratzt es im Funkgerät. Es ist Instructor Bakang, der mit einer der beiden anderen Lerngruppen im Land Rover unterwegs ist. Es sind höchst aufregende Neuigkeiten, die Anja und Masego entgegennehmen: In dem trockenen Flussbett, das auch an unserem Camp vorbeiführt, hat Bakangs Gruppe Löwen entdeckt, die sich über einen frischen Riss hermachen. Die Stelle, von der sie die Tiere beim Fressen beobachten, liegt nur wenige Kilometer vom Camp entfernt. Jetzt ist Eile angesagt oder »Kalahari Ferrari!«, wie Masego freudestrahlend jubelt. »Jetzt sehen wir ja doch noch Löwen! Lass den Motor einfach an, Anja. Ich übernehme!«

In fliegendem Wechsel tauschen sie die Plätze, schon heizen wir den Weg am Ufer entlang. »Haltet eure Hüte fest!«

Masego hat sichtlich Spaß daran, ausnahmsweise Gas geben zu dürfen. Auch die Schlaglöcher scheinen kein Grund für ihn zu sein, die Geschwindigkeit zu drosseln.

»Willst du Safari Guide oder Rallyefahrer werden?« Mit Keeyas Mahnung wird der Wagen umgehend langsamer. Vielleicht wären wir anderenfalls auch an der richtigen Stelle vorbeigerauscht, denn schon biegen wir nach rechts ab, verlangsamen auf Schritttempo und gleiten sanft über die Flussbettkante in den weichen Sand. Also Offroadfahren kann er.

In der Mitte des Gewässergrunds, leicht versetzt hinter Bakangs Land Rover, stellt er den Motor ab. Vor unseren Augen schleppt eine einsame Löwin mit prall gefülltem Bauch einen Gnukadaver zur anderen Uferseite. Die junge Löwin hat ein markantes, narbenfreies Gesicht. Ein wunderschönes Tier mit gesund glänzendem Fell, das sich über definierte Schulterblätter und einen muskulösen Körper spannt. Normalerweise leben und jagen die Schleichjäger im Gruppenverband, doch von ihren Artgenossen ist weit und breit nichts zu sehen. Wurde sie von ihrem Rudel verstoßen? Müde vom Fressen, bleibt die Löwin immer wieder hechelnd stehen, bevor sie den Kadaver wieder am Nacken packt und ein Stückchen weiterzieht.

»Lars, schau doch nur«, sagt Anja betroffen, »das Gnu war ja noch ein Kalb. Ob es das arme Ding war, das wir heute Vormittag in der Herde gesehen haben?«

Mit einem Raunen, das durch die Sitzreihen beider Autos geht, bekommen wir Antworten. Ein mächtiges Löwenmännchen erscheint auf der Bildfläche. Seine auffallend helle Mähne fließt satt über die Schultern. Mit einem Satz springt er ins Flussbett hinunter, wo er sich im Schatten der Uferkante bäuchlings in den Sand legt. Bald hat es das Weibchen samt totem Gnu zu ihm geschafft. Erst lässt es den Kadaver, dann sich selbst erschöpft in den Sand fallen.

»Wer hat eine Ahnung, was hier vor sich geht?«, fragt Keeya in die Runde. Ich hebe die Hand, und Keeya gibt mir nickend das Wort.

Im Gegensatz zu dem, was Disneys Filmklassiker Glauben machen will, gibt es in einem Löwenrudel keinen König, der in der Hierarchie über allen anderen Mitgliedern steht. Löwen leben in einer egalitären Gesellschaft ohne Rangordnung. Die Weibchen eines Rudels sind näher miteinander verwandt. Ob sie paarungsbereit sind, finden die Männchen heraus, indem sie Grimassen schneiden. Mit leicht geöffnetem Fang, gekräuselter Nase und herausgestreckter Zunge leiten sie die von Löwinnen ausgesandten Pheromone in das sogenannte Jacobson-Organ, das sich im Gaumen befindet und wie die Nasenschleimhäute dem olfaktorischen System zugeordnet ist. Der Fachbegriff dafür ist Flehmen. Haben Männchen auf diese sonderbare Weise herausgefunden, dass eine Löwin brünstig ist, fechten sie das Paarungsrecht aus. Im Schnitt bleibt der Sieger vier Tage mit dem Weibchen zusammen.

»Fortpflanzung«, erkläre ich, »ist eine wahrscheinliche Erklärung, warum wir die beiden von ihrem Rudel getrennt antreffen.« Und weil Keeya erneut nickt, fahre ich fort. »Wobei Fortpflanzung ein viel zu förmlicher Begriff für die intensive Affäre ist, die Löwenpärchen miteinander eingehen. Löwen haben nämlich alle fünfzehn Minuten Sex. Alle. Fünfzehn. Minuten«, wiederhole ich. »Und das vier Tage lang. Vier! Und vier Nächte. Sie tun es also 96 Stunden am Stück.«

Als ich das letzte Mal mit der Rolle des Safari Guide dran war, hatte ich im Vorfeld ein paar Löwenfakten vorbereitet, von denen ich hoffte, dass sie meine MitschülerInnen noch überraschen würden. Mit etwas Verspätung kann ich einen Teil meiner Vorarbeit nun doch noch raushauen.

»Es könnte gut sein«, komme ich zum Schluss, »dass wir das Paar ganz am Ende ihrer Affäre angetroffen haben. Vielleicht waren sie gerade auf dem Weg zurück zum Rudel, als sie nach vier Tagen Sex-Diät der Hunger überkam und Frau Löwe schließlich ein junges Streifengnu überfiel.«

Zum Abschied aus Botswana klettern wir mit gefüllten Kühlboxen für einen letzten Sundowner auf den steinigen Rücken eines Felshügels, auf dem seit eh und je ein einsamer Baobab den Elementen trotzt. »Wer unter diesem Baum steht und seinen Blick über die ungezähmte Landschaft wandern lässt, kann die Geschichte früherer Kulturen spüren, die diesen Ort über Tausende von Jahren bewohnt haben«, hat Keeya auf der Hinfahrt gesagt. Der mystische Felshügel nennt sich Mmamagwa. Es heißt, dass sich nirgends in Mashatu besser beobachten lässt, wie sich ein Tag in all seinen Farben über dem Horizont auflöst.

Zwischen jenem Tag, an dem ich mich oben auf dem Eagles Rock auf viele neue Abenteuer in der Savanne von Mashatu gefreut habe, und dem heutigen letzten Abend, an dem ich vom Mmamagwa-Felsen auf viele neue Erinnerungen hinunterblicke, liegen nur wenige Wochen. Botswana war die Zeit der Aha-Momente. Mit jeder Stunde, die wir draußen im Busch verbrachten, mit jeder Minute, in der wir den Raum mit einem wilden Tier teilten, uns starr vor Ehrfurcht darin übten, seine Botschaften zu dechiffrieren, mit jeder einzelnen Erfahrung verwandelte sich ein bisschen mehr von dem Wissen aus unseren Büchern in Erkenntnisse über die fein abgestimmten Rhythmen der Natur. Es ist ein wild fließendes Zusammenspiel unaufhörlicher Synergien, in das nur noch eine geringe Anzahl von Menschen eingeweiht ist – und in mir köchelt und verdickt sich mehr und mehr die Sehnsucht, sie mir ebenfalls zu erschließen.

Sie klingt so trivial, und doch erscheint mir dabei keine Lektion hilfreicher, sofern man sie wahrhaft verinnerlicht: Alles, einfach alles, ist miteinander verbunden. Ubuntu – das Fehlen eines einzigen kleinen Elements – könnte jeden der sieben Riesen Mashatus ins Wanken bringen. Ohne das Studium von Licht, Gestein, Feuer, Wind und Wasser lässt sich das Vorkommen von Tier- und Pflanzenarten in einem Ökosystem nicht erklären. Was auf mich anfangs so verwirrend wirkte, kann ich mir jetzt in vereinfachte Kausalketten übersetzen: Die auftretenden Gesteinsarten einer Gegend erodieren und bestimmen so die Beschaffenheit des Bodens. Die individuelle Zusammensetzung des Bodens bestimmt seine Fruchtbarkeit und welche Pflanzen darauf gedeihen. Fülle und Vorkommen bestimmter Pflanzenarten ziehen wiederum unterschiedliche Pflanzenfresser an, die ihrerseits bestimmte Fleischfresser in die Gegend locken. So grob veranschaulicht, lässt sich unter Berücksichtigung des Zusammenwirkens von Licht, Wind und Wasser allein aus dem Anblick einer Landschaft herauslesen, mit welchen Tierarten man darin rechnen kann.

Über der Bilderbuchsavanne von Mashatu erinnere ich mich an Head Ranger Jomo aus Kenia und daran, wie er mich zum Abschied zu den Löwen fuhr. So langsam beginne ich zu begreifen, wie er das damals gemacht hat. Zu Beginn der Ausbildung noch heillos überfordert von all dem neuen Stoff, gehe ich nun zuversichtlich in das letzte Drittel, für das wir morgen früh zurück nach Südafrika reisen.

4 | DIE GROSSE KLECKERFREIHEIT

Karongwe, Limpopo, Südafrika

Stephanus Johannes Paulus Kruger, Nachfahre deutscher Einwanderer, war von 1882 bis 1902 Präsident der Südafrikanischen Republik. Die Buren, ein Sammelbegriff für Kolonialsiedler aus den Niederlanden, Frankreich und Deutschland, riefen ihr politisches Oberhaupt liebevoll Oom Paul, was auf Afrikaans Onkel Paul bedeutet. Ein verniedlichender, irreführender Kosename für einen Führer, der mit seiner politischen Agenda an der Vorgeschichte des späteren Apartheidstaates mitwirkte. Gleichwohl erwirkte Paul Kruger während seiner Präsidentschaft auch nachhaltig Positives, weil er zeit seines Lebens ein großer Tier- und Naturfreund war. So gründete er 1898 das Sabi-Wildreservat, aus dem 1926 der Kruger-Nationalpark hervorging. Mit 20 000 Quadratkilometern ist er heute das größte Wildschutzgebiet des Landes, das sich im Süden vom Crocodile River bis hoch zum Limpopo erstreckt, dem nördlichen Grenzfluss zu Simbabwe, den wir zu Beginn unserer Ausbildung kennengelernt hatten. Im Osten grenzt der Kruger auf ganzer Länge an Mosambik. Im mittleren Westen erweitern zahlreiche private Wildreservate die Schutzfläche, die zusammengenommen als Greater Kruger bezeichnet wird. Und in einem davon bereiten wir uns auf unsere Abschlussprüfungen vor.

Karongwe ist unser letztes und das mit Abstand modernste Camp unserer Grundausbildung zu Safari Guides. Ein schicker kleiner Busch-Campus aus weiß verputzten Massivwänden, Holz, Reet und Glas. Statt eines offenen Study Decks gibt es ein Klassenzimmer. In einem zweiten Gebäude befinden sich Badezimmer, ein Lehrerzimmer und ein Arbeitszimmer. In Letzterem ist die Bibliothek untergebracht. Wir Studierenden können dort unsere Laptops anschließen und sogar ein Wi-Fi-Signal erhalten. Camp Karongwe liegt am Ufer des gleichnamigen Flusses. Solange er noch trocken liegt, ist im weichen Sandbett ein Volleyballnetz gespannt. Eine im Lernstress gern genutzte Abwechslung und Schauplatz hart umkämpfter Derbys gegen das Team einer benachbarten Naturschutzorganisation.

Es ist Ende März. Die weiblichen Marula-Bäume tragen immer mehr Früchte, in die Elefanten so sehr vernarrt sind, dass man auch Elefantenbäume zu ihnen sagt. Angelockt vom süßen Duft, pflücken sie das gelbe Obst kiloweise mit ihren Rüsseln von den Baumkronen. Das helle Fruchtfleisch der ovalen, pflaumengroßen Früchte ist wirklich lecker und reich an Vitamin C. Es wird roh gegessen, zu erfrischend säuerlich schmeckender Marmelade gekocht und ist Grundlage bei der Herstellung des in der Branche beliebten *Amarula*-Likörs. Der südafrikanische Winter beginnt erst im Juni, aber kühler werdende Nächte läuten unmissverständlich die Übergangszeit ein. Ein drittes untrügliches Zeichen ist die Brunft der Impalas. Das Grunzen der Böcke ist jetzt immer häufiger zu hören, und bei Ausfahrten kann man sie mit ineinander verhakten Geweihen um ihren Harem kämpfen sehen.

Im Hof zwischen Klassen- und Lehrerzimmer hält sich nach dem Mittagessen kaum jemand auf. Ein guter Ort zum Auswendiglernen. Müde von Lunch und Mittagssonne, allerdings nicht die perfekte Zeit. Es muss trotzdem sein. Im Gegensatz zu Anja bin ich, was Blattstellungen und -formen angeht, noch immer nicht sattelfest. Mit einem extra stark angerührten Instantkaffee setze ich mich auf den gepflasterten Weg und lehne mich an die kühle Klassenzimmerwand. In der Hand mein Herbarium, in dem ich gepresste Blätter und Informationen aller Bäume gesammelt habe, über die wir als Safari Guides Bescheid wissen müssen. Bis zum Bush Walk am Nachmittag will ich die Bezeichnungen für ihre Anordnungen draufhaben: wechselständig, gegenständig, quirlständig, kreuzgegenständig … Es gibt nur eine Sache, die mich in diesem Augenblick noch mehr verwirrt, und die schimmert grün, hat große Augen und hüpft geistesgestört schnell den schmalen Pfad entlang und direkt auf mich zu. Ich kann die Krötenart nicht erkennen, aber keines der mir bekannten Amphibien würde in der Mittagshitze zum Hürdenlauf blasen. Ohne vom Gas zu gehen, springt die Kröte in großem Bogen über meine ausgestreckten Beine hinweg und rast unverminderten Tempos weiter. Grübelnd schaue ich ihr hinterher, als ich meinen Kopf wegen eines leise sirrenden Schleifgeräuschs in die entgegengesetzte Richtung zurückdrehe. Einen Wimpernschlag später realisiere ich, dass es sich bei dem Schleifgeräusch um ein Kriechgeräusch handelt. Ihre Verursacherin schimmert ebenfalls grün, hat leuchtend gelbe Augen, ist einen Meter lang und jagt mit einem Affenzahn der dicken Kröte hinterher – bevor ich auch nur einen Zeh rühren kann, rast die Schlange ungebremst in meinen rechten Oberschenkel hinein. Was für eine Blindschleiche! Im Tanz der Hundertstelsekunden springen die Schlange und ich auf, stehen uns wie zwei aufgebrachte Kobras gegenüber und stoßen einen Schrei des Entsetzens aus, sie einen stummen, ich eher schrill, dann flüchtet das überforderte Reptil auf die Damentoilette und ich nach nebenan ins Lehrerzimmer. Aber niemand ist da. Kein Instructor, kein Back-up und weit und breit auch keine KommilitonInnen, mit denen ich mich beraten könnte. Wie kann sich die Schlange bei so einem Frontalaufprall nicht das Genick gebrochen haben? Dann fällt mir ein, dass an der Tür zur Damentoilette ein großes Poster mit Abbildungen südafrikanischer Schlangenarten hängt. Wie praktisch! Dann könnte ich ja einfach zu dem giftgrünen Reptil hineinspazieren und es direkt vor Ort bestimmen. Wo ich doch Schlangen fast genauso gerne mag wie Spinnen … Und dann mach ich's tatsächlich. Mitleid schlägt Schlangenaversion. Vorsichtig stoße ich die Tür auf und betrachte das nervöse Reptil, das an der Rückwand nach einem Ausgang sucht. Es ist gefleckt und grün wie der Busch. Eindeutiger lässt sich eine gefleckte Buschschlange nicht beschreiben. Sie ist eine Vertreterin der Nattern, und sie ist ungiftig, weshalb ich meinen Mitschüler Curtis mit neuem Selbstbewusstsein zu einer gemeinsamen Tierrettungsaktion überreden kann, als ich ihn draußen entdecke. Bewaffnet mit einem Schlangenhaken, angeln wir das Tier in einen verschließbaren Eimer, was auch beim zweiten Versuch misslingt, wodurch wir die Buschschlange aber immerhin in die richtige Richtung lenken und sie den Weg hinaus ins Freie findet.

Am Nachmittag wandern wir mit Wesley los, einem zweifachen Vater mit schelmischem Blick, den alle nur Wes nennen. Er ist in meinem Alter und arbeitet erst seit Kurzem als Instructor. Ein netter Kerl, mit dem ich mich auf Anhieb verstehe. Ein paarmal die Woche treffen wir uns zum Sport. Im Camp gibt es ein kleines Outdoor Gym mit Gewichten, einer Hantelbank und Möglichkeiten für Klimmzüge.

Für unseren Bush Walk treffen wir Wes im Hof vorm Klassenzimmer, also da, wo heute Mittag der Auffahrunfall mit der Buschschlange passierte. Während wir auf den Rest der Gruppe warten, erzähle ich ihm und Back-up Raphael davon.

»Dein Gesicht hätte ich gern gesehen!«, lacht Wes. »Und wie sieht's mit den Blattstellungen aus?«

»Damit bin ich natürlich nicht wirklich weitergekommen«, gebe ich zu.

»Mach dir keinen Kopf! Wir erledigen das gleich beim Bush Walk. Ich zeige euch noch mal Pflanzen aller Blattstellungen. Eine Wiederholung tut der ganzen Gruppe gut.«

Als wir komplett sind, laufen wir vors Camp, gehen die fünf goldenen Regeln durch, laden und sichern die Gewehre und beschließen, dass heute niemand von uns SchülerInnen die Rolle des Safari Guide spielen muss. Da ich nicht der Einzige mit Unsicherheiten bin, halten es ausnahmslos alle für eine gute Idee, aus dem vierstündigen Streifzug einen Prüfungsvorbereitungskurs zu machen. Mit gezückten Notizbüchern folgen wir Wes und Raphael und halten überall dort, wo es etwas zu betrachten gibt, das einer von uns noch einmal genau erklärt haben möchte. Bei mir sind es Bäume und Sträucher mit gesuchtem Blattwerk, bei Gabriel sind es Wildblumen und Gräser, und bei den anderen sind es vor allem Tierspuren. Letztere findet man deutlich weniger im Gras als auf den Schotterstraßen, und so folgen wir einer von ihnen in westlicher Richtung. Immer wieder malt Wes mit seinem Stock Kreise in den Sand, um auf Trittsiegel und Exkremente hinzuweisen. Jede der Spuren geht er noch einmal im Detail mit uns durch, und bald haben wir auch einen Großteil der prüfungsrelevanten Blattformen gefunden. Mit Wes unterwegs zu sein macht riesigen Spaß. Seine Begeisterung über alles, was er wahrnimmt, ist hochgradig ansteckend. Als er über die Unterschiede zwischen Dornen und Stacheln referiert, durchdringt ein fernes raspelndes Brüllen die Luft.

»Wooooow!! Jetzt hört euch das an!«, jubelt er mit geballter Faust. Fünfmal hintereinander röhrt der Leopard aus südwestlicher Richtung, macht eine kurze Pause, bevor er erneut fünfmal ruft. Es ist ein Geräusch wie das einer großzahnigen Baumsäge. Mit diesen charakteristischen Lauten stecken die seltenen Großkatzen ihr Revier ab.

»Wir sind hier im Gebiet eines Männchens«, sagt Wes, »das wir nicht oft zu sehen oder hören kriegen. Was haben wir für ein Glück!«

Leoparden sind territoriale Einzelgänger, die je nach Geschlecht dreißig bis hundert Quadratkilometer große Streifgebiete für sich beanspruchen. Ihre Territorien markieren sie in erster Linie mit Urin und Kot, aber auch mit Kratzspuren und durch jenes sägende Brüllen, das kilometerweit zu hören ist. Wir lauschen konzentriert, hören seine stets von kurzen Pausen unterbrochenen Brülltiraden, die sich aber in südwestlicher Richtung immer weiter entfernen.

»Ist er unterwegs, weil es letzte Nacht geregnet hat?«

»Hundert Prozent, Anja. Der Regen hat seine Urinmarkierungen abgewaschen. Jetzt hat er gut zu tun. Hey, was sagt ihr, wollen wir ihm folgen?« Natürlich wollen wir. »Macht euch keine zu großen Hoffnungen. Er ist schneller als wir und ziemlich weit weg. Aber wenn wir vorn an der Kreuzung rechts abbiegen, können wir unser Glück versuchen.«

Hintereinanderweg biegen wir in eine sandige Naturstraße ein, gerade so breit, dass ein Geländewagen darauf fahren kann. Sie verläuft ziemlich exakt in südwestlicher Richtung. Links und rechts des Weges versperrt Buschwerk den Weitblick, aber geradeaus türmen sich blaugrau die mächtigen Ausläufer der Drakensberge in den Himmel. Schon nach wenigen Hundert Metern ist von dem Leoparden nichts mehr zu hören. Schade, ich hätte das Männchen wirklich gern gesehen. Andererseits fällt es mir so leichter, mich wieder auf die anderen Themen unserer Buschwanderung zu konzentrieren.

An der nächsten Kreuzung diskutieren wir Laufrichtung und Spezies einer überlagerten Antilopenspur. Ich lege meine Handfläche auf den warmen Sand, prüfe die Länge der Spur im Verhältnis zu meinem Zeigefinger, als ich im Augenwinkel eine Bewegung wahrnehme. Ich hebe meinen Blick und schaue die Straße hinunter zu den Drakensbergen. Als ich ihn sehe, setzt mein Herz einen Schlag aus.

Es ist ein gigantischer Elefantenbulle, der größte, den ich je gesehen habe. Mit den Drakensbergen im Rücken, schreitet das Tier ruhig, aber entschlossen auf uns zu. Links und rechts von ihm schrumpfen die Bäume, als würden sie sich vor dem König verneigen. Die zweihundert Meter, die schätzungsweise noch zwischen uns und dem Elefanten liegen, wird er bald überwunden haben, doch ich kann meinen Blick einfach nicht von ihm abwenden. Seine Stoßzähne ragen meterlang aus einem fürwahr massigen Schädel heraus. Auf dem linken hat er lässig seinen muskulösen Rüssel abgelegt.

Der schwerste Elefant, der jemals auf unserem Planeten gesehen wurde, war vier Meter hoch und elf Tonnen schwer. Man taufte ihn Henry, nachdem man ihn im zentralafrikanischen Angola entdeckt hatte, wo er 1955 von einem ungarischen Großwildjäger erschossen wurde. Heute kann man Henry als Präparat im Smithsonian National Museum of Natural History in Washington, D. C. besichtigen. Ich war nie dort, aber das Kraftwerk, das in großen Elefantenschritten auf uns zuläuft, kann nicht allzu weit von Henrys Statur entfernt sein. Jetzt ist auch zu erkennen, dass ihm, in ausreichendem Abstand, ein offener Land Cruiser folgt. Der Safari Truck einer benachbarten Lodge wirkt wie Spielzeug hinter dem Elefanten, dessen Stoßzähne länger sein dürften als jeder einzelne Fahrgast.

»Wir sollten ihm jetzt Platz machen!«, verkündet Wes. »Mir nach!«

Hintereinander laufen wir von der Straße und schlagen uns ins Grün. Hinter einem umgefallenen Baumstamm gehen wir in die

Hocke und warten gespannt auf den *Big Tusker.* So werden besonders stattliche Elefanten mit außergewöhnlich großen Stoßzähnen genannt, die bis zum Boden reichen. Bei unserem fehlt noch ein kleines Stück, aber ich nenne ihn trotzdem so. Er wird in seinen Vierzigern sein, doch seine Stoßzähne wachsen ein Leben lang. Und wer weiß, vielleicht hat er ja noch zwanzig Jahre und schafft es noch zu einem. Für mich persönlich ist er schon jetzt der Biggest aller Tusker. Seine starken, widerstandsfähigen Gene kann seine Spezies besser denn je gebrauchen.

Aufgrund der Elfenbeinwilderei gibt es in Afrika nur noch eine verschwindend geringe Anzahl echter Big Tusker. Je nach Quelle variieren die Angaben, doch es ist davon auszugehen, dass in ganz Afrika nicht mehr als höchstens vierzig Elefanten mit bodenlangen Stoßzähnen leben. Grund ist die Gier der Menschen nach Elfenbein. Zwischen 1979 und 1989 erreichte die illegale Elefantenjagd ihren traurigen Höhepunkt. Laut WWF verlor der afrikanische Kontinent in nur zehn Jahren mehr als die Hälfte von ehemals 1,3 Millionen Tieren. Die Stoßzähne von Elefanten sind eigentlich enorm verlängerte Schneidezähne, die tief im Oberkiefer verankert sind. Nur zwei Drittel sind von außen sichtbar. Deshalb trennen Wilderer sie mit Motorsägen tief im Schädel ab, nachdem sie die Elefanten erschossen oder vergiftet haben. Mit einem Bestand von afrikaweit nur noch 700 000 bis 800 000 Tieren wurde 1989 im Washingtoner Artenschutzübereinkommen CITES der kommerzielle Handel mit afrikanischem Elefantenelfenbein verboten. Endlich!

Doch die Nachfrage bleibt groß, weil Elfenbeinschnitzereien vor allem in asiatischen Ländern Tradition haben. Das »weiße Gold« ist Statussymbol und wird als Kapitalanlage gehandelt. In 2018 beendete schließlich auch China als weltweit größter Abnehmer seinen legalen Elfenbeinhandel. Ein echter Meilenstein im Kampf gegen das Elefantensterben, und doch bleibt eine Käuferschaft bestehen, für die noch immer geschätzte 20 000 Elefanten jährlich umgebracht werden. Über komplexe Netzwerke aus Wilderern und Schmugglern gelangt das Elfenbein auf die Schwarzmärkte, weshalb Institutionen wie der WWF nicht müde werden, die Nachfrage über Aufklärungsarbeit zu reduzieren und Wilderei vor Ort mit der Ausbildung von RangerInnen zu bekämpfen. Sie spielen eine zentrale Rolle, denn sie durchstreifen regelmäßig die Schutzgebiete und erhöhen damit das Risiko für Wilddiebe, entdeckt und festgenommen zu werden.

Neben der Wilderei sind es die schwindenden Lebensräume, die Elefanten und alle in Koexistenz lebende Arten bedrohen. Es ist überall auf der Welt das Gleiche: Wo einst riesige Urlandschaften den Tieren ihren Raum gaben, ist alles mit Stacheldraht und Mauern in Stücke geschnitten. Überdies werden die wenigen verbleibenden Wälder unaufhörlich abgeholzt. Man will Ackerbau betreiben und verändert nebenbei das Klima ganzer Landstriche. Je mehr Ackerböden verdorren, desto mehr neue Flächen werden gerodet. Doch wer heute von der Hand in den Mund leben muss, fragt nicht nach morgen. Die ländliche Bevölkerung Afrikas nimmt immer mehr Platz ein, wodurch sie unweigerlich in Konflikte mit Elefanten gerät, bei denen die Dickhäuter meist den Kürzeren ziehen: Ein toter Elefant kann keine Ernte mehr zerstören, die Familien aus unterprivilegierten Schichten so dringend zum Leben brauchen. Gibt man den Menschen keine Perspektiven, wird es auch keinen Ausweg aus dem Dilemma geben. Nur dort, wo intakte Wälder mehr wert sind als abgeholzte, wo lebende Elefanten mehr wert sind als tote, haben die Tiere langfristig eine Chance. Deshalb kann Ökotourismus, der die lokale Bevölkerung einbindet, ein so wichtiger Baustein im Kampf gegen das Artensterben und für den Erhalt natürlicher Lebensräume sein. Klar, eine Safari lässt sich für uns EuropäerInnen nicht ohne Flug unternehmen. Wahr ist aber auch, dass es ohne einfliegende Safarigäste keinen Ökotourismus in Afrika geben würde. Ich mag mir gar nicht ausmalen, wie schlecht es ohne ihn um die Wildreservate und Naturschutzgebiete dieses Planeten stünde.

Neben der ökologischen geht es auch um soziale Nachhaltigkeit. Menschliche Existenzen hängen von den Einnahmen aus dem Geschäft mit den Urlaubern ab. Und doch werden Tourismus und Nachhaltigkeit wohl nie hundertprozentig widerspruchsfrei zueinanderfinden können. Umso mehr sollten wir uns bewusst machen, dass sich im Urlaub nachhaltig positive Beiträge im Gastgeberland leisten lassen. In ökologischer und soziokultureller Hinsicht – ganz ohne dass die Leichtigkeit des lang ersehnten Erholungsurlaubs verloren geht. Es bedarf im Vorfeld lediglich eines kleinen Rechercheaufwands. Mit jeder Entscheidung für umweltfreundlich praktizierende und die lokale Bevölkerung einbeziehende Reise- und Ausflugsveranstalter tragen wir maßgeblich dazu bei, die Tourismusindustrie in eine zeitgemäße Richtung zu lenken. Kredible Hinweise, dass Nachhaltigkeit in substanziellen Maßnahmen die tägliche Betriebsführung bestimmt, lassen sich bei seriösen Unternehmen mit einem Blick auf die Website leicht finden. Das können Zertifizierungen von anerkannten Umweltschutzorganisationen sein oder auch Mitgliedschaften in Ökotourismusverbänden. Transparente, klare Angaben über umweltfreundliche Praktiken, ressourcenschonende Maßnahmen, enge Beziehungen zur lokalen Gemeinschaft und Angebote für authentische Naturerlebnisse sind ebenfalls Indikatoren für ethisches Wirtschaften. Für einen Website-Check lohnt es auch, sich den Begriff *Corporate Social Responsibility* zu merken, der die soziale Verantwortung eines Unternehmens gegenüber der Gesellschaft beschreibt. Die CSR-Initiativen eines Unternehmens sollten darauf abzielen, soziale, ökologische und ökonomische Herausforderungen in einem Umfang zu bewältigen, der über die gesetzlichen Mindestvorschriften hinausgeht.

Fast immer gibt es tolle Alternativen zu den großen internationalen Hotelketten, den Greenwashing-Weltmeistern, deren Gewinne meist ins Ausland wandern. Dabei bleibt die Buchung von lokalen Ferienwohnungen, Gasthäusern und Tourguides die einfachste, sicherste und schönste, weil persönlichste aller Möglichkeiten, das Geld in die Hände der GastgeberInnen fließen zu lassen. Auch wenn man auf Plattformen wie Airbnb manchmal ein bisschen genauer hingucken muss, um auszuschließen, dass westliche Immobilieninvestoren hinter einem Objekt stecken. Es klingt haarstäubend widersprüchlich, die Klimakrise ernst nehmen zu wollen und gleichzeitig in den Flieger zu steigen. Doch relativiert sich der erste Impuls, wenn Klimakrise und Biodiversitätskrise als ökologische Zwillingskrise verstanden werden, deren Effekte sich gegenseitig bedingen und verstärken. Wir konnten auf dem afrikanischen Kontinent erkennen, welch hohen Stellenwert Ökotourismus dabei einnehmen kann.

Während der Klimawandel im Bewusstsein der meisten Menschen angekommen ist, scheint das ebenso menschengemachte größte Massenaussterben seit der Dinosaurierzeit weit weniger präsent zu sein. Ob Käfer oder Elefant, ob Blume oder Baum – im komplexen, hoch interdependenten Netz eines natürlichen Lebensraums ist jede Art ein Knotenpunkt. Jeder einzelne könnte das ganze Geflecht zum Reißen bringen. Mit jeder ausgestorbenen Spezies riskieren wir den Kollaps weiterer Ökosysteme. Dabei berauben wir uns der eigenen Lebensgrundlage. Intakte artenreiche Ökosysteme filtern unser Trinkwasser, produzieren neuen Sauerstoff und speichern CO_2 in unverzichtbaren Mengen. Verschwinden sie, verschwinden auch wir.

Versteckt hinter dem umgefallenen Baumstamm, fühle ich mich unweigerlich an *Jurassic Park* erinnert. Ein dinosauriergroßes Wesen trabt an einem vorbei, gefolgt von einem olivfarbenen Tuk-Tuk, das man soeben noch für einen zwölfsitzigen Land Cruiser gehalten hatte. Es war aber auch handwerklich eine gute Begegnung: Wir blieben vom Elefanten unentdeckt und konnten ihn gefahrlos beobachten. Wes scheint zufrieden. »Es war kein Kunststück, wir haben ihn ja früh genug gesehen. Aber genau so soll es laufen. Gebt dem Tier rechtzeitig den Raum, den es braucht. Haltet eure Gruppe in Formation und eng zusammen, und sucht euch eine natürliche Barriere, so wie wir sie gerade in dem Baumstamm gefunden haben. Gut gemacht, Leute!«

Genau, wie man beim Scuba Diving jeden einzelnen Tauchgang in einem persönlichen Logbuch abstempeln lässt, dokumentiert man in der Ausbildung zu Safari Guides auch jeden einzelnen Game Drive und Bush Walk. Es geht dabei um den Nachweis eines bestimmten Umfangs an praktischen Erfahrungen, insbesondere um die Anzahl der Begegnungen mit potenziell gefährlichen Tieren. Denn bei allem, was man in Büchern über Tierverhalten lernen kann, ist es am Ende das Verstehen durch eigenes Erleben, das einen die richtigen Entscheidungen treffen lässt, wenn man später einmal selbst die Verantwortung für die Sicherheit seiner Gäste zu tragen hat. Heute hat Anja unsere Logbücher durchgeblättert und mal überschlagen, wo wir aktuell stehen. Es sind erstaunliche 332,5 Exkursionsstunden, die wir fahrend oder laufend in der Wildnis verbracht haben. Nicht mehr lange, dann haben wir die erforderliche Anzahl zusammen.

Um die Grundausbildung erfolgreich zu absolvieren, hat man zusätzlich einen Abschlussprüfungsmarathon zu bestehen. Der Startschuss fiel vor vier Tagen, als uns Head Instructor Ashton bei einer Nachtfahrt darauf testete, ob wir Safarigästen einen unterhaltsamen Vortrag über den Sternenhimmel liefern können. Anschließend führten wir einen Motorcheck, einen Reifenwechsel und andere handwerkliche Fähigkeiten vor. Doch waren es Kinkerlitzchen gegen die Batterie an Schlussprüfungen, die wir im Klassenzimmer zu bestehen hatten.

Bei aller neu entfachten Liebe zum Federvieh stellten die Vogel-Prüfungen die größte Herausforderung für uns dar. 105 Arten sind eine erschlagend große Anzahl, wenn davon 64 allein an ihren Rufen identifiziert werden müssen. Nach den abgespielten Audioaufnahmen wurden uns zusätzlich Fotos ihrer Nester gezeigt, die wir bei äußerst geringer Fehlertoleranz ebenfalls zuordnen mussten. In Summe waren die kleinen Piepmätze der erwartet mächtige Endgegner, den wir erst im letzten von zwei möglichen Anläufen zur Strecke brachten. Hätten wir auch im zweiten Versuch nicht bestanden, hätten wir einpacken können. Aber: Wir haben bestanden! Und wir können es selbst kaum fassen, wenn wir daran zurückdenken, wie viel uns die nervenzerreißende Vorbereitung darauf abverlangt hat. Doch jetzt stehen wir da, Anja und Lars, die zwei Traumfänger aus Deutschland, zugelassen zur praktischen Meisterprüfung, mit starkem Numerus clausus im Rücken und schlotternden Knien.

Im Vergleich zu den elefantenbauchhohen Kuppelzeltchen in Botswana sind die Unterkünfte in Karongwe ein echtes Upgrade. Eigentlich sind sie mehr Zimmer als Zelt. Die zwei Liegen hat man uns zu einem großen Doppelbett zusammengerückt. Daneben gibt es ein kleines Regal, und sogar eine Veranda mit zwei Stühlen gehört dazu. Alle Schlafzelte liegen mit ausreichend Abstand zueinander verteilt im Busch und sind durch einen kleinen Trampelpfad miteinander verbunden. Unseres liegt herrlich abgelegen. Auf dem

Spaziergang dorthin kommen wir an allen anderen Zelten vorbei, und vormittags begegnen wir fast täglich einer Gruppe Nyalas. Zurzeit scheinen sich die Antilopen mit den hübschen Streifenmustern der angespannten Camp-Atmosphäre aber zu entziehen. Viele unserer MitschülerInnen sind in ihre Bücher und Notizen vertieft, andere spazieren ziellos umher, während sie sich den auswendig gelernten Stoff murmelnd selbst aufsagen. Nervöse Blicke in den Prüfungskalender, der seit heute früh am Lehrerzimmer aushängt, vergewissern jedem Prüfling, dass sein großer Tag unaufhaltsam näher rückt. In der Luft liegt eine elektrische Spannung. Gesprächsthema Nummer eins: Heute Mittag werden unsere *Assessors* im Camp erwartet. Sie kommen im Auftrag der FGASA, jenes Verbandes, der die Standards setzt, nach denen wir ausgebildet werden – die IHK der Safariwelt, wenn man so will. Assessors sind von der FGASA nominierte PrüferInnen. Es sind einige der erfahrensten Safari Guides der Branche, von denen zwei heute ins Camp Karongwe reisen werden. Sie kommen, um unsere praktische, letzte Abschlussprüfung zu bewerten: ein kompletter Safari Game Drive.

Es ist kurz nach sieben. Mit Emaillebechern und Rusks in den Händen stehen wir im Kreis am Bullfrog Dam. Der von Laubbäumen umstandene Teich ist ein beliebter Spot für Kaffeepausen, während denen sich Bienenfresser, Eis- und Wasservogelarten beobachten lassen. Durchs Fernglas verfolge ich einen Hammerkopf. Bedächtig watet der braun gefiederte Schreitvogel durchs Wasser. Dabei wühlt er mit seinen Füßen den Grund auf, wodurch er Krebstiere, Kaulquappen und alles andere zu schnappen kriegt, was unter Wasser so kreucht und fleucht. Derweil wird Wesley von unseren Fragen nur so durchlöchert. »Wie werden sich die Assessors denn auf der Safari verhalten?« »Ist auch eine Frau dabei?« »Kann ich mir aussuchen, von wem ich mich prüfen lassen will?« »Sitzt der

Assessor auf dem Beifahrersitz?« »Bist du auch dabei?« »Was, wenn ich mich verfahre?«

Wes stellt seine Tasse auf die Motorhaube und hebt die Hände. »Nun beruhigt euch mal. Ich habe jeden von euch als Guide erlebt. Ihr seid so weit und werdet das hinkriegen!« Er holt tief Luft. »Es sind zwei Männer, die man uns zugeteilt hat. Von einem habe ich schon gehört: Graham Cooke. In der Safariwelt ist er so was wie eine lebende Legende, seit er zwei verwaiste Leopardenwelpen großgezogen hat.«

Wer mit welchem Prüfer fährt, entscheidet das Los. Außerdem erzählt uns Wes, dass der Prüfer in der letzten Wagenreihe sitzt, weil man dort bei unzureichendem Fahrkönnen jedes Schlagloch spürt. Und wenn es sich jemand von uns wünschen würde, sagt Wes, fährt er gerne mit. Er dürfe aber keinerlei Hilfestellung geben, sonst drohe die umgehende Disqualifikation.

Der Tag unserer Prüfungsfahrten beginnt für Anja und mich um drei Uhr zweiunddreißig. Wir fühlen uns beide gerädert, haben uns stundenlang hin- und hergewälzt und trotzdem keinen tiefen Schlaf gefunden. Wir entscheiden, dass es sich nicht lohnt, auf das Weckerklingeln um vier zu warten, und kriechen aus dem Moskitonetz. Wir werden unsere Assessment Drives heute früh parallel zueinander absolvieren. Wir schlüpfen in unsere Kakihemden und kurzen Cargohosen, die wir am Waschbrett so sauber wie nur möglich geschrubbt hatten. Mit den Hemden im Hosenbund, staubfreien Gürteln, an denen frisch geschärfte Messer in glänzenden Lederscheiden sitzen, mit unseren abgebürsteten Hüten und geputzten Stiefeln unter olivgrünen Gamaschen könnten wir uns zum Vorstellungsgespräch in eine Luxuslodge trauen – lägen unsere vierstündigen Prüfungsfahrten nicht mit ungewissem Ausgang noch vor uns.

Wir schnappen uns die Ferngläser und treten hinaus in den Tag, der eigentlich noch pechschwarze Nacht ist. Außer uns ist niemand im Camp auf den Beinen. Alles schläft, und Gabriel schnarcht, wie wir bis ins Badezimmer hören können. In der Küche setzen wir heißes Wasser auf und packen alles zusammen, was es für unsere Kaffeepausen benötigt. Neu ist, dass wir selbst gebackene Muffins, Klapptische und Tischdecken bekommen haben. Alles soll so perfekt werden wie auf einem echten Safari Drive mit echten Urlaubsgästen.

Auf dem Weg zu den Wagen ziehen wir uns noch je einen Naturführer aus der Bibliothek, dann belädt jeder seinen Land Cruiser. Wir checken die Benzinstände, Brems- und Kühlerflüssigkeiten, fegen ein letztes Mal die Sitzreihen ab und setzen uns schließlich hinter die Lenkräder. Es dämmert bereits, als wir uns gegenseitig Glück wünschen und die Zündschlüssel drehen. Im Scheinwerferlicht tanzen winzige Nebeltröpfchen. Anja voraus fahren wir durch die klamme Luft in den Wendehammer ein, wo bereits einige unserer MitschülerInnen warten. Sie werden in die Rolle der Safarigäste schlüpfen. Bei Anja steigt zusätzlich Wes in den Wagen. Sie wird ihn und sein Gewehr brauchen, um Prüfer Graham auf ihrer Safari mit einer kleinen Wanderung überraschen zu können. Es heißt, zu Fuß sei er immer noch am liebsten im Busch unterwegs.

Um vier Uhr fünfundvierzig erscheinen unsere Prüfer und begrüßen gut gelaunt die wartende Runde. Mit einem Fuß auf dem Hinterreifen klettert Graham in die letzte Reihe von Anjas Truck. Seine hagere Figur, die dichten braunen Haare und seine markanten Gesichtszüge erinnern mich an eine jüngere Version von Mick Jagger. Ganz im Gegensatz zu seiner charismatischen, in sich ruhenden Ausstrahlung und seinem zurückgenommenen Wesen. Sonne, Staub und Wind haben ihre Spuren auf seiner Haut hinterlassen.

Auf der letzten Bank meines Geländewagens nimmt Scott Platz. Ben muss ihm beim Hochklettern die Kaffeetasse halten, und ich frage mich, wie jemand wie er keinen dieser geschlossenen Thermobecher besitzen kann. Scott ist ein untersetzter Typ mit knolliger Nase und ergrautem Bürstenhaarschnitt, der gerne lacht. Kleine braune Augen liegen über gepolsterten Wangen in einem freundlichen Gesicht. Er gibt sich kumpelhaft, und ich nehme es ihm ab. Kaum hat er Platz genommen, lockert er die angespannte Stimmung: »Ich weiß, ich sehe aus, als ob ich alles unter Kontrolle habe, aber in Wirklichkeit versuche ich nur zu verhindern, dass mir mein Kaffee auf die Hose schwappt.« Daraufhin lacht er so herzhaft, dass es fast passiert wäre und man gar nicht anders kann, als mitzulachen. »Ich sollte mir wirklich mal einen dieser Thermobecher mit Schraubdeckel zulegen. Nun denn«, sagt er an mich gerichtet, »wollen wir mal los! Mit vollstem Vertrauen in deine ruckelfreien Fahrkünste.«

Wie wir es gelernt haben, stelle ich erst mich, dann meine geplante Route vor. Ich erkundige mich, ob jeder an alles gedacht hat, Klamotten in neutralen Farben, Kamera, Fernglas, Sonnencreme, Hut und ausreichend Wasser, dann gehe ich durch das Sicherheitsbriefing. Dabei bitte ich eindringlich darum, schnelle Bewegungen zu unterlassen und die Arme jederzeit im Auto zu behalten. Wild lebende Tiere nehmen ein Auto als Ganzes wahr, als etwas, das zwar nach Mensch riecht, aber nicht danach aussieht. Streckt man seinen Arm hinaus, bricht man die optischen Begrenzungslinien des Fahrzeugs, was zu unnötiger Irritation und Nervosität der Tiere führen kann. Als alles gesagt ist, greife ich zum Funkgerät, um meine geplante Route durchzugeben. Anderenfalls hätte es ein Suchtrupp schwer, uns im Notfall da draußen ausfindig zu machen. Anja ist schon nicht mehr zu sehen, als ich den Motor starte.

Das Glück ist heute nicht auf meiner Seite. Ohne spannende Tierbegegnung bin ich gezwungen, meine Gäste mit Vorträgen über Bäume und Büsche bei Laune zu halten, ihnen Tierspuren zu erklären und sie auf die Rufe von Vögeln und Antilopen hinzuweisen. Wenigstens macht sich der Naturführer bezahlt, den ich genau für diese Fälle auf dem Beifahrersitz habe. So kann ich meinen Gästen die hörbaren Tiere anhand von Bildern im Buch veranschaulichen, wenn wir sie schon nicht zu Gesicht bekommen. Während die aufgehende Sonne den Nebel schmilzt und den Reservatshimmel zartblau erleuchtet, referiere ich über Zebras, Impalas, Kudus und allerlei Vögel – aber es macht nur halb so viel Spaß, wenn man die Tiere dabei nicht sehen kann. Nach einer Weile taucht endlich eines auf, das man nicht alle Tage zu Gesicht bekommt. Eine noch nicht ganz ausgewachsene Pantherschildkröte kreuzt unseren Weg. Ihr namensgebender leopardengemusterter Panzer kann bis zu einem halben Meter lang werden, womit sie die größte Vertreterin der *Small Five* ist. Auf Safaris ist es ein lehrreicher Ansatz, um als Gegengewicht zu den *Big Five* auch auf die Schönheit der kleineren, oft übersehenen Lebewesen hinzuweisen. Rüsselspringer, Ameisenlöwe, Nashornkäfer und Büffelweber ergänzen das Quintett faszinierender Kreaturen, die nicht leicht zu entdecken sind. Wie ein lebendes Metronom wippt sich die Pantherschildkröte vorwärts – beständig, breit und langsam. Schritt, wipp, wipp, für Schritt. Das Geschlecht der Eier legenden, keine Brutpflege betreibenden Reptilien ist abhängig von der Nestwärme. Wachsen die Embryonen in den fünf bis dreißig verbuddelten Eiern bei durchschnittlich 26 bis 31 Grad Celsius heran, entwickeln sie sich zu Männchen. Zwischen 31 und 34 Grad schlüpfen Weibchen aus den ledrigen Schalen.

»Hot chicks, cool guys«, erkläre ich, »so kann man sich das gut merken.«

Die Aufregung ändert nichts daran, dass ich mir wahnsinnig doof dabei vorkomme, einer Wagenladung fertig ausgebildeter

Safari Guides stundenlang Dinge zu erzählen, die sie längst wissen. Aber so ist das Spiel. Und meine MitschülerInnen geben mit Nachfragen und manchmal mehr, manchmal weniger authentisch gelungenen Begeisterungslauten ihr Bestes, damit ich die Absonderlichkeit der Situation ausblenden kann. Dieses Mal hält mich Fleur im Redefluss: »Kann man erkennen, welches Geschlecht die Schildkröte vor uns hat?«

Dankbar komme ich auf die Wölbung ihres Plastrons zu sprechen: »Damit sie bei der Paarung besser aufsitzen können, ist die Bauchschale der Männchen konkav, also nach innen gebeugt. Wir müssten sie umdrehen, um nachzuschauen. Aber das sparen wir uns lieber.« Im Augenwinkel sehe ich, dass mir Scott nickend beipflichtet. »Heben wir die Schildkröte auf«, fahre ich fort, »riskieren wir, dass sie zur Abwehr Urin und ihre eingespeicherten Wasservorräte ausstößt. Wir wollen nicht, dass das Tier unseretwegen an Dehydrierung stirbt. Zumal die trockenen Wintermonate vor der Tür stehen.«

Am Fuß eines flachen Steinplateaus läute ich nach zweieinhalb Stunden die Kaffeepause ein. Nachdem ich die umliegenden Spuren begutachtet und mich versichert habe, dass keine potenziell gefährlichen Tiere in der Nähe sind, bitte ich meine Gäste auf die felsige Anhöhe, die gerade hoch genug ist, um einen schönen Ausblick auf die mächtigen Drakensberge genießen zu können. Während Scott sich mit meinen KommilitonInnen unterhält, drapiere ich auf meinem Klapptischchen eine rot-weiß karierte Tischdecke und reihe Becher, Thermosflaschen, Muffins und was man sonst noch alles braucht auf.

»Bitte, liebe Leute, bedient euch!«, rufe ich meinen Schauspiel-TouristInnen zu.

»Wie ich sehe, hast du keinen Fleck auf der Hose«, scherze ich, während sich Scott heißes Wasser in den Kaffeebecher schenkt.

»Da hast du recht«, antwortet er anerkennend. »Du bist ein guter Fahrer. Das Gelände war streckenweise anspruchsvoll.«

War der offene Kaffeebecher am Ende nur ein Test?

»Na schön«, sagt Scott nun plötzlich ganz ernst, »dann machen wir's kurz.«

In einer dann doch nicht ganz so kurzen Ansprache gibt er mir Feedback zu meiner Leistung, obwohl meine Safari ja noch gar nicht zu Ende ist. Besonders lobt er, dass ich die Safari auch ohne viele Tiersichtigungen spannend gehalten und meine Gäste mit einbezogen habe. Ein paar Tipps hat er natürlich auch noch parat. Zum Beispiel, dass ich als Fahrer eines offenen Geländewagens verstärkt darauf achten soll, dass alle Insassen im Schatten sind, wenn ich das Fahrzeug für längere Zeit anhalte. Dann schaut Scott auf die Uhr.

»Wir sind jetzt inklusive Pause seit drei Stunden unterwegs. Wir sind auf keine Säugetiere gestoßen, was die Sache für dich schwerer gemacht hat als nötig. So, wie ich dich heute erlebt habe, und bei allem, was deine Lehrer in dein Zeugnis geschrieben haben, hast du absolut und verdient …« Natürlich macht er an dieser Stelle eine Kunstpause, hebt seinen Kaffeebecher und sagt: »Bestanden! Herzlichen Glückwunsch!«

In diesem Moment stehen irgendwo in den Tiefen der südafrikanischen Wildnis fünf Menschen auf einer Felskuppe und jubeln gemeinsam mit einem überglücklichen sechsten, der sich ab sofort zertifizierter Safari Field Guide nennen darf.

Einige Gruppenumarmungen später chauffiere ich uns zurück ins Camp. Nachdem ich den Land Cruiser geparkt habe, kommt mir Anja entgegengelaufen. Sie springt mir so fröhlich strahlend in die Arme, dass es keiner weiteren Nachfrage bedarf.

Den Nachmittag verbringen Anja und ich im Flussbett. Wenn gerade niemand spielt, ist das abseits vom Campus gelegene Volleyballfeld ein idyllisches Plätzchen, an dessen felsigen Ufern sich zu jeder Tageszeit andere Tierarten beobachten lassen. Barfuß sitzen wir im warmen Sand und versinken in den Displays unserer E-Reader. Nach fast zwei Monaten ist es das erste Mal, dass wir Bücher lesen, die nichts mit dem Unterricht zu tun haben. Als ein Nyala aus der raschelnden Böschung springt, blicken wir auf. Mit einem großen Satz landet er elegant in der ausgetrockneten Flusssohle. Es ist ein alter Bekannter. Wir haben den Antilopenbullen schon oft zwischen den Safarizelten umherstreifen sehen. Die Kühe, denen er so gerne nachstellt, dürften ebenfalls nicht weit weg sein. Er ist ein hübsches, stolzes Kerlchen mit makellosem Geweih und mahagonibraunem Fell, das zehn schmale Streifen zieren. Sein Rückenkamm leuchtet in der goldenen Nachmittagssonne wie reifes Getreide. Meine Güte, Afrika! Wie tief tunkst du deine Augenblicke in Honig?

Ganz hinten, wo der Flusslauf in einem Bogen hinter einer Roten Buschweide verschwindet, entdecken wir Anjas Prüfer Graham. In kieselgrauem Hemd und Kaki-Shorts verschmilzt er mit den Farben der Landschaft. Er bewegt sich anders als andere Menschen und mit so viel Leichtigkeit, dass man sich vergewissern will, ob er überhaupt Spuren im Sand hinterlässt. Seine Bewegungen sind fließend – fast wie ein Tier. Den Nyala scheint seine Anwesenheit nicht im Geringsten zu verunsichern. Bisher habe ich kaum ein Wort mit Graham sprechen können.

»Er läuft tatsächlich immer barfuß«, murmelt Anja.

»Was meinst du damit?«

»Ich hab doch meinen Game Drive mit der kleinen Wanderung unterbrochen. Da hat er mir das gesagt. Ach, und hat dir Wes eigentlich auch das mit den Pavianen erzählt?«

»Paviane?«

Das mit den Pavianen wird sie mir wohl später erzählen müssen.

An ein paar Halmen Guineagras herumflechtend, setzt sich Graham zu uns in den Sand.

»Das war eine gute Idee mit der Wanderung«, gratuliert er Anja noch einmal und erkundigt sich anschließend nach meiner Prüfungsfahrt, bevor er mehr über die Hintergründe unserer Reise wissen will.

»Ihr macht genau das Richtige«, spricht er uns Mut zu. »Unsere Zeit ist viel zu kurz bemessen, um nicht raus und leben zu gehen.«

»Mir geht die Geschichte von den beiden Leoparden nicht mehr aus dem Kopf«, gestehe ich. »Wie bist du denn zu den Welpen gekommen?«

»Oh, das ist lange her«, beginnt er und lächelt, wie man es in Erinnerung an eine besondere Zeit tut. »Ich war als Safari Guide in einer Lodge angestellt, gar nicht weit weg von hier, als ich bei einem Bush Walk auf die beiden Jungtiere stieß. Ich sprach mit dem Lodgebesitzer, erklärte, was ich vorhatte, und nun ja, er vertraute mir und gab sein Okay. Also konnte ich mich um die Welpen kümmern, bis sie alleine zurechtkamen.«

»Aber wie konntest du ihnen das Jagen beibringen?« Ich muss dabei an die Gepardin denken, die ihren Jungen in Botswana alles vorgemacht hatte.

»Geparden oder Löwen brauchen ihre Artgenossen, die ihnen das Jagen beibringen. Bei Leoparden ist das anders. Bis sie neun Monate alt sind, versteckt die Mutter ihre Jungen, wenn sie auf die Jagd geht. Alles, was sie zum Überleben brauchen, haben die beiden im Spiel gelernt.«

»Hatten die Kleinen denn keine Angst vor dir?«

»Wenn ich eines in der Zeit gelernt habe, dann ist es, dass es lediglich Respekt, Empathie und Güte braucht, um eine Bindung zu einem Tier aufzubauen.«

Graham kann nicht ahnen, was für Funken seine Worte in mir schlagen. Seine Geschichte wirkt auf mich wie ein Märchen. Jeden Schnipsel seiner Biografie sauge ich begierig auf und fantasiere mich hinein, als ob es mein eigenes Abenteuer gewesen wäre.

»Im Ernst, ein so offenes, ehrliches Miteinander wie mit meinen Welpen findet sich unter Menschen eher selten.«

»Hast du deshalb zwölf Jahre mit den Pavianen gelebt?«, will Anja wissen, woraufhin ich mich verschlucke und laut husten muss.

Als ich mich wieder einkriege, fordere ich eine Erklärung: »Wie bitte? Du hast was?«

Anja übernimmt, bevor Graham die Geschichte herunterspielen kann. »Graham hat zwölf Jahre lang – also zwölf! – mit einer Horde wilder Paviane gelebt. Die hat er so lange besucht, bis sie ihn als Mitglied akzeptiert haben.«

»Der Trupp lebte nicht weit von meinem Wohnort entfernt«, relativiert Graham und erzählt, wie es dazu kam, während der gräserne Flechtzopf in seinen Händen beständig wächst. Kurz nach einer Reise zu Ugandas Berggorillas beschloss er, mehr über Affen lernen zu wollen, als in den Büchern steht. Dafür hoffte er, von den Pavianen adoptiert zu werden.

»Na ja, es dauerte offensichtlich seine Zeit. Am Ende haben mir die Lektionen geholfen, die mir die Leoparden beigebracht hatten. Für Tiere sind tiefe und ehrliche Beziehungen völlig normal.« Zweifellos sind sie auch etwas, das er vermisst. »Respekt, Fürsorge und Einfühlungsvermögen sind Grundlagen, die der Mensch verloren hat.« Dann drückt er Anja das fertige Armband aus Guineagras in die Hand. »Du hingegen bist voll damit. Pass gut darauf auf! In der Zivilisation dreht sich alles nur um Geld, Titel und falsche Egos.« Bei allem, was Graham über die Jahre gesehen hat, scheint die menschliche Hybris gegenüber der Natur sein neuralgischer Punkt geworden zu sein. »Die Menschen leben in einer Scheinwelt, in der sie sich für geeignet halten. Und jetzt sind sie so abhängig von ihr, dass sie sich lieber ihrer eigenen Lebensgrundlage berauben, als sich der Realität zu stellen.«

Als wir bemerken, dass die Sonne hinter die Baumkronen gesunken ist, kehren wir zurück ins Camp, wo der Duft angedünsteter Zwiebeln das Abendessen ankündigt.

Später hänge ich am Lagerfeuer fasziniert meinen Gedanken an Grahams Lebensgeschichte nach. Während er Jahrzehnte unter Raubkatzen und Primaten verbrachte, beschränkte sich meine biologische Feldforschung auf die Vergänglichkeit eines zerrupften Küchenbasilikums. Es bedarf keiner großen Menschenkenntnis, um zu sehen, dass es ihm dabei nicht um Ruhm sondern lediglich um neue Erfahrungen geht. Sein Interesse gilt nicht sich selbst, sondern den Tieren – was ihn in der Safari-Branche, der es allein aufgrund der Vielzahl von Männern sicherlich nicht an Geltungsdrang mangelt, zu einer bemerkenswerten Persönlichkeit macht.

Es ist inzwischen später Abend. Normalerweise wären auch Anja und ich längst im Zelt, um ausgeschlafen die nächste Morgenaktivität anzugehen. Zwar finden die täglichen Safaris unverändert statt, aber für alle, die ihre Ausbildung bereits erfolgreich abgeschlossen haben, sind sie reine Vergnügungsveranstaltungen. Die wenigen, die außer uns noch wach sind, lassen im Sand der Flusssohle ihre Blicke durch die Milchstraße gleiten oder sitzen am Lagerfeuer, wo Raphael Gitarre spielt. Ich entdecke Wes gemeinsam mit Graham an einem der Holztische, wo wir über unsere nächsten Reisestationen sofort wieder ins Gespräch kommen. So genau wissen Anja und ich allerdings auch noch nicht, wie es weitergeht, woraufhin jeder seine persönlichen Lieblingsvorschläge macht. Wes schwärmt vom Tauchen in Tansania, während Graham gerne mal in den Amazonas-Regenwald ziehen würde. Bald hat auch Anja zu uns gefunden. Sie möchte von Graham wissen, wann ihm die Idee von einem Leben mit Tieren kam.

»Die fiel nicht vom Himmel. Hat sich eher so ergeben. Mit zwei Jahren kam ich zum ersten Mal in den Kruger. Ich bin mit wilden Tieren aufgewachsen. Das hat mich wohl geprägt.«

»Inwiefern denn?«

»Na ja, wie soll ich sagen, ich habe schnell gelernt, dass man Tieren mehr vertrauen kann als Menschen.« In der Schule, erzählt Graham weiter, sei er ein rebellisches Kind gewesen, das es kaum erwarten konnte, zurück in die Natur zu kommen. Als er schließlich ein Jobangebot von der Lodge in jenem Wildreservat bekam, in dem er Jahre später auf die Leopardenwaisen stoßen sollte, brach er die Schule ab und setzte alles auf ein Leben im Busch.

»Ist Safari Guide ein Traumjob?«, frage ich geradeheraus.

Eine kleine Weile blickt er in die Kerze.

»Ich bin hier zu Hause, im Busch. Hier bin ich glücklich. Aber ich bin nicht der Einzige, für den der Busch ein wichtiger Lebensraum ist. Deshalb muss man alles dafür tun, ihn zu bewahren – heute leider mehr denn je. Safaris können zu einem gewissen Grad dabei helfen, was dem Job Bedeutung verleiht.«

»Also ja?«

»Also ja, in der Wildnis zu arbeiten ist ein Traumjob. Aber die Menschen können einem mit der Zeit ein bisschen zu viel werden.«

5 | DURCH DICKICHT UND DÜNN

Groot Marico, Nordwest, Südafrika
Makuleke und Nunguland, Limpopo, Südafrika

Fassungslos sitzen wir in unserem Joghurtbecher und sind heilfroh, dass wir ihn angemietet haben. Weiß, winzig und misstrauenerweckend instabil – uns fiel keine passendere Bezeichnung für den Kleinstwagen ein. Auf der Hinfahrt noch abwertend konnotiert, nennen wir unser Gefährt auf der Rückfahrt zwar immer noch Joghurtbecher, meinen es jetzt aber liebevoll. Sosehr wir daran zweifelten, dass uns die fahrende Ersatzteilkiste heil ans Ziel bringen würde, so erleichtert sind wir jetzt, dass wir überhaupt ein Fluchtfahrzeug dabeihatten. Im Regen, über einen völlig verschlammten Feldweg, haben wir uns mit aufheulendem Motor und durchdrehenden Reifen davongemacht. Seit einer Stunde haben wir wieder Asphalt unter dem abgefahrenen Profil. Das beruhigt Anja, mich und den Joghurtbecher, dessen leise summende Wände uns nach der Aufregung in Geborgenheit hüllen.

Der Bezirk Groot Marico liegt 250 Kilometer westlich von Johannesburg. Eine abgelegene Gegend vor den Toren Botswanas, in der Bergbau und Landwirtschaft betrieben werden. Googelt man, wofür Groot Marico bekannt ist, erhält man den Namen Herman Charles Bosman zur Antwort. Der einst hier ansässige Kurzgeschichtenerzähler ermordete 1926 seinen eigenen Stiefbruder, wurde zum Tode verurteilt, später aber begnadigt. Dass wir Anja für einen Monat hier draußen absetzen wollten, war ein Anfängerfehler, den wir als Lektion noch lange erinnern werden.

Der Abschied aus Camp Karongwe fiel uns schwer. Nach einem letzten Festmahl unter dem riesigen Schakalbeerenbaum, an dessen gebührendem Ende ein ofenwarmer Malva-Pudding stand, flossen am nächsten Morgen viele Tränen. Für die Grundausbildung zu Safari Field Guides ist unsere Klasse über sich hinaus- und eng zusammengewachsen. Leider haben nicht alle von uns bestanden. Doch die meisten fahren mit einem neuen Vermerk im Lebenslauf nach Hause. Wer daran interessiert ist, Safaris auch zu Fuß leiten zu können, für den öffnet das frisch erworbene Zertifikat die Möglichkeit, sich in einem weiterführenden Kurs vom Safari Field Guide zum sogenannten Safari Trails Guide fortzubilden.

Ich wusste von vornherein, dass ich tiefstmöglich ins Spurenlesen abtauchen wollte, und buchte die Fortbildung zum Safari Trails Guide als Paket gleich mit. Anja war sich da anfangs nicht so sicher und entschied sich vor unserer Abreise dagegen. Heute hätte sie anders entschieden. Doch die viel kleinere Klasse für den Trails Guide war bereits voll, sodass eine spontane Buchung keine Option mehr gewesen wäre. Daraufhin entschied Anja, in der Zeit meiner Safari-Fortbildung einen ganz anderen Beruf auszuprobieren. Gemüse, Früchte, Blätter, Wurzeln, Pilze, Kräuter, einfach alles, was in der freien Natur an Essbarem wächst, ist Anjas große Leidenschaft. Auf einer kleinen Wildkräuterfarm in der Nordwestprovinz Südafrikas wollte sie einen Monat lang mehr darüber lernen und selbst miterleben, wie ein Alltag als Gärtnerin aussehen kann. Ein älteres Ehepaar hatte auf der Volunteer-Plattform *Workaway* eine Anzeige inseriert. Sie warben um Unterstützung von Freiwilligen, da ihnen die Gartenarbeit mit zunehmendem Alter immer schwerer falle. Die Sache klang wie gerufen und war nur wenige E-Mails später geritzt. Die Zeit, die ich im Busch verbringe, würde Anja also in der Nähe von Groot Marico verbringen, um zwei betagten Eheleuten bei der Wildkräuterernte zu helfen. Das alles entschied sich in den freien Tagen vor meinem Kursbeginn, die wir in einer kleinen Pension in Johannesburg verbrachten. Wir falteten uns in ein Mietauto, klein wie ein Joghurtbecher, mit dem ich sie zu ihrem ersten Volunteering-Job fuhr und anschließend nach Johannesburg zurückkehren konnte. Nach knapp drei Stunden schickte uns das Navi auf einen holprigen Feldweg. Über rotbraune Erde hüpften wir vorbei an Feldern und Wiesen, die bald in Buschland übergingen. Lange, nachdem die Balken auf unseren Handys verschwunden waren, tauchte endlich ein Tor vor uns auf, hinter dem vier kläffende Hunde auf und ab sprangen. Das musste Jacob sein, sagten wir uns, als wir einen rüstigen, aber ungepflegt wirkenden Mann in fleckiger Kleidung erblickten. Er öffnete uns das Tor, wir fuhren das Auto die Einfahrt entlang und parkten es vor einem Haus. Es sah ähnlich heruntergekommen aus wie sein ergrauter Besitzer. Überall blätterte ehemals weiße Farbe vom Putz, Fensterläden hingen schief oder fehlten, und auch die angefressenen Vorhänge hatten weiß Gott bessere Zeiten gesehen. Apropos Gott: Auf Psalmtafeln, Kruzifixen und handbemalten Kieselsteinen bekehrte er uns, wohin das Auge blickte. An der Hauswand, den Hundehütten, überm Klingelschild, auf den Treppenstufen – überall hing religiöses Gedöns herum. Im ganzen weitläufigen Wildkräutergarten Eden, dem einzig gepflegten Ort auf diesem Grundstück, fand sich kein Beet, an dem der Allmächtige nicht seinen Zeigefinger und mindestens zwei Ausrufezeichen hob. »Jesus ist der Herr!!«, »Jesus starb für dich!!!«, »Gott ist stärker!!!!«

»Halleluja!«, entfuhr es mir leicht überfordert.

»Nicht so laut«, mahnte Anja. »Jeder so, wie er mag.«

Obgleich sie damit natürlich vollkommen recht hatte, sollte ihre göttliche Hingabe nicht das einzige Extrem von Jacob und seiner Frau Mary bleiben – aber das Letzte, das uns gleichgültig blieb. Zur Begrüßung behielten wir unsere Atemschutzmasken an. Abgeschirmt in der Wildnis, hatten wir die Corona-Pandemie kaum zu spüren bekommen, doch jetzt war wieder Vorsicht geboten. Da wir auf ältere Herrschaften trafen, die eine Ansteckung vielleicht noch einmal mehr fürchteten, erwähnte ich unseren Impfstatus – und wurde mit verachtendem Gelächter gestraft. Wie man so dämlich sein kann, auf die Angstmacherei hereinzufallen, fragte Anjas Gastgeber abfällig. Dann zeigte er mit ausgestrecktem Arm in Richtung Kräutergarten. »Das ist meine Medizin! Damit kann mir kein Virus dieser Welt etwas anhaben.« Meine Augen untersuchten sein Gesicht auf Anzeichen von Ironie. Irgendeine feine mimische Veränderung musste darin doch zu entdecken sein. Aber nein, da war nichts, er meinte es tatsächlich ernst. In dem Moment, da sich Anjas und meine perplexen Blicke trafen, entschieden wir wortlos, nicht weiter darauf einzugehen. Mit einem unauffälligen Nicken deutete ich auf einen beschrifteten Findling: »Glaube an Jesus, und du wirst gerettet!!«

Jacob musste etwa Ende sechzig sein. Mit seinen grauen Bartstoppeln, die sich vernachlässigt übers Kinn und den Hals entlangkräuselten, wirkte er älter auf mich, als er wahrscheinlich war. Geschickt wechselte Anja das Thema, »Sind das Knoblauchlilien da vorne?« Wir machten einen kleinen Rundgang durch den Garten, vorbei an verschiedensten Kräutern und Bibelsprüchen, liefen dabei auf schmalen Pfaden einmal ums Haus herum und kamen an eine Wegkreuzung, die, na klar, ein bemalter Kieselstein markierte: »Gott weiß, im Leben geht es nicht immer geradeaus.«

Als uns seine vier Hunde auf dem Treppenabsatz zur Haustür erblickten, sprangen sie uns kläffend entgegen. »Keine Angst«, beruhigte uns Jacob, obwohl wir keine Furcht, sondern Mitleid für die verwahrlosten Tiere empfanden, »euch werden sie nicht beißen. Die sind auf Schwarze trainiert.«

Ich traute meinen Ohren nicht und drehte mich zu Anja, deren entsetzt aufgerissene Augen verrieten, dass sie dasselbe gehört hatte. Im Haus roch es nach Verfall. Modrig und feucht, so, wie es von außen wirkte. In der Küche stand in jeder Ecke irgendein Gerümpel herum. Neben einem Stapel verstaubter Konservendosen und Bananenkartons setzten wir uns an einen quadratischen Tisch, der gerade genug Platz für vier Personen bot. Teller, Besteck und ein Topfuntersetzer lagen bereit. Konsterniert starrte ich neue Brandlöcher in das braune Rautenmuster der Kunststofftischdecke und überlegte, was zu tun sei.

Dann lernten wir Mary kennen. Schon ihr schlurfender Gang vermittelte Desinteresse. Sie war stämmig, hatte wirres, dunkelbraun gefärbtes Haar und trug eine Trainingshose unter ihrem Kleid. Lustlos holte sie einen Auflauf aus dem Ofen und stellte ihn auf den Untersetzer. Dabei begrüßte sie uns beiläufig und setzte sich ihrem Mann gegenüber an den Tisch. Ich konnte mich an keine Situation erinnern, in der ich mich jemals unwohler in der Gesellschaft zweier Menschen gefühlt hätte. Die Lage schien an Absurdität nicht zu übertreffen, als das Ehepaar ohne jede Vorwarnung nach unseren Händen griff, die Augen schloss und ein Gebet sprach. Da saßen wir, nicht nur zu einem Körperkontakt genötigt, den wir tunlichst vermieden hätten, sondern auch zu dem Gott zweier auf allen Ebenen grenzüberschreitenden Menschen betend. Ihre Übergriffigkeit, vor allem aber Jacobs anhaltende rassistische Bemerkungen ließen mich innerlich brodeln. Ich wollte auf den Tisch hauen, und gleichzeitig fühlte ich mich überfordert und wusste nicht, welche Konsequenzen es hätte, die Situation schon jetzt eskalieren zu lassen. Fest stand, ich konnte mir das Geschwätz nicht mehr länger anhören, und Anja ging es sicher ähnlich: Wir wollten weg von diesem Esstisch, weg aus diesem Haus, weg von diesen Menschen und ihren völkischen Gedankenexkrementen. Nie im Leben könnte Anja die kostenlose Arbeitskraft von Leuten sein, deren moralischer Horizont nicht über die eigenen vier Wände hinausgeht. Leider war es draußen bereits dunkel geworden. Außerdem hatte es in Strömen zu regnen begonnen, wodurch die Feldwege schnell verschlammen würden. Mit unserem Joghurtbecher wäre es zu riskant, uns im Dunkeln auf eine Rutschpartie einzulassen. Darüber hinaus hatten wir ohne Handysignal auch kein Navi im Auto, um uns im Dunkeln den richtigen Weg aus der ländlichen Abgeschiedenheit zu weisen. Noch ohne Fluchtplan, bedankten wir uns fürs Essen, das wir kaum angerührt hatten, sagten, wir seien sehr erschöpft und dass wir jetzt ins Bett gehen würden.

Wir bekamen in jener Nacht kein Auge zu. Wenn der Wind nicht an den dünnen Fenstern rüttelte, pfiff er hohl die dünnen Wände entlang. Das Zimmer, das für einen Monat Anjas Zuhause hätte sein sollen, war genauso zerlumpt wie der Rest des Hauses. Es war voller alter Decken, die als Vorhänge, Bettauflagen und Teppiche genutzt wurden. Zu zweit hockten wir auf der Bettkante, tranken die Flasche Wein, die Anja aus Johannesburg mitgenommen hatte, und überlegten uns einen Ausweg. Dann warteten wir auf den nächsten Tag. Als er endlich anbrach, regnete es noch immer. Es war uns egal. Hier würden wir es keine Minute länger aushalten. Wir packten Anjas Rucksack zurück in den Kofferraum und warteten im Auto darauf, dass die Eheleute endlich wach wurden und uns das Einfahrtstor aufschließen konnten. Endlich, um fünf nach sieben, trat Jacob vor die Haustür und fütterte die Hunde. Wir atmeten einmal tief durch, dann stiegen wir aus und liefen zu ihm.

»Guten Morgen! Hast du eine Minute?«

»Ihr seid schon wach?«

Ohne auf seine Verwunderung einzugehen, begann ich abzuspulen, was wir uns in der Nacht vorgenommen hatten loszuwerden. »Hey, wir werden jetzt wieder nach Hause fahren. Wir beide. Normalerweise kann man sich auf unser Wort verlassen, aber hier können wir auf keinen Fall bleiben. Wir glauben an Respekt und Vielfalt. Und deshalb ist das hier kein Ort für uns.«

Damit hatte Jacob offensichtlich nicht gerechnet. Einen seiner Hunde tätschelnd, verschaffte er sich etwas Zeit. »Nun«, sagte er schließlich, »es ist, was es ist.« Und schon schlitterten wir mit Matsch spuckenden Reifen vom Hof der bizarren Sakralsammlung. Hosianna!

Krachender hätte der erste Volunteering-Anlauf unserer Reise nicht scheitern können. Nicht auszudenken, wie umständlich es für Anja gewesen wäre, diesem Ort ohne Mietwagen und Handysignal zu entfliehen. Zurück in Johannesburg, überlegen wir uns, wie sich ein ähnliches Debakel künftig vermeiden lässt. Mit aufgeklappten Laptops sitzen wir auf dem Bett unseres Pensionszimmers.

»Es war ein Anfängerfehler«, resümiert Anja. »Hätte ich mit Jacob vorher einen Videocall gemacht, hätte ich vielleicht ahnen können, wie er tickt.«

Ich stimme ihr zu. Als Lackmustest werden wir künftig das direkte Gespräch suchen, bevor wir Zusagen geben. Es ist toll, dass es Volunteer-Plattformen wie *Workaway* gibt, auf denen private Menschen Unterstützung für ihre Projekte suchen können. Allerdings bleibt es einem selbst überlassen, anhand von Erfahrungsberichten und, wie wir uns ab sofort zusätzlich verordnen, mit einem virtuellen Kennenlernen auszuschließen, dass man an völlig neben der Spur laufende Esoteriker gerät. Mit der Erkenntnis versuchen wir, die Sache für uns abzuhaken und uns auf die Lösung des Problems zu konzentrieren.

Da wir auf die Schnelle keine passende Volunteering-Gelegenheit mehr finden, buchen wir Anja ein Apartment in Hoedspruit. Das beschauliche Städtchen liegt zu Füßen der kleinen Drakensberge nahe dem Kruger-Nationalpark. In Hoedspruit muss Anja keine Angst um ihre Sicherheit haben. Es ist ein freundlicher Ort, der vom Ökotourismus lebt. Es gibt sogar einen kleinen Flughafen, womit die Stadt so etwas wie das logistische Safari-Drehkreuz Südafrikas ist. Von hier aus gehen alle möglichen Touren los. Und auch die Schule für Safari Guides bestätigt, dass man mich nach meinem Fortbildungskurs problemlos nach Hoedspruit bringen kann, um Anja wieder einzusammeln. Es ist eine schnelle, praktische Lösung, die Anja ein paar schöne Optionen lässt, wie zum Beispiel, sich die Zeit mit einer Safari zu verkürzen. Vielleicht trifft sie dort sogar auf ein paar alte Bekannte. Viele unserer LehrerInnen haben in Hoedspruit ihren Wohnsitz.

Ich muss daran denken, wie Anja und ich am ersten Morgen unserer Grundausbildung auf dem Study Deck von Makuleke standen. Gemeinsam mit siebzehn MitschülerInnen guckten wir im Morgengrauen dem Treiben der Paviane zu, die sich im großen Nyalabaum zankend über die Äste jagten. Die Paviane sind noch immer da, die Anzahl der MitschülerInnen hat sich hingegen drastisch verringert. Inklusive Head Instructor Ian und Back-up Finley sind wir nur zu acht, womit wir auf den Punkt die Maximalanzahl eines Bush Walks erreichen. Und nur darum wird es in den nächsten vier Wochen gehen: Alle Lerninhalte und Prüfungen sind aufs Spurenlesen und das Studium der Ethologie ausgelegt, womit tierische Verhaltensmuster gemeint sind. Dabei ist die Natur der Tiere weitaus komplexer, als wir es ihnen oft zugestehen. Ob Elefant, Löwe oder Kaffernbüffel, jedes Tier besitzt seine eigene Persönlichkeit und individuelle Eigenheiten, geprägt durch gute, schlechte, oder noch gar keine Erfahrungen, die es mit Menschen gemacht hat. Nicht alles lässt sich in eine Verhaltensmuster-Schublade stopfen. Deshalb ist der praktische Erkenntnisgewinn über das Sammeln persönlicher Tierbegegnungen von solch großer Bedeutung. Dazu werden wir eine Unzahl an Wanderungen unternehmen, manchmal mehrtägige, auf denen wir draußen unter freiem Himmel übernachten. Stets das große Ziel vor Augen, auf die erforderliche Anzahl an Begegnungen mit potenziell gefährlichen Tieren in unseren Logbüchern zu kommen. Überdies werde ich nicht umhinkommen, meinen Waffenschein am Großkaliber zu machen.

Es ist schön, zurück an diesem besonderen Ort zu sein. Das Elefantenohr in Makuleke erstrahlt jetzt in voller Blüte. Das gesamte Camp ist gelb gesprenkelt – Anja würde es lieben! In unserer ehemaligen Hütte Nummer eins ist jetzt Elias untergebracht, ebenfalls aus Deutschland. Ich bin in der Fünf, mit Verandablick auf eine Lichtung, auf der sich Familie Warzenschwein gern zum vorabendlichen Gemeinschaftspflügen trifft. In den Hütten zwei, drei, vier und sechs sind die anderen Schüler untergebracht, vier SchülerInnen, womit die Klasse bereits komplett ist.

Nach der Stadtwoche in Johannesburg bin ich komplett raus aus dem Camp-Rhythmus. Mit Ach und Krach schaffe ich es am Morgen des ersten Unterrichtstages rechtzeitig aus dem Bett. Beinahe hätte ich die Buschtrommeln nur für einen schönen Traum gehalten.

Kaum ist der Becher Instant-Plörre mit Hartkeks geleert, beginnt die Pflicht. Die Tage haben dieselbe Struktur wie in der Grundausbildung. Mit dem einzigen Unterschied, dass die Geländewagen ungenutzt im Camp stehen bleiben. Morgens und nachmittags vier bis fünf Stunden Walking Safari, dazwischen Schulunterricht und Zeit fürs Lernen. Dank der großen Büffel- und Elefantenvorkommen in Makuleke häufen sich die akkreditierungsrelevanten Tierbegegnungen schon nach wenigen Tagen in meinem

Logbuch an. Jetzt, da wir nur noch so wenige Menschen im Camp sind, mehren sich auch die Besuche, die uns solitär lebende Elefantenbullen abstatten. Sie kommen sogar tagsüber, doch egal, wie oft, das Glücksgefühl, das die Nähe eines Elefanten in mir auslöst, ist inflationsresistent. Wenn sich während des Unterrichts eine graue Wand am Geländer vom Study Deck entlangschiebt, lässt das niemanden kalt. Spaziert ein Elefant in unser Ausbildungscamp, hat er sich zuvor bewusst dazu entschieden, den Bereich, nennen wir ihn Revier, von uns Menschen zu betreten. Die Entscheidung hat er nicht getroffen, weil er auf der Suche nach Ärger ist. Warum sollte er auch? Er kommt in Frieden, aus Neugier, um mal nachzugucken, was da los ist. In aller Regel stromern die riesenhaften Pflanzenfresser entdeckungsfreudig um die Pfahlbauten, snacken ein paar Zweige oder sind einfach nur auf der Durchreise. Es gibt in diesen Situationen allen Grund für Respekt, aber keinen für Angst oder gar Panik. Begegnet man einem Elefanten hingegen außerhalb des Camps, ändern sich die Spielregeln. Jetzt sind wir es, die den Bereich des Elefanten betreten. Es ist seine Komfortzone, der wir uns nähern und die wir unter allen Umständen zu respektieren haben. Dabei ist bei einem Bush Walk immer das Ziel, vom Tier gänzlich unerkannt zu bleiben. Niemals geht es darum, einem Tier möglichst nahe zu kommen. Die Kunst besteht darin, sich so geschickt in der Natur zu bewegen, dass wir das Tier und sein ungestört fortgesetztes natürliches Verhalten beobachten können. Gelingt das nicht, liegt es ausschließlich am Tier, wie nah es uns kommen will.

Manch einer fragt sich vielleicht, wozu man überhaupt in den Lebensraum der Tiere eindringen sollte. Unabhängig von der Bedeutung, die Safaris für den Erhalt artenreicher Ökosysteme haben, bin ich mir gar nicht so sicher, wie gut ich die Trennung zwischen Lebensraum der Tiere und Lebensraum der Menschen finde, weil so eine Einordnung die Möglichkeit einer respektvollen Koexistenz ausschließt, die ja ursprünglich mal funktioniert hatte. Zumindest so lange, bis wir Menschen uns von der Natur entkoppelt und den Respekt vor ihr verloren haben. Seither lebt die Menschheit nicht mehr mit, sondern nur noch von der Natur. Die Entfremdung von natürlichen Lebensräumen und ihren Bewohnern ist so weit vorangeschritten, dass wir es in Deutschland kaum mehr als Geschenk empfinden können, wenn ausgerottete Schlüsselarten zurückkehren. In der Bundesrepublik erhitzt die Rückkehr der Wölfe auch nach zwanzig Jahren noch die Gemüter. Viehzüchter und konservative Parteien fordern immer wieder, dass die Tiere zum Abschuss freigegeben werden. Man solle sie einfach abknallen können, genau wie den sogenannten *Problembären* Bruno, der es 2006 wagte, einen Fuß in bayerisches Hoheitsgebiet zu setzen. Peng hat's gemacht, dann war der pelzige Rückkehrer Geschichte, wie alle europäischen Braunbären, die bis zu ihrer endgültigen Ausrottung im Jahr 1835 auch in Deutschland heimisch waren. Dass Wölfe eines beschossenen Rudels ihr Verhalten ändern und wie solitär umherstreifende Jungtiere sogar viel eher dazu neigen, Weidetiere zu reißen, spielt im populistischen Wahlkampf keine Rolle.

Ob Bären und Wölfe in Deutschland oder Elefanten, die auf die ländliche Bevölkerung Afrikas treffen – grundlegend wird sich am Töten wohl erst dann etwas ändern, wenn das allgemeine Verständnis wiederhergestellt ist, dass der Mensch selbst ein Teil der Natur ist. Für einen Safari Guide ist der Bush Walk bestes Instrument, mit seinen Gästen ebenjenes Grundverständnis wiederaufzuarbeiten. Ist man mehrere Stunden lang zu Fuß einem großen Säugetier auf der Spur, lässt sich unterwegs wunderbar zeigen, wie von den Termiten bis zum Raubtier alles miteinander zusammenhängt und wie wertvoll und schützenswert dieses fragile Netz ist. Es geht also niemals um den Nervenkitzel, obwohl der Adrenalinspiegel im Angesicht eines Löwen unbestritten steigt. Es geht dabei um die Erfahrung, mit einem Löwen denselben Lebensraum geteilt zu haben, ihm auf Augenhöhe begegnet zu sein, was in erster Linie zu einem unbeschreiblich erdenden Gefühl führt. Ein solches Erlebnis kann wahnsinnig berührend sein und die Verhältnisse so eindrücklich richtigstellen, wie es sonst nur ein Blick in die Milchstraße schaffen kann: Wir Menschen sind nur ein winzig kleiner Teil des Ganzen. Und wir würden gut daran tun, uns auch wieder so zu benehmen.

»Nirgends lassen sich Vorurteile, Fehlvorstellungen und falsche Perspektiven besser wegwischen als in der afrikanischen Wildnis«, hatte Graham gesagt, als ich mich mit ihm über Walking Safaris unterhielt. »Hier sind wir alle gleich, wir haben alle dieselben Wurzeln, die hierhin zurückreichen. Ich glaube, unser aller Ursprung ist der Grund, warum Afrika so viele Menschen tiefer berührt als andere Orte.«

Statt durch die Wildnis zu streifen, verbringen wir hier auch zahlreiche Tage auf einem Schießstand. Abgelegen im Busch müssen wir unseren Waffenschein machen. Nach der Schule hatte ich meinen Wehrdienst nicht ohne Grund verweigert, sondern wegen meiner ausgeprägten Abneigung gegenüber Schusswaffen. Der Gedanke daran, jeden Tag ein Gewehr mitzuführen, in dessen Magazin vier dicke Kaliber .375 H&H Magnum-Patronen auf ihren Abschuss warten, löst Unbehagen in mir aus. Am Morgen nach einer verregneten Nacht suche ich das Gespräch mit Ian. Die feuchte Vegetation glänzt aggressiv grün, die Luft riecht traurig nach Niederschlag und Schießpulver. Mit penibler Genauigkeit bereitet Ian auf einem Klapptisch Munition, Gehörschützer und Prüfungsunterlagen für den heutigen Unterricht vor.

»Was stört dich an Waffen?« Ian ist nicht der Typ Kaffeekränzchen. Statt aus dem Nähkästchen zu plaudern, geht es immer direkt um die Sache. Eine Eigenschaft, die mir durchaus sympathisch ist.

Genau wie seine Sucht nach *Smarties,* die sein urwüchsiges, robustes Erscheinungsbild so herrlich durchkreuzen. Neben einem Päckchen Zigaretten ist in seinen kakifarbenen Hemdtaschen auch immer irgendwo eine Packung der kunterbunten Schokolinsen versteckt.

Ich erkläre mich Ian, sage, dass Waffen die Charakterschwächsten, Labilsten, Verrücktesten unserer Spezies dazu ermächtigen, mit dem Wackeln ihrer Fingerkuppe über Leben und Tod zu entscheiden.

»Das sind alles Eigenschaften, die du nicht hast«, gibt er nüchtern zurück.

Ich blicke auf die sechs zerschossenen Kaffernbüffel, die als lebensgroße Poster in V-Formation vor uns aufgestellt sind. »Ich weiß nicht, ob ich damit klarkäme, wenn ich einen echten Büffel oder Elefanten erlegt hätte.«

Mit einem Streichholz steckt sich Ian eine Zigarette an. Er nimmt zwei Züge, bevor er antwortet. »Das Ziel ist, das Gewehr niemals benutzen zu müssen. Ich werde dich zu nichts überreden, aber so viel kann ich dir sagen: Du bist bestens geeignet, Lars. Weil man dir die Verantwortung nicht erst klarmachen muss, bevor du schießt. Ich habe, Gott sei Dank, in meiner gesamten Laufbahn kein einziges Tier erlegen müssen.«

»Und wenn es doch einmal passiert?«

»Wir machen den Job, um die Menschen von der Natur zu begeistern, damit sie sich für ihren Schutz einsetzen. Trotzdem hast du recht. Selbst der erfahrenste Safari Guide trägt ein Restrisiko und muss seine Gäste beschützen. Aber die Entscheidung, ob dir der Zweck ausreicht, um die Verantwortung tragen zu wollen, musst du für dich alleine treffen.«

Ian lässt seinen Zigarettenstummel im feuchten Sand zischen, dann landet die Kippe in der Seitentasche seiner Cargohose. Mit einem Schulterklopfer macht er sich auf den Weg zurück zum Schießstand. Ich blicke ihm ein paar Meter hinterher, dann folge ich ihm und setze meine Schießübungen fort.

Wer das Gewehr nicht als Mittel zum guten Zweck akzeptiert, wird keinem anderen Menschen je eine Elefantenbegegnung schenken können. Ein halbes Berufsleben lang habe ich nach Verantwortung gesucht, jetzt offeriert sie sich mir im Doppelpack mit Sinnhaftigkeit. Wenn ich mir keinen Selbstbetrug vorwerfen will, sollte ich mit beiden Händen zugreifen.

Mit dem Umzug ins nächste Camp endet auch die Ausbildung am Gewehr, und die Tage fallen zurück in ihre gewohnte Struktur aus Bush Walks und Unterrichtsstunden. Camp Nunguland liegt in einem abwechslungsreichen Gelände mit offenen Savannen, bewachsenen Hügeln, Mopane-Wäldern, mächtigen Baobabs und ausladenden Kameldornbäumen. Hier sammeln wir Tag für Tag wichtige Stunden, die wir abwechselnd hinter Ian und seinem offiziellen Back-up Finley als dritter bewaffneter Back-up-Guide laufen. Auch unsere Logbücher füllen sich mit allerlei tierischen Erfahrungen, und schon bald gewinnen wir im Spurenlesen und im Umgang mit dem Gewehr so viel Sicherheit, dass es Ian abwechselnd einem von uns Azubis überlässt, die Gruppe mit Finley anzuführen. Es macht riesengroßen Spaß, mit Finley einer Spur zu folgen. Und es macht mich stolz, mit geschulten Sinnen feinste Zeichen und Veränderungen wahrzunehmen, sie richtig zu deuten, Windrichtung und Sonnenstand im Auge zu behalten, endlich angekommen zu sein in der Welt der Spurenleser, mit der mich Head Ranger Jomo in Kenia einst so tief beeindruckt hatte. Hier draußen, wo das Leben auf seine Grundelemente reduziert ist, fühle ich mich mit der Welt verbunden. Die veränderte Sensibilität, mit der ich meine Umwelt wahrnehme, begeistert mich jeden Tag aufs Neue.

Der Ruf eines Frankolins, das ferne Bellen eines Pavians, das Schimpfen eines Buschhörnchens – kein akustischer Hinweis auf ein großes Raubtier, das ich nicht aus der Luft filtern könnte. Wenn man nur genau genug hinsieht, lässt sich auf einem beliebigen handtellergroßen Fleckchen Erde der Alltag zahlloser Lebewesen rekonstruieren. Überlagert die Spur des Gnus die des Mistkäfers oder umgekehrt? Wieso fing der Frankolin ausgerechnet hier an zu rennen? Weshalb ist das Gras da vorne nach links gebogen? Tracking ist das Lesen aller Geschichten. Wie ein Forensiker stöbert man so lange in den Details, bis eine schlüssige Indizienkette das große Ganze erkennen lässt. Neben verräterischen Alarmrufen von Vögeln und Beutetieren, Trittsiegeln, Kratz- und Schubberspuren, Gewöllen und dem Verbiss an Büschen gehört auch Kot zu den Dingen, zu denen man als Safari Trails Guide eine ungeahnt enge Beziehung entwickelt. Ob Köttel oder Fladen, verteilt oder als Haufen, feucht oder trocken, noch warm, eher lau oder schon kalt, mit oder ohne Haare, hell oder dunkel, ja sogar der Abbisswinkel unverdaut ausgeschiedener Zweige sind Gegenstand unserer Ermittlungsarbeit. Dass einem die Notdurft anderer Geheimnisse zuflüstern kann, gehört sicherlich zu den exotischsten Erfahrungen, die ich in Afrika gemacht habe. Aber das Kotknacken, wie wir es liebevoll nennen, gehört nun mal dazu, genau wie das Wissen, wie man anderweitig Gebrauch von tierischen Exkrementen machen kann. Als wir auf einer dreitägigen Wanderung unter freiem Himmel kampieren, lerne ich auf meiner Nachtwache am Lagerfeuer zum Beispiel, wie effektiv schwelender Elefantendung die Moskitos fernhalten kann.

Camp Nunguland liegt, wie Makuleke, in den nördlichen Gefilden Südafrikas, unweit der Grenze zu Simbabwe. Hier, in einem Wildreservat im Great Limpopo Valley, feiere ich in derselben letzten Ausbildungswoche meinen Geburtstag und mein bestandenes

Abschlussexamen. Gar nicht mal so schlecht für einen einundvierzigjährigen Werbefuzzi.

Zwei Tage vor Kursende hat jeder von uns die erforderlichen Stunden, in denen wir als bewaffneter Guide unterwegs waren, sowie die nötige Anzahl an Begegnungen mit potenziell gefährlichem Wild in seinem Logbuch stehen. Wir sind fertig und haben sogar Breitmaulnashörner loggen können. Anhand letzter Zahlen aus dem Jahr 2021 geht der WWF von nur noch 16 000 Rhinos aus, deren breite, gerade Lippen wie gemacht dafür sind, das Savannengras abzuweiden. In der Grundausbildung haben wir die Großsäuger nur ein einziges Mal zu Gesicht bekommen. In Nunguland hatten wir deutlich mehr Glück. Einmal konnten wir sogar eine Kuh mit einem wenige Monate alten Jungtier aus nächster Nähe beobachten. Das Spitzmaulnashorn blieb von uns hingegen unentdeckt. Statt zu grasen, hat es sich mit seiner fingerförmigen, spitzen Oberlippe auf das Abzwicken von Blättern spezialisiert. Es ist noch deutlich bedrohter als sein breitmäuliger Verwandter. Aufgrund der anhaltenden Wilderei geht der WWF von gerade einmal 6 200 Exemplaren aus. Einige davon leben hier, in den Weiten Nungulands. Und wir wollen unbedingt noch eines sehen, bevor wir Südafrika verlassen.

Es ist ein flirrend heißer Nachmittag. Schon seit vier Stunden folgen wir dem Spitzmaulnashorn. Mit protestierenden Füßen wandern wir den Spuren eines Bullen hinterher, westwärts durch die rote Savanne. Und ausgerechnet jetzt, als die Spuren immer frischer werden, führen sie von der offenen Ebene rein in das undurchsichtige Dickicht aus Mopane-Bäumen. In unserer perlenschnurartigen Wanderformation laufe ich gleich hinter Ian und seinem Back-up Finley. Wir verlangsamen unser Tempo auf ein Minimum, um kein Rascheln, Knacken oder Trillern eines Madenhackers zu überhören. Von uns SchülerInnen muss heute niemand ein Gewehr mitführen. Wir haben uns bereits bewiesen und dürfen die Verantwortung, so kurz vor Fortbildungsende, wieder allein Ian und Finley überlassen. Nichts ahnend, wie dankbar wir nur wenige Augenblicke später dafür sein werden. Mit seinem Stock deutet Ian auf eine Stelle vor uns, an der das Buschwerk links vom Pfad unterbrochen ist. Auf leisen Sohlen nähern wir uns der Abzweigung. Kein einziges Vogelzwitschern liegt in der Luft. Kein summendes Insekt. Kein Mopane-Blatt, das es wagt, leise zu rascheln. Die Stille, die uns umfängt, ist bedrohlich. Ian macht einen letzten Schritt, damit er links um die Ecke schauen kann. Und dann passiert es.

Wo ist Ian? Ist Ian tot? Wie konnte das passieren? Warum hat niemand geschossen? Mein Herz schlägt so schnell, als wolle es mir aus der Brust springen. Rückwärts entfernen wir uns von der Stelle, wo der aufgebrachte Nashornbulle kurzen Prozess mit Ian gemacht hat, der in hohem Bogen im dichten Blätterwerk verschwand. Mit einer simplen Kopfbewegung hat er ihn aus dem Weg geräumt. Ich kann kaum fassen, was ich gesehen habe, oder besser, wen ich jetzt nicht mehr sehe. Einige Meter vom Unglücksort entfernt sammeln wir uns. »Wo zum Teufel ist Ian?«, frage ich außer mir vor Sorge in die Runde, ohne eine Antwort von den nicht minder erschrockenen KlassenkameradInnen zu erwarten.

»Wir werden gleich nach ihm suchen«, versichert Finley. »Für den Augenblick war es wichtig, auf Distanz zu gehen, falls noch ein anderes Tier in der Nähe ist, für das wir eine Bedrohung darstellen könnten.«

In Sorge um Ian reden einen Moment lang alle aufgeregt durcheinander, vergleichen, was sie gesehen haben und wie sich der Unfall genau zugetragen hat. Warum das Nashorn so reagiert hat, ist mir klar. Ian stand mit einem Mal so überraschend und bedrohlich tief in der Komfortzone des Bullen, dass sein Selbstverteidigungsreflex nur noch auf Angriff schalten konnte. Damit ist genau die Art Unfall eingetreten, die ich im Kopf hatte, als ich mit Ian auf dem Schießstand über das Restrisiko eines Safari Guide gesprochen habe. Es war reinstes Pech, völlig unverschuldet und nicht vermeidbar. Es sei denn, man wäre im Camp geblieben, was ein genauso unsinniges Gedankenspiel ist, wie nicht mehr vor die eigene Haustür zu treten, damit man von keinem Auto überfahren wird.

Mein Blick wandert von einem bestürzten Gesicht zum nächsten.

»Aber wieso hat Ian nicht geschossen?«, will Elias von Finley wissen.

»Weil ich mir im Leben nicht verzeihen würde, ein Spitzmaulnashorn getötet zu haben«, antwortet Ian.

Der Mann, den alle für mindestens schwer verletzt gehalten hatten, taucht lebendig wie eh und je aus dem grünen Dickicht auf. Er humpelt gekrümmt und hält sich die Rippen, und etwas blass um die Nase ist er auch, aber im Großen und Ganzen steht Ian da wie 'ne Eins. Na schön, sagen wir, wie eine Zwei.

Erlösendes Lachen bricht über die Gesichter unserer kleinen Nachwuchsmannschaft. Und auch Ian ringt sich ein schiefes Lächeln ab. In unserer Mitte angekommen, lässt er sich auf den Boden sinken und fingert eine Zigarette aus der Brusttasche. Unsere Fragen prasseln nur so auf ihn nieder, woraufhin er uns per Handzeichen zum Schweigen bringt und uns die ganze dramatische Situation erklärt.

In dem Moment, als Ian diesen einen Schritt machte, damit er links am dichten Blätterwerk vorbei in die Abzweigung schauen konnte, war es schon zu spät. Der Nashornbulle stand nur wenige Meter vor ihm und lief ohne zu zögern sofort los. Eine für uns nicht sichtbare Kuh und ihr Kalb waren ebenfalls dort. Wenn sie Nachwuchs haben, sind Nashornweibchen nicht empfänglich für die

Annäherungsversuche dahergelaufener Bullen. Womöglich war er deshalb sowieso schon in gereizter Stimmung. So oder so hätte das Männchen aber die Verteidigung im Angriff gesucht, wenn es dermaßen unversehens überrascht wird.

Was dann folgte, übertrifft alles, was man in einer solchen Extremsituation von einem Safari Guide erwarten kann. Nach Lehrbuch hätte Ian schießen müssen. Geschockt sieht man die Dinge ja oft in Zeitlupe, Hundertstelsekunden dehnen sich zu Minuten, und man nimmt Details wahr, die einem im Normalzustand verborgen geblieben wären. Und so nahm ich tatsächlich wahr, wie Ian den Lauf seines Gewehrs für einen winzigen Moment an die Stirn des tobenden Bullen drückte. Das Verschlussgeräusch, das ich hörte, stammte jedoch von Finley, der blitzschnell eine Patrone in den Lauf hievte und sich bereithielt. Ian hingegen hatte sein Gewehr nicht einmal entsichert. Und er sah auch keinen Grund, Finley das Kommando *Feuer* zu geben. Er hatte sich schlicht und einfach gegen den Gebrauch der Waffe und für das Leben des Spitzmaulnashorns entschieden. Für unser aller Gesundheit hat er seine eigene aufs Spiel gesetzt. »Mit dem Lauf habe ich lediglich versucht, mich von seinem Schädel abzustoßen, damit er mich nicht so hart erwischt. Hat nicht ganz so toll geklappt, aber es hat gereicht, um nur seitlich einen mitzukriegen.«

Wie sehr muss man seinem eigenen Urteilsvermögen vertrauen, um sich einem 1,3 Tonnen schweren Tier als lebender Schutzschild zu präsentieren und den Safari-GAU zu vereiteln? Dem Tier geht's gut, uns geht's gut, und Ian geht's, sagen wir, den Umständen entsprechend gut.

Diese kaputte Welt ist angewiesen auf mutige Menschen wie Afrikas Wildhüter und Anti-Wilderei-Einheiten, die keine Touristen im Schlepptau haben, weil sie mit Leib und Leben gegen die kriminellen Netzwerke vorgehen. Gleichzeitig braucht es couragierte Safari Guides, die für den Erhalt der Lebensräume werben und TouristInnen zu UnterstützerInnen machen, Vorbilder wie Ian und Graham, die sich mit allem, was sie haben, für den Schutz der Tiere einsetzen. Helden, die keine sein wollen und für mich gerade deshalb die größten von allen sind. »Das Ziel ist, das Gewehr niemals benutzen zu müssen«, hatte mir Ian einmal am Schießstand gesagt. Heute weiß ich, wie ernst er es damit meinte.

Ian hat die Situation aus zwei Gründen überlebt. Zum einen wusste er ganz genau, was er tut und was das Nashorn tun würde. Der andere Grund ist ein überaus glücklicher Zufall, der dazu führte, dass der Bulle zu den wenigen Tieren im Reservat gehörte, die von TierschützerInnen bereits enthornt wurden. Im Kampf gegen die Wilderei wurde ihm unter Narkose das bis zu 1,3 Meter lange Horn abgesägt. Da es wie unsere Fingernägel aus Keratin besteht, empfindet das Nashorn keinerlei Schmerz. Kritiker der in Afrika gängigen Praxis argumentieren mit Verhaltensänderungen. Es gibt Studien, die eine Enthornung mit verkleinerten Territorien in Verbindung bringen, was sich langfristig negativ auf den Umfang des Nachwuchses auswirken könnte. Am Ende bleibt die Frage nach dem geringeren Übel. Heute war die Enthornung für das Nashorn, für Ian und damit letztlich auch für uns das definitiv Beste an einer beispiellosen Ausnahmesituation.

Ian greift Finleys Arm, steht auf und schnappt sich sein Gewehr. »Das war sehr gute Arbeit, Fin. Für heute machen wir Feierabend.« Damit verschwindet die ausgedrückte Kippe in der Seitentasche seiner Cargohose, und wir machen uns im Entenmarsch auf den langen Weg zurück ins Camp.

Nach fünf Stunden hält der Kleinbusfahrer vor dem Tor einer Wohnhaussiedlung in Hoedspruit. Durchs Fenster habe ich Anja schon entdeckt, die auf dem Rand eines Sukkulentenbeets sitzt.

»Du glaubst nicht, was ich alles erlebt habe!«, rufe ich, damit sie von ihrem E-Reader aufguckt und merkt, dass ich angekommen bin.

»Ha! Und du glaubt ja gar nicht, was ich alles erlebt habe!«, ruft sie fröhlich zurück.

Dann führt sie mich zu ihrem Apartment, eine gemütliche Dachgeschosswohnung in einer friedlichen Gegend, in der die Häuser Gärten haben und Kinder mit Kreide die Straßen bemalen. Anja scheint sich bereits bestens in die Nachbarschaft eingefunden zu haben.

»Wir sind nachher zum Abendessen eingeladen, bei Sabrina und Jan-Hendrik, nur ein paar Häuser weiter die Straße runter. Sie ist ursprünglich aus der Schweiz, er aus Südafrika. Sie ist Yogalehrerin, er Safari Guide.« Dann schildert sie mir begeistert, was genau eine Yoga-Safari ist und dass sie und zwei andere Touristinnen eine Woche lang mit Sabrina und ihrem Mann im Greater Kruger unterwegs waren. »Zum Sonnenaufgang Meditation, zwischendrin Safari und zum Sonnenuntergang Yoga. Und alles mitten im Busch! Einmal haben wir sogar ein Pangolin gesehen, und wusstest du, dass Pflanzen ebenfalls gewildert werden?«

Und so feiern wir gleichzeitig unser Wiedersehen, Kennenlernen und Abschied aus Afrika im Garten unserer Nachbarn, die im Gegensatz zu uns ihren festen Wohnsitz in Hoedspruit haben. Die drei zeigen mir ihre Handyvideos vom stark gewilderten Pangolin, auf Deutsch auch Schuppentier oder Tannenzapfentier genannt, und Anja erzählt, dass bewaffnete Anti-Wilderei-Einheiten eingesetzt werden, um eine fast ausgestorbene Art der Brotpalmfarne zu beschützen.

Nach fünf aufregenden Monaten kann so ein Abschiedsabend einen schon mal etwas elegisch stimmen. Nachdem wir in Deutschland zuletzt rein gar nichts mehr gespürt haben, außer unserem

Fluchtinstinkt vielleicht, hat Mama Afrika unsere eingeschlafenen Herzen eimerweise mit den lebendigsten Empfindungen übergossen. Reanimiert in heiß-kalten Wechselbädern aus Überforderung, Ehrgeiz, Versagensängsten und Euphorie. In Überwältigung verstummt, in Ehrfurcht erstarrt, bis wir wieder zu wundern und zu staunen wussten. Und was dieses Stechen betrifft, das sich gerade latent pochend in meiner Brust ankündigt, werden wir es wohl auch mit einer ganzen Wagenladung Abschiedsschmerz zu tun kriegen.

»Ja, definitiv«, beantworte ich Sabrinas Frage nach einem Fazit, »für mich ist Safari Guide ein Traumjob.« Doch ob wir jemals als Guides arbeiten werden, können wir jetzt noch nicht beantworten. Für eine Arbeitserlaubnis müssten wir erst noch eine ganze Reihe an Praktika absolvieren, in denen wir uns unter Aufsicht erfahrener Safari Guides in zahlreichen weiteren Tierbegegnungen beweisen müssten. Theoretisch würden wir das alles sehr gern auf uns nehmen. Doch darf man nicht vergessen, wie schlecht es um die südafrikanische Wirtschaft steht. Mit einer Arbeitslosenquote von weit über dreißig Prozent ist die Lage für viele SüdafrikanerInnen prekär. Unter solchen Umständen wäre es für uns kein gangbarer Weg, uns in einer Lodge fest anstellen zu lassen und dadurch Locals zwei weitere der seltenen Arbeitsplätze wegzuschnappen, die sie sicherlich dringender brauchen als wir. Ein eigenes kleines arbeitgebendes Geschäftsmodell bliebe hingegen eine Möglichkeit. Alles, was dagegenspricht, ist eine große Reise, auf der wir noch in viele andere Lebenswelten eintauchen wollen.

»Ich werde Afrika so vermissen!«, seufzt Anja und blickt in ihr Rotweinglas. »Aber es ist auch toll, dass es mit dem Volunteering jetzt endlich richtig losgeht.«

»Wie und wann geht's denn genau weiter?«

Anja berichtet, dass wir zum Abschied noch eine letzte Woche im Busch verbringen werden. Zu zweit in den Kruger, ganz in den

Süden, den wir bislang noch nicht kennengelernt haben. Mit einem gemieteten Geländewagen wollen wir uns als frischgebackene Guides einfach selbst eine Safari geben. Danach geht's dann aber wirklich weiter.

»Habt ihr denn ein Zeitlimit?«

»Jein. Wir wollen gern mit dem Sommer um die Welt. Wenn der sich irgendwo verabschiedet, wollen wir es spätestens auch tun.«

Fröstelnd zieht sich Sabrina ihre Wolldecke ein Stück enger um die Schultern. »Also dann solltet ihr wirklich bald los. Wohin reist ihr denn als Nächstes?«

»Na, dahin, wo er gerade erst losgeht«, verkündet Anja aufgeregt. »Nach Kanada!«

6 | ONE LOVE

Squamish, British Columbia, Kanada

Wo man auch hinsieht, überall erheben sich Gletscher und schimmernd weiße Schneegipfel vor dem morgendlichen Hellblau. Darunter rauschen grüne Hänge und silbern sprudelnde Wasserfälle in üppige Nadelwälder hinab. Als wir aus dem Zelt krochen, war von den Rockies noch nichts zu sehen. Erst als wir losfuhren, brach die graue Wolkendecke auf und gab die eindrucksvolle Bergkulisse frei. Wow! Wir sind ja in Kanada! Nun fliegt eine nicht enden wollende Kette aus Prachtgipfeln an uns vorbei, von denen jeder Einzelne die Vorlage für den Berg-Emoji zu sein scheint.

Wir sind unterwegs auf dem Icefields Parkway, von dem selbst die stets bescheidenen Locals sagen, es sei die schönste aller Straßen auf der Welt. In angenehm wärmenden Strahlen fällt die Frühsommersonne durch die Windschutzscheibe. Draußen ist es in diesen Höhenlagen aber noch recht frisch, nachts gar empfindlich kalt. Rund um Banff und Jasper haben die Wapitihirsche gerade ihre Jungen bekommen. Einzelkinder, die mit ihren Müttern ein halbes Jahr lang gemeinsam durch die Wälder streifen werden. Aus dem fahrenden Auto entdecken wir immer wieder Mutter-Kalb-Gespanne an den Kiesstränden der Flussufer. Jetzt finden sie überall zartgrünes Laub, junge Nadelzweigspitzen und Knospen. In vielerlei Hinsicht ist Anfang Juni aber auch für uns ein toller Moment, um die Provinzen British Columbia und Alberta zu erkunden. Kurz vor der eigentlichen Saison haben wir unseren Mietwagen zu einem guten Preis bekommen. Auf den Campingplätzen können wir unser Zelt aufstellen, ohne vorher reserviert zu haben. Und die Autos, die uns bislang auf dem Icefields Parkway entgegenkamen, lassen sich an einer Hand abzählen. Nur am Lake Louise drängeln sich schon jetzt die mit Selfie-Stick bewaffneten Massen am Ufer, als gäbe es in Westkanada keine anderen sehenswerten Orte. Zu Hunderten sind sie hier alle auf der Jagd nach demselben Foto, das so aussieht, als sei Lake Louise eine abgelegene Oase der Entspannung, an der man einen Zen-Moment der Ruhe genießen könnte. Schnell verlassen wir den knapp einen Quadratkilometer großen Insta-Hotspot und konzentrieren uns auf die restlichen 6499 Quadratkilometer des Banff-Nationalparks.

Gipfelwanderungen sind Anfang Juni noch nicht möglich, weil die Wanderwege oben noch vereist sind. Aber ungestört durch die Talwälder stromern zu können, rund um leuchtend blaue Seen, die nicht Louise heißen, ist traumhaft schön! Eine Sauerstoffkur zwischen Fichten, Kiefern und Laubbäumen, deren gerade erst gesprossene Blätter in frühlingsgrünem Chlorophyllsaft stehen. Neuanfang, Frische, Wachstum, das sind die Dinge, die uns nach dem schweren Abschied aus Afrika wohltuend durch den Kopf gehen. Kanada riecht nach Kiefernharz, feuchtem Moos und fruchtbarem Mutterboden, aus dem das Leben hoch bis in die Baumkronen wächst. Das Wispern und Ächzen steil aufragender Douglasfichten macht die Stille hörbar. An den Kiesufern klingt perlendes Schmelzwasser, und manchmal hallt das Trommeln eines Goldspechts kathedralisch durch den Tannenwald. Drei Wochen hatten wir uns Zeit gegeben, in denen wir auf einer Erkundungsfahrt die Gegend kennenlernen wollen, in der wir schon bald unseren nächsten Traumjob ausprobieren werden. Nach Banff und Jasper wollen wir die letzten Tage vor Arbeitsbeginn im Yoho-Nationalpark verbringen. Deshalb verlassen wir den Icefields Parkway und biegen mit unserem Jeep kurz hinterm Lake Louise auf den Trans Canada Highway, der uns zurück nach British Columbia führt. Nahe Nicholson, einer kleinen Gemeinde am Columbia River, wollen wir auf einer Ranch zelten und die touristenarme Zeit zur Tierbeobachtung nutzen. *Juneary* nennen die Locals die Jahreszeit, in der man jederzeit mit Regenwolken rechnen muss, auch wenn der Himmel eben noch blau strahlte. Dieses Jahr sind sie erleichtert, das typisch wechselhafte Juniwetter zurückzuhaben. Durch eine extreme Hitzewelle, die ohne die menschengemachte Erderwärmung nicht möglich gewesen wäre, herrschten im Sommer des vergangenen Jahres Temperaturen von beinahe fünfzig Grad Celsius. Weite Teile der Nationalparks, die in den Rocky Mountains zum UNESCO-Weltnaturerbe gehören, fielen Waldbränden zum Opfer, die auch vor Siedlungen nicht haltmachten. Nachdem in Lytton drei Tage in Folge höllische 49,6 Grad Celsius gemessen worden waren, erfasste ein Feuer die Ortschaft und löschte sie nahezu vollständig aus.

Pastellblau projiziert die Morgenfrühe das Spiel der Tautropfen auf die Innenseite der Zeltwand. Einige von ihnen schließen sich zusammen, als wären sie magnetisch, und bündeln ihr Gewicht, um es vereint hinunter in den Waldboden zu schaffen und der elenden Verdunstung zu entgehen. Anja schläft fest und friedlich. Mich aber lockt der Gedanke an Kaffee aus dem Schlafsack. Am Waldrand haben wir unser Zelt zwischen drei Kiefern aufgestellt, mit Blick auf die weitläufigen Flächen der Ranch. Der Himmel ist bereits blau. Während die Sonne noch über die Rockies klettert, fließen die Federwolken in weißen Bändern hoch über ihre schroffen Felsgipfel hinaus. Kanadas Tiere sind bereits hellwach und bester Laune. Das Zwitschern kleiner Meisenhäher ist in der Luft. Die hellgrauen Singvögel mit den weißen Gesichtern verfügen über ein erstaunlich vielseitiges Repertoire an Rufen und Tonfolgen, von denen manche klingen, als würden sie sich in einer fremden Sprache unterhalten. Auf der Wiese hat mich ein Ziesel entdeckt, das seine Erdhörnchenfreunde pfeifend vor dem erwachten Zweibeiner warnt. Und am Waldrand ist eine dicke Hummel mit ganzem Eifer bei der Arbeit. Brummend manövriert sie ihre schwere Pollenhose in tief geflogenen Schlangenlinien an mir vorbei. Nicht, ohne sich hier und da den Kopf zu stoßen.

Kanadas Artenreichtum ist einer der Gründe, warum ich schon immer einmal Zeit in diesem Land verbringen wollte. Faszinierende Säuger wie Elche, Wapitis, Weißwedelhirsche, Dickhornschafe, Biber, Murmeltiere, Wölfe, Pumas, Luchse, Schwarzbären und Grizzlys lassen sich hier finden. In meiner Münchner Stadtwohnung beschränkte sich die Definition von Wildnis auf zwei mit einer Krähenattrappe kuschelnde Tauben auf der Dachrinne. Aber hier, stelle ich mit großer Genugtuung fest, hier scheißt mir die ungezähmte Wildnis schon in aller Herrgottsfrühe vors Zelt. Gestern Abend war der imposante Haufen noch nicht da. Ein Geschenk der Natur, denke ich ehrfürchtig. Ein Symbol ihrer Gegenliebe, die sich mir glänzend schwarz auf grasgrünem Grund entgegentürmt.

»Anja, du musst jetzt unbedingt aufstehen. Aber pass auf, wo du hintrittst!«

Zwar habe ich eine Vermutung, wer der Übeltäter gewesen sein könnte, aber sie soll lieber auch noch einen Blick auf seine Hinterlassenschaften werfen. Eigentlich kennen wir uns ja gut aus mit Haufen. So richtig allerdings nur mit südafrikanischen. Ich will wissen, ob meine Ranger-Kollegin derselben Meinung ist wie ich.

»Das muss aber ein großer Schwarzbär gewesen sein«, bestätigt Anja meine Vermutung. Während sie mit einem Stöckchen die Konsistenz untersucht, äußert sie weitere fachkundige Bemerkungen: »Sehr frisch. Röhrenförmig, mit stumpfen, leicht verjüngenden

Enden. Wahnsinnig frisch. Leicht faserig, innen dunkelgrün. Wirklich frisch. Sehr, sehr frisch.«

Grizzlyhaufen sehen denen von Schwarzbären zum Verwechseln ähnlich. Zu dieser Jahreszeit halten sich die riesigen Braunbären aber noch in den Berghängen auf, während Schwarzbären schon in den Wäldern und Tälern umherstreifen. Deshalb können die Hinterlassenschaften vor unserem Zelt eigentlich nur von einem Schwarzbären stammen. Beide Spezies sind auch äußerlich nicht unbedingt an ihrer Farbe zu unterscheiden. Zwar haben Schwarzbären überwiegend schwarzes und Grizzlys überwiegend braunes Fell, trotzdem tauchen beide Arten in fast allen Braun- und Schwarzabstufungen auf. Ein eindeutigeres Erkennungsmerkmal ist der ausgeprägte Schulterbuckel aus Muskelmasse, den in dieser Form nur die Grizzlybären haben.

»Was meinst du, sollen wir ihn suchen gehen?«

Mit Kaffee in den Thermoskannen und Fernglas und Kamera im Anschlag, machen wir uns auf den Weg. Weil wir uns nicht vorstellen können, dass er über die weitläufigen Freiflächen der Ranch gelaufen ist, entscheiden wir uns für den kleinen Waldpfad. Zwischen Hemlocktannen und nach Harz duftenden Zedern schließen sich die Farne zu einem grünen Meer, das durch leuchtende Sonnenflecken sanft zu schaukeln scheint. Das Murmeln eines Bachlaufs ist hörbar und immer wieder auch ein Knacken.

»Das war doch eindeutig ein Bär!« Anja zeigt auf verschiedene Bäume, an deren Stämmen unübersehbare Kratzspuren zu erkennen sind. Jede besteht aus fünf Schnitten, die zentimetertief in die Rinde greifen. Manche sind auf Kopfhöhe, für andere müssen wir uns strecken, damit wir unsere Hände auflegen können. Notiz an uns selbst: Bärenpranken sind tellergroße Waffen, mit denen wir nicht in Berührung kommen wollen. Aber die Spuren sind alt. Das ausgetretene Harz hat sich bereits verfestigt. Trotz der Entwarnung halten wir konzentriert Ausschau nach Trittsiegeln, umgedrehten Steinen und weiteren Kratzspuren, während die Vögel ihre Morgenlieder singen und Eichhörnchen geschäftig über den Waldboden huschen. Regelmäßig rufen wir »Hey, Bär!« in die dichter werdende Vegetation, um dem kurzsichtigen Raubtier auch ein akustisches Signal zu geben, falls sich doch irgendwo im Dickicht einer herumtreiben sollte. Hört uns der Bär, kann er so viel Distanz zwischen sich und uns bringen, wie es ihm passt. Zwar würden wir ihn gern zu Gesicht bekommen, doch natürlich nicht um jeden Preis und nur aus sicherer Entfernung. Wer respektlos in die Komfortzone eines Bären eindringt, setzt sein Leben aufs Spiel.

In einer schattigen Senke schläft spiegelglatt ein See. Flächige Teichrosenblätter weisen mit langen Stielen in die Tiefe. Vereinzelt, wo steigende Fische ertrunkene Insekten auflesen, schwingen konzentrische Kreise über die erstarrte Oberfläche. In Gesellschaft eines neugierigen Diademhähers, ein blau-schwarzer Verwandter unseres europäischen Eichelhähers, verweilen wir zwischen Zinnkraut und Löwenzahn am Ufer, bis es die Sonne über den Kesselrand geschafft hat und die ersten Libellen surren. Hinter der Zufahrtsstraße zum See biegen wir in einen Forstweg, von dem wir annehmen, dass er uns zurück Richtung Ranch führen wird. Wir sind hungrig, bereits seit fast drei Stunden unterwegs und haben schon lange keine Bärenspuren mehr entdeckt. Doch es sind die zunehmend aktiver werdenden Mücken, die unsere Nerven nun empfindlich reizen. Manche sind groß wie Schneider, und an windgeschützten Stellen überfallen uns die Blutsauger in schwarzen Wolken. Dabei sind wir eingesprüht mit dem wirkungsvollsten Insektenmittel Afrikas, mit dem wir uns schon die Malaria übertragenden Anopheles-Mücken vom Leib gehalten haben. Doch über unser Safari-Spray können die Monstermücken in Kanada nur lachen. Innerhalb kürzester Zeit ist jede freie Stelle unserer Körper zerstochen. Wir machen Tempo, wollen schnell raus aus diesem unheilvollen Teil des Waldes.

»Seltsam, dass der Forstweg dahinten eine Rechtskurve macht«, murre ich genervt. »Unsere Ranch liegt in entgegengesetzter Himmelsrichtung.«

»Bestimmt macht der Weg nur einen Schlenker.«

Mit ungeduldig strammen Schritten halten wir auf die Biegung zu, als ein großer schwarzer Schatten aus ihr hervorstrolcht. Wie angewurzelt bleiben wir stehen, versteinert durch den Anblick eines pelzigen Muskelbergs, der mit Appetit und Hingabe den blühenden Löwenzahn abweidet. Balu in Massephase. Wir haben auf unserem Roadtrip schon so einige Schwarzbären gesehen, die in Kanada alles andere als selten sind. Aber der hier ist von anderem Format. Laut- und bewegungslos mustern wir den ohne Zweifel dicksten Brummer, dem wir bislang über den Weg gelaufen sind. Bei so einem Kaventsmann ist es nicht verwunderlich, dass ein regionaler Zusammenhang zwischen der Anzahl gemeldeter Bigfoot-Sichtungen und der Populationsdichte von Schwarzbären bestehen soll. Männchen können bis zu 1,80 Meter groß und 400 Kilogramm schwer werden, womit sie an die durchschnittliche Gewichtsklasse von Grizzlys herankommen. Viel Fantasie braucht es da nicht, um sich an Nordamerikas sagenumwobenen Kryptiden erinnert zu fühlen. Zumal der Kollege vor uns nicht mehr weit von seinem Traumübergewicht entfernt zu sein scheint. Auf seinem bulligen Kopf stecken kreisrunde Ohren. Seine dunklen Knopfaugen sind unverhältnismäßig klein – wie wir bemerken, als er uns bemerkt und daraufhin ebenso in Schockstarre verfällt. *Freeze Mode* auf beiden Seiten. Mit einem hübschen Strauß Löwenzahnblumen im Maul starrt er uns so verloren an wie ein Schäferhund auf Hochzeitsfotos. Wir starren zurück, in die Augen eines Allesfressers, der so viel wiegt wie zehn Schäferhunde mit enorm großen Blumensträußen. Plötzlich wende ich meinen Blick von ihm ab und teile meinen Geistesblitz mit Anja.

»Guck in seine Richtung, aber sieh' nicht in seine Augen.«

»Wir hätten Bärenspray kaufen sollen.«

Ich stimme ihr innerlich zu, sage aber: »Er ist weit genug weg.«

Trotz geschätzten achtzig Metern Entfernung gelingen mir mit dem großen Objektiv ein paar brauchbare Fotos. Durch die Vergrößerungslinse erkenne ich die lange Kampfnarbe über seinem rechten Auge, womit er drastisch an Niedlichkeit verliert.

»Hallo, Bär!«, ruft Anja mit unaufgeregter Stimme, um die Anspannung im Tier zu lösen. »Ganz ruhig, mein Lieber. Wir sind hier drüben und wollen dir nichts Böses!«

Daraufhin löst sich der Bär aus seiner Starre, lässt das Büschel Löwenzahn in seinem Maul verschwinden, um gleich das nächste zu vertilgen. Eine Zeit lang bleiben wir fasziniert stehen und genießen die tolle Beobachtung.

»So langsam müsste er aber mal das Weite suchen, oder?«, wundert sich Anja nach einigen Minuten. Auch ich warte darauf, dass er uns den Weg freigibt. Aber genau das will einfach nicht passieren.

Langsam werden wir unruhig. Wegen der Mücken, die uns unerbittlich aussaugen, aber auch wegen einer Verhaltensänderung des Bären. Schön ist, wenn ein Bär entspannt seiner natürlichen Tätigkeit nachgeht, weil er sich nicht durch uns gestört fühlt. Okay ist auch, wenn er keine Lust auf uns hat und das Weite sucht. Weniger schön ist es hingegen, wenn er sich etwas zu selbstbewusst dazu entscheidet, auf uns zuzulaufen. Noch zeigt er keinerlei Drohgebärden, dennoch verringert er Meter um Meter den Abstand zu uns.

»Okay, vielleicht wäre Bärenspray keine schlechte Idee gewesen.«

Jetzt rufe auch ich in Richtung des Bären, laut und in möglichst tiefer Stimme, woraufhin er sein Tempo verlangsamt, bis er sich gut fünfzig Meter vor uns wieder dem Löwenzahn am Wegesrand widmet. Doch auch grasend ändert er nichts an seiner generellen Laufrichtung. Uns bleibt nichts anderes übrig, als den Rückzug anzutreten. Wie wir es in Afrika gelernt haben, vergrößern wir rückwärts laufend, ganz langsam, aber sicher, den Abstand zwischen uns und dem Tier. Als wir hinter einer Biegung schließlich aus dem Sichtfeld des Bären verschwinden, drehen wir uns um, beschleunigen im festen Willen, nun auch noch dem lauernden Mückentod zu entkommen, und laufen strammen Schrittes schnurstracks in unsere Rettung hinein. Auf der Zufahrtsstraße zum See machen wir auf zwei Frauen aus Québec offenbar genau den mitgenommenen Eindruck, nach dem sich unsere von Quaddeln übersäten Körper anfühlen. Mit ihrem alten Pick-up-Truck ersparen sie uns einen stundenlangen Rückweg, fahren uns zurück bis nach Nicholson, wo wir uns zerstochen, ausgesaugt, aber von Bigfoot beseelt auf die hölzerne Sitzgarnitur neben unserem Zelt sinken lassen.

Draußen. Das ist unser größter gemeinsamer Nenner. So gut wie alles, was Anja und ich gerne tun, lässt sich dort unternehmen. Auf Berge klettern, Wälder durchstreifen, Bachforellen angeln, in Seen baden, Lagerfeuer anzünden, Löffel schnitzen, Tiere beobachten, Wildkräuter sammeln, dem Wind zuhören, im Freien kochen, unter Sternen schlafen. Kein Wunder, dass die Fernwanderei zu unserer liebsten Urlaubsbeschäftigung wurde, lässt sich in ihr doch alles Aufgezählte so gut miteinander verbinden, wie sie Anja und mich verbindet. Als Outdoor-Enthusiasten haben wir uns schon oft überlegt, wie es wohl wäre, einen Campingplatz in einem echten Outdoor-Mekka wie Kanada zu schmeißen. Dort würde man doch sicherlich auf jede Menge gleichgesinnter naturverrückter Menschen treffen.

Entlang des berühmten Pacific Crest Trail, jenem 4200 Kilometer langen Fernwanderweg, der von Mexiko bis Kanada durch den gesamten Westen der USA führt, treffen erschöpfte Thru-Hiker manchmal auf AnwohnerInnen, die ihr Grundstück für Übernachtungen und sogar ihre Waschmaschine, Dusche und Verpflegung zur Verfügung stellen. Einfach so, aus freien Stücken, weil sie sich gerne als freiwillige HelferInnen nützlich machen und ihnen die Gesellschaft der Trekking-Community etwas bedeutet. Die Wanderer haben diese Menschen liebevoll *Trail Angels* getauft. Auf ihrer mindestens halbjährigen Fußreise müssen sie den Weitwanderern wahrlich wie Engel vorkommen, die ihren geschundenen Körpern und erschöpften Seelen kostenlosen Zugang ins Wohlfühl-Paradies hinterm Gartenzaun offerieren. Von den Trails Angels inspiriert, stellten wir uns vor, wie wohl unser eigener Campingplatz aufgebaut wäre, was ihn von anderen unterscheiden würde und an welchem Ort er liegen müsste, damit wir die Art Leute ansprechen würden, die wir gerne um uns haben.

Aber wie sieht der Alltag als Campground Manager wirklich aus? Wie viel Traumjob steckt in dieser Fantasie? Um das herauszufinden, haben wir nach einem Non-Profit-Campingplatz Ausschau gehalten und sind in Westkanada fündig geworden. Wer in British Columbia den Sea-to-Sky Highway von der Hafenstadt Vancouver Richtung Skihochburg Whistler fährt, kommt nach einer einstündigen Panoramafahrt entlang einer malerischen Meerenge, dem Howe Sound, automatisch an der Kleinstadt Squamish vorbei. Sie ist benannt nach dem indigenen Volk der Squamish, in deren Sprache man *Sko-ho-mesh* sagt und *Sḵwx̱wú7mesh* schreibt, wie überall auf zweisprachigen Straßenschildern zu lesen ist. *Sḵwx̱wú7mesh* bedeutet Lebensatem, womit auf die lebenserhaltende Kraft des Squamish River verwiesen wird. Der kleinen Stadt eilt ihr Ruf als Kanadas Outdoor-Hauptstadt voraus. Am Ende des 42 Kilometer langen Howe Sound, zu Füßen steil aufragender Berge und durchkreuzt von Wildwasser-Flüssen, ermöglicht Squamish seinen BesucherInnen Abenteuer in jeder nur denkbaren Wind-, Wasser- und Bergsportart. Die senkrechten Steilwände des 700 Meter hohen Granitmonoliths, dem Stawamus Chief, seine langen Platten und abgerundeten Schwellen sind in der Kletterszene weltberühmt. Seine Struktur und die Zusammensetzung des Gesteins ähneln stark den Bedingungen am Half Dome in Kaliforniens Yosemite Nationalpark, weshalb Squamish auch *Yosemite North* genannt wird. Im geografischen Zentrum der Stadt, am Ufer des Mamquam River, gibt es seit 2018 einen ganz besonderen Campingplatz. Hier tummeln sich WeltenbummlerInnen, ÜberlebenskünstlerInnen und Gegen-den-Strom-SchwimmerInnen, die fürs Kiten, Wandern oder Klettern leben. Dass es einen Ort gibt, der all diesen besonderen Menschen als bezahlbares Basislager dient, ist einem nicht minder besonderen Freigeist zu verdanken.

In Squamish ist John so bekannt wie ein bunter Hund. Was daran liegen könnte, dass John, nun ja, ein bunter Hund ist. Damit ist nicht sein äußeres Erscheinungsbild gemeint. Der drahtige 63-jährige Handwerker trägt am liebsten unauffällige Arbeitskleidung, Blaumann, T-Shirt und eine Schirmmütze, an der immer irgendwo ein paar Sägespäne haften. Es sind seine bemerkenswerte Vita und sein Blick auf die Welt, die ihn zur Besonderheit machen. Ein vor Tatkraft strotzender Charakterkopf, der sein ganzes Berufs- und sein halbes Privatleben dem Gemeinwohl gewidmet hat. Er wirkt ungewöhnlich fit, hat die kräftigen Hände eines Arbeiters und ein markantes Gesicht unter einem kurzen hellgrauen Bart. Zwei Konzerte von Bob Marley hätten seine Haltung aufs Leben geprägt, erzählt er gern. Aber es gab auch eine Reise durch Westafrika, deren wegweisende Bedeutung in einer Mittagspause aufblitzt. In einem alten Geländewagen lernte er mit seiner Frau Carole Menschen und Länder kennen, indem er Jugendliche das Tischlerhandwerk lehrte. Über den Holzbau wollte er einen

Zugang zu neuen Perspektiven schaffen. In Squamish versucht er dasselbe über die Natur.

»Es soll keine Frage des Geldes sein, ob man seinem Sport nachgehen oder sich erholen kann. Flüsse und Wälder sind für alle da. Jeder soll ihren Wert erkennen.«

Das Prinzip ist dasselbe wie das eines Safari Guide: Naturschutz funktioniert am besten, wenn man Menschen die Natur zugänglich macht. In Kanada kann sich aber nicht jeder einen Campingplatz leisten, der fünfzig, manchmal gar neunzig Dollar die Nacht kostet.

»Also nehmen wir nur zehn die Nacht, sind dafür aber auf Spenden und die Hilfe von Volunteers angewiesen.«

John ist Kanute und liebt das Wildwasser fast genauso wie Bob Marleys *Exodus*-Album. Zuerst gründete er die gemeinnützige Mamquam River Access Society (MRAS), mit der er gebührenfrei befahrbare Zugänge für WildwasserpaddlerInnen entlang des 35 Kilometer langen Flusslaufs schafft und BesucherInnen über den respektvollen Umgang mit der Natur aufklärt. Dank der Hilfe von Sponsoren, Geld- und Sachspenden konnte er schließlich auch den bezahlbaren Campingplatz eröffnen, das Herzstück seines Projekts. Er liegt in der letzten Schleife des Mamquam River, der einen Kilometer weiter westlich in den Squamish River mündet. Viele Annehmlichkeiten kann man hier nicht erwarten. Es gibt Toilettenhäuschen und eine überdachte Möglichkeit, sein Geschirr abzuwaschen. Für Gäste gibt es allerdings weder fließendes Wasser noch Stromanschlüsse oder Wi-Fi. Wer Wasser braucht, muss sein eigenes mitbringen. Und trotzdem ist der Campingplatz fast jedes Wochenende im Sommer ausgebucht. Man trifft hier auf viele dankbare Menschen, die anderenfalls nicht hier sein könnten oder wild campen müssten, was beides keine guten Lösungen für den Naturschutz sind. Darüber hinaus ist das Areal aber auch wirklich hübsch hergerichtet. Das Zentrum bildet ein großes kiesbedecktes Rund aus Stellplätzen für alle, die in ihrem Auto übernachten wollen. In der begrünten Mitte sind Slacklines gespannt und hölzerne Picknicktische aufgestellt, die zum Verweilen einladen. Im Süden ist die Stellplatzanlage begrenzt durch einen Zaun zur Hauptstraße. In alle anderen Richtungen ist sie aber bis zu den Flussufern umgeben von Wald, in dem, mit ausreichend Abstand zueinander, kleine Zeltplätze, Tischgarnituren, bärensichere Lebensmittelcontainer und Feuerstellen versteckt sind. Rindenmulchpfade verbinden alles miteinander, winden sich unter hochgewachsenen Fichten an dem zur Rezeption umfunktionierten Frachtschiffcontainer vorbei und um einen zwei Meter hohen Wassertank, den die Feuerwehr im Brandfall anzapfen kann. Der Tank ist in panafrikanischen Farben bemalt und, na klar, mit Bob Marleys lachendem Konterfei verziert. Don't worry about a thing – die Vibes von *Three Little Birds* ein sorgenfreies Wochenende lang im Leben seiner Gäste verwirklichen, so lässt sich Johns Definition der guten Tat zusammenfassen. Dafür arbeitet er sieben Tage die Woche. Seine ehrenamtlichen HelferInnen bekommen auf dem Campingplatz freie Kost und Logis im Tausch gegen je vier Stunden Arbeit an fünf Tagen die Woche.

Anja und ich sind in einem zum Camper ausgebauten, schon lange nicht mehr fahrtüchtigen Van untergebracht. Der Ford, eine E-Serie aus den 80ern, ist Teil der überdachten Volunteer-Area, zu der neben weiteren Zeltplätzen auch eine Werkstatt, eine Kochnische, eine bärensichere Vorratskammer mit Kühlschrank und eine mit ausgebauten Autositzen umkreiste Feuerstelle gehören. Im Gegensatz zu den Gästen haben wir Freiwilligen Strom und an der Rezeption sogar Wi-Fi. Morgens führt unser erster Weg die Hauptstraße runter, wo wir in einem Hallenbad warm duschen können. Es gibt verregnete Tage, an denen uns der Aufwand nervt und auf die Moral schlägt. Bis wir irgendwann einfach entscheiden, dass es Schlimmeres im Leben gibt. John bringt uns regelmäßig frisch aufgefüllte Trinkwasser-Kanister in die Volunteer-Area und bezahlt unsere Lebensmittel, die wir mit zwei Mountainbikes im Supermarkt einkaufen können. Sich selbst zahlt John einen Stundenlohn von fünf Dollar aus. »Damit komm ich hin«, sagt er, und mir schwant angesichts kanadischer Lebensmittelpreise, wie viele Stunden er täglich für den guten Zweck arbeiten muss, um das behaupten zu können.

Was treibt wohl jemanden wie John an, der sich als junger Mann fürs Gemeinwohl und gegen eine klassische Karriere entschieden hat? Schon als er uns am Ankunftstag mit seinem Pick-up von der Bushaltestelle abholte, war meine Neugier geweckt.

»Als Volunteers um die Welt, aye? Wow, sehr beeindruckend! Ihr wisst also, wie wohltuend Freiwilligenarbeit für Herz und Seele sein kann. Ich schätze, das ist der Grund, weshalb ich damit nie aufgehört habe. In den letzten Jahren war es vielleicht ein bisschen viel, aber ich gehe noch früh genug in Rente.«

In einer Welt, die ständig versucht, aus einem das zu machen, was alle anderen auch schon sind, hätte ich meinem jüngeren Ich seinen Weitblick gewünscht, Konventionelles zu hinterfragen. Heute sind Johns klare Augen von Lachfalten umgeben. Er ist sehr interessiert und hört aufmerksam zu. Doch wenn er selbst erzählt, funkelt der Schneid in seinen Augen.

»Großartig, dass ihr da seid! Auf dem Campingplatz habe ich den Eindruck, dass Voluntourismus mehrheitlich jungen Leuten in den Sinn kommt. Den Dreißig-, Vierzigjährigen scheint die Möglichkeit ein bisschen in Vergessenheit geraten zu sein. Die drei anderen«, fügt er strahlend an, »freuen sich schon auf euch!«

Mit Denis aus Nairobi, Vida aus Bristol und Mats aus Lübeck schmeißen wir für insgesamt einen Monat den Campingplatz. Zu fünft sind die anfallenden Aufgaben stressfrei erledigt. Am meisten Freude bereitet Anja und mir die Arbeit an der Rezeption. Im umgebauten Frachtcontainer begrüßen wir neue Gäste, verkaufen selbst geschlagenes Feuerholz, erklären, wo man duschen kann und wie man sich gegenüber Bären verhält. In der Regel bedient Anja das Buchungsprogramm am Schreibtisch, während ich die Einweisungen und den Holzverkauf übernehme. Außerhalb der Stoßzeiten geht an der Rezeption eine unserer Traumjob-Rechnungen voll und ganz auf – nämlich die mit den Menschen. Jeden Tag kommen wir mit inspirierenden Gästen ins Gespräch. Wir treffen gleichgesinnte Weltreisende, Weitwanderer, Vagabunden und Glücksritter. Spannende AbenteurerInnen, die uns manchmal nach Feierabend an ihr Lagerfeuer einladen, wo wir uns Erlebnisse und Erfahrungen von unterwegs erzählen, bevor sie am nächsten Morgen weiter ihrer Wege ziehen. Abende so reich an Geschichten, dass man als Volunteer wahrlich nicht mehr von unbezahlter Arbeit sprechen kann.

Der bayerischen Käseglocke entflohen, genießen wir die Gesellschaft bunter, weltoffener Menschen in vollen Zügen. Mir macht auch das Holzhacken Spaß, ebenso wie das Reparieren aller möglichen Dinge und die Garten- und Sägearbeiten, die zur Pflege der Anlage anfallen. Allerdings gehören auch das Putzen der Toilettenhäuschen, das Leeren der Mülltonnen und das Sortieren alter Getränkepfanddosen täglich zu unseren Aufgaben. Einige der Tätigkeiten fühlen sich wirklich nicht nach Traumjob an. Aber wir wissen, wofür wir sie erledigen, womit selbst ungeliebte Aufgaben die Leere füllen, die sich in mir ausgebreitet hatte, als meine Arbeit keinen anderen Zweck hatte, als meine monatlichen Fixkosten zu bezahlen.

»Im Hostel war das nicht so«, bemerkt Vida, als ich mit ihr einen Vormittag lang Getränkedosen sortiere.

Die, in denen Alkohol war, haben einen anderen Pfandwert als die nichtalkoholischen. Allerdings sind kanadische Bierdosen oft so bunt gestaltet, dass wir sie genau unter die Lupe nehmen müssen, um sie nicht versehentlich in die Säcke für Limonade und Energy Drinks zu schmeißen.

In Bristol pflegt Vida als freiberufliche Kletterin Bäume in Parks und Wohngebieten, sägt in schwindelerregenden Höhen Äste ab, damit sie niemandem auf den Kopf fallen. Immer, wenn sie wieder genug Geld zusammen hat, reist sie in alle Ecken der Welt, um bestimmte Felsen und Routen zu klettern. Dabei ist Voluntourismus das perfekte Mittel für sie, weil die gängigen Kost-und-Logis-Abmachungen ihre Ausgaben auf ein Minimum reduzieren und genug Freiraum fürs Klettern lassen.

»Ich hatte mir vorher ehrlich gesagt keine großen Gedanken darüber gemacht. Ich war einfach froh, dass ich in der Nähe einen Job gefunden hatte. Bis ich mit einer Einheimischen ins Gespräch kam.«

Ich ahne bereits, was kommt. »War sie arbeitslos?«

»Sie nicht, aber sie hat mich überhaupt erst darauf gebracht, dass zig Arbeitsplätze wegfallen, die Hostels mit reisenden Volunteers besetzen. Ist halt einfach viel billiger als festangestellte ArbeitnehmerInnen. Seitdem gucke ich immer vorher, ob die Sache klargeht, so wie hier, weil sie für den guten Zweck ist.«

Ich erzähle Vida von unserem Wildkräuter-Fiasko in Südafrika und dem Plan mit dem virtuellen Kennenlernen. Mit John hat das perfekt geklappt.

»Ja, so mache ich das auch. Und ehemalige Volunteers kontaktieren, das hilft auch total. Oft geht das supereinfach, wenn man auf Instagram verknüpfte Fotos anguckt oder verlinkten Projektbewertungen folgt.«

Als alle Dosen sortiert sind, laufen wir in den westlichen Teil des Geländes, um die restlichen Stunden unserer Schicht mit dem Hacken von Feuerholz zu verbringen. Es wird schubkarrenweise an die Gäste verkauft, eine kleine Karre für zehn, die große Karre für zwanzig Dollar. An kühlen Tagen wie heute ist die Nachfrage besonders groß. Uns kommt die Arbeit aber auch sehr gelegen, weil uns die Holzscheite gleich dreimal wärmen: beim Hacken, beim Wegräumen und am Abend beim Lagerfeuer.

Als wir uns gerade die Arbeitshandschuhe anziehen, dröhnt lautes Gebrüll über den Campingplatz. »Hey! Heeeeey! Woooaaaah!«

Wir lassen die Äxte fallen und laufen Richtung Osten, von wo die Rufe kommen. Vorbei an der Rezeption – »Woooaaaaah! Gehst du wohl weg da!« – und den Stellplätzen, von wo aus wir Mats bereits sehen, der in die Fichten hinter der Volunteer-Area brüllt, und Anja, die wild mit den Armen wedelt und auf und ab springt. »Heeeeey! Hey, hey hey!«

Was Bären in die Nähe von Menschen führt, ist ihre Suche nach Essbarem. In Bärengebieten ist es daher gang und gäbe, Müll und Vorräte in speziellen Containern bärensicher zu lagern. Das gilt für Campingplätze im Grünen genauso wie für Stadtgebiete. Die schweren Metallcontainer, deren Klinken mit Bügeln verdeckt sind, damit sie von keiner Bärentatze bedient werden können, stehen auch auf unserem Campingplatz den Gästen zur Verfügung. Zusätzlich erinnern wir beim Einchecken daran, dass bitte alle ihre Lebensmittel in die Container oder ihre Autos einschließen, wenn sie mit dem Essen fertig sind. Bären werden selbst von kleinsten Resten und sogar von noch verpackten Lebensmitteln magisch angezogen, an die sie mit viel Ausdauer und Kreativität heranzukommen versuchen. Auch andere, stark riechende Substanzen wie Duschgel, Shampoo, Zahnpasta oder Feuerzeugbenzin wecken ihr Interesse. In der Volunteer-Area haben wir sogar einen ganzen Raum, um die Vorräte von derzeit fünf Freiwilligen bärensicher aufzubewahren. Umso weniger können wir uns erklären, weshalb sich der noch junge Schwarzbär an Denis' Zelt zu schaffen macht.

Wir sehen, wie er sich auf die Hinterbeine stellt und mit seinen Vordertatzen, die jeweils fünf nicht einziehbare Krallen haben, gegen die blaue Polyesterwand drückt. Doch noch hält das Zelt.

»Ist Denis da drin?«, entfährt es mir entsetzt.

»Nein«, beruhigt mich Mats, »ich glaube, der ist mit dem Rad in die Stadt. Heeeeey! Aber sein Zelt wird nicht mehr lange halten, wenn der Bär so weitermacht. Woooaaaaah!«

Erst als wir zu viert auf ihn zugehen, brüllend und mit Campinggeschirr klappernd, können wir den Bären verscheuchen, der sich durchs Dickicht Richtung Flussufer trollt.

Denis ist achtundzwanzig, in Nairobi geboren und im Umland von Kenias Hauptstadt aufgewachsen. Er arbeitet schon seit einigen Monaten auf Johns Campingplatz, genau genommen, seit er sich von seinen Eltern und Geschwistern verabschiedete und seine Heimat verließ, um sich im Westen ein besseres Leben aufzubauen. Trotz wachsender Wirtschaft sind die Ausbildungsstrukturen in Kenia unzureichend, was zu einer Jugendarbeitslosigkeit von rund 40 Prozent führt. Die Perspektivlosigkeit treibt viele junge Leute in einen Abwärtsstrudel aus Drogen, Gewalt und Kriminalität. Denis investierte sein Erspartes in einen Flug nach Kanada und ein Zelt. »Für den Anfang«, hat er erzählt, als John uns einander vorstellte, »ist das mehr als genug. Der Rest kommt dann schon.« Die tägliche Freiwilligenarbeit erspart ihm Miet- und Verpflegungskosten. Nachts verdient er sich im Lager eines nahe gelegenen Supermarkts ein kleines Einkommen. Wir alle hoffen, dass seine Arbeitserlaubnis verlängert wird und er bald eine feste Vollzeitstelle findet. Er ist ein unerschütterlicher Optimist, einer, der die Dinge mit einem Lächeln auf den Lippen aussteht, weil er an Leistungsgerechtigkeit und Egalität im Westen glaubt, in der jeder seines eigenen Glückes Schmied ist. Jenes Prinzip, nach dem man alles erreichen kann, wenn man nur hart genug dafür arbeitet. Würde es sich doch nur mit der soziologischen Wirklichkeit decken. In einer Gesellschaft, in der Herkunft, Hautfarbe oder Geschlecht unterschiedliche Aufstiegschancen bedingen, ist Meritokratie ein Ammenmärchen. In unserer Gesellschaft gibt es einfach keinen objektiven Maßstab für das, was sie Leistung nennt. Ich muss an all die KrankenpflegerInnen denken, deren Einkommen auch nach zwei Pandemie-Jahren in einem gravierenden Missverhältnis zu dem sozialen Wert stehen, den sie der Gesellschaft erbringen. Doch die weigert sich hartnäckig, ihre Leistung anzuerkennen, obwohl niemand ernsthaft behaupten würde, dass ein Hedgefonds-Manager härter arbeitet als eine Pflegekraft.

Vor dem Hintergrund meiner eigenen diskriminierungslosen Ausgangslage ist es mir unangenehm, wenn ich daran denke, wie viel Mut es Anja und mich gekostet hat, unsere Festanstellungen in Deutschland zu kündigen. Neben Biografien wie denen von Denis, Vida und John kommen mir unsere Entscheidungen wie ein Witz vor. Was ist schon eine Kündigung, um dahin zu reisen, wohin man will, verglichen mit dem Warten auf einen Anruf von der Einwanderungsbehörde, der darüber richten wird, ob man an einen Ort ohne Hoffnung zurückgeschickt wird? Ich wünsche mir für Denis, dass er in einem weltoffenen Einwanderungsland wie Kanada eine echte Chance bekommt. Für Vida, dass sie immer genug Geld verdient, um hoch oben in der Steilwand glücklich zu sein. Und John wünsche ich, dass ihm nie die Spenden für seinen Campingplatz ausgehen, der so vielen mutigen Menschen Halt und Freude schenkt.

Im Blau des Abends schimmern überall auf dem Campingplatz die Lagerfeuer aus den schwarzen Silhouetten der Bäume heraus. Auch bei uns im Freiwilligenbereich knackt das Feuer, die gedämpften Stimmen aus den Zeltlagern und das Geräusch von klapperndem Geschirr vermischen sich zu einem friedlichen Gemeinschaftsgefühl. Als Anja und Mats von der Spätschicht kommen, sitzen Vida und ich schon mit Tee auf den ausgebauten Autositzen vor den Flammen, die sich lodernd gegen die kühle Nachtluft behaupten. Auf einer gasbetriebenen Doppelkochplatte bereiten wir uns der Reihe nach unsere Abendessen zu. Anja und ich rühren gerade unser Curry an, als Denis aus der Stadt zurückkommt. Aufgeregt erzählen wir ihm von dem Schwarzbären, der sich an seinem Zelt zu schaffen gemacht hat. »Hast du versehentlich Lebensmittel darin vergessen?« Doch Denis beteuert, keinen einzigen Krümel Ess- oder Trinkbares im Zelt zu haben.

»Ist vielleicht irgendwas unters Zelt geraten? Oder von außen irgendein süß riechendes Getränk drübergeschwappt?«, überlege ich in Sorge, dass der Bär es noch mal versuchen könnte.

»Nicht, dass ich wüsste«, sagt Denis, »aber ich gucke später noch mal nach, bevor ich zur Nachtschicht abhaue.«

Bis auf Mats und mich liegen schon alle in ihren Schlafsäcken, als sich Denis auf den Weg ins Supermarktlager macht.

»Genau das war das Problem!«, lacht Denis und zeigt mit dem Finger auf uns.

Mit den Zahnbürsten im Mund drehen wir uns zu ihm um. »Was meinst du?«

»Zahnpasta. Sie muss mir im Zelt aus dem Kulturbeutel gerutscht sein.«

John kennt seine Heimat Squamish in- und auswendig. Jeden Berg, jeden Wald, ja jeden einzelnen Fluss, See und Felsvorsprung hat er kartiert in seinem Kopf. Wenn man John fragt, was man wohl an einem freien Tag unternehmen könnte, schnappt er sich ein Stück Papier, kritzelt mit einem Zimmermannsbleistift eine Landkarte darauf und stopft sie einem in die Hosentasche. Beim letzten Mal wollten wir an den Brohm Lake, einen klaren Waldsee zu Füßen des Mount Garibaldi. Wie immer hat John uns in seine selbst gemalte Karte die schönste Wanderroute eingezeichnet, die einige dicke Bleistiftkreuze miteinander verband. Die Kreuze in seinen Karten stehen häufig für besondere Ausblicke, weniger bekannte Gipfel oder andere Plätze, die man ohne einen Local, der es gut mit einem meint, wohl kaum finden würde. Dieses Mal waren aber auch Kreuze am Seeufer dabei, die durch eine gestrichelte Linie über Wasser verbunden waren. »Wunderschön versteckte Anlegeplätze. Ihr fahrt doch so gerne Kanu.«

Am Tag unseres Ausflugs fuhr uns John nicht nur morgens zum See und holte uns abends wieder ab, er hatte auch seinen roten Kanadier längs über Dach und Ladefläche seines Trucks gespannt. Die Selbstverständlichkeit, mit der John seinen sowieso schon durchgetakteten Tag um noch zwei Maschen enger strickt, mit denen er Eigentum und Wissen teilt, bleibt nicht ohne Wirkung in mir. Für eine Gesellschaft, die in Stereotypen und Milieus denkt, gäbe es genug demografische Fakten, die John und uns trennen, sodass ein nennenswerter Austausch normalerweise gar nicht erst zustande kommen würde. Obwohl sich alle gern damit schmücken, neugierig und weltoffen zu sein, scheint keine gesellschaftliche Gruppe von der anderen zu lernen. Man bewegt sich ausschließlich in Sphären, wo man mit Leuten der eigenen Schublade rechnen kann. Man bewohnt dieselben Stadtviertel und besucht Bars und Restaurants, in denen man von Menschen gesehen wird, die so sind, wie man selber gern gesehen werden will. In Clubanlagen oder auf Kreuzfahrtschiffen verbringt man gar den Urlaub unter seinesgleichen, während dem Interesse an fremden Kulturen mit zooartigen Landgängen Genüge getan wird. Jeder zeigt sich besorgt über die soziale Schere, doch kaum einer will mithelfen, sie zu schließen. Weshalb fällt es so schwer, auch Menschen aus anderen Gesellschaftsschichten zu zeigen, wie der Toast nicht mehr ständig auf die Marmeladenseite fällt?

John ist anders. Nicht, weil er es musste, sondern weil er es konnte, brachte er anderen das Tischlerhandwerk bei. Mit seinem Campingplatz schuf er anschließend eine Anlaufstelle für Menschen, die aus allen nur denkbaren Schubladen gehüpft sind. Und indem er etwas von seiner Zeit und seinem Wissen um die schönsten Wanderrouten verschenkt, will er seine ehrenamtlichen HelferInnen spüren lassen, welch hohen Wert er ihrer Arbeit beimisst. An einem sonnigen Donnerstag nimmt er sich dafür sogar komplett frei. Gemeinsam mit seiner Frau Carole steigen wir auf den Südgipfel des berühmten Stawamus Chief, der nicht nur für Kletterer, sondern auch für WandertouristInnen zu den beliebtesten Ausflugszielen gehört. Entsprechend groß ist der Andrang an einem Sommertag wie diesem. Vom Parkplatz laufen wir ein paar Hundert Meter in dieselbe Richtung wie alle anderen auch. Dann aber bleiben wir stehen und warten, bis wir alleine sind. Im nächsten unbeobachteten Moment verschwinden wir hinter dem grünen Vorhang einer Douglasfichte und finden uns auf einem geheimen Wanderpfad wieder. Auf einer steilen, zerklüfteten Route bahnen wir uns unseren Weg über in den Fels geschraubte Stahlketten und aufgestellte Holzleitern nach oben. Wo wir so manches Mal ins Schwitzen kommen, klettern Carole und John so leichtfüßig vorweg, dass man weder ihren Geburtsjahren noch den eigenen Augen trauen möchte. Schließlich sehen wir ihn jeden Morgen vor der Werkstatt seine geliebten Joints rauchen.

Das Kreischen der Weißkopfseeadler, die über der 610 Meter hohen Südspitze kreisen, verleiht dem ersten von drei Hauptgipfeln eine erhabene Stimmung. Wir genießen einen atemberaubenden Blick auf die Stadt, den Howe Sound und die Salzwiesen zwischen den Mündungsarmen des Squamish River. Erdhörnchen und Diademhäher streiten um die Krümel aus meiner Brotbüchse, als Anja und ich Carole erzählen, wie wir uns vor der Abreise aus Deutschland gefühlt haben. »Irgendwann fragt man sich schon, wann das Leben eigentlich mal anfängt«, beschließt Anja unsere Vorgeschichte. »Zu warten, bis die Kinder aus dem Haus sind und der Hund tot ist, würde mir jedenfalls zu lange dauern.«

Ausgerechnet John, der sich in deutlich jüngeren Jahren für seinen eigenen Weg entschieden hat, lobt uns: »Chapeau, das erfordert viel Mut.«

Natürlich geht seine Anerkennung runter wie warmer Ahornsirup. Aber bei der Sache mit dem Mut bin ich mir trotzdem nicht mehr so sicher. »Ehrlich gesagt halte ich mich nicht für besonders mutig, wenn ich an die Entscheidung von Denis denke oder mir Vida angucke, die seit Jahren von der Hand in den Mund lebt, um klettern zu können.«

»Mut ist doch keine persönliche Eigenschaft wie Empathie oder Neugier oder so was. Man wird mutig, wenn man es sein muss. Denis war wahnsinnig mutig, als er sich auf den Weg machte. Aber was er jetzt an den Tag legt, ist Durchhaltevermögen.«

Überfordert von so viel Klarheit, verheddern sich meine Gedanken. »Wenn jeder mutig sein kann, wieso sagen dann so viele, dass sie gerne dieses oder jenes machen wollen, ohne es am Ende zu tun? Du weißt schon, so was wie einen Jobwechsel, noch mal studieren, woanders leben, rumreisen und so weiter.«

»Wahrscheinlich sind sie einfach noch nicht so weit. Wie lange habt ihr gebraucht, bis ihr tatsächlich die Sachen gepackt habt?«

»Lange!«, antworten Anja und ich wie aus einem Mund und müssen lachen.

»Besser spät als nie, aye? Und jetzt lebt ihr euren Traum.«

»Na ja, zumindest den von einer langen Reise«, relativiert Anja. »Wie und wo wir künftig Geld verdienen wollen, ergibt sich hoffentlich unterwegs. Woran hast du denn gemerkt, dass du dich für den richtigen Job entschieden hast?«

»Also ein dickes Einkommen war's jedenfalls nicht«, scherzt John.

»Nein, reich waren wir nie«, ergänzt Carole. »Das ist nicht das, was im Leben wichtig ist.«

»Geld ist sicher nicht mein Antrieb. Im Sozialwesen habe ich vielleicht vierzigtausend verdient. Ich kenne so viele Leute in meinem Alter, die in großen Konzernen hundert Riesen und mehr im Jahr gemacht haben. Immer dickere Autos, immer fettere Luxusreisen … der übliche Egoismus der Menschen, aye?« Verständnislos schüttelt John den Kopf. »Gierig, bequem, nie zufrieden.«

»Aber wenn von Anfang an alle um dich herum die ausgetretenen Pfade nachgelatscht sind, was hat dir dann die Sicherheit gegeben, in einer ganz anderen Richtung auf dem richtigen Weg zu sein?«, hakt Anja nach.

»Gute Frage. Da habe ich mir noch nie wirklich Gedanken drüber gemacht.« John legt das Kinn auf die Brust und schaut auf sein T-Shirt. *Save the world, one river at a time* steht unter der Darstellung eines Wildwasserkajaks. Dann sagt er: »Wenn man es kaum erwarten kann, dass die Arbeit am nächsten Morgen wieder losgeht, dann weiß man, dass man ein Leben hat, aus dem man nicht ständig fliehen muss.«

Für den Abstieg wählen wir die bekannte Route entlang des wild sprudelnden Shannon Creek. Zwischen Hemlocktannen, Sitkafichten und Roten Zedern wuchtet sich klares Wasser über moosbehangene Felsbrocken ins Tal. Ich kann mich nicht sattsehen an den lebendigen, intensiven Waldfarben entlang der Ufer. Selbst die roten Bäuche der Wanderdrosseln leuchten stärker als anderswo. Das Rauschen des Wassers im Ohr, hänge ich gedanklich Johns Worten nach. Ob ich mich jemals so frei vom Streben nach materiellem Reichtum machen kann, wie er es ist? Warum suchen Menschen das gute Leben so selten im Sinn ihrer Tätigkeit?

»So banal es klingt«, sage ich zu Anja, »ich glaube, Johns großes Glück ist, dass er weiß, wer er ist.«

»Wovon redest du?«

»Von unserem Image und von allem, von dem wir uns einbilden, es würde einem selbst und der Welt mitteilen, wer man ist. Stell dir klischeehaft einen Topmanager vor. Nimmst du ihm seine Infinite Card, seinen 911 Targa und die goldene Daytona vom Handgelenk, also alles, womit er den Schein von Bedeutung erwecken will, stürzt du ihn in eine handfeste Identitätskrise. So trivial es klingt, ich glaube, Johns großes Glück ist, dass er weiß, wer er ist. Er wird für sein echtes, authentisches Sein und fürs einfach Machen geschätzt.«

»John ist John«, stimmt Anja zu. »Deshalb braucht er auch den ganzen Firlefanz nicht.«

In einem berühmten Zitat von Bob Marley heißt es: »Manche Menschen sind so arm. Alles, was sie haben, ist Geld.« Würden wir allerdings komplett ohne Kohle dastehen, wären Anja und ich jetzt nicht hier bei John. Wir könnten weder sein Projekt als Volunteers unterstützen, noch könnten wir auf diese Weise von einem Traum zum nächsten reisen. Wer sich wiederum alles kaufen kann, der hat bald keine Träume mehr. So versöhnlich habe ich noch nie auf unser Reisebudget geguckt.

Über dem Campingplatz bricht die Dämmerung herein, als Anja und ich mit einem Zwölferpack *Moosehead Lager* und zwei Tüten Essigchips im Gepäck vom Supermarkt kommen. An unserem letzten Abend wollen wir mit den anderen Freiwilligen anstoßen. Feuerprasseln und der ätherische Geruch von brennendem Nadelholz erfüllen die kühler werdende Waldluft. Diese friedliche Atmosphäre, wenn allabendlich an den Feuerstellen und Tischgarnituren Menschen mit den unterschiedlichsten Biografien zusammenfinden, gemeinsam trinken, lachen, Abenteuer und Erlebnisse teilen, sich Mut zusprechen, neue Seilschaften bilden – man möchte sie einfangen, in Flaschen abfüllen und »Allheilmittel« draufschreiben. Vom Flussufer sind eine Gitarre und Stimmen zu hören, die singen. Neben den Slacklines werden Marshmallows an langen Stöcken geröstet, bis sie außen goldbraun und innen geschmolzen sind. In der Volunteer-Area hat Denis bereits unser eigenes Feuer angezündet. Ich drücke ihm ein Bier in die Hand, nehme Anja und mir ebenfalls eins aus dem Rucksack und räume den Rest in den Kühlschrank. Um die Feuerstelle herum sind zwischen den ausgebauten Autositzen nun auch jede Menge zusätzlicher Holzstümpfe und klappbare Campingstühle aufgestellt.

»Wo kommen die denn alle her?«, fragt Anja und probiert gleich einen von ihnen aus.

»Abwarten«, grinst Denis. Dann lenkt er uns mit einem Videoschnipsel vom südafrikanischen Comedian Trevor Noah ab, den er auf seinem Handy hat. Es ist der »Black Hitler«-Ausschnitt, der ihm auch noch beim zweiten Mal die Tränen vor Lachen in die Augen treibt.

»Was bedeutet das, was er da auf Deutsch sagt?«

Wir übersetzen und wecken dabei sein Interesse für deutsche Artikel. Angestrengt versucht er, sich eine Regel abzuleiten, wann ein Substantiv maskulin, feminin oder neutral ist. Wir erklären ihm, dass es da leider keine Regel geben würde, doch Denis wäre nicht Denis, würde er es nicht trotzdem versuchen. Er will die bestimmten Artikel von allen Dingen wissen, die in seinen Blick geraten. Ein Bier später gibt es in der Volunteer-Area nichts mehr, das wir nicht bei seinem Namen und Artikel genannt hätten. Mit nachdenklichem Blick sortiert Denis seine Gedanken.

»Es heißt also das Feuer, das Bier und das Taschenmesser?«

Wir nicken.

»Und es heißt der Baum, der Flaschenöffner und der Hocker?«

Erneutes Nicken.

»Aber es heißt die Bierflasche, die Hose und die Schüssel!«

»Sehr gut!«, freut sich Anja, »Ganz genau!«

»Die Tasse, die Jacke, die Mütze … Ich glaube, ich weiß jetzt, was die Regel ist.« Während uns Denis seine Schlussfolgerung präsentiert, machen seine Hände eine ausladende Bewegung, mit der er etwas Unsichtbares vor ihm einfängt. »Immer«, beginnt er, während seine Hände das Unsichtbare langsam zu sich zurückführen, »wenn eine Sache etwas in sich aufnehmen kann, ist sie weiblich.«

Jetzt ist es Anja, der vor Lachen die Tränen in die Augen schießen.

Als Vida und Mats um kurz nach neun die Rezeption abschließen und sich zu uns gesellen, wird es eng am Lagerfeuer. Denn in der Zwischenzeit sind bereits die Stamm- und Dauergäste eingetroffen, die Denis für uns eingeladen hat. Haley, die Sportfotografin aus Kelowna, und ihre Freundin Sally, Aaron, der sowohl hier als auch im Outdoor-Sportgeschäft in Downtown aushilft, Riley, der Mountainbiker aus Portland, und die ganze Klettertruppe aus Stuttgart, die in einem ausgemusterten, zu einem Mehrpersonen-Camper umgebauten Gefangenentransporter unterwegs ist.

Bewegt vom aufkommenden Gemeinschaftsgefühl, denke ich im Stillen, dass unsere kleine Abschiedsparty auch eine Feier von Johns Idee ist. Die Arbeiten, die auf seinem Campingplatz Tag um Tag verrichtet werden müssen, sind sicherlich nicht allesamt zum Träumen. Aber sie dienen einer Sache, die anderen Hoffnung schenkt. Rund ums Feuer redet und lacht unser äußerst heterogenes Abschiedskomitee so vertraut miteinander, als würden sich alle schon seit Jahren kennen. Mit bezahlbaren Platzgebühren schaffen John und seine Volunteers eine kunterbunte Oase für abenteuerhungrige, langsam reisende Voll- und TeilzeitnomadInnen – genau wie die Trails Angels. Wer einen positiven Beitrag leisten und Locals kennenlernen will, genauso wie Leute, unter denen man sich nicht mehr verrückt vorkommt, der ist mit ein paar Wochen Ehrenamt am Mamquam River an der richtigen Adresse. Es ist ein Ort der Wärme, aber kein Ort für immer. Mit dem Bus verlassen wir Squamish am nächsten Morgen Richtung Vancouver. Mit einem weinenden Auge und Bob Marley auf der Playlist. One Love.

7 | VERGESSENES WISSEN

Vancouver Island, British Columbia, Kanada

Homo sapiens mag zwar ein vornehmlich denkendes Wesen sein, doch trifft er seine Entscheidungen selten mit vollem Verstand. Menschen rauchen Zigaretten, spielen Lotto, halten Markus Söder für glaubwürdig und mischen Rosinen in den Käsekuchen. Einige seltene Exemplare der Gattung Homo verfügen sogar über ganz besonders wenig Sapientia, dafür aber über maßlos viel Geld. Damit planen sie Erstaunliches: die Errichtung einer Basis auf dem Mond zum Beispiel oder eine Umsiedlung der eigenen Spezies auf den Mars. Die ernst gemeinten Auswanderungsprojekte von Jeff Bezos und Elon Musk sind endzeitlich motiviert. Was die Umsetzung ihrer Projekte in Geld bedeuten würde, lässt sich kaum beziffern, doch auf die Idee, mit dem ganzen Geld die Rettung der Erde zu finanzieren, ist bislang keiner von beiden gekommen. Nichts gegen seriöse Raumfahrtprojekte. Doch wenn wir nicht lernen, Krisen zu bewältigen, statt vor ihnen davonzulaufen, werden wir unseren Heimatplaneten nach der Apokalypse vielleicht ein zweites Mal bevölkern können, ihn dann allerdings auch zweifellos ein zweites Mal zugrunde richten. Wenn mir Investitionen von Bezos und Musk neue Hoffnung für die Zukunft geben, dann für eine im Futurum II: Wir werden gewesen sein.

Zurück in die Gegenwart, wo wir die Marke von acht Milliarden Menschen auf der Erde geknackt haben. Das Umweltprogramm der

Vereinten Nationen (UNEP) prognostiziert, dass wir bis 2050 zehn Milliarden sein werden. Die stetig wachsende Weltbevölkerung muss ernährt werden, doch laut Statista (2021) bedecken Agrarflächen schon heute ein Drittel der gesamten Landfläche unseres Planeten. 4,79 Milliarden Hektar Ackerland stehen Wäldern von nur noch 4,05 Milliarden Hektar gegenüber. Weil unsere Gesundheit auch davon abhängt, ob die Biosphäre überlebt, ist die anhaltende Rodung von noch mehr Wäldern für noch mehr landwirtschaftliche Anbauflächen ein existenzielles Problem. Eine besonders effektive Idee, um dem beängstigenden Trend entgegenzuwirken, ist die Reduktion des eigenen Fleischkonsums, da ein Großteil der Flächen ausschließlich für die Produktion von Tierfutter genutzt wird. Bei Anja klappt das seit Jahren super. Isst sie Fleisch, ist es eine echte Ausnahme. Bei mir klappt es, sagen wir, so lala. Finde ich ein Ersatzprodukt, einen pflanzlichen Burger Patty oder so, komme aber auch ich streckenweise komplett fleischlos zurecht, ohne dabei etwas zu vermissen.

Ein weiterer Ansatz ist, die Prinzipien der konventionellen Landwirtschaft zu überdenken. Denn statt den kostbaren Mutterboden für eine langfristige Nutzung zu erhalten, zerstört sie ihn. Laut der UN-Landwirtschaftsorganisation FAO verliert die Menschheit Jahr für Jahr rund zehn Millionen Hektar fruchtbaren Boden. Der massenhaft wegerodierende Mutterboden zählt zu den negativsten Auswirkungen, die konventionelle Landwirtschaft gegenwärtig auf die Umwelt hat. In unseren Gefilden ist der Ackerbau laut Europäischer Umweltagentur (EEA) gar Hauptursache für das dramatische Artensterben. Auch der Fortbestand der menschlichen Zivilisation steht auf dem Spiel, weil uns abzüglich Hochgebirgen, Wüsten, Polen, Gletschern und versiegelten Oberflächen nur sehr wenige Flächen übrig bleiben, die sich theoretisch zur Lebensmittelproduktion eignen würden. Wir müssten also alles dafür tun, die bestehenden Anbauflächen mit einer zeitgemäßen Landwirtschaft dauerhaft fruchtbar zu halten. Tatsächlich wird die Bodenfruchtbarkeit aber so stark in Mitleidenschaft gezogen, dass WissenschaftlerInnen in einer Studie der Vereinten Nationen von nur noch sechzig Ernten ausgehen. Wird die industrielle Landwirtschaft nicht rechtzeitig umgestaltet, sei anschließend Schluss. Macht bei zwei Ernten im Jahr noch maximal dreißig Jahre. Neben Mutterboden verbraucht die industrielle Landwirtschaft durch den Einsatz von Maschinen große Mengen fossiler Brennstoffe, sie verursacht furchtbares Tierleid, verseucht Trinkwasser mit Düngemitteln und Pestiziden und muss dennoch stets mit Ernteverlusten rechnen, weil Monokulturen für Schädlinge deutlich anfälliger sind und klimawandelbedingte Dürren zunehmen werden.

Wie also kann eine wachsende Weltbevölkerung angesichts multipler Krisen ernährt werden? Wie viel Energie verbraucht Urban Farming? Ist zelluläre Landwirtschaft massentauglich? Welche Schattenseiten birgt die Massentierhaltung von Insekten? Kann es überhaupt eine hoffnungsstiftende Alternative zur sogenannten modernen Landwirtschaft geben? Oder sollten wir nicht lieber doch einfach bei Elon Musk klingeln und uns ein Ticket zum Mars reservieren? All diese Fragen haben wir uns *nicht* gestellt, als wir uns von Johns Campingplatz auf den Weg nach Vancouver Island gemacht haben. Stattdessen haben wir uns gefragt, ob wir wohl Orcas, Grizzlys, Pumas und Wölfe sehen werden. Und ob Gemma und Jake in ihrem Garten auch Hühner haben. Wir wollten doch bloß dieses alte Traumreiseziel erkunden und dabei Anjas Traum von einem naturnahen Marktgarten eine zweite Chance geben, nachdem wir dem ersten Versuch in einem weißen Joghurtbecher entflohen sind. Doch als wir mit Jake zum ersten Mal an seinen Beeten entlangschlendern, dämmert uns, dass wir in einem Projekt gelandet sind, das weit mehr ist als bloß ein Gemüsegarten.

Yellow Point liegt an der Ostküste von Vancouver Island, circa zwanzig Autominuten südlich von Nanaimo. Sanfte Hügel und weite bewaldete Flächen versprechen alle Annehmlichkeiten eines idyllischen Landlebens. Umgeben von dunkelgrünen Zedern, haben sich Jake und seine Partnerin Gemma ein kleines Gartenparadies geschaffen. Hauptsächlich bewirtschaftet wird es aber von Marktgärtner Jake, während Gemma an der Uni arbeitet. Mit Latzhose, ausladendem Strohhut, rotblonden langen Haaren und Vollbart führt uns der Mittdreißiger über sein Grundstück. Sein verschmitztes Lächeln ist uns auf Anhieb sympathisch.

»Permakultur ist doch dieses supernachhaltige Prinzip, in dem Kreisläufe, die man in der Natur erkannt hat, auf den eigenen Garten übertragen werden?« Im Gegensatz zu mir scheint Anja schon von der alternativen Anbaumethode gehört zu haben. Google verrät: 1974 haben die Australier Bill Mollison und David Holmgren das Konzept der *Permanent Agriculture* als besonders sanfte, ganzheitliche Art der Bodenbestellung entwickelt, wofür sie 1981 den Alternativen Nobelpreis erhielten. Gemeint ist, Land nicht nur permanent, also ununterbrochen, sondern auch regenerativ zu nutzen. Heute wird Permakultur in vielen Teilen der Welt praktiziert. Allmählich scheint man sich auch in Deutschland vermehrt mit ihr zu beschäftigen.

»Ja, genau! Du könntest auch sagen, Permakultur will die Natur nachahmen. Man düngt nicht in großem Maße zu, wobei Chemie und Pestizide sowieso tabu sind. Im Wald gehen Pflanzen natürliche Symbiosen ein, um sich gegenseitig vor Schädlingen zu schützen und mit Nährstoffen zu versorgen. Genau darum geht 's hier auch.«

»So wie Basilikum einen Strauch Tomaten vor Mehltau schützt?«

Während Anja schlaue Fragen stellt, komme ich mit dem Googeln kaum hinterher. Mehltau ist eine Pilzkrankheit, heißt es da. Ein mehlig-weißlicher Belag auf den Blattoberseiten.

»Ja, oder Knoblauch, der passt auch gut, weil sein starkes Aroma abstoßend auf Schädlinge wie die weiße Fliege wirkt. Aber wenn du überlegst, wer mit wem kann, dann achtest du auch darauf, was deine Pflanzgilden an Nährstoffen brauchen.«

Google: Pflanzgilden sind geplante Gruppierungen von Pflanzenarten, die sich hinsichtlich Nährstoffmanagement, Schutz vor Schädlingen und Ressourcennutzung gegenseitig unterstützen. Ein Beispiel ist die berühmte Mischkultur »drei Schwestern« aus Mais, Bohnen und Kürbis, die nicht nebeneinander, sondern platzsparend übereinanderwachsen. Im Falle der drei Schwestern dient der hochstehende Mais den Bohnen als Rankhilfe, die auf mittlerer Ebene wachsen. Ganz unten am Boden reift der Kürbis heran. So lässt sich auf kleinstem Raum eine große Ernte erwirtschaften. Das dichte Blattwerk beschattet derweil den Boden, der dadurch weniger schnell austrocknet oder durch zu viel Regen erodiert. Und die Wurzeln der Bohnen binden derweil Stickstoff, den sowohl Kürbis als auch Mais als Nahrung benötigen.

»Wie Mais und Kürbisse zählen auch Tomaten zu den Starkzehrern. Komplette Vielfraße, die richtig viel Phosphat, Kalium und Stickstoff ziehen. Jetzt könntest du denen einen Schwachzehrer zur Seite stellen, also Hülsenfrüchte wie Erbsen oder Bohnen. Die sind nicht nur genügsamer, die holen auch neuen Stickstoff aus der Luft und führen ihn zurück in den Boden. Da freut sich die Tomate!«, lacht Jake. »Aber die Bohnen profitieren genauso, weil der Tomatenduft die Blattläuse fernhält. Außerdem bevorzugen beide Arten denselben sonnigen Standort, haben dieselbe Abneigung gegen Staunässe und so weiter.«

Natürliche Zusammenhänge verstehen. Artübergreifende Wechselwirkungen. Das sind die Dinge, die mich schon bei der Ranger-Ausbildung im südlichen Afrika am meisten fasziniert haben. Wenn ich Jake und Google richtig verstehe, macht Permakultur so ziemlich alles richtig, wo konventionelle Landwirtschaft versagt. Keine Vernichtung von Mutterboden, keine Umweltverschmutzung, kein Artensterben, keine fossilen Brennstoffe, keine Monokulturen, keine Chemie, sowieso kaum menschliche Eingriffe. Stattdessen gezielter Bodenaufbau, kleine Flächen, Artenreichtum, Mischkulturen, Energieeffizienz und Symbiosen, die natürliche Ökosysteme nachahmen. Wie in der Natur erfüllt jedes Puzzleteil zahlreiche Funktionen. Die Beerenhecke wirft nicht nur Früchte ab, sie schützt die Beete auch vor Wind. Selbst für mich ahnungslosen Laien klingt das alles so einleuchtend, so lückenlos schlüssig, dass ich mich frage, warum man erst so spät darauf gekommen ist.

»Eigentlich ist es gar nicht so neu«, erklärt Jake. »Permakultur stützt sich auf Tausende Jahre altes Wissen aus den Anfängen der Landwirtschaft. Man hat es zwischenzeitlich bloß vergessen. Mollison und Holmgren haben es wieder zusammengetragen, verdichtet und mit neuen Erkenntnissen ergänzt.«

In Jakes Augen funkelt die Begeisterung, wenn er über seine Arbeit spricht. Er ist überzeugt, dass Monokulturen und industrielle Landwirtschaft langfristig nicht mehr funktionieren können. Als dauerhafte Kreislaufwirtschaft ist Permakultur ein Gegenentwurf, in dem jedes Element als kleines Zahnrad einer großen biologischen Vielfalt wirkt und der auf Artenreichtum, Mischkultur und Humus setzt. Statt Land auszulaugen, wird es regenerativ genutzt: Flächen werden klein gehalten und der Boden darauf gezielt aufgebaut und erhalten. Jake will seinen »zum besten Boden der Galaxie« machen. In der Tat kann man den bemerkenswert würzigen lebendigen Duft der Erde riechen, ohne sich bücken oder eine Handvoll unter die Nase halten zu müssen. In der Nähe des Teichs mischt er sich mit den Aromen erstaunlich roter Erdbeeren, die hier in Hülle und Fülle wachsen. Nur ein paar Meter weiter zieht Jake eine dicke, saftige Karotte aus dem schwarzen Boden, die so prall gesund aussieht, als entspringe sie einem Werbespot für Babynahrung.

»Holt euch einfach aus der Erde, was ihr gern essen wollt. Bis die Obst- und Nussbäume tragen, dauert es zwar noch, aber in den Beeten produzieren wir bereits genug für die Wochenmärkte und unseren Eigenbedarf.« Jakes Garten ist erst zwei Jahre alt. Die jungen Bäume wirken noch zart und strauchig. Doch in den von bunten Blumen gesäumten Beetreihen und im fahrbaren Gewächshaus wächst in perfekter Harmonie alles, was das Veggie-Herz begehrt: Mairüben, Karotten, Brokkoli, Knoblauch, Mangold, Grünkohl, Spinat, Weißkohl, Tomaten, Paprika, Zucchini, Kürbisse, Auberginen, Radieschen, Bohnen, Rote Bete, Kohlrabi sowie verschiedenste Salate und Kräuter.

»So einen Garten habe ich noch nie zuvor gesehen!«

Man kann Anja die Wonne ansehen, mit der sie die Beetreihen und ihre üppigen Erdschätze anhimmelt. Was die lokale Küche betrifft, hatte sie es im Land des Ahornsirups bislang eher schwer. Besonders süß isst sie genauso ungern wie besonders fettig. Doch hinter den mit Zuckersaft übergossenen Pfannkuchen und einem Gericht namens Poutine, eine in Bratensaft schwimmende und mit Käse bestreuselte Portion Pommes, endet der kulinarische Tellerrand Kanadas. Wer darüber hinausgucken will, sieht nichts anderes als *Tim-Hortons*-Filialen. Tatsächlich ist die Anzahl so hoch, dass die nach einem Eishockeyspieler benannten Fast-Food-Restaurants von KanadierInnen für alltägliche Wegbeschreibungen genutzt werden. Der Weg zum Supermarkt? Ganz einfach: Am fünften *Tim Hortons* links, dann immer geradeaus bis zu dem *Tim Hortons* gegenüber einer Tankstelle, dann rechts und noch mal zwei *Tim Hortons* geradeaus.

Jake hat sich mit seinem ökologisch bewirtschafteten Garten einen Traum erfüllt und dabei einen von Anjas Träumen anfassbar gemacht. Dank Jake kann sie ihn sich jetzt einfach ansehen und ausprobieren. Aber auch mein Interesse an Permakultur wächst mit jedem Wort, das wir darüber hören. Nun schlüpfen wir also in die Gummistiefel eines Marktgärtners – beziehungsweise unter die Strohhüte, denn die sind im Sommer auf Vancouver Island essenziell. Im Garten wird tatsächlich alles per Hand erledigt. Auf den schmalen Beeten wäre maschinelles Arbeiten auch gar nicht möglich. Sie sind gerade einmal 78 Zentimeter breit, sodass man mit nur einem großen Schritt darüber hinwegsteigen kann. Die Rindenmulchpfade zwischen ihnen sind noch viel schmaler. Ungefähr eine Fußlänge. Alles scheint sowohl auf die Bedürfnisse der Pflanzen, aber eben auch auf die des handarbeitenden Gärtners ausgelegt zu sein, was mir Jake bestätigt. Bei Permakultur ginge es sogar in allererster Linie ums Design. Es sei ein Gestaltungskonzept, das auf ethischen Grundprinzipien beruht. Doch bevor er weiter ins Detail gehen kann, unterbricht ihn ein tiefes, melodisches Brummen.

»Ich erzähle euch später alles darüber, aber jetzt gehen wir erst mal rein.« Amüsiert über unsere Verwunderung, zeigt er aufs hellblau gestrichene Holzhaus. Auf dem Balkon erkennen wir Gemma.

»Ist das ein Didgeridoo …?«

Jake grinst. »Unser Zeichen zum Essen!«

Wie den Campingplatz in Squamish haben wir auch Gemma und Jake über die Plattform *Workaway* gefunden. Per Videotelefonat haben wir uns auf einen Monat geeinigt, in dem wir an fünf Tagen pro Woche zwanzig Stunden gegen Kost und Logis arbeiten. Die Realität sieht allerdings komplett anders aus. Es vergeht kein einziger Tag ohne Überstunden! Und selbst die Wochenenden arbeiten wir durch, statt die Insel zu erkunden. Dass sich Gemma nur wenige Tage nach unserer Ankunft Richtung Alberta verabschiedet hat, ist nicht der Grund dafür. Von ihrem lange geplanten Urlaub bei der

Familie wussten wir im Voraus. Was wir nicht wissen konnten: was für einen großen Spaß uns der Gartenalltag mit Jake macht und wie spürbar gut er uns tut. Wir ernähren uns so gesund wie lange nicht, beanspruchen jeden Muskel in unseren Körpern, lernen von Jake mit jedem Tag mehr über die Prinzipien der Permakultur und lassen uns anstecken von der Hingabe, sich seinen Lebensunterhalt auf dem Farmers Market zu verdienen. Wir graben unsere Hände in die Erde, atmen den Duft von frischem Humus, legen Samen hinein und sehen wenig später neues Grün sprießen. Täglich ernten, waschen und bündeln wir Gemüse, legen neue Beete und Rindenmulchpfade an und pflanzen neue Obstbäume. Nach Feierabend schwimmen wir im Meer, am Wochenende mit Jake und seinen Freunden im Nanaimo River.

Jake ist hier in der Gegend aufgewachsen. Mit ihm erleben wir Vancouver Island jenseits der drei Seiten im Reiseführer. Viele der Geheimplätze seiner Kindheit sind noch immer unentdeckt. Einmal verbringen wir den ganzen Sonntag auf einer versteckten Insel im Fluss, machen Lagerfeuer, grillen Fisch mit Gartengemüse und trinken Craft Beer. Ein anderes Mal schließt sich Jake meiner Laufroutine an und führt mich auf abgelegenen Waldpfaden an verwunschenen Weihern und kleinen Buchten vorbei. Bei so viel Bewegung schlafen wir tief und fest in unserem eigenen gemütlichen Zimmer, bevor wir morgens mit den ersten Sonnenstrahlen einen neuen Tag im Permabeet beginnen. Wir sind dankbar darüber, wie schnell wir zu dritt einen Rhythmus gefunden haben. Jake behandelt uns, als gehörten wir dazu, als würden wir uns schon ewig kennen. Wir reden über Gott, die Welt, Geländewagen und Punkrock. Sein Alltag wird zu unserem. Nur das mit dem Didgeridoo will uns einfach nicht gelingen. Wenn Jake gekocht hat, brummt es satt über den ganzen Garten. Wenn umgekehrt wir das Essen zubereitet haben, kriegen wir keinen einzigen Ton aus dem nordaustralischen Blasinstrument, der sich nicht nach Reizdarm anhört.

Berufliche Gartenarbeit sei anstrengend, heißt es oft. Auch ich konnte mir vorher kaum vorstellen, von morgens bis abends mit Spaten und Schubkarre im Beet zu schuften. Und es stimmt, Gartenarbeit ist tatsächlich anstrengend. Dennoch habe ich kein Problem damit, auch spätnachts noch im Beet zu stehen und im Schein der Kopflampe Mairüben zu ernten, damit sie früh am nächsten Morgen frisch auf dem Markt verkauft werden können. Wenn ich mich anschließend erschöpft schlafen lege und die getane Arbeit in meinem Körper spüre, macht Gartenarbeit auf dieselbe Weise glücklich, wie es die schweren Beine nach einer langen Laufrunde tun. Ganz im Gegensatz zur Qual, die Büroarbeit in Rücken und Handgelenken verursacht.

Ich erinnere mich gut an das Beerenobst, das im Garten meines Elternhauses wuchs. Die Johannis- und Stachelbeeren produzierten verlässlich vorzeigbare Mengen, aber die Erdbeeren schafften es den ganzen Sommer nicht über den Zustand knüppelharter Minibommel hinaus. Aus unbekannten Gründen dazu verdammt, ein blassgrünes Dasein zu fristen, bis ich sie als Munition für meine Zwille entdeckte, da sich nicht einmal die Schnecken erbarmten, ihre Hinfälligkeit zu beenden. Eine wahre Demütigung der Natur, da Erdbeerfrüchte nur deshalb so tief hängen, damit bodenlebende Schnecken von ihnen essen können. Darum befinden sich auch die Samen in keinem inneren Kern, sondern wachsen außen an der Frucht. Anderenfalls würde die an der Oberfläche nagende Schnecke die unverdaulichen Samen nämlich nicht aufnehmen, an anderer Stelle wieder ausscheiden und für Erdbeernachwuchs sorgen können. Doch in unserem Garten krochen die Schnecken einen großen Bogen um die kümmerlichen Früchte und verweigerten ihnen die Symbiose.

»Wie kann das sein?«, frage ich Jake und stecke mir gleich noch eine seiner dicken Prachterdbeeren in den Mund.

Doch der kann darüber nur lachen: »Ihr habt die aber nicht auf Beton gepflanzt?«

Wir sind dabei, eine neue Beetreihe anzulegen. Nachdem wir die Fläche mit Stäben und Schnüren abgesteckt haben, kommt Jakes selbst geschmiedete Grabegabel zum Einsatz: mit der Broadfork, die genauso breit ist wie jedes von Jakes Beeten, lockern wir den Boden, ohne ihn zu wenden, wie es beim konventionellen Pflügen der Fall ist.

»Die Schicht an humoser Erde, also der fruchtbare Oberboden, ist durchschnittlich nur zwanzig, vielleicht dreißig Zentimeter tief. Aber sie ist Lebensraum für unzählige Kleinstlebewesen.«

»Man sagt doch«, erinnere ich mich, »in einer Handvoll Mutterboden leben mehr Mikroorganismen als Menschen auf der Erde.«

»Ja, und das stimmt. Gesunder Boden wimmelt nur so vor Leben. Das macht ihn ja so fruchtbar. Es ist ein eigenes Ökosystem, wie das Meer oder der Regenwald. Jetzt stell dir vor, man würde ein ganzes Waldstück einfach auf den Kopf drehen.«

»Allzu viel wird da an Leben nicht mehr übrig bleiben.«

»Natürlich nicht! Aber mit dem Pflug macht man genau das: Man dreht das ganze Ökosystem einfach um hundertachtzig Grad, legt damit den gesunden Mutterboden frei, der dann langsam abstirbt, austrocknet und von Wind und Regen abgetragen wird. So erodiert der industriellen Landwirtschaft überall die fruchtbare Ackerkrume weg.«

»Und deshalb benutzt du eine Broadfork?«

»Deshalb ist die Broadfork das wichtigste Werkzeug im Garten. Mit der lockerst und belüftest du den Boden nur, ohne ihn dabei auf links zu drehen.«

Jake hält sich an den zwei stabförmigen Griffen fest und steigt mit beiden Beinen auf die horizontale Querstange über dem Gabelkopf. Auf dem schmiedeeisernen Gerät balancierend, verlagert er sein Gewicht ein paarmal von links nach rechts, wodurch die vier großen Zinken senkrecht in den Boden gleiten. Anschließend steigt er ab, die Füße breitbeinig neben das Beet, das ja nicht festgetreten, sondern gelockert werden soll, und lüftet durch die Hebelwirkung der beiden langen Griffe eine Grabegabel voll Erde. So arbeiten wir uns abwechselnd in zwanzig Minuten durch die gesamte Beetlänge.

»Die Bodenstruktur bleibt unverändert, aber die Erde ist gelockert und die Oberfläche pflanzfertig gekrümmt. Theoretisch bräuchten wir jetzt nur noch einmal drüberzuharken und könnten dann säen.«

Weil es sich aber um ein neues Beet handelt und Jake den Boden erst aufbauen muss, kommt vorher noch eine Schicht schwarzer Humus darüber. Anschließend kommt seine Harke zum Einsatz, die ebenfalls genauso breit ist wie das Beet. Das Design des Gartens ist auf die Natur abgestimmt und das der Werkzeuge auf den Garten. Erstaunlich, wie schnell wir durch all diese Optimierungen Fortschritte machen.

»Der Anteil an gesundem Humus im Boden ist wirklich das Allerwichtigste. Er bestimmt den Ertrag. Wenn der Boden erodiert oder sich seine biologische Aktivität verringert, kommt es zu Ernteverlusten. Auf arme Böden folgen arme Bauern.«

Grundlage für die Bildung von Humus ist tote organische Substanz, der sogenannte Detritus, wie BodenkundlerInnen sagen würden. Wenn abgestorbene Pflanzen, Pilze, tote Tiere oder deren Hinterlassenschaften verrotten, werden sie durch Detritivoren wie Regenwürmer oder Springschwänze, Mikroorganismen und andere biochemische Zersetzungsprozesse humifiziert: Sie werden zu fruchtbarem schwarzen Mutterboden. Durch seine besondere Beschaffenheit können Pflanzen in Humus besser wurzeln. Sie sind in ihm bestens versorgt, weil er wichtige Nährstoffe enthält und viel Wasser speichern kann. Doch mit jeder abgetragenen Ernte entnimmt man dem Boden auch einen Teil seiner Nährstoffe. Um den Humus zu erhalten, muss er im selbem Maße aufgebaut wie seine Nährstoffe abgetragen werden. Dazu wird der Boden gefüttert – in der Permakultur mit Grasschnitt, Mulch, Mist, Kompost, Hornmehl, Schafwolle oder anderem organischen Material. Die mikroskopisch kleinen Bodenorganismen wandeln den organischen Dünger in eine für Pflanzen verfügbare Form um. Die in der konventionellen Landschaft beliebten chemischen Düngemittel sind für die Pflanzen hingegen direkt verfügbar. Das führt zwar kurzfristig zu einem Wachstumsschub der Pflanzen, hungert aber langfristig den Boden aus.

»Hat Permakultur überhaupt irgendwelche Nachteile gegenüber konventioneller Landwirtschaft?«

»Du glaubst, ausgerechnet mir fällt einer ein?«, scherzt Jake. »Nein, im Ernst. Viele Gegner sagen, dass man für acht Milliarden Menschen nicht genug Nahrung produzieren würde, wenn man die gesamte Landwirtschaft umstellen und auf fossile Brennstoffe, chemische Dünger und Monokulturen verzichten würde.«

»Dabei schmeißen wir jährlich Hunderte Millionen Tonnen an überproduzierten Lebensmitteln in den Müll.« Mir huschen Gedanken zur Umverteilung über die Stirn, als Jake die Broadfork zur Seite legt und mir seine Sicht der Dinge erklärt.

»Die Permakultur basiert auf drei ethischen Grundsätzen, die du in deinem Garten, aber genauso gut im Büro oder im Alltag anwenden kannst. Erstens«, beginnt er unter Zuhilfenahme seiner Finger, »Sorge tragen für den Planeten. Das Beste, was man für die Versorgung der Menschen tun kann, ist, sich um unsere Erde zu kümmern. Von einem gesunden Planeten bekommen Menschen alles, was sie zum Leben brauchen. Im zweiten Prinzip geht es um Zwischenmenschlichkeit, um ein friedliches Miteinander und darum, weniger gegeneinander als miteinander zu arbeiten.«

»Du meinst weniger Wettbewerb?«

»Es klingt idealistisch, aber selbst in der Wirtschaft haben es kooperierende Unternehmen langfristig oft besser. Wer in Konkurrenz steht, gibt dem anderen nichts von seinem Wissen preis. Aber der erweitert den eigenen Horizont auch nicht um die Erkenntnisse des anderen.« Ich muss an John denken, von dessen bereitwillig geteiltem Wissen ums Tischlerhandwerk so viele Jugendliche profitiert haben.

Wir Menschen vergessen gern, dass wir Teil der Natur und damit ein Zwischenprodukt der Evolution sind, in der sich keinesfalls nur die Stärksten oder am besten Angepassten durchsetzen. Eigentlich treten Egoismus und rücksichtslose Konkurrenzkämpfe sogar nur auf, wenn soziale Bindungen bedroht sind oder vitale Ressourcen knapp werden. Kooperation, Symbiose und soziale Beziehungen sind ebenfalls Triebfedern der Evolution.

»Und drittens?«, frage ich neugierig.

»Der dritte Grundsatz ist die Begrenzung des eigenen Konsums. Jeder Kauf, auch der eines umweltfreundlichen oder veganen Produkts, durchläuft eine Lieferkette, die sich in irgendeiner Form umweltverschmutzend oder ausbeutend auswirkt.« Ich fühle mich ertappt, obwohl ich weiß, dass er gar nicht auf mich als Werber anspielt. »Die Kapazitäten der Welt sind begrenzt und in weiten Teilen erschöpft. Es geht einfach darum, nicht mehr zu nehmen als nötig. Natürlich sollen Profite erzielt werden, es muss ja was hängen bleiben. Produktionsüberschüsse – und damit komme ich jetzt wieder auf die Verschwendung von Lebensmitteln zurück – sollen mit anderen geteilt oder zu fairen Preisen verkauft werden.«

»Das heißt also: ja, Permakultur kann die Welt ernähren.«

»Es heißt, dass wir keinesfalls auf fossile Brennstoffe oder chemische Dünger angewiesen sind und dass viele globale Umweltprobleme möglicherweise lokal gelöst werden können. Was wir brauchen, sind mehr Menschen, also viel mehr Menschen, die kleine, einfache Gärten anlegen. Jeder sollte sich einen Garten anlegen! Oder in einem Gemeinschaftsgarten arbeiten, als Volunteer auf einem Bio-Bauernhof helfen oder sich anderweitig in das Lebensmittelsystem einbringen und verstehen, woher unser Essen kommt. Das ist es, was wir tun müssen. Wir brauchen keine Massenproduktion von Lebensmitteln, sondern Massen, die Lebensmittel produzieren.«

»In einer idealen Welt gibt es also keine großen Äcker?«

»Was Grundnahrungsmittel angeht, also Nahrung mit ausreichend Kalorien, wird konventionelle Landwirtschaft wohl immer eine Rolle spielen. Aber auch die können wir umgestalten. Die Erde ist nicht zu klein für acht Milliarden Menschen, wenn wir uns davon verabschieden, ihren Mutterboden mit industriellen Anbaumethoden abzutragen. Wie das geht, ist wirklich keine Raketenwissenschaft. Man muss nur die Natur beobachten.«

Das tiefe Verständnis für die Kreisläufe und Ökosysteme der Natur, auf das sich das Prinzip der Permakultur heute stützt, stammt aus der Frühgeschichte der Landwirtschaft. Wenn es angesichts der wachsenden Weltbevölkerung um neue Wege geht, Flächen bestmöglich auszunutzen, Lebensqualität und Gesundheit zu steigern, oder um Arbeitsplätze in einer digitalisierten Wirtschaft, dann ist Permakultur ein faszinierendes Werkzeug – an das sich die Menschheit, zugegebenermaßen keine Minute zu früh, erinnert. Die Zukunft der Landwirtschaft, so viel habe ich heute über die Welt verstanden, liegt in der Vergangenheit.

»Nehmt Zelt und Schlafsäcke mit, und fahrt nach Tofino, aber nur, um von da ein Boot nach Flores Island zu nehmen. Als ich das letzte Mal da war, habe ich kaum andere Menschen gesehen. Ihr wandert durch Küstenurwälder und zeltet an verlassenen Stränden. Ein Abenteuer in abgelegener Wildnis. Ist doch genau euer Ding!«

Nach drei Wochen, in denen wir nichts außer Jakes Garten und die nähere Umgebung kennengelernt haben, haben wir uns für vier Tage am Stück abgemeldet. Vom Fischerdorf Tofino an der Westküste von Vancouver Island erreicht man das Naturparadies Flores mit dem Wassertaxi in nur vierzig Minuten. Schon bei der Überfahrt über den Clayoquot Sound entdecken wir Seeotter, die rücklings auf der Wasseroberfläche entspannen und uns verdutzt hinterhergucken. Linus, Skipper des kleinen Motorschnellboots, ist Ahousaht, also Ureinwohner der Insel Flores.

»Die ganze Insel ist First Nation Reservat«, erklärt er uns. »Ihr lauft den *Walk the Wild Side Trail,* nehme ich an?«

»Genau!«, ruft Anja, um sich gegen das Dröhnen des Motors zu behaupten. »Wir wollen zwei Nächte bleiben.«

»Wir nutzen den Trail schon seit Jahrhunderten. Die ganze Insel ist Puma-, Wolfs- und Bärenland. Seid immer laut genug, damit ihr ihnen nicht zu nah auf die Pelle rückt. Denn der Wald ist dicht, und es sind selten andere Wanderer da draußen.«

»Und das Dorf Ahousaht, ist es nach deinem Volk benannt?«

»Ja, der einzig bewohnte Bereich auf der Insel. Der ganze Rest ist Wildnis. In Ahousaht setze ich euch ab.«

Entenmuscheln kleben an den Pfählen des hölzernen Bootsstegs, an dem wir uns von Linus an diesem Sommermorgen verabschieden. Als wir die Rucksäcke schultern und das Dorf durchqueren, kreisen Weißkopfseeadler in den ersten warmen Aufwinden. Wir überlegen, ob die wenigen Holzhäuser baufällig oder gerade erst im Aufbau sind. Sie wirken unbewohnt, obwohl die Satellitenschüsseln auf den Dächern anderes vermuten lassen. Wenig später haben wir die kleine Zivilisation hinter uns gelassen, ohne eine Menschenseele zu Gesicht bekommen zu haben. Das Dorf grenzt übergangslos an üppige urwüchsige Natur, wie wir sie uns nach Jakes Erzählungen mystischer nicht hätten vorstellen können. Beinahe hätten wir den kleinen Wegweiser übersehen, der den Beginn des Trails markiert. Ein schmales Band, das sich durch unberührten dichten Küstenregenwald aus uralten Riesenlebensbäumen, hoch aufragenden Sitkafichten und dunkelgrünen Hemlocktannen windet. Mal formen ihre knorrigen Wurzeln bizarre überirdische Tunnel, durch die wir aufrecht hindurchwandern können, mal schaffen wir es nur per Räuberleiter über ihre mächtigen umgefallenen Stämme. Weit ausladende Farne bedecken jedes Fleckchen Erde, hangelnde Moose jeden einzelnen Ast. Der Küstenregenwald ist ein einziges grünes Spektakel, ein in sich geschlossener Kosmos, der die Veränderungen der Außenwelt überdauert hat. Wir fühlen uns klein wie zwei Ameisen, die über Stock, Stein und Wurzeln marschieren, bis uns der Wald an einem menschenleeren Strand ausspuckt. Dann laufen wir unter strahlend blauem Himmel die Flutlinie entlang, vorbei an Treibholz, Wolfsspuren und schroffen Felsen, bevor uns der Dschungel wieder verschluckt und wir nicht mehr unterscheiden können, ob es das Meer ist oder es doch die Bäume sind, die wir leise rauschen hören.

Die elf Kilometer bis zur Cow Bay sind ein Genuss, zumal die Luft im Urwald nicht drückend ist, wie man es bei hochstehender Sommersonne erwarten könnte. Stetig schickt der Pazifik kühle Salzbrisen ins Dickicht und schenkt uns ein tolles Wanderklima. An matschigen Stellen laufen wir über bemooste Bretterstege. Dazwischen macht der *Wild Side Trail* seinem Namen mit zahlreichen frischen Bärenspuren alle Ehre. Doch auf dem verschlungenen Pfad sind wir ausnahmsweise nicht besonders erpicht darauf, einem der kolossalen Raubtiere zu begegnen. Wenn wir uns gerade nicht unterhalten, rufen wir immer wieder »Hey Bär!« in den Wald, um seine pelzigen Bewohner auf unsere Anwesenheit aufmerksam zu machen. Als stumme Wanderer wäre das Risiko in solch undurchsichtiger Vegetation schlicht zu groß ineinanderzulaufen. Bären können nicht besser sehen als Menschen, dafür sind ihre anderen Sinne ausgesprochen sensibel. Wenn sie Menschen hören, dann suchen sie in der Regel von selbst das Weite. Ausnahmen sind nie ganz auszuschließen. Greift ein Bär an, hängt von der Spezies ab, wie man sich am besten verhält, um seine Überlebenschancen zu erhöhen.

Der in Bärenland altbekannte Reim »If it's black, fight back. If it's brown, lay down. If it's white, good night.« ist nicht ganz falsch. Vorausgesetzt, man weiß einen Scheinangriff von einem echten Angriff zu unterscheiden. Mit einem Scheinangriff will der Bär sein Gegenüber einschüchtern. Dabei richtet er die Ohren auf und läuft auf einen zu, bricht aber in letzter Sekunde ab oder weicht aus. In Reaktion darauf sollte man ruhig und standhaft bleiben, sich mit ausgestreckt winkenden Armen so groß wie möglich machen und mit ruhiger, lauter Stimme auf den Bären einreden, während man sich langsam zurückzieht. Wenn ein Bär mit den Vorderpfoten auf den Boden schlägt, aggressiv schnauft, mit den Zähnen klappert oder die Ohren nach hinten anlegt, droht ein ernst gemeinter Angriff. In diesem Fall ist das Regelwerk aus dem gereimten Schnellkurs absolut gültig. Greift ein Schwarzbär an, sollte man sich mit allen Mitteln wehren. Mit Bärenspray und im Zweifel mit den eigenen Fäusten und Füßen, mit Steinen und Stöcken, während man stets aufs Gesicht zielt. Bei einer Konfrontation mit einem Braun- oder Grizzlybären sollte ein Kampf hingegen tunlichst vermieden werden. Stattdessen erhöht man seine Überlebenschancen, wenn man sich auf den Bauch legt und tot stellt. Sich zu wehren würde seine Aggressivität nur steigern. Wer seinen Kopf mit den Händen schützt, seinen Rucksack auf dem Rücken behält, die Beine ausstreckt und, so schwierig es auch sein mag, keine Geräusche macht, kann einen Grizzly vielleicht davon überzeugen, keine Bedrohung für ihn oder seine Jungen zu sein.

Im Gegensatz zu Schwarz- und Braunbären bluffen Eisbären so gut wie nie. Greift einen das größte Landraubtier an, hat man mit Attacken gegen empfindliche Bereiche wie Augen oder Nase nur minimale Chancen auf Erfolg. Doch Polarbären gibt es hier nicht, weshalb wir mit ein wenig Begleitkrach die grüne Urwald-Herrlichkeit entspannt genießen können. Tatsächlich haben wir Aufregendes zu besprechen. Denn neben einer Bärenattacke wägen wir noch ein ganz anderes Risiko ab: Sollen wir es wirklich wagen, einen Großteil unseres Reisebudgets in den Kauf eines fast dreißig Jahre alten Oldtimers zu stecken?

Am frühen Nachmittag balancieren wir über den Stamm einer umgefallenen Zeder, an deren Seite ein Geländer gezimmert wurde, womit sie Wanderern als halbwegs trittsichere Flussbrücke dient. Kurz dahinter öffnet sich ein letztes Mal der Wald. Wir ziehen unsere Wanderstiefel aus und betreten barfuß den weichen Strand der Cow Bay. In unserem Rücken der Regenwald, vor uns zinnenartige, vom Pazifik umspülte Felsen, auf deren steil abfallenden Schultern noch immer Bäume das Kunststück vollbringen, den Elementen zu trotzen. Ihre spröden Wurzeln, die wie uralte Hände den blanken, scharfkantigen Stein umkrallen, ein Sinnbild ihrer zähen Lebenskraft. Auf dem feinsandigen Band zwischen Ozean und Urwald schlagen wir unser Zelt am südlichen Buchtende auf. Unweit des bärensicheren Lebensmittelcontainers, den die Ahousaht für kampierende Ökotouristen am Waldrand aufgestellt haben. Doch außer uns hat heute niemand anderes den Aufwand unternommen, der hektischen Welt in dieses entlegene Paradies zu entfliehen. Zwei einsame Nächte bleiben wir hier, sind Freitag und Robinson, die fernab der Städte und Highways über ein Floß mit vier Rädern und V6-Motor grübeln.

Ursprünglich hatten wir uns bewusst dagegen entschieden, unterwegs ein Auto zu kaufen. Bis wir über eine Online-Anzeige stolperten, von der uns dieser bildhübsche Chevy Van zuzwinkerte, als hätte er nur auf uns gewartet. Er steht in Seattle, gleich hinter der amerikanischen Grenze. Von Vancouver Island geht eine Fähre direkt dorthin. Animiert durch den Austausch mit verschiedensten Gästen auf Johns Campingplatz, haben wir uns immer öfter gefragt, ob ein eigenes Auto nicht doch mehr Vor- als Nachteile brächte. Guckt doch einfach mal auf *Craigslist,* hatten sie gesagt. Jetzt hocken wir in Kanada vor einem Topf kochender Nudeln, starren schwer verliebt in einen 1993 vom Band gelaufenen Chevy G20 Camper Van ins blubbernde Wasser in dem Versuch, trotz klopfender Herzen klare Gedanken zu fassen.

»Ich muss an Rubi denken«, bemerke ich. »Ich habe sie und den ganzen anderen Kram ja nicht in Deutschland verkauft, um unterwegs wieder anderes Zeug anzuschaffen.«

»Hm. Wir wollten einmal im Leben das Gefühl von Unabhängigkeit haben …«, erinnert Anja, ohne dabei aufzublicken.

Zweifellos brächte der Van ungeliebte Abhängigkeiten zurück. Kommt er über die nächste Landesgrenze? Hält der alte Motor? Wie viel Geld müssen wir unterwegs in Reparaturen stecken? Ob und zu welchem Preis können wir ihn eines Tages weiterverkaufen, wenn wir den Doppelkontinent verlassen wollen oder das verbleibende Reisebudget aufgebraucht ist? Zumal ein Autokauf unseren Kontostand mit einem Schlag ordentlich dezimieren würde.

Doch die Vorteile liegen für mich ebenso auf der Hand: »Auf der anderen Seite ist das öffentliche Verkehrswesen in Nordamerika auch echt ungeil. Hätten wir uns nicht schon wieder einen Mietwagen geleistet, hätten wir doch kaum was vom Land gesehen, bevor wir auf Johns Campingplatz angefangen haben.«

»Wenn man mal alles zusammenrechnet, was wir schon an Geld für Unterkünfte und Mietautos ausgegeben haben«, sagt Anja und verdreht die Augen. »So gesehen wäre ein eigener Camper ziemlich logisch.«

»Und wir könnten in ganz Amerika nach passenden Projekten suchen. Ganz egal, wo wir was finden – Mexiko, Guatemala, Peru –, wir könnten einfach hinfahren, in jede entlegene Ecke zwischen hier und Patagonien. Patagonien! Stell dir das mal vor! Und egal, in welchem Job wir landen, bringen wir unser Schlafzimmer gleich mit.«

Die soziale Komponente nachhaltiger Reiserei läge nach wie vor in unseren eigenen Händen. Am Tourismus hängen Existenzen. Wir wollen weiterhin einen Beitrag dazu leisten und deshalb regelmäßig Campingplätze, Motels und Gaststätten ansteuern. Darauf aber nicht mehr zwingend angewiesen zu sein, wäre für unser Vorhaben eine riesengroße Erleichterung. Die klimarelevanten Vorteile halten sich hingegen in Grenzen. Zu zweit in dem vergleichsweise kleinen Van emittieren wir sicherlich weniger CO_2, als würden wir dieselben Strecken fliegen. Trotzdem kann ein fossil betriebenes Auto nicht als nachhaltiges Verkehrsmittel betrachtet werden.

Unsere Kaufentscheidung ist deshalb letztlich viel mehr die Abwägung von Unabhängigkeiten und Abhängigkeiten, die neu hinzukommen würden. Unabhängig von rar gesäten Bushaltestellen, Inlandsflügen und Unterkünften einfach überallhin fahren zu können, uns die Länder, in denen wir arbeiten und von denen wir träumen, uneingeschränkt angucken zu können: Diese Freiheit lässt sich gegen die Abhängigkeit von möglichen Reparaturkosten kaum aufwiegen.

»Wir wollten den Lauf der Dinge der Reise überlassen«, erinnere ich an eine unserer sieben Walz-Regeln, »Treibgut sein, ohne feste Reiseroute oder die limitierten Möglichkeiten öffentlicher Fernverkehrsnetze.«

»Es bleibt halt dieses dumme Restrisiko«, sorgt sich Anja um unser Reisebudget. »Das von zu vielen Reparaturen zum Beispiel. Oder wenn wir einen Totalschaden haben, durch einen Unfall oder weil uns der Motor um die Ohren fliegt. Dann würde unser Weltreisetraum genauso jäh enden wie der vom fahrenden Zuhause.«

»Das stimmt schon«, gebe ich zu. »Wir könnten Pech haben. Aber«, appelliere ich an ihre Zuversicht, »es könnte auch einfach klappen, so wie wir es uns wünschen.«

Lächelnd wirft mir Anja einen verschwörerischen Blick zu. Wir stoßen mit Flusswasser an, dann blickt sie noch einmal auf das Foto aus der Anzeige und sagt: »Ich glaube, das ist der hübscheste Van, den ich je gesehen habe.«

Neugierig erkunden wir zwei Tage lang die Cow Bay, während wir uns euphorisch die neue Fülle an Möglichkeiten ausmalen, die wir mit einem Camper in ganz Nord-, Zentral- und Südamerika hinzugewinnen. Obwohl wir den Chevy noch gar nicht besitzen, ist es, als löse er bereits alle Reisebeschränkungen und infrastrukturellen Fragezeichen in Luft auf. Mit neuer Leichtigkeit stehen wir früh auf, kochen Kaffee und beobachten durch unsere Ferngläser die Krebsjagd der Strandläufer. Bei Ebbe spazieren wir barfuß zwischen den Felsen, wo wir den schmatzenden Muscheln und Seesternen lauschen. Im Norden der Bucht wundern wir uns über gigantisch große Miesmuscheln, deren geknackte blauschwarze Schalen verstreut im Schlick herumliegen, was all die Pfotenabdrücke der Inselwölfe erklärt. Einmal staunen wir über eine Nebelbank, die wie eine weiße Bettdecke von der Flut in die Bucht gezogen wird. Direkt über dem dunkelblauen Wasserspiegel kriecht die drei Meter hohe Watteschicht in einer einzigen undurchsichtigen Schwade Richtung Land, bis sie vom Waldrand aufgehalten wird. Die Sonne braucht keine volle Stunde, um den Spuk wieder vollständig aufzulösen. Und als sie schließlich selbst hinter den Baumwipfeln verschwindet und der Weißkopfseeadler zu seinem Stammplatz auf dem Küstenfelsen heimsegelt, ruhen unsere Blicke wieder in den freien salzigen Weiten des Pazifischen Ozeans. Auf unseren Tellern dampfen Nudeln mit Tütensoße, genau wie gestern. Und genau wie gestern überlegen wir mit vollen Bäuchen, wieso draußen in der Natur einfach alles so unfassbar sternelokalgut schmeckt, bis der Schlaf alle küchenphilosophischen Gedanken verschluckt.

Wanderdrossel und Buschzaunkönig begrüßen lauthals den Tag, als die Morgenbrise die letzten Wolken über Jakes Garten vertreibt. Vor einer halben Stunde haben sich er und Anja nach Duncan verabschiedet. Im historischen Zentrum der Stadt findet jeden Samstag einer der beiden Bauernmärkte statt, auf denen Jake das Gemüse aus seinem Permagarten verkauft. Ich wässere in der Zwischenzeit die Beete. Das Gießen nimmt jede Woche etwas weniger Zeit in Anspruch. Jakes Sprinklersystem aus fest verlegten Schläuchen wächst in einem ähnlichen Tempo wie sein Gemüse. Ganz zur Freude der winzigen Annakolibris, die in blitzschnellen Flugmanövern durch das rotierende Spritzwasser tauchen.

Nach anderthalb Stunden bin ich fertig und gönne mir am Wohnzimmertisch einen zweiten Kaffee. Mit nackten Füßen im Hochflor-Teppich fällt mir auf, wie sehr ich die Stille in diesem Haus liebe. Aus dem Fenster beobachte ich ein friedlich äsendes Reh in der Grundstückseinfahrt. Am Ende unserer Zeit bei Gemma und Jake stimmt es mich noch immer zuversichtlich, dass sich die beiden mit einem verträumten, harmonischen Ort ein gutes Leben finanzieren. Hier gewinnt das Prinzip »Rücksicht«, nicht das Prinzip »Ellenbogen«. Jakes Unternehmen ist nahtlos integriert in die Natur der Insel. Für seinen persönlichen Profit trägt niemand einen Schaden davon, was für sich genommen bereits bemerkenswert ist.

Als das Reh lautlos von dannen zieht, höre ich Nachrichten und checke meine E-Mails. Der Besitzer vom Chevy bestätigt den Erhalt der Anzahlung, mit der wir uns das Auto bis zur Probefahrt reservieren durften. Schon in fünf Tagen sind wir in Seattle verabredet. Ich trage mir Uhrzeit und Adresse in den Kalender ein, dann entdecke ich die Benachrichtigung der Volunteering-Plattform WWOOF. Der Name ist eine Abkürzung und steht für *Worldwide Opportunities on Organic Farms*. Es handelt sich um eine globale Bewegung, die Menschen über Freiwilligenarbeit wieder mehr mit ökologischer Landwirtschaft verbinden will. Angefixt von allem, was wir in den letzten Wochen über gesunde, nachhaltig produzierte Lebensmittel gelernt haben, wollen wir noch mehr darüber erfahren. Vor allem darüber, wie man das Thema skalieren kann. Seit uns Jake den Floh ins Ohr gesetzt hat, ist er Tag für Tag unsere Traumjob-Liste nach oben gehüpft: Wir wollen Agroförster werden! Und zwar gleich als Nächstes in den USA, weil sich der neue Traumjob dort perfekt mit einem uralten Traumreiseziel kombinieren ließe, weil wir es nicht abwarten können, in einem ganzen Permakultur-Wald zu stehen, der ganzjährig und bis in die Baumwipfel bunte, exotische Früchte trägt! Denn wir haben unsere Bewerbung ins Paradies geschickt: nach Hawaii.

Aufgeregt klicke ich die E-Mail an. Wir würden unseren Van in Seattle abholen, ihn mit einem Solarpanel und einem Kühlschrank aufrüsten und dann südwärts durchs ganze Land fahren, damit wir so viel wie möglich von den USA sehen können. Und erst unten in Los Angeles würden wir einen Flieger nehmen, wenn wir die Flugstrecke so weit wie möglich verringert haben. Noch näher kommt man über Land nicht an die abgelegene Inselgruppe heran. Doch für das außergewöhnliche Projekt auf Hawaii haben wir uns von Anfang an nicht die besten Chancen ausgerechnet. Im Gegensatz zu ähnlich gelagerten Ausschreibungen ging hier nichts ohne eine offizielle Bewerbung. Das Projekt scheint auf enorm großes Interesse unter VoluntouristInnen zu stoßen. Warum also sollten ausgerechnet Anja und ich eine Zusage erhalten?

»Weil ihr für länger als einen Monat arbeiten wollt«, sprach uns Jake Mut zu, als wir uns über dem Anschreiben den Kopf zerbrachen. »Das kommt doch immer besser an als die vierzehn Tage, die andere mitbringen. Und außerdem«, fügte er mit seinem typisch verschmitzten Lächeln an, »kommt ihr frisch aus meinem Permagarten. Schreibt das dazu, dann wissen die, dass man bei euch nicht mehr bei null anfängt.«

Die E-Mail aus Hawaii besteht nur aus drei Sätzen: »Das hört sich großartig an. Ihr scheint perfekt in unser Projekt zu passen. Lasst uns möglichst bald einen Videocall vereinbaren. Aloha, John.«

Es ist diese Art von Antwort, die so viel mehr als nur ein Fünkchen Hoffnung freisetzt. Gemein, weil man vor Freude aufspringen will, aber wenn es dann doch nicht klappt, ist die Enttäuschung riesengroß.

»Wie war's in Duncan?«

»Wir sind ausverkauft«, jubelt Jake und wirft seinen Strohhut wie eine Frisbeescheibe auf den Kleiderständer.

»Nichts mehr übrig«, fügt Anja strahlend hinzu, »außer zwei Hände voll Gemüsegrün, das ein Kunde nicht mitnehmen wollte.«

»Du meinst Strünke und Blätter? Was willst du denn damit?«

»Was glaubst du denn, woraus die grünen Smoothies sind, die uns Jake immer zum Frühstück macht? Aber dieses Mal mache ich aus den Resten grünes Pesto.«

Ich lasse mir erklären, dass all das grüne Zeug, das ich mein Leben lang in die Tonne geschmissen habe, auf den Teller gehört. Zumindest dann, wenn man sichergehen kann, dass es nicht mit Pestiziden behandelt wurde, so wie es im Supermarkt meist der Fall ist. Die Grundregel ist simpel: Wenn das Grün aus dem Gemüse wächst, so wie zum Beispiel bei Radieschen, Mairüben, Roter Bete, Kohlrabi oder Karotten, dann ist es in der Regel essbar und lässt sich zu vitaminreichen Smoothies, Suppen, Pestos, Spinatalternativen und was weiß ich nicht alles verwerten. Wächst andersherum das Gemüse aus dem Grün, so wie bei Rhabarber, Tomaten oder Gurken, ist es nicht essbar.

»Das wusstest du nicht?«, fragt Anja ungläubig.

»Dafür weiß ich was, was du nicht weißt«, drehe ich den Spieß grinsend um.

»Eine Antwort aus Hawaii?«

Zwei zu null für Anja. »Woher weißt du das denn jetzt schon wieder?«

Zwischen den bunten Beeten liegt der Geruch von glimmender Holzkohle in der lauen Abendluft. In trauter Dreisamkeit haben wir uns um den Grill versammelt, auf dem rote Lachsfilets brutzeln. Eine große Schüssel mit Salat ist bereits aufgetischt. Anja und ich hatten uns noch einen letzten Grillabend gewünscht, bevor wir uns dem Sommer anschließen und seinem Ruf nach Süden folgen. Zwar ist es erst am Ende der Woche so weit, doch nach einem erfolgreichen Markttag lässt sich so eine Gartenparty einfach viel besser feiern als in getrübter Abschiedsmelancholie.

»Hawaii is calling!«, sagt Jake und hebt sein *Islander Lager.*

»Wir machen erst noch ein Telefoninterview«, erinnere ich, »aber irgendwie habe ich schon auch ein gutes Gefühl bei der Sache.«

»Das wird ganz bestimmt klappen«, ist sich Jake sicher.

»Vielen Dank für alles, was wir von dir gelernt haben«, sage ich zu Jake. »Wir haben hier deutlich mehr als nur den Grundkurs Permakultur abgestaubt.«

»Oh«, lächelt er geschmeichelt, »es war mir umgekehrt genauso eine Freude. Und ihr seid ja noch lange nicht durch mit dem Thema. Bald könnt ihr euch angucken, was es bedeutet, einen Food Forest zu managen.«

»Ich glaube, diese Was-wäre-wenn-Tagträume in andere Berufe hinein habe ich immer mit unrealistisch viel zeitlichem Aufwand für noch einen Uniabschluss oder eine weitere Ausbildung verbunden. Ich meine, oft stimmt das ja auch, aber gerade habe ich das Gefühl, in einem Monat mehr gelernt zu haben, als es in einem halben Schuljahr möglich gewesen wäre.«

»Weißt du, in Kanada kann studieren echt teuer sein, und es gibt Themen, für die du dich auf konventionelle Weise gar nicht schulen lassen kannst. Aber zu jedem Thema der Welt gibt es MentorInnen da draußen. Nach denen kannst du suchen, und wenn du so jemanden findest und einfach deine unbezahlte Hilfe anbietest, werden sie dir alles Mögliche beibringen. Volunteering ist eine wahnsinnig gute Option, um zu lernen, was auch immer du lernen willst. Ich habe es ganz genauso gemacht.«

»Aber du hast Permakultur doch auch an einer Schule gelernt, oder?«

»Ich habe in meiner Freizeit einen Permakultur-Designkurs abgeschlossen, aber eigentlich in der Firma meiner Eltern gearbeitet.«

»Und da hast du gekündigt, um ehrenamtlich in einem Permagarten zu arbeiten?«

Jake schüttelt den Kopf: »Ich musste ja Geld verdienen. Aber als der Kurs zu Ende war, habe ich überlegt, wie ich trotzdem mehr über Permakultur lernen kann. Also habe ich angefangen, jede Woche einen Tag ehrenamtlich zu arbeiten.«

Jake erzählt uns von seinem Werdegang zum Permagärtner. Woche für Woche baute er an fünf, manchmal an sechs Tagen Werbeschilder im elterlichen Handwerksbetrieb zusammen, und an einem Tag half er unbezahlt in verschiedenen Permaprojekten aus.

»Und dann war da dieser Permakultur-Bauernhof, auf dem es Enten und Hühner gab und wahnsinnig schöne Gärten. Da hab ich auch zum ersten Mal Hügelkulturen angelegt. Ich weiß noch, wie inspiriert ich von meinem Mentor war. Ich glaube, durch ihn bin ich erst so richtig in die ganze Sache hineingeraten«, schwelgt Jake in gar nicht allzu fernen Erinnerungen. »Ich sag's dir, wenn du einen Traum hast, der dir am Herzen liegt, dann musst du dich ihm zuwenden. Und wenn du das machst und dich ihm wirklich hingibst, mit allem, was dazugehört, dann wird dir die Welt den Weg dahin schon zeigen.«

Für Jake war Freiwilligenarbeit ein weit geöffnetes Scheunentor zu all dem theoretischen Wissen und den praktischen Fähigkeiten, mit denen er nun schon seit zwei Jahren seinen Lebensunterhalt bestreitet. Mit ansteckend großer Lust auf Veränderung, Enthusiasmus, aber auch mit viel Geduld hat er in den letzten Wochen versucht, uns möglichst viel davon weiterzugeben. Vielleicht, denke ich mir, weil er sich ein Stück weit in unserer Traumjob-Walz wiedererkennt. Ganz sicher, weil er weiß, dass etwas passieren muss. Die konventionelle Landwirtschaft ist eine der selbstzerstörerischsten Verhaltensweisen, die wir Menschen an den Tag legen. Sie ist die größte Bedrohung für die biologische Vielfalt, vernichtet fruchtbaren Boden und trägt damit gleichzeitig massiv zur globalen Erderwärmung bei. Denn humusreicher Mutterboden ist einer der bedeutendsten Kohlenstoffspeicher überhaupt. Doch mit Pflugmaschinen, Monokulturen und chemischen Giften bestellen wir

Felder wider jede Vernunft. Unserem Heimatplaneten Erde geht im wahrsten Sinne des Wortes die Erde aus. Mit wahrhaft verheerenden Folgen für eine langfristig gesicherte Lebensmittelversorgung und den Kampf gegen die Klimakatastrophe. Regenerative Landwirtschaft kann diesen Trend umkehren.

»Übers Volunteering habe ich die Arbeit gefunden, die mir was bedeutet, aber die auch für andere einen Zweck hat. Das will ich weitergeben. Am besten an so viele Menschen wie möglich. Stell dir vor«, fährt Jake mit leuchtenden Augen fort, »was es bewirken würde, wenn jeder, der was von ökologischen Lebensweisen versteht, einem anderen Menschen etwas darüber beibrächte.«

Nachdenklich nicke ich. Dann fällt mir der Satz ein, den er bei der Beetvorbereitung einmal sagte: »Jeder sollte sich einen kleinen Permagarten anlegen.«

Die Welt lässt sich retten. Nicht von da oben, wo pseudoprogressive Superreiche Astronaut und Marsmensch spielen. Vielleicht aber mit einer Agrarwende. Mit einer von unten.

8 | ZWEI WIE PS UND SCHWEFEL

Vereinigte Staaten von Amerika

Nirgendwo lässt sich die Fähigkeit, Mehrdeutigkeiten und Widersprüche auszuhalten, besser trainieren als im Land der unbegrenzten Gegensätze. Was meine persönliche Ambiguitätstoleranz betrifft, haben die USA Endgegner-Qualität: prüde und sexistisch, erzreligiös und in Waffen vernarrt, unverschämt reich und bettelarm. Das sind bei Weitem nicht die einzigen Symptome, sie reichen aber bereits, um Amerika eine handfeste bipolare Störung zu diagnostizieren. Wie am Fließband fördert das Land kompletten Irrsinn und unübertroffene Genialität zutage. Einen narzisstischen Präsidenten zum Beispiel, der in vier Amtsjahren nachweislich über 22 000 Lügen produzierte, aber auch vierhundert amerikanische NobelpreisträgerInnen, die der Welt wahrhaft ehrenwerte Dienste leisteten. Dunkel war's, der Mond schien helle – die gespaltenen Staaten von Amerika sind das wohl größte Oxymoron unseres Planeten. Wen wundert es da, dass die Wiege des Fast Food genauso viele Ökofarmen wie McDonald's Restaurants beherbergt. Auch das Prinzip der Agroforstwirtschaft scheinen hier bereits zahlreiche BiofarmerInnen für sich und eine bessere Welt entdeckt zu haben, sodass wir nicht lange brauchten, bis wir fündig wurden: in einem Food Forest auf Kauai. Es hätte uns schlechter treffen können. Um auf die angeblich schönste aller Hawaii-Inseln zu gelangen, haben wir uns Tickets für einen Flieger ab Los Angeles, Kalifornien, gebucht – in einem Café in Downtown Seattle, Washington. Als wir auf »Zahlung bestätigen« klickten, lag zwischen uns und unserem Abflughafen eine Überland-Durchquerung der gesamten USA, die wir innerhalb eines Monats schaffen müssen. In einem bis dato noch nicht inspizierten, geschweige denn Probe gefahrenen Oldtimer.

Es ist nicht mein erster Besuch in den Staaten. Doch als ich das letzte Mal hier war, waren die Obamas noch im Weißen Haus. In der Zwischenzeit hat Donald Trump vier Jahre an der Spaltung des Volkes gearbeitet. Komplett irre. Umso fester haben wir uns vorgenommen, uneingeschränkt wohlwollend einzureisen. Nichts spielt einem skrupellosen Populisten besser in die Karten als noch mehr unaufgeschlossene Menschen, die kein Sowohl-als-auch tolerieren. Dabei hilft es mir, mich auf einige der amerikanischen Gleichzeitigkeiten zu besinnen, die ich nicht nur aushalte, sondern denen ich über alle Maßen zugetan bin: offene Prärie, monumentale Natur und grenzenlose Horizonte. Auf der anderen Seite locken die Neonlichter energiegeladener Metropolen und ihre Verheißung, in keine Schublade passen zu müssen. Die USA sind weites Land und Hochhausschluchten. Ich kann zugleich Natur- und Stadtmensch sein. Die USA rauben mir manchmal den letzten Nerv, erlauben mir aber auch, meine eigenen Gegensätze nicht auflösen zu müssen, alles sein zu dürfen, was mich ausmacht, ohne mich für eine Seite entscheiden zu müssen.

Unser 1993er Chevy G20 ist ein amerikanischer Van-Klassiker und die perfekte Wahl, will man sich dem Ruhepuls provinzieller Ödnis anpassen. Ein Camper wie dieser ist nicht gemacht, um als Erster durchs Ziel zu brausen. Er ist gemacht für die Faszination der offenen Landstraße, für 55 Meilen im Tempomaten und für Johnny Cash auf Kassette. Über die Längsseiten des weißen Oldies läuft ein roter Glitzerstreifen, der die Sonne früher einmal im nonchalanten Chic der Neunziger reflektierte. Heute sind die Zierstreifen längst verblasst, aber wir haben uns etwas anderes einfallen lassen. Gleich nach dem Kauf ließen wir von einer Firma für Fahrzeugfolierung in großen Buchstaben auf unseren Van schreiben, was wir auf unabsehbare Zeit sein werden: *Vagabonding Volunteers.*

Dass Anja nicht gern Auto fährt, geht für mich mehr denn je in Ordnung. Hinterm Chevy-Steuer zu sitzen ist für mich dasselbe, wie beim Filmabend die Macht der Fernbedienung zu halten. Hinter der Windschutzscheibe spielt im Breitbildformat ein Non-Fiction-Roadmovie. Wasteland, Ölpumpen, Motels und Diners ziehen in Echtzeit an uns vorbei. Mal rollt ein Steppenläufer über die Straße, mal passiert stundenlang gar nichts. Und wenn die Sonne hinter roten Felsformationen untergeht, cruisen wir einfach weiter, hören *Girl from the North Country* und stellen uns vor, dass die End Credits durchs Bild laufen, starring: Anja und Lars.

Mit breiten Armlehnen und extrabreiten Sitzflächen entspannen die kinoroten Komfortsessel schon beim Anblick. Als Patina vergangener Reisen verschönern florlose Stellen die abgesessenen Samtbezüge. Kaum haben einen die Sessel verschlungen, schaukelt es sich auf knarzenden Federn so vergnüglich vorwärts wie auf einer rentnerrabattierten Fleetfahrt. Man will sich einen Elbsegler aufsetzen und Pfeife rauchen. Nur wenn Anja Karte und Kurs kontrolliert, muss sie sich etwas zusammennehmen, damit sie nicht seekrank wird.

»Washington, Oregon, Idaho, und in zwei Meilen, wenn der State Highway 33 zum Highway 22 wird, sind wir in Wyoming«, fasst Anja in einem Satz die Strecke zusammen, für die wir eine volle Woche gebraucht haben.

Wir sind in Seattle gestartet und müssen ganz nach unten, nach Los Angeles, wo wir unseren Van einen Monat lang stehen lassen, damit wir zur Freiwilligenarbeit nach Hawaii fliegen können. Doch der blaue Punkt auf Anjas Handy bewegt sich seit sieben Tagen stetig gen Osten. Weil wir unbedingt in den Yellowstone Nationalpark wollen, hatten wir uns gegen den direkten Weg entlang der Pazifikküste entschieden. Elche, Bisons und Grizzlys zwischen fauchenden Geysiren und kochenden Schlammtöpfen – einen wilderen Ort hätte sich Anja für ihren Geburtstag nicht aussuchen können. Den gewaltigen Schlenker durch insgesamt neun Bundesstaaten nehmen wir dafür gern in Kauf.

Auch heute sind wir schon wieder seit vier Stunden auf der Straße. Wir haben uns zum Tagesziel gesetzt, es vor Sonnenuntergang über den Teton Pass zu schaffen, den Highway 22, der jeden Moment als steiler Anstieg vor uns auftauchen müsste. In Jackson Hole, einem malerischen Tal hinter dem Hochgebirgspass, wollen wir campen. Mit Blick auf das dauerhaft rot aufleuchtende Warnlämpchen im Cockpit bin ich mir allerdings nicht ganz sicher, ob unser Oldtimer die Prüfung am Berg besteht. Hoch vielleicht, aber runter? Das Lämpchen leuchtete schon am Tag unseres Kauftermins. Laut Handbuch besteht ein technisches, unverzüglich zu lösendes, weil ansonsten saugefährliches Problem mit den Bremsen. Laut Vorbesitzer besteht das nicht.

Sechs in V-Formation blubbernde Zylinder arbeiten sich gewissenhaft den Teton Pass hinauf. Schnell ist unser Van nicht, aber er hat Kraft. Schon bald heißt uns am höchsten Punkt ein hölzernes Schild willkommen. Ein Cowboy ist darauf zu sehen, der mit ausgestrecktem Arm ins Tal zeigt. Daneben die Worte *Howdy stranger, yonder is Jackson Hole, the last of the Old West.* Wir sind in Wyoming. Zurück in *Marlboro Country,* das in einem anderen Leben zentraler Drehort meines allerersten Jobs war. Noch immer liegt der Geruch von Freiheit in der Luft. Der Blinker klemmt mal wieder, trotzdem fahre ich rechts ran. Mit Blick auf die Serpentine, die steil ins Tal hinunterführt, gönnen wir uns eine kleine Pause, kochen Kaffee und essen Schokolade. Das heißt, ich esse Schokolade, meine Schokolade, weil Anja behauptet, Schokolade gar nicht wirklich zu mögen. Also kaufen wir immer nur welche für mich. Doch kaum habe ich sie in den Kühlschrank zurückgelegt, bricht Anja sich in einem unbeobachteten Moment einen Riegel ab. »Nur für's G'schmäckle«, sagt sie dann, wenn ich sie dabei erwische.

In aller Regel spricht sie in meiner Gegenwart Hochdeutsch, wofür ich ihr überaus dankbar bin. Außer am Telefon, da spricht sie in Geheimsprache. Ruft sie bei Freundinnen oder der Familie in Memmingen an, allgäu-schwäbeln die Sch-Laute und Le-Endungen nur so aus ihr heraus. Dabei entsteht ein chiffrierter Singsang, der entfernt zwar noch an Sprache erinnert, aber eher so wie eine Unterhaltung unter Wasser. Viel verstehe ich da wahrlich nicht mehr, aber das, da bin ich todsicher, ist auch der Sinn der Sache.

Die Motorbremse eines älteren Automatikgetriebes ist mit dem Widerstand eines manuellen Schaltgetriebes nicht zu vergleichen. Doch obwohl sie auf dem Weg nach unten kurzzeitig qualmen, halten die Vorderbremsen letztlich durch. Langsam gewinnen wir neues Vertrauen in unser Auto und akzeptieren das rote Warnlämpchen als ungefährliche Alterserscheinung. Genau wie die Scheinwerfer, die sich nur in den Fern- oder Parklichtmodus schalten lassen. Wir steuern auf direktem Wege einen freien Stellplatz an, den wir in einer App für Überlandreisende gefunden haben. Am Rand einer abgelegenen Straße vor den Toren des kleinen Städtchens Jackson ist es dieses Mal kein besonders schöner Ort für eine Übernachtung. Aber er ist günstig gelegen, und die Kommentare der App-Community versichern ruhige Nächte.

Am nächsten Morgen stehen wir im Dunkeln auf. Wir haben uns den Wecker gestellt, weil wir im Frühlicht im nahe gelegenen Grand-Teton-Nationalpark sein wollen, um Ausschau nach Bisons zu halten. Auf den Straßen sind kaum andere Autos unterwegs. Mit dem ersten Tageslicht parken wir unseren Van in einer menschenleeren Flussbiegung am Snake River. Im gemächlich dahinfließenden Wasser spiegelt sich die steil aufragende Gebirgskette. Es heißt, die Form ihrer Gipfel erinnerte frankokanadische Fallensteller im 19. Jahrhundert an die weibliche Brust, woraufhin sie die Gebirgskette auf den französischen Namen *Téton* tauften. An Fantasie mangelte es den Trappern offenbar nicht. Im weichen Licht der Morgensonne leuchten die Tetons in zarten Violetttönen, was den zerklüfteten Felsformationen eine gewisse Sanftheit verleiht. Zuzusehen, in der Stille dieses kühlen Sommermorgens, wie im Wechselspiel der Pastellfarben Licht und Wärme in die Prärie zurückkehren, ist ein herrlich irreführendes Erlebnis. Die augenscheinlich verträumte Natur riecht quicklebendig und zugegen. Atmet man tief ein, spürt man die Klarheit der Berge. Sogar die feinen Düfte der Wildblumen und Gräser können wir wahrnehmen. Durch die Ferngläser sehen wir im Osten einen friedlich äsenden Gabelbock. Und dann, ganz unvermittelt, verschwindet er aus unserem Sichtfeld – hinter einer fünfzehnköpfigen Herde amerikanischer Bisons, die sich als langsam fließende Einheit aus einem Nadelwäldchen schiebt. Es sind massige, vor Kraft strotzende Kreaturen mit mächtigen Schulterbuckeln, einer tiefen Brust und imposanten Schädeln. Kleine schwarze Augen blinzeln sanftmütig aus ihrem dicken kastanienbraunen Fell. Wild und friedlich zugleich strahlen Amerikas größte rezente Landsäugetiere die Präsenz und Würde sanfter Riesen aus, wie wir sie von uralten Baobabs oder Elefanten kennen.

Apropos Elefanten: Ihre spürbare Aura ist bei Weitem nicht die einzige Gemeinsamkeit der charismatischen Großsäuger. So kurios es klingt, amerikanische Bisons und afrikanische Elefanten ticken erstaunlich ähnlich, was ihr Sozialverhalten betrifft. Beide Spezies bilden matriarchalisch strukturierte Herden aus Kühen und Kälbern, während ausgewachsene Bullen die meiste Zeit als Einzelgänger oder in kleinen Junggesellengruppen durchs Land stromern. So wie bei Elefanten in der Musth ist auch bei männlichen Bisons einmal im Jahr Brunftzeit. Und genau wie die grauen Dickhäuter signalisieren auch Bisonbullen ihren Erregungszustand durchs Senken und Schwingen ihres riesigen Kopfes. Zwei grundverschiedene Spezies auf zwei grundverschiedenen Kontinenten und so viele Gemeinsamkeiten.

»Lass uns zurück nach Jackson fahren und einkaufen gehen«, schlage ich Anja vor. Wir sollten uns um einen vollen Kühlschrank kümmern, bevor wir weiter nach Yellowstone fahren. »Nicht, dass uns an deinem Geburtstag die Getränke ausgehen.«

»Meine erste Van-Party!« Das Entzücken über ihren anstehenden Geburtstag in wilder Natur strahlt aus Anjas großen grünen Augen. »Wir können Tortillafladen kaufen und uns Guacamole und Pico de Gallo dazu machen. Und auf jeden Fall brauchen wir Essigchips zum Rotwein!«

Umtanzt von fröhlichen Gedanken, huscht sie wenig später durch die Supermarktregale. Man muss sie nur ansehen, schon hat ihre zappelige Vorfreude das eigene Gemüt infiziert. Heute ignorieren wir die Lebensmittelpreise, die durch Russlands Angriffskrieg gegen die Ukraine auch in den USA inflationsbedingt so hoch sind wie nie. Kurz vor Anjas Geburtstag ist der Dollar auf die Kommastelle so viel wert wie der Euro – nicht mehr sonderlich viel. Zu allem Übel ist Jackson so was wie Wyomings Antwort auf St. Moritz. Im luxuriösen Ferienort schlagen die Preise prinzipiell noch mal mehr zu Buche. Wir entscheiden uns trotzdem für den großen Biosupermarkt im Süden der Stadt. Vor Yellowstone ist er wahrscheinlich unsere letzte Möglichkeit, mehr als nur ein paar Basics für Anjas Geburtstagsabend einzukaufen. Außerdem liegt der Supermarkt ganz in der Nähe einer Werkstatt, wo wir vorsichtshalber doch noch mal jemanden auf unsere Vorderbremsen gucken lassen wollen, nachdem sie am Teton Pass kurzzeitig heiß gelaufen waren.

»Noch 150 Meter geradeaus«, navigiert mich Anja durch die Stadt, »dann müssten wir den Supermarkt auf der rechten Seite sehen können.«

Der fröhliche Schein der Vormittagssonne trügt. Als es passiert, stehen wir an einer roten Ampel.

»Hörst du das?«, frage ich Anja. »Da stimmt doch was nicht.«

»Nein. Was meinst du?«

»Der Motor. Der spinnt irgendwie.«

»Was denn? Was hörst du?«, fragt Anja nervös. »Ich höre nichts!«

»Das ist es ja. Ich höre auch immer weniger. Achte mal aufs Standgas.«

Auch im Leerlauf reagiert der Motor nicht mehr. Einmal ist noch ein unkontrolliertes Aufheulen wahrzunehmen. Dann fällt die Drehzahl wieder drastisch ab, wird langsamer und langsamer, bis den eben noch unermüdlich pumpenden Kolben die Kraftstoff-Luft ausgeht und der Motor abgesoffen ist. Die Welt um uns herum steht still. Keiner sagt ein Wort. Trotzdem kann ich Anjas Gedanken hören. Sie erinnert sich an die Geister, die sie beim Zelten auf Flores Island rief und die uns nun heimzusuchen scheinen: Mit einem teuren Motorschaden würde unser Weltreisetraum genauso jäh enden wie der vom fahrenden Zuhause. Anja, die soeben noch mit der Sonne um die Wette strahlte, starrt versteinert ins Leere. Jemand hupt und reißt uns aus der Fassungslosigkeit. Doch sooft ich den Zündschlüssel auch herumdrehe, der Motor will keinen Mucks mehr von sich geben.

»In Kanada«, seufze ich niedergeschlagen, »hattest du es noch gesagt.«

Ich stelle die Warnblinkanlage an und stelle frustriert fest, dass auch sie einen Wackelkontakt hat. Funktioniert an diesem Van überhaupt irgendetwas? Während wir mit entschuldigenden Gesten die wartenden Autos an uns vorbeiwinken, versuche ich, mein Gedankenkarussell anzuhalten. Habe ich Anjas Bedenken nicht ernst genug genommen? Waren wir beim Kauf zu gutgläubig? Haben wir uns am Ende nach Strich und Faden verarschen lassen? Plötzlich puzzeln sich in meinem Kopf viele kleine Begebenheiten der letzten Woche zu einem düsteren Bild zusammen. Gut, den Steinschlag in der Windschutzscheibe haben wir dem in einer Baustelle ungeduldig an uns vorbeibretternden Truck zu verdanken. Wir mussten in der kurzen Zeit, die wir den Van besitzen, aber auch schon die verbaute Batterie der Solaranlage wechseln, deren viel zu geringe Speicherkapazität sich nicht mit dem Stromverbrauch des Kühlschranks deckte. Dann ist da das ständig leuchtende Warnlämpchen im Cockpit, die Scheinwerfer, die sich nicht auf Abblendlicht schalten lassen, nun das Warnblinklicht und, am schlimmsten von allem, der Motor. Mit nur 75 000 gelaufenen Meilen krepiert er uns in weniger als einer Rotphase so kläglich, als hätte er 750 000 Meilen auf dem Buckel. Moment mal, hat er das vielleicht sogar? So langsam weiß ich gar nicht mehr, was ich denken soll.

Hank ist Inhaber und Chefmechaniker von einem Autoservice. Im Industriegebiet hinterm Supermarkt sind die Grenzen seines Firmengeländes mit einem Zaun aus unterschiedlich hohen Latten abgesteckt. Die Hinterhofwerkstatt besteht aus einem kleinen Gebäude mit zwei Garageneinfahrten. Der Rest des Grundstücks wirkt wie ein einziger Autofriedhof. Sichtlich ramponierte Pick-up Trucks, verrostete Geländewagen, ein ausgeschlachteter Trans Am und selbst Schulbusse, von denen die letzten Reste gelber Farbe im Wind abblättern, drängen sich dicht an dicht bis an die Grundstücksgrenze. Irgendwie hat er es geschafft, auch unseren Oldtimer noch dazwischenzuquetschen. Ich überlege, welche Form unser

Elefantenbulle
Makuleke, Limpopo, Südafrika

Löwe | Bushwalk | Game Drive
Mashatu, Central District, Botswana

Giraffen und Drakensberge
Karongwe, Limpopo, Südafrika

Geschwisterliebe unter Geparden
Land Cruiser Check | Game Drive
Mashatu, Central District, Botswana

Sundowner mit Elias | Scharlachspint mit Nachwuchs | Steppenzebras
Makuleke, Limpopo, Südafrika

Halbwüchsiges Breitmaulnashorn
Nunguland, Limpopo, Südafrika

Eins mit der Natur: Graham
Karongwe, Limpopo, Südafrika

Spurenlesen mit Ian
Nunguland, Limpopo, Südafrika

Schwarzbär | Campingplatz-Alltag
Squamish, British Columbia, Kanada

John: Zuerst Kaffee, dann die Welt
Squamish, British Columbia, Kanada

Küstenregenwald | Cow Bay
Flores Island, British Columbia, Kanada

Im Permagarten von Gemma und Jake
Vancouver Island, British Columbia, Kanada

Zuhause auf Rädern: 1993 Chevy G20
Old Vantage Highway, Washington, USA

Zu Hause zwischen Autowracks
Jackson, Wyoming, USA

Vanlife | Día de los Muertos
Todos Santos, Baja California Sur, Mexiko

Straßenbild in Kilauea | Wilder Hahn | Willkommen auf der Common Ground Farm | Jurtendorf, Agroforst und Eventgelände
Kauai, Hawaii, USA

Wanderungen entlang der Napali Coast
Alli und Anja besprechen das Festessen
Sonnenaufgang auf Common Ground
Kauai, Hawaii, USA

Schlüpflinge aus Nestkontrolle
Campleben | Playa Carate
Halbinsel Osa, Puntarenas, Costa Rica

Oliv-Bastardschlüpfling auf dem Weg ins Meer
Halbinsel Osa, Puntarenas, Costa Rica

Anja und Isa auf Safari | Goldkehltukan
Rotstirnamazone | Camp Mariposa Azul
Halbinsel Osa, Puntarenas, Costa Rica

Forschungs- und Tauchbasis
Whale Project Azores | Zodiac-Boot Keiko
Empfang von ÖkotouristInnen
Faial, Azoren, Portugal

Pottwalfluke von Lazy Daisy
Faial, Azoren, Portugal

Joanna beim Briefing | Walforschung mit Friesennerz und Kamera | Gelbschnabel-Sturmtaucher | Rundkopfdelfin
Faial, Azoren, Portugal

Küstenabschnitt Nordinsel | Blauer Zwergpinguin in Triage | Paradieskasarka Parry zu Beginn seines Aufenthalts | Elsterscharbe
Auckland, Auckland Council, Neuseeland

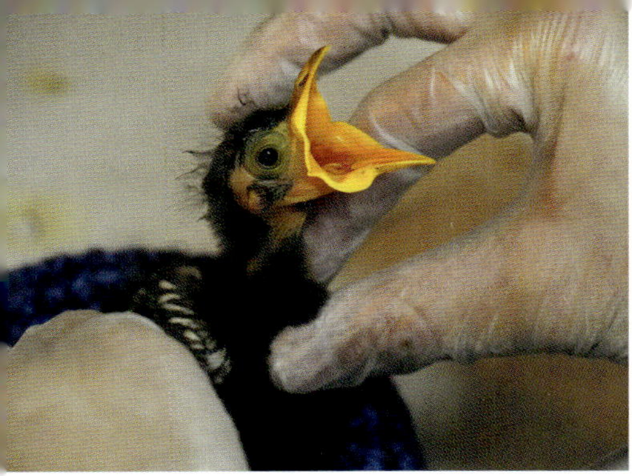

Junger Tui | BirdCare Aotearoa | Anja vor Rezeption
Küken-WG: Maskenkiebitz und Pukeko
Auckland, Auckland Council, Neuseeland

Gefährt bei *Tetris* wäre. Der Chevy ist ziemlich knubbelig, wie die Mystery Machine aus *Scooby-Doo*. Überhaupt ist er das Gegenteil von allem, was man bei Instagram unter #vanlifegoals finden würde. Er ist weder besonders lang noch besonders hoch. Kochen, Karten spielen, E-Mails schreiben, einfach alles außer schlafen findet draußen statt, weil er zu niedrig ist, um aufrecht darin stehen zu können, und zu klein, um unsere Klappstühle darin aufzustellen. Er ist weder windschnittig, noch erweckt er in irgendeiner Hinsicht einen modernen Eindruck. Er ist Überlebender einer Zeit, in der sich Nintendos *Game Boy* die Hightech-Welt mit *Tetris* über Dialogkabel untertan machte.

»Vagabonding Volunteers«, liest Hank von unserer Windschutzscheibe, »seid ihr so was wie Ärzte ohne Grenzen?«

Mit seiner durchaus ernst gemeinten Frage schafft er es, unseren verzweifelten Mienen ein Lächeln abzuringen. Hank ist ein Hüne im Flanellhemd, mit Händen wie Radkappen und schmalen liebenswürdigen Augen, denen man sofort ansieht, dass er gerne lacht. Die ölverschmierte Stirn runzelnd, liest er den Schriftzug auf unserem Van noch ein zweites Mal. In aller Kürze erklärt ihm Anja unsere Reise, woraufhin er ein lang gezogenes »Ahaaaaa!« verlauten lässt und mir seine rechte Pranke mit so viel Karacho aufs Schulterblatt haut, als könne er die Zuversicht aus mir herausprügeln wie eine im Snackautomaten verkeilte *Bifi*.

»Kopf hoch, Vagabunden ohne Grenzen«, ruft er, während ich nach Luft japse, »ich kann heute noch nicht sagen, was das Problem von eurem hübschen Kerlchen hier ist. Aber glaubt mir, das wird schon. Diese alten Chevys sind zäh und wie gemacht für euer Abenteuer!«

»Wann kannst du ihn dir denn ansehen?«, frage ich in der Hoffnung, noch vor Anjas Geburtstag am Donnerstag Klarheit zu haben.

»Heute ist Samstag«, überlegt er laut. »Ich habe den Hof echt voll, wie ihr seht. Also vor Freitag komme ich auf gar keinen Fall dazu.«

»Eine Woche warten«, entfährt es Anja traurig.

»Gibt es in Jackson eine günstige Unterkunft?«

»Günstig?« Hank lacht auf. »Ihr habt doch einen Van. Warum wollt ihr da euer Geld für überteuerte Zimmer ausgeben?«

»Du meinst, wir können hier auf deinem Grundstück campen?«

»Nun, warum denn nicht? Solange ihr mir nicht zwischen die Autos scheißt, könnt ihr gerne bleiben.«

Sandra Bullock, Harrison Ford, Uma Thurman und Matthew McConaughey haben in Jackson Zweit-, manche ihre Erstwohnsitze. Halb Hollywood wohnt hier. Und die anderen fünfzig Prozent kommen zum Urlaub eingeflogen. Und nun verbringen auch wir eine Woche im Luxusort am Snake River. Da, wo Megastars Champagner aus Cowboyhüten schlürfen, pennen wir hinter dem Lattenzaun einer Garagenwerkstatt. Zwischen Autowracks und ausgemusterten Schulbussen werden wir Geburtstag feiern. Hinterhof statt Yellowstone. Einem streikenden V6-Motor sei Dank. Ich nehme Anja in den Arm und sage ihr, dass wir es uns trotzdem irgendwie schön machen. Doch die vor uns liegende Warterei auf Hanks Diagnose versetzt uns in einen schwer zu ertragenden Schwebezustand zwischen Bangen und Hoffen. Sollten wir uns einen neuen Motor samt Einbau leisten müssen, würde das unsere Reisekasse empfindlich treffen. Noch mehr Sorgen mache ich mir aber über all das Geld, das wir in den Kauf investiert hatten. Unsere Kalkulation war immer, bei einem späteren Wiederverkauf mehr als nur einen Bruchteil des Geldes wieder reinholen zu können. Sollte Hank bei seiner Inspektion aber herausfinden, dass wir Tausende Euro zu viel für das Auto bezahlt haben, wären die Konsequenzen für unsere Reise fatal. Gedankenschleifen wie diese verdunkeln unsere Wartezeit, die wir wie zwei verlorene Katzen auf einem Schrottplatz irgendwo im Westen Wyomings absitzen werden.

Als sich Hank zurück ins Wochenende verabschiedet und uns allein auf dem Firmengelände zurücklässt, klappen wir unsere Stühle auf und setzen uns vor den Van. Ich zähle die Zigarettenkippen, die an einer Stelle auf dem Boden vor mir herumliegen. Es sind acht. Offenbar sind wir nicht die Ersten, die an diesem Ort nervös auf ihr Auto warten. Wie lange sind acht Zigaretten? In der Pfütze daneben opalisiert vergossenes Benzin. Weil sie sich immer um dieselbe, nicht zu beeinflussende Sorge drehen, versiegen unsere Gespräche. Mit umwölkten Gemütern sitzen wir da, sind zwei stumme Gestalten, die zwischen Autowracks ihren Gedanken nachhängen. Als die Nacht hereinbricht, legen wir uns aufs Bett, schalten die Lichterkette darüber aus und denken unsere unheilvollen Gedanken weiter. Die Nacht ist still und düster. Nur ab und an klappern die Ösen von einem Fahnenmast im Wind, während das verfrühte Ende unserer Reise wie ein Taschendieb um unser unfahrtüchtiges Schlafzimmer schleicht.

Am nächsten Morgen stehe ich fest entschlossen auf, mit der vermaledeiten Situation anders umzugehen. Nach einer schlaflosen Nacht habe ich es satt, mich in Schwarzmalerei zu suhlen. Eine Woche Autofriedhof? Na gut, dann soll es eben so sein. Ich will das Beste daraus machen, einen neuen Modus vivendi für unseren Alltag als Schiffbrüchige finden, und ganz besonders will ich Anjas Geburtstag retten. Mit Tortillafladen, Guacamole, Essigchips und Rotwein.

In aller Herrgottsfrühe liege ich bäuchlings vor dem untersten Regalfach, das wir Vorratskammer nennen. »Wir haben noch ein halb volles Glas Erdnussbutter, sechs Scheiben Toast und eine halbe Packung Spaghetti. Ach, und etwas Reis«, rufe ich Anja zu, die draußen mitschreibt.

»Und im Kühlschrank?«

»Da haben wir noch vier Bier, eine halbe Paprika, etwas Marmelade, und ich hab noch zwei Riegel in meiner Schokolade.«

»Einen.«

»Einen was?«

»Du hast noch *einen* Riegel Schokolade.«

Der Supermarkt liegt nur wenige Gehminuten entfernt. Da Sonntag in den USA ein ganz normaler Einkaufstag ist, schließt ihn eine freundliche Mitarbeiterin pünktlich um acht Uhr auf. Wir sind völlig aus dem Häuschen, als wir sehen, dass es vor den Kassen ein helles und außerordentlich geräumig eingerichtetes Supermarkt-Café gibt. Mir springen sofort die hübschen Fensterplätze ins Auge, die mit Doppelsteckdosen bestückt nur so dazu einladen, sein Laptop anzuschließen und produktiv zu werden. Und als wir feststellen, dass das Wi-Fi superschnell ist und die Toiletten supersauber sind und dass sie auch stinknormal aufgebrühten Zwei-Dollar-Filterkaffee im Angebot haben, steht für uns fest: Diese beiden Supermarkt-Fensterplätze dort drüben sollen ab sofort unser neuer Alltag sein.

Mit unserer Entdeckung kehrt das Gefühl zurück, etwas aus der Zeit in Jackson machen zu können. Wir haben ein Büro! Und so sind wir auch in den kommenden Tagen stets die Ersten, die morgens durch die Glastür laufen, und die Letzten, die den Laden um neun Uhr abends wieder verlassen. Schon an unserem zweiten Arbeitstag hat sich das Supermarktpersonal an das seltsame Duo gewöhnt. Wenn sie an uns vorbeigehen, winken uns die MitarbeiterInnen zu, wünschen uns einen guten Morgen, und bevor sie wieder gehen, einen schönen Feierabend. In diesen Tagen versehen wir unsere To-do-Liste mit wohltuend vielen Häkchen. Zwangsoptimistisch recherchieren wir Projekte, die in Zentral- und Südamerika zu unseren Traumjobs passen könnten, schreiben E-Mails an vielversprechende Volunteer-Gesuche, sichten unser Filmmaterial, sortieren Fotos und pflegen unser Instagram. Mittwoch priorisieren wir schließlich den Punkt »duschen gehen« und schieben ihn auf den obersten Platz unserer Liste. Es ist der Tag vor Anjas Geburtstag, an dem wir im Internet nach einer Gelegenheit für die überfällige Ganzkörperpflege suchen, als mein Handy klingelt.

»Hallo, Hank?«

»Lars, ja, hi. Hank hier«, nuschelt er in breitem amerikanischen Englisch.

»Hank, schön dich zu hören. Was gibt's?«

»Nun, mir ist ein Kunde abgesprungen, also habe ich heute Morgen schon einen Blick auf euren Van geworfen.«

Ich schließe die Augen und halte den Atem an. »Und?«

»Du musst mir eine Kostenfreigabe geben, dann können meine Jungs ihn reparieren.«

Mein klopfender Puls resoniert in den geschlossenen Lidern. »Okay, aber was hat er denn?«

»Die Lichtmaschine ist hinüber. Aber ich habe eine neue auf Lager. Für den Austausch mache ich euch einen guten Preis.«

Ich will die gute Nachricht noch nicht wahrhaben. »Und sonst ist nichts an dem Van?«

»Ich hab doch gesagt, die Dinger kriegst du nicht kaputt. Ich habe mir alles angeguckt. An dem Auto ist absolut nichts dran. Auch die Bremsen sind einwandfrei. Also, wenn fünfhundert okay sind, könnt ihr mit eurem Chevy morgen nach Yellowstone und sonst wohin fahren.«

Anja, die alles angespannt mitgehört hat, nickt mir aufgeregt zu. Also bestätige ich Hank die Reparaturkosten und lege auf.

»Wir können weiterfahren!«, jubelt Anja ausgelassen über das verfrühte Geburtstagsgeschenk.

Auch mir fällt ein Stein vom Herzen. »Das stimmt! Und wir

haben noch mal die Bestätigung, dass wir ein gutes Auto gekauft haben. Aber heute Nacht müssen wir noch hierbleiben. Schlimm?«

»Null!«, gibt Anja zur Antwort. »Ein ganzer Schrottplatz als Tanzfläche, was will man eigentlich mehr?«

Hanks Werkstatt ist schon geschlossen, als wir frisch geduscht aus einem Thermalbad zurückkehren. Wir bauen Tisch und Stühle direkt vorm Van auf, dann braten wir Gnocchi auf dem Campingkocher. Neben der einmaligen Kulisse hat unsere Schrottplatz-Party auch eine kleine rote Boombox zu bieten. Außerdem gibt es Rotwein aus Emaillebechern, Essigchips und einen Fertigkuchen mit Kerzen. Im fahlen Schein von Hanks Straßenlaterne wird Anjas Geburtstagsnacht zum Schattentheater. Als lebende Scherenschnitte tanzen wir Autowrack-Silhouetten entlang – zu allen Songs, von denen wir schwören könnten, dass sie für uns geschrieben sind. Für uns und die heimgekehrte Zuversicht, dass sich in diesem Abenteuer schon alles irgendwie fügen wird.

Yellowstone, anderthalb Autostunden von Jackson entfernt, ist der erste Nationalpark der Welt. Am 1. März 1872 stellte Präsident Grant das Gebiet unter Schutz. Ein anderes bedeutendes Datum ist das Jahr 1995, als der Wolf in den Park zurückkehrte, nachdem er bereits siebzig Jahre zuvor als ausgerottet galt. Zum Nachteil der hiesigen Flora und Fauna vermehrten sich Wapiti-Rothirsche in der Zwischenzeit ungebremst. Doch in einem international viel beachteten Wiederansiedlungsprojekt vollzog sich das als trophische Kaskade bezeichnete Märchen vom guten Wolf. Der Bestand der Wapitis ging zurück, stabilisierte sich und wurde gesünder, da vorzugsweise die schwachen und alten Tiere von den Kaniden gerissen werden. In der Folge erholten sich Weiden und Zitterpappeln vom ständigen Fraßdruck der Hirsche, die heute Bibern und Vögeln wieder einen Lebensraum schenken. Mit der Rückkehr der Wölfe hat das Ökosystem im Yellowstone Park sein Gleichgewicht wiedergefunden.

Auf einem Waldcampingplatz quartieren wir uns für ein paar Tage direkt im Park ein. Wir streunen durch ungezähmte Natur, staunen über Bisons, Elche und Bären, die vor der Kulisse heißer Quellen, siedenden Schlamms und spuckender Geysire wie Fabelwesen umherwandern. Zwischen dichten Drehkiefernwäldern, mächtigen Wasserfällen, scheinbar endlosen Beifußebenen und sanften Präriehügeln rumort, brodelt und zischt es in völlig übersättigten Regenbogenfarben. Ein Besuch in Yellowstone ist, als lege man dem Planeten sein Ohr auf den Bauch. Eine fremde Welt, deren landschaftliche Kontraste und kunterbunt kolorierte Bakterienmatten, Thermalquellen und saure Seen von surrealer Schönheit sind.

Nach fünf erholsamen Tagen in der Wildnis drängt unsere Reise zurück ins Bewusstsein. Es wird höchste Zeit, uns auf den langen Weg nach Los Angeles zu machen. Und so müht sich unser kleines Dickerchen per Hinterradantrieb durch die Ofenhitze Moabs, trägt uns klaglos auf Utahs Hochplateau im Arches-Nationalpark, wo der Wüstenwind seine bizarren Felsbögen in den roten Sandstein geschliffen hat, und runter ins Monument Valley, wo nicht nur Hollywood die Geschichten von *Easy Rider, Forrest Gump* und *Spiel mir das Lied vom Tod* erzählte, sondern wo ich mich auch an weitere Kinospot-Episoden rauchender Cowboys erinnere. Wir wundern uns am heillos überlaufenen Horseshoe Bend, Arizonas berühmter Talmäander in Hufeisenform, dass in unserer Anwesenheit keiner der am Abgrund posierenden Selfie-CEOs in den Colorado River stürzt, und am Grand Canyon über die Stille und die schier unbegreiflichen Dimensionen der Natur.

Am Kassenhäuschen eines bewachten Parkplatzes fragt die Kassiererin nach der PIN meiner Kreditkarte. »Guter Witz«, lächle ich wohlwollend hinterm Steuer, doch es war keiner. »Tja, dann müssen Sie leider aussteigen, herkommen und Ihre Geheimzahl selber eintippen«, bestraft sie meinen Ungehorsam in autoritärem Ton. Und ich begreife, dass Autotür öffnen und aussteigen ein unzumutbarer Aufwand für das Gros der AmerikanerInnen ist. Hier verrät man fremden Menschen lieber die Zugangsdaten zu seinem Bankkonto, als sich auch nur einen Meter zu viel zu bewegen. Die erfolgreichste Nation der olympischen Geschichte ist gleichzeitig unangefochtener Bequemlichkeits-Champion. Mit austrainierter Widerspruchstoleranz investiere ich die Hundertstelkalorie wohlwollend gern in die Bewältigung der vierzig Zentimeter Distanz zum Kartenlesegerät und tippe unter verdutzten Blicken meine PIN-Nummer eigenhändig ein.

Als wir nach neun Bundesstaaten und 3 500 Meilen die Skyline von Los Angeles sehen, ziehen wir Vanlife-Bilanz. Im Schnitt haben wir alle 1 000 Meilen eine Werkstatt aufsuchen müssen. Zugegeben, nicht die allerbeste Bilanz. Zumal der Blinker nach wie vor klemmt und wir im Überschwang der Freude vergessen hatten, Hank nach dem Defekt der Scheinwerfer zu fragen, die sich noch immer nur auf blendend helles Fern- oder kaum wahrnehmbares Standlicht schalten lassen. Während wir vor allem anfangs regelmäßig in den eigentlichen Sollzustand unseres Oldies investierten, hat sich aber auch auf der Habenseite ein kleines Vermögen aufgebaut: ein unbezahlbarer Ritt durch die USA. In einem Van ohne Abblendlicht, der dafür aber gemütlicher schaukelt als Opas Fernsehsessel und den wir vielleicht gerade wegen seiner Macken in kürzester Zeit lieb gewonnen haben. Hoffen wir, dass es dabei bleibt.

Für den Zeitraum unseres Hawaii-Projekts dürfen wir unseren Van auf dem Grundstück eines ehemaligen Agenturkollegen in Los Angeles parken. Als wir am Vorabend unseres Abflugs sein Haus in Orange erreichen, ist Oldtimer-Fan Skyler von unserem 93er

Chevy hellauf begeistert. Ohne Umschweife fragt er, ob er ihn selbst auf seinen Hof fahren dürfe, und dreht keine zehn Sekunden später den Zündschlüssel.

»Wow, was für eine coole Karre!«, beglückwünscht er uns, betätigt linker Hand einen Schalter, den ich im Leben noch nicht gesehen habe, und lenkt den Van mit sattem Abblendlicht auf sein Grundstück.

9 | SCHLARAFFENWALD

Kauai, Hawaii, Vereinigte Staaten von Amerika

Die Ausmaße, mit der die sogenannte konventionelle Landwirtschaft auf unseren Planeten einwirkt, sind alarmierend. Die allermeisten LandwirtInnen konzentrieren sich unter Einsatz von Düngemitteln und Chemikalien auf die Steigerung ihres Ertrags, was kurzfristig eine Lösung für sie sein mag, sich für die Allgemeinheit aber langfristig als folgenschwerer Fehler erweist. Das System ist degenerativ. Es vernichtet fruchtbaren Mutterboden, führt zum Verlust der Artenvielfalt, zerstört Lebensräume, verschmutzt Luft und Wasser und heizt den Klimawandel weiter an. Gutes Essen, das ist uns in Jakes Garten auf Vancouver Island bewusster geworden denn je, ist mehr als das, was auf dem Teller liegt. Wer über den Rand hinausschaut, für den zählen eine ökologische Herstellung und eine faire Bezahlung aller involvierten Parteien genauso wie die eigentliche Qualität der Lebensmittel. »Wenn die Natur in den meisten Landschaften der Welt einen Wald erschafft, warum sieht unsere Landwirtschaft dann nicht so aus wie einer, oder funktioniert zumindest so?« So lautete die zentrale Frage, die sich Bill Mollison Mitte der Siebzigerjahre stellte, als er mit David Holmgren in Australien das Prinzip der Permakultur entwickelte. 2018 wurde 9 000 Kilometer Luftlinie von seiner tasmanischen Heimat entfernt, auf Kauai, der ältesten aller Hawaii-Inseln, ein richtungsweisendes Projekt ins Leben gerufen. Was unter dem Namen *Common Ground* im fünfzigsten Bundesstaat der USA entsteht, ist laut Website nichts Geringeres als die »Farm der Zukunft«. Nach nur vier Jahren steckt sie bereits voller Antworten. Und regenerative Landwirtschaft, gestaltet nach dem Vorbild eines Waldes, ist nur eine davon.

In indigenen Kulturen ist das Prinzip seit langer Zeit tief verwurzelt. Mittlerweile hört man aber auch in Deutschland immer häufiger davon, wo wir es Agroforstwirtschaft nennen. Dabei geht es um Landwirtschaftssysteme, die wie das natürliche Ökosystem eines Waldes funktionieren – in unserem Fall eines tropischen Waldes. Bodennah wachsendes Gemüse, halbhohe Fruchtsträucher und große Obstbäume werden nicht getrennt voneinander, auch nicht nebeneinander, sondern an ein und demselben Ort übereinander angebaut. Im Fachjargon spricht man von vertikaler Integration und Kreislaufwirtschaft. Die »Farm der Zukunft« meint also die Farm als Ökosystem, in dem Nutzpflanzen, Bäume, Tiere und Pilze miteinander vernetzt sind und auch der Mensch wieder Teil dieses Geflechts wird.

Als Agroförster John uns zum ersten Mal durch seinen »Food Forest« führt, kommen wir aus dem Staunen kaum heraus. Wir schlendern durch einen wahr gewordenen Schlaraffenwald, in einem exotischen Märchen von tausendundeiner Südfrucht. Unter hawaiianischer Sonne wachsen hier Bananen, Kaffeebohnen, Ananas, Papayas, Stern- und Brotfrüchte und zahllose andere tragende Pflanzen, die selbst Anja noch nie zuvor gesehen hat. Mancher Anblick zieht uns schon von Weitem magisch an. An einem großen Baum mit hellgrünen ovalen Blättern leuchten gelbe, bizarr geformte Früchte von der Größe einer Honigmelone. Über die gesamte Fruchtschale verteilen sich bananenartig gebogene Auswüchse, die in einer stachelförmigen, aber weichen Spitze enden.

»Das ist eine Rollinia«, erklärt uns John und pflückt eine der

Früchte vom Ast, »die werdet ihr lieben!« In robusten Chelsea Boots, sandfarbener Arbeitshose und ausgewaschenem Hawaiihemd ist Johns Outfit ebenso praktisch wie stilecht. Er ist fünfzig, wirkt körperlich aber so fit wie andere mit zwanzig. In seinem kantigen Gesicht leuchten tiefbraune Augen. Er ist ein gut aussehender, durchschnittlich großer Mann mit so raspelkurz rasierten Haaren, dass man genauso gut Glatze dazu sagen könnte. John hat unverschämt perfekt definierte Arme und Hände wie Rhabarberblätter, in denen die Rollinia deutlich kleiner aussieht als in meinen. Mit seiner Machete ist die Frucht schnell zerteilt. Er drückt uns beiden je eine Hälfte in die Hand und erklärt, dass sich das weiße cremige Fleisch ganz leicht herausschlürfen lässt. Die schwarzen, nicht essbaren Kerne sollen wir aber wieder ausspucken. Wir tun wie uns geheißen, und auch, wenn ich die Konsistenz weniger cremig als wabbelig finde, schmeckt die Frucht unwiderstehlich gut nach Vanillejoghurt.

Während wir unsere Rolliniahälften wie Austern schlürfen, schweifen unsere Blicke durch die vielen verschiedenen Pflanzen, die um uns herum auf allen Ebenen wachsen. Zu Füßen der Fruchtbäume erkenne ich auch einige Arten, die mir gut bekannt sind. Eindeutig identifizieren kann ich verschiedene Kohlsorten und Ingwer. Und in der Kaffee-Etage darüber mache ich auch eine kleine Ansammlung von Zuckerrohr aus.

»Hier werden also nicht nur einheimische Arten gepflanzt.«

»Absolut nicht. Anderenfalls würden wir alle verhungern«, zwinkert John zurück. »Im Ernst, auf Kauai und den anderen Hawaii-Inseln gibt es kaum einheimische Nutzpflanzen.«

»Gibt es nicht?«

»Hawaii hat eine lange Geschichte, was die Integration von Nutzpflanzen in landwirtschaftliche Ökosysteme angeht. Es gab natürlich schon immer Meeresfrüchte und Vogelfleisch, aber vor der menschlichen Besiedlung wuchsen nur wenig essbare Pflanzen auf den Inseln. Als die ersten Kanus auftauchten, gab es für die Neuankömmlinge außer den Geigenköpfen von jungem Farn und ein paar Beeren praktisch keine pflanzliche Kost. Was wir heute als einheimisch bezeichnen, also Taro, Brotfrucht, Banane, Süßkartoffel und so weiter, sind sogenannte Kanupflanzen, die von polynesischen Ureinwohnern hergebracht wurden. Wir wollen hier das natürliche Ökosystem eines Waldes nachahmen, versuchen aber nicht, einen vormenschlichen Zustand zu reproduzieren.«

»Es sieht hier aber schon noch geordneter aus als in einem Wald«, stellt Anja fest.

Und es stimmt. Wenn ich richtig gezählt habe, besteht Johns Agroforst aus vier, ich würde sagen, siebzig bis vielleicht achtzig Meter langen Waldreihen, zwischen denen schmale Grasstreifen verlaufen, auf denen wir ungehindert laufen können. Im Vergleich zu einem wilden Wald wirken die Reihen eher wie gut gepflegte Beete auf mich. So wie in Jakes Permagarten, nur eben alles in einem anderen Maßstab, viel länger und auch mit großen Pflanzen wie Bäumen und Sträuchern darin.

»Nun, da hast du absolut recht. Der Grund ist das Alter. Unser Food Forest ist erst vier Jahre jung. Jetzt kannst du sein Layout noch gut erkennen. In zehn bis zwanzig Jahren, wenn er sich selbst reguliert, wird er viel waldiger aussehen.«

»Sind denn Bäume der einzige wesentliche Unterschied zwischen einem klassischen Permagarten und einem Food Forest?« Ich mag das englische Wort, das John anstelle von Agroforst benutzt, weil sich Food Forest so schön nach Schlaraffenland anhört. Denn letztlich ist es genau das: ein essbarer Wald.

»Bäume und Tiere«, ergänzt John, »die auch in einem wilden Wald wichtige Rollen spielen. Statt Rehe oder Wildschweine haben wir die hier integriert.« Mit seiner Machete zeigt er auf zwei rechteckige Holzgestelle am Ende der Waldreihe. Sie sind vielleicht einen Meter hoch und mit Maschendraht ummantelt.

»Sind das Hühnerställe?«

»Mobile Hühnerställe, um genau zu sein. Jeden Tag ziehen wir die Hühnertraktoren ein Stückchen weiter durch die Forstreihen. So haben die Hühner immer frisches Grün und auch sonst alles, was sie brauchen. Sie vertilgen Schädlinge, halten das Beikraut unter Kontrolle und düngen den Oberboden mit Stickstoff und Phosphor. Eine Kuh haben wir auch noch.«

»Die nicht wegen ihrer Milch hier ist, sondern ebenfalls für natürlichen Dünger sorgt?«, fragt Anja.

»Ganz genau, aber sie dient auch als Rasenmäher und zur Belüftung. Kuhfladen ziehen ja Mistkäfer an, weil sie und ihre Larven sich davon ernähren. Dabei wollen sie aber nicht selbst zu Futter werden. Deshalb buddeln sie den Dung vierzig Zentimeter tief in den Boden, wo sie vor Vögeln und anderen Fressfeinden sicher sind. Dadurch wird der Boden dann gedüngt, genau, wie du sagst, aber durch die Käferhöhlen auch belüftet.«

Wie Jakes Permagarten basiert auch Johns Waldgarten auf den natürlichen Symbiosen einer möglichst großen Artenvielfalt. Alle Elemente stehen in Wechselbeziehung zueinander, unterstützen und ernähren sich gegenseitig. Dadurch tragen sie zur Widerstandsfähigkeit des Waldsystems bei. Und nur dadurch lassen sich ganzjährig ergiebige Erträge erzielen.

In der Natur entstehen Wälder durch den Prozess der Sukzession. Ein Begriff, den uns John dank unserer Safari-Guide-Ausbildung nicht weiter erklären muss. Gemeint ist, dass sich eine Gemeinschaft von Pflanzen, Pilzen und Tieren entwickelt und im Laufe der Zeit immer wieder ersetzt, bis schließlich ein Wald entsteht. Die verschiedenen Stadien der Sukzession sind also eine Abfolge von Arten, die jeweils eine Nische in Zeit und Raum besetzen.

Das hört sich komplizierter an, als es ist. Im Initialstadium wird ein karges Gebiet zuerst von sogenannten Pionierarten besiedelt. Also von Arten, die eine größere Toleranz gegenüber extremen Standortfaktoren und ein großes Fortpflanzungspotenzial haben. In Bezug auf Pflanzen handelt es sich dabei oft um anspruchslose Gräser, deren Samen der Wind hergetragen hat. Im Laufe der Zeit bringen die Pionierarten Nährstoffe in den Boden ein und lassen aus ihrer abgestorbenen organischen Substanz Humus entstehen. Pionierpflanzen verändern die Standortbedingungen, wodurch in den Folgestadien immer anspruchsvollere und produktivere Arten in der Lage sind, das Biotop zu besiedeln und die weniger anspruchsvollen zu verdrängen.

»Im Agroforst steuern wir den Prozess der Sukzession selbst, damit sich die natürlichen Symbiosen zwischen Nutzpflanzen und Tieren über die Jahre entfalten und verstärken können. Dabei müssen wir aber immer die verschiedenen Stockwerke unseres Waldes im Hinterkopf behalten.«

»Du meinst Unterholz, Strauchschicht, Baumschicht und so weiter?«

»Genau. Bäume wachsen sehr langsam, werfen anfangs wenig, später immer mehr Schatten, nehmen anfangs wenig, später immer mehr Platz ein und so weiter. Wann wir welche Nutzpflanzen auf den Ebenen darunter pflanzen können, ist also eine Frage nach dem richtigen Design von Zeit und Raum.«

»Aber wie legst du so ein räumliches Design genau an?«, fragt Anja fasziniert. »Wenn es sich über die Jahre ständig in seiner Form verändert?«

»Es gibt gute Software dazu, mit der man seinen Wald layouten kann. Man zeichnet die zur Verfügung stehende Fläche und natürlich vorhandene Topografie virtuell nach und zieht dann seine Wunschpflanzen hinein. Per Mausklick wird dann animiert, wie sich das entworfene Forstsystem in seinen verschiedenen Stockwerken zeitlich und räumlich entwickeln wird.«

Design von Zeit und Raum, wiederhole ich in Gedanken, während ich mir angestrengt vorzustellen versuche, wie so ein Layout am Rechner aussieht. Mir raucht der Kopf, aber bei so viel relativitätstheoretischem Designunterricht hätte selbst Einstein mit den Ohren geschlackert.

»Wenn ihr wollt, zeig ich euch bei Gelegenheit mal, wie das Programm funktioniert. Macht echt Spaß, einfach mal ein bisschen damit rumzuspielen und auszuprobieren.«

Unser Rundgang über das Gelände der Common Ground Farm dauert seine Zeit. Wenngleich der Agroforst das Herzstück des Projekts ist, ist er mit 5 000 Quadratmetern doch nur ein kleiner Teil des Ganzen. Im Norden des 24 Hektar großen Grundstücks grenzt er an eine Event-Location, in der Hochzeiten, Kunstausstellungen und Konzerte stattfinden, und an ein Farm-Restaurant, wo einem zwischen Paradiesvogelblumen, Orchideen und Hibiskusblüten köstliche Gerichte serviert werden, deren Zutaten ausnahmslos dem eigenen Food Forest entstammen. Auf Common Ground geht es nicht darum, Biogemüse auf einem Markt zu verkaufen. Es geht darum, ein Zeichen zu setzen und unter Beweis zu stellen, dass es sehr wohl möglich ist, hundertprozentig lokal und nachhaltig produziertes Essen zu kompetitiven Preisen anzubieten. *Farm to table* – davon hat man vielleicht schon mal gehört. Es ist eine der wichtigsten Strategien der Europäischen Union, um im Rahmen des europäischen Grünen Deals bis 2050 Klimaneutralität zu erreichen. Auf diesem verträumt wirkenden Fleckchen Erde ist das Prinzip bereits Realität. Es ist der hawaiianische Machbarkeitsnachweis maximal verkürzter Lieferketten.

»Zu hundert Prozent regional hergestellte Lebensmittel sind viel seltener, als die meisten denken«, sagt John, als wir unseren Rundgang nach einer guten Stunde an seinem weißen Pick-up-Truck beenden, »auch, wenn Produktetiketten im Supermarkt häufig anderes suggerieren.«

Ich verstehe nicht ganz: »Wo regional draufsteht, ist nicht immer regional drin?«

»Wenn ein Bauer seine Düngemittel importiert, macht ein ›made in USA‹ auf der Verpackung die Lieferkette auch nicht regionaler.«

»Weil es fürs Klima keinen Unterschied macht, ob sich jemand seinen Dünger oder gleich die fertigen Lebensmittel aus dem Ausland schicken lässt?«

»Ja, genau!« Er wirft seine Machete auf den Beifahrersitz und schwingt sich hinters Steuer. »Wobei regional einkaufen aber auch immer bedeutet, saisonal einzukaufen, da Treib- und Kühlhäuser solche Unmengen an Energie verbrauchen.«

Während John seinen Wagen wendet, denke ich über seine Worte nach. In Deutschland hatte ich Fleisch zumeist in der Metzgerei nebenan gekauft. Ich habe dabei vor allem ans Tierwohl gedacht, und bei der kleinen Metzgerei in Sendling können sie einem sagen, wo in der Region und zu welchen Bedingungen die Tiere gehalten wurden. Ich nehme mir fest vor, in Zukunft auch zu fragen, womit die Kühe und Schweine gefüttert wurden. Falls es sich dabei wirklich um Kraftfutter aus Übersee handeln sollte, wäre das Fleisch nicht umweltverträglicher als das eingeflogene Bio-Steak aus Argentinien.

»So, nun muss ich meine Tochter von der Schule abholen. Und ihr solltet Feierabend machen. Kommt in Ruhe an, schaut euch um, und genießt den Nachmittag.«

»Wann sehen wir uns morgen?«, fragt Anja pflichtbewusst durchs offene Seitenfenster.

»Wir sehen uns sogar heute Abend schon. Wir feiern eure Ankunft mit einer Potluck-Party. Gegen acht komme ich zu euch ins Jurtendorf.«

Im Westen des Farmgrundstücks sind fünf kreisrunde Jurten auf einer weitläufigen Wiese zu einem kleinen Dorf zusammengestellt. Eines der strahlend weißen Nomadenzelte ist als Gemeinschaftsraum und Küche eingerichtet, alle anderen als Schlafzimmer für Volunteers und Gäste. Schon beim ersten Anblick kriegen wir Lust auf das bevorstehende Lagerleben. Unter unserem frisch bezogenen breiten Hochbett ist ein Schreibtisch samt Leselampe platziert, an dem man auch zu zweit bequem sitzen kann. An der eingezogenen Holzwand finden sich ausreichend Möglichkeiten zum Aufhängen unserer Kleidung. Außerdem ist ein Regal angebracht, und darunter steht für jeden ein gepolsterter Holzstuhl bereit. Es ist alles da, was wir brauchen. Und was das Platzangebot betrifft, ist es sogar viel mehr als das.

»Wie das Zelt von den Weasleys«, staunt Anja.

»Wessen Zelt?«

»Das aus Harry Potter. Weißt du nicht mehr? Dieses winzige Zelt bei der Quidditch-Weltmeisterschaft?«

»Stimmt, ja!«, lache ich. »Und drinnen so geräumig wie ein Haus.«

Durch zwei verschließbare Mesh-Fenster fällt viel Licht in den Raum, das die weiße Zeltplane in alle Himmelsrichtungen reflektiert und den Raum zu einem erstaunlich hellen und freundlichen Rückzugsort macht. Schnell schlüpfen wir in unsere neue Alltagskleidung – Bikini, Badeshorts und Hawaiihemd – und laufen aufgeregt wie die Stadtkinder im Landschulheim zurück nach draußen. Der dicht gewachsene Rasen unter unseren nackten Füßen ist kühl und weich. Kühler und weicher als jeder Rasen, an den wir uns erinnern können. Und überhaupt sind wir uns sicher, dass auch die

Luft süßer duftet, der Himmel blauer leuchtet und selbst die Sonne hier freundlicher strahlt als anderswo. Obwohl wir noch nicht einmal unsere Rucksäcke vollständig ausgepackt haben, scheint die Insel ihre ganze Leichtigkeit längst auf uns übertragen zu haben. Auf einem Sticker am Flughafen stand *Be the Aloha you wish to see in the world.* Die Bedeutung der hawaiianischen Grußformel geht weit über »Hallo« und »Tschüss« hinaus. Aloha kann ebenso mit Liebe, Zuneigung, Mitgefühl und Nachsicht übersetzt werden. Aber eigentlich geht es darum, Aloha zu spüren, zu leben, und weiterzutragen. Es ist sowohl Leitfaden für die eigene Lebensweise als auch eine Sicht aufs Miteinander. Tatsächlich existiert sogar ein hawaiianisches Gesetz. Das *Aloha Spirit Law* sieht vor, sich selbst wie allen anderen mit Achtung und Liebe zu begegnen. Aloha bedeutet, in Harmonie mit den Menschen und dem Land um einen herum zu leben. Offensichtlich passiert das im paradiesischen Norden Kauais von ganz allein. Und dabei waren wir noch nicht mal am Strand.

In einem kleineren sechsten Zelt in der Mitte entdecken wir die Toiletten. Bald finden wir auch die Duschen, für die man ein kleines Häuschen gemauert hat, in dem auch eine Waschmaschine steht. Außerdem gehören noch ein gewölbtes Schattenhäuschen, zwei Hochbeete und zwei hölzerne Sitzgarnituren zum Jurtendorf. Eine steht unter einem ausladenden Avocadobaum, mitten auf der großen Wiese. An einem der knorrigen Äste ist eine hölzerne Schaukel befestigt. Und als wir näher kommen, erkennen wir begeistert, dass der Baum überfüllt ist mit reifen Butterfrüchten. Es sind die schönsten Avocados, die wir je gesehen haben. John hatte gesagt, wir dürfen uns jederzeit alles nehmen, was im Agroforst und auf dem restlichen Grundstück wächst. »Avocadotoast ohne schlechtes Gewissen«, schwärmt Anja glücklich. »Schlaraffenland!«

Der klassische Deal beim *WWOOFing* sind Kost und Logis gegen Farmarbeit an fünf halben Wochentagen. In dieser Hinsicht sind die beiden Volunteering-Plattformen *Workaway*, über die wir Gemma und Jake aus Vancouver Island kennengelernt hatten, und WWOOF genau gleich. Für die Nutzung Letzterer bedarf es allerdings einer Mitgliedschaft, die ein Jahr gültig ist und je nach Land unterschiedlich viel kostet. Für die USA haben wir als Paar fünfundsechzig Dollar bezahlt. Einzelanmeldungen kosten circa vierzig.

Egal, wo man sich auf der Common Ground Farm befindet, von überall hat man diesen malerischen Fernblick auf eine spektakulär steil aufragende Bergformation, die von üppigem Regenwald bedeckt ist. Bei dieser urwüchsigen Landschaft wundert es nicht, dass sie Hollywood bereits in über sechzig Produktionen Kulisse gestanden hat. Ob wir auf kommenden Erkundungstouren ein paar Drehorte aus *Jurassic Park*, *King Kong* oder *Pirates of the Caribbean* wiedererkennen werden? Es ist ihre grüne Weitläufigkeit, in der sich die ruhige Aura dieser Gegend spiegelt. Das sanfte Rauschen der Palmen, der Anblick schneeweißer, lautlos dahinstaksender Kuhreiher und die vergnügten Lieder der Schamadrosseln, von denen auf wundersame Weise immer eines in der frischen Sommerluft liegt.

»Vermutlich sind die anderen noch irgendwo auf der Farm beschäftigt.« Auf unserem Streifzug durchs Jurtendorf ist uns niemand begegnet. Und so bleiben wir einfach unter dem Avocadobaum liegen und lassen den paradiesischen Ort auf uns wirken.

Als die ersten Kanus, von denen John sprach, zwischen 300 und 800 nach Christus anlandeten, hatte ihre polynesische Besatzung rund 3 500 Kilometer über das offene Meer zurückgelegt. Der Alltag im sogenannten Alten Hawaii wurde von dem Glauben an eine Vielzahl von Göttern bestimmt. Und auch James Cook hielt man für einen, als er den Archipel am 18. Januar 1778 als erster Europäer entdeckte. Vermutlich hielten die InsulanerInnen Cook für Lono, jenen ihrer Götter, von dem sie glaubten, dass er zu gegebener Zeit über den Seeweg zu ihnen kommen würde. Erst als Cook im Sturm der Fockmast brach – ein Unglück, das einem echten Gott niemals widerfahren könnte –, entlarvte man ihn als stinknormalen Menschen. Die Stimmung schlug um, bis von der einstigen Verehrung nichts mehr übrig blieb. Stattdessen häuften sich die Konflikte und eskalierten in gewaltsamen Auseinandersetzungen. Als Cook am 14. Februar 1779 nervenverloren in die prügelnde Menge schoss, erschlug man den britischen Seefahrer. Er hinterließ Hawaii ein leidvolles Erbe: Der hergestellte Kontakt zu westlichen Kolonialmächten brachte Missionare, Siedler und todbringende Krankheiten auf die Inseln. In den folgenden Jahrzehnten starben Hunderttausende HawaiianerInnen an eingeschleppten Krankheiten wie Cholera und Lepra.

Irgendwo zwischen Traum und Wirklichkeit liegt Hawaii, heißt es. Treffender könnte man den Inselstaat wohl kaum beschreiben. Der Vorabendhimmel über Kauai ist pink. Knallepink! An den Berggipfeln kleben Wolken aus Zuckerwatte mit Aprikosengeschmack. Und über uns, wo der Himmel so brombeerblau ist wie die Berge, leuchtet blassgelb der Sichelmond. Bei der Farbwelt könnte man fast meinen, man sei auf dem Jahrmarkt statt in der Südsee. Wäre es nicht so herrlich still, die Luft nicht so rein, der Rasen nicht so weich. Nebeneinander stehen wir unter der Lichterkette am Schattenhaus, Anja und ich, und bestaunen die steil emporragenden Klippen des nächstgelegenen und gleichzeitig mächtigsten Berges so achtungsvoll, als hätten wir seiner Majestät nicht schon den ganzen Tag über gehuldigt. Stillschweigend thront er über der Farm, ohne dass man sich seinem erhabenen Anblick entziehen könnte. Ich spüre überaus deutlich, wie mich in diesem Moment dasselbe Gefühl durchfährt wie in jener Nacht im Zelt, als wir uns in einer Herde afrikanischer Elefanten wiederfanden. Das Antlitz eines wilden Löwen und die Ausstrahlung eines uralten Baobabs haben es ebenfalls in mir ausgelöst. Und zuletzt war es der Grand Canyon mit seinen schier unbegreiflichen Dimensionen, der dieses Gefühl zurück in meine Brust goss. Es ist so unergründlich wie der Ozean und so flüchtig wie Glück. Aber es hat keinen Namen, weil Ehrfurcht nicht ausreicht und mir einfach kein Wort einfallen will, das tief genug geht.

»Hi, ihr müsst Anja und Lars aus Deutschland sein«, werde ich jäh aus der Kontemplation geweckt. Hinter uns taucht ein schwarzer Wuschelkopf mit Fünftagebart auf. Und einem Lächeln, das von einem Ohrläppchen zum anderen reicht.

»Hey! Ja, stimmt. Schön, dich kennenzulernen. Und wer bist du?«

»Ich bin Louis. Und das da ist der Mount Namahana. Mein Lieblingsberg. Wenn es viel geregnet hat, fließen Dutzende ineinander verflochtene Wasserfälle hinunter.«

»Weißt du, wie hoch er ist?«

»2 661 Fuß. Das sind für euch … einen Moment …«, mit schnellen Fingern trippelt Louis auf seinem Handy herum, »… das sind 811 Meter.«

»Er wirkt so viel gewaltiger, als er offenbar ist«, wundert sich Anja.

»Ja, finde ich auch. Er hat so viel Ausstrahlung. Man kann sie fast spüren. Er hat eindeutig Mana.«

»Mana?«, frage ich hellhörig. »Was bedeutet das?«

»Puh, wie erklärt man Mana?«, beginnt Louis und schiebt voraus: »Mana ist in der hawaiianischen Kultur total wichtig, und so superlange ist es auch wieder nicht her, dass ich aus Los Angeles hergezogen bin, aber ich will's mal versuchen.«

Und so erzählt uns Louis vor brombeerfarbenen Gipfeln, dass Mana neben Stärke, Kraft, Präsenz oder Weisheit situationsbedingt oder aus einer bestimmten Betrachtung heraus noch eine Vielzahl weiterer Definitionen haben kann. Mana ist eine mystische, transzendente Kraft, eine fundamentale Wahrheit, die in einer Person, aber genauso gut in einem Mitgeschöpf, einem Gegenstand oder einem bestimmten Ort stecken kann. Dabei geht es weniger um physische Kraft als um spirituelle Energie. Wie eine starke Aura sind manastarke Entitäten greifbar und zugleich abstrakt, ausdrucksvoll und rätselhaft, offenbar und doch unergründlich. So wie die Gegenwart eines Elefanten. Was Louis beschreibt, ist genau das Wort, von dem ich dachte, dass es nicht existieren würde. Der Grand Canyon, der uralte Baobab, die Augen einer Löwin – in allem steckt zweifelsfrei Mana. Konzentriert auf Louis' Ausführungen, habe ich den Übergang von Pink zu Nachtschwarz verpasst. Als ich aufschaue, ist der Namahana verschwunden.

Louis klärt uns noch darüber auf, dass gleich hinter dem monumentalen Berg die berühmte Na Pali Coast liegt, und verspricht, uns ein paar wenig bekannte Wanderrouten zu verraten. Als die Scheinwerfer von Johns Truck im Dunkel auftauchen, gehen wir schließlich in die Küche. Mit großer Lust, die restlichen KollegInnen kennenzulernen, und mit einem wertvollen neuen Wort im Gepäck.

Beim Potluck Dinner steuert jede Person ein Gericht bei, das sie zubereitet hat. Alles wird mit allen geteilt, und so kann man sich durch die verschiedensten Leckereien probieren. Als Neuankömmlinge sind Anja und ich heute Abend von der Kochpflicht befreit, was uns beim Anblick all der Köstlichkeiten den Anflug eines schlechten Gewissens beschert. Kaum sind alle Herdplatten ausgestellt und die Speisen aufgetischt, hebt John sein Weinglas und heißt uns nochmals willkommen. Sieben volle Gläser stoßen klirrend in der Tischmitte zusammen. Es ist der Startschuss in ein auf

Anhieb lustiges Miteinander. Jeder steckt mit jedem in irgendwelchen Anekdoten, als würden wir nach langer Zeit auf alte Freunde treffen.

Zara, Langzeit-Freiwillige aus San Francisco, hat Poi zubereitet, ein traditionelles Gericht aus der Tarowurzel. Von Océane aus Lyon ist der Kokosnusspudding, der als Dessert vorgesehen ist. John hat Menpachi gebraten, was der hawaiianische Name für Soldatenfisch ist. Die große Spaghettipfanne mit Pilzen ist von Louis, während seine Freundin Alli, die ihre Freiwilligenarbeit als Einzige nicht bei John im Food Forest, sondern in der Restaurantküche leistet, ein goldbraun gebackenes Hühnchen zubereitet hat. Übersät mit duftenden Kräutern und umringt von Zitronenscheiben, lässt es mir das Wasser im Mund zusammenlaufen. Anja hat es aufs Poi und die Spaghetti abgesehen, und ein kurzer Blick auf ihre nackten Füße verrät, dass das Essen sie genauso begeistert wie mich. Wenn Anja etwas isst, das ihr richtig gut schmeckt, also wirklich richtig gut, befriedigend gut, wackeln ihre Zehen unkontrolliert auf und ab. Es ist ein überaus verblüffendes Phänomen. Man möchte wetten, dass sie mit ihren Füßen Klavier spielen kann, dabei sind es in Wahrheit nur die zuckenden Reflexe ihrer Geschmacksknospen, die sich an abgeschiedener Stelle entladen.

Unsere erste Nacht auf Kauai ist lang, laut und lustig. Ein Gewirr aus fröhlichen Stimmen, Lachen und klapperndem Geschirr. Am Tisch der Gemeinschaftsjurte, wo wir nach dem Kokosnusspudding mit dicken Bäuchen vor einem letzten Schluck Rotwein oder einer Tasse Kaffee sitzen, bittet uns John, am nächsten Morgen zwei Heckenscheren und den Obstpflücker mit in den Agroforst zu bringen. Gegen Mitternacht klettern wir schließlich aufs Hochbett unserer Jurte und knipsen sogleich das Licht aus. Erschöpft und dankbar, dass sich unsere Reise einen so besonderen Ort für uns ausgesucht hat.

»Mana«, sagt Anja, »so ein schönes Wort.«

»Und der Himmel! Wie knallepink der war.«

Wir staunen noch eine Weile, wie schön die Welt ist. Und dann wundern wir uns, warum wir uns eigentlich erst jetzt ausreichend Zeit genommen haben, um sie und ihre BewohnerInnen richtig kennenzulernen. Als wären wir hier ewig zu Gast.

Auf Kauai regnet es an 266 Tagen im Jahr. Und trotzdem ist auf der ältesten und grünsten der Hawaii-Inseln fast immer herrliches Wetter. Denn auf Kauai fällt kein trübseliger Regen wie anderswo, nein, hier prasselt der Regen mit Lust und Übermut aus prall gefüllten Wolken. Dicke Tropfen platschen Millionen winzige Krater in die Pfützen und trommeln vergnügt auf unser Jurtendach. Es pladdert und perlt und gurgelt und gießt. Man will jede Minute der ausgelassenen Vorstellung auskosten, denn niemals hält sie allzu lange an. Was schade ist, doch wenn der Regen vorbei ist, so plötzlich, wie er gekommen ist, wölben sich prachtvoll schillernde Regenbögen in den blauen Himmel, die vom Mount Namahana bis ins Meer zu reichen scheinen. Ein Atmosphärenforscher hat es kürzlich bewiesen: Nirgends auf der Welt lassen sich die prismatisch leuchtenden Phänomene besser beobachten als auf den Regenbogeninseln von Hawaii.

Wenn der Regen nicht schneller war, holt uns ein Kikeriki-Konzert der Extraklasse aus dem Schlaf. Von nah und fern und aus allen Himmelsrichtungen gleichzeitig künden krähende Hähne vom neuen Tag. Denn auf Kauai sind seit Menschengedenken die Hühner los. Die ersten polynesischen Siedler brachten nicht nur Nutzpflanzen, sondern auch Hunde, Schweine und Bankivahühner übers Meer. Als James Cook 1778 nach Kauai kam, war das Federvieh bereits verwildert. Doch erst nachdem sich in den Jahren 1982 und 1992 von Wirbelstürmen befreite moderne Haushühner mit den polynesischen Arten vermischten, vermehrten sie sich explosionsartig. Die dedomestizierten Laufvögel gehören heute zum allgemeinen Stadt- und Landschaftsbild der Insel dazu. Die Jagd auf Moa, wie der etwas andere Paradiesvogel von Einheimischen genannt wird, ist verboten. Wegen ihres zähen Fleisches wären Moas allerdings auch nicht zum Verzehr geeignet.

Mithilfe der anderen Volunteers wachsen wir in Windeseile in den Farmalltag hinein. Zum Frühstück schneiden wir uns meistens ein paar Sternfrüchte und Bananen aus dem Food Forest ins Müsli, trinken einen Kaffee und schlüpfen anschließend in unsere Arbeitskluft. Dazu gehören ein Sonnenhut, Arbeitshandschuhe und kurze Sommerkleidung. In der Regel geht es um neun Uhr los. Dann treffen wir John am Food Forest, wo wir mit ihm besprechen, was zu tun ist. Im täglichen Wechsel hat sich einer von uns zuvor bereits um die Tiere gekümmert. Das heißt, die Hühner müssen gefüttert und ihre mobilen Ställe ein Stück weitergezogen werden. Zusätzlich zu den Insekten, Gräsern und Kräutern, die sie im Agroforst finden, geben wir ihnen eine morgendliche Frühstücksportion Trockenfutter und frisches Wasser. Kuh Girlie bekommt nichts als frisches Wasser und Streicheleinheiten. Letztere holt sie sich allerdings nur bei Louis oder mir ab, da sie sich ausschließlich zu Männern hingezogen fühlt. Sind die Tiere versorgt, kommt die Waldpflege an die Reihe. Unter Anleitung von John schneiden wir Blattwerk zurück, jäten invasive Pflanzen, ernten, was Alli und ihr Team im Restaurant für den Tag brauchen, und bringen neue Setzlinge in die Erde. Wir machen so gut wie alles, was man sich unter der Waldgartenarbeit vorstellen kann. Nur gießen müssen wir nicht. Der viele Regen erfordert aber, dass der Wasserfluss durchdacht gesteuert wird. Unbedingt muss verhindert werden, dass der Regen unseren Mutterboden wegspült. Deshalb sind die vier Agroforstreihen in leichten Bögen angelegt, die die Konturlinien des leicht abfallenden Geländes nachzeichnen. Da Regenwasser auch unter der Erdoberfläche fließt, verlangsamen die mehrjährigen Wurzelsysteme den unterirdischen Fluss. Zusätzlich stabilisieren sie den Boden, verhindern Erosion und erhöhen die Menge an versickerndem Wasser, was sich wiederum positiv auf die Anreicherung von Grundwasser auswirkt. Auch die Höhlen der von Girlies Kuhfladen angezogenen Mistkäfer helfen dem Boden, dass er mehr Wasser aufnehmen kann. Im artenreichen Netz der Permakultur geht einfach alles auf diese eine einfache Formel zurück, die uns natürliche Ökosysteme gelehrt haben: Alle Elemente erfüllen ihre Bedürfnisse und gleichzeitig ihren Zweck fürs Kollektiv.

Nach einem halben Tag Arbeit ist Feierabend. Dann sitzen wir manchmal gemeinsam vor der Gemeinschaftsjurte, schlagen Kokosnüsse auf und klönen, bis der große Glaskrug aus dem Kühlschrank wieder voll mit frischem Kokoswasser ist. Oder wir kümmern uns ums Schattenhaus und um die beiden Hochbeete, die uns Freiwilligen im Jurtendorf zur freien Verfügung stehen. Im Schattenhaus ziehen wir gerade ein paar Paletten mit Microgreens heran, und in den Hochbeeten probieren Alli und Louis verschiedenste Samen aus, die sie geschenkt bekommen haben. Oft schnappen sich Anja und ich aber auch den Motorroller, der dank Océane ebenfalls zum frei nutzbaren Volunteer-Inventar gehört. Denn sie war es, die ihn einem ehemaligen Freiwilligen abgequatscht hatte. Wir lieben es, mit der kleinen Möhre durch Kilauea zu pesen und all die paradiesischen Sandstrände und kleinen Buchten auszukundschaften. Mancherorts ist das Meer zartblau und gelassen, und anderswo türmen sich die Wellen so weiß schäumend auf, wie wir es aus den Surfdokus kennen. Am späten Nachmittag setzen wir uns in irgendein Café, und wenn wir am frühen Abend zurück auf Common Ground sind, kochen wir uns in der Gemeinschaftsküche ein Essen, während nach und nach auch die anderen von irgendwoher wieder eintrudeln. Nur montags sind wir alle zeitgleich zurück. Weil es am Tag unserer Ankunft so schön war, drängen wir uns jetzt einmal die Woche um den mit lokalen Speisen überfüllten Potluck-Tisch, lachen und singen und streiten uns um den letzten Löffel Kokosnusspudding.

Eines Morgens stehen wir noch weit vor den wilden Hähnen auf. Der Namahana liegt noch im Nebel, und auf dem Nachbargrundstück lässt sich ein Kuhreiher faul von einem der Pferde herumtragen. Es ist der Morgen von Allis großem Tag. Common Ground veranstaltet ein großes Event, und Alli hat zum ersten Mal das Sagen in der Küche. Weil ihr vorgesetzter Koch krankheitsbedingt ausfällt, schlüpft sie in die Rolle der Chefköchin. Und wir wollen ihr nach Kräften dabei helfen, dass ihr Debüt gelingt.

Common Ground, auf dessen Fahnen die GründerInnen »Farm der Zukunft« geschrieben haben, fördert auch andere, sinnverwandte Start-ups inhaltlich und finanziell. Fünf besonders innovative Unternehmen werden bereits unterstützt. Und alle wollen nichts lieber als den regionalen Lebensmittelsektor aufmischen und umweltverträglicher machen. Heute treffen sich die jungen GründerInnen bei uns zu einem strategischen Austausch. Obwohl sie in derselben Branche unterwegs sind, teilen sie ihr Wissen und ihre gesammelten Erfahrungen untereinander. Unweigerlich muss ich an Jake auf Vancouver Island und einen der Grundsätze denken, mit denen er Permakultur sozialethisch einordnete: »Es klingt idealistisch, aber selbst in der Wirtschaft haben es kooperierende Unternehmen langfristig oft besser. Wer in Konkurrenz steht, gibt dem anderen nichts von seinem Wissen preis. Aber der erweitert den eigenen Horizont auch nicht um die Erkenntnisse des anderen.« In Hawaii nennen sie diese Art Austausch Ho'ike. Ich bin wahnsinnig gespannt auf die Präsentationen und natürlich auch auf das anschließende Festessen, für das Alli die Verantwortung trägt. Doch weil John uns heute von der Arbeit im Food Forest entbunden hat, können wir Alli bei ihren Vorbereitungen zur Seite stehen, wovon einige schon Tage zuvor begannen.

»Das könnt ihr glauben, dass die Vögel dort gebraten in der Luft herumfliegen, Gänse und Truthähne, Tauben und Kapaune, Lerchen und Krammetsvögel, und wem es zu viel Mühe macht, die Hand danach auszustrecken, dem fliegen sie schnurstracks ins Maul hinein.« Ganz so, wie Ludwig Bechstein das Märchen vom Schlaraffenland erzählt, ist es im Food Forest auf Kauai dann doch nicht. Was das Thema »Fleisch« betrifft, hat die Metapher ausgedient. Beim Festessen soll es für alle Allis goldbraun gebackene Hühnchen mit Kräutern und Zitronenscheiben geben. Und die kommen genauso wenig aus dem Supermarkt, wie sie fertig zubereitet in der Luft herumfliegen. Für 2021 hat Statista erhoben, dass allein in Deutschland weit über 600 Millionen Hühner gewerblich geschlachtet wurden. Auch wenn man es leicht vergisst, weil in Plastik gestapelte Hähnchenkeulen nicht mehr daran erinnern: Für das Fleisch, das wir essen, sterben Lebewesen.

Die Hühner, die in zwei mobilen Ställen durch unseren Food Forest wandern, sind nicht die Einzigen auf der Common Ground Farm. Eine der weitläufigen Wiesenflächen ist umzäunt und gehört ausschließlich den dort frei herumstromernden Haushühnern. Sie werden von den FarmarbeiterInnen versorgt, die auch all die übrigen Aufgaben übernehmen, die nichts mit unserem Agroforst zu tun haben.

Für Anja und mich ist Tierwohl ein großes Thema. Wenn schon Fleisch, dann soll es dem Tier in seinem Leben doch unbedingt gut gegangen sein, bevor es auf dem Teller landet. Doch auch Biofleisch gibt es nicht, ohne dafür zu töten. Ein paar Tage vor der Zusammenkunft der JungunternehmerInnen war für dreihundert Hühner Schlachttag. Um das ohne Maschinen zu schaffen, hat ein zwölfköpfiges Team sieben lange Stunden gearbeitet. Und Alli war zum ersten Mal mittendrin.

Am frühen Nachmittag habe ich mich mit Anja auf den Weg zu den aufgebauten Schlachttrichtern gemacht. Gucken, wie es Alli geht. Wir wollten uns aber auch mit eigenen Augen ansehen, was Fleischkonsum bedeutet. Wenn sich uns Vorstadtkindern schon die Gelegenheit bietet, würden wir nicht weggucken.

Schon von Weitem waren die zwei extra für die Schlachtung aufgebauten Pavillons zu sehen. Sie standen mitten auf der Wiese unweit des Jurtendorfs. Die Seitenplanen fehlten, nur die Zeltdächer waren als große Sonnensegel aufgespannt. Die Menschen darunter trugen Schürzen und Gummihandschuhe. Sie waren so vertieft in ihre Aufgaben, dass sie uns gar nicht bemerkten. Als wir Alli entdeckten, ihre langen, dunkelbraun gewellten Haare mit einem Pferdeschwanz aus dem Weg gebunden, wusch sie gerade ein bereits ausgenommenes Huhn, bevor sie es in einen großen Behälter mit Eis gab. Langsam liefen wir zum anderen Ende der Pavillons, wo nebeneinander fünf Schlachttrichter aufgebaut waren. In vier von ihnen entbluteten frisch getötete Hühner. Eine Frau mit Schutzbrille trug ein weiteres Huhn herbei. Sie trug es mit beiden Händen, und es sah keinesfalls so aus, als hätte das Tier Angst oder wisse, was gleich passieren würde. Dann ging alles blitzschnell. Noch ehe das Huhn und wir es uns versehen konnten, steckte es bereits kopfüber im fünften Trichter. Das Huhn holte gerade dazu aus, sich lauthals über die unerhörte Lage zu beschweren, da war es mit der Blitzesschnelle eines gekonnten Messerschnitts auch schon vorbei. Kurzzeitig strampelten die Füße nach dem Tod noch weiter. Ein Anblick, der verstörend wirken kann. Doch das Huhn war definitiv tot. Es spürte nichts mehr, auch wenn es sich noch bewegte. Verantwortlich für das Phänomen sind unwillkürliche Spinalreflexe, die bei einem Fluchttier wie dem Huhn auch dann im Rückenmark generiert werden, wenn das Hirn keine Reize schickt. Der entblutete Körper wurde dann in ein Wasserbad gegeben, wo man ihn bei siebzig Grad Celsius bewegte. Eine Minute nur, vielleicht sogar weniger, um das anschließende Rupfen zu erleichtern. Dazu kommt der Körper in eine Trommel, in der zahlreiche elastische Rupffinger angebracht sind. Dreht man die Trommel einige Male unter Zugabe von Wasser, sind die Federn bald entfernt. Schließlich werden die Füße abgeschnitten, das Tier wird ausgenommen, gewaschen und bis zur weiteren Verarbeitung in der Restaurantküche auf Eis gelegt.

Vielleicht, weil wir um die guten Haltungsumstände wussten oder weil der Tod so schnell, fehlerfrei und von keiner Maschine herbeigeführt wurde, empfanden wir den Schlachtvorgang weniger grausam, als wir es erwartet hatten. Natürlich hat uns die Tötung eines Mitgeschöpfs trotzdem bewegt. Und doch gehört eine Schlachtung wie diese zu einer Biofarm dazu. Sie ist das Gegenteil von anonymer, maschineller Massentötung. Hühnchen kommen nun mal nicht aus der Tiefkühltruhe.

Wir trafen die sichtlich erschöpfte Alli am frühen Abend vor der Gemeinschaftsjurte wieder. Sie saß am Holztisch vor einer dampfenden Tasse Mamaki-Tee. Sie löste gerade ihren Zopf, als wir uns zu ihr setzten und nicht anders konnten, als sie danach zu fragen, wie sie den Tag an der Schlachtbank erlebt hatte.

»Mit den Hühnern zu arbeiten war …« Einen Augenblick lang schaute sie in die Ferne, als suchte sie noch nach dem richtigen Wort. Dann sagte sie: »… gut. Es war gut.«

Wir nickten stumm. Ich hatte nicht das Gefühl, dass sie Lust hatte, darüber zu sprechen. Dann entluden sich ihre Gedanken aber doch.

»Es war wirklich hart, wisst ihr, aber es war auch eine wertvolle Erfahrung. Ich habe heute so viel gelernt, was ich als Köchin nun mal lernen musste, aber auch jede Menge, von dem ich vorher nicht gewusst habe, dass ich es zu lernen hatte.«

Güte und Mitgefühl, die Alli zu einem so liebenswert großen Teil ausmachen, ruhten in ihrem milden Blick. Dann aber blitzte Entschlossenheit dazwischen.

»Ihr habt es ja gesehen, da ist so viel Blut«, rief sie sich in Erinnerung, »aber davon abgesehen würde ich wirklich jedem Fleischesser empfehlen, an so etwas mal teilzunehmen.« Sie schlürfte ihren hawaiianischen Nesseltee, dann stellte sie die Tasse beiseite und setzte sich aufrecht hin. »Weil es die Beziehung zu den Lebensmitteln, die man zu sich nimmt, wirklich vertieft. Und weil man lernt, die damit verbundene Zeit und Mühe wertzuschätzen. Ich meine, die kleinen Körper haben eine Seele. Und wir konsumieren sie, um unsere eigenen Körper mit ihren Körpern zu ernähren. Alles okay, aber man muss sich mal klarmachen, wie intim das eigentlich ist. Verglichen mit der Massentierhaltung und dem ganzen würdelosen Scheiß, der da hinter verschlossenen Türen passiert, war das heute also ein guter Tag – oder sagen wir, ein Schlachttag, wie er sein sollte. Jedem, der die Gelegenheit hat, an so einem Tag mitzuhelfen, dem würde ich sagen: ›Ja, unbedingt, mach das! Es wird deine Art und Weise, wie du über unsere Lebensmittelsysteme nachdenkst, völlig verändern.‹«

Eine siebenstündige Hühnerschlachtung ist nicht das Einzige, was uns Alli mit ihren einundzwanzig Jahren voraushat. In der Zeit, in der Anja und ich längst Feierabend haben, betreibt sie zusammen mit Louis ein kleines Gewächshaus auf Kauai, um Pesto herzustellen. Auch mit Hibiskus, Ingwer, Kräutern und Gewürzen angereicherter Honig gehört zu den Produkten, die sie auf dem Wochenmarkt verkauft. Dort bietet sie auch immer neue Scones an, die sie uns großzügig probieren lässt, wenn wir dem frischen Backduft in die Gemeinschaftsküche folgen. Die mit Lilikoi – einer Creme aus Passionsfrucht – bestrichenen Gebäckteilchen sind zum Niederknien lecker. Als Bäckerin ist Alli mindestens so begabt wie als Köchin. Trotzdem will sie noch viel mehr darüber lernen, weshalb es für sie und auch für Louis derzeit keinen besseren Deal gibt, als auf unbestimmte Zeit Freiwillige gegen Kost und Jurten-Logis auf Common Ground sein zu können. Während Alli in der Restaurantküche mehr über die Kochkunst lernen will, ist Louis im Agroforst und mit John als Mentor auf dem besten Weg zum Permagärtner. Louis kommt aus Kalifornien, Alli aus Colorado – ohne ihre gemeinsame Leidenschaft für gesundes Essen hätten die beiden sich wohl nie auf Big Island kennengelernt. Auf der größten Insel Hawaiis haben sie als Volunteers bereits auf anderen Biofarmen angeheuert. Bis sie sich eines Tages bei der Suche nach einem WG-Zimmer über den Weg liefen. Es war Liebe auf den ersten Blick, und es dauerte nicht lang, bis sie davon träumten, sich ein Leben auf Kauai aufzubauen. Und genau daran arbeiten Alli und Louis jetzt rund um die Uhr. In ihrem Gewächshaus, auf dem Farmers Market, im Agrofrost und in der Restaurantküche, wo Alli heute als Chefköchin ranmuss.

Wir haben uns so schick angezogen, wie es eben geht, wenn man aus dem Rucksack lebt. Anja schlüpft in ihr hellblaues Sommerkleid mit weißen Blüten. Bei mir müssen das bunte Hawaiihemd und eine kurze Chino reichen. Wie jeden Morgen lässt sich meine Frisur nicht von einem aufgeplatzten Kopfkissen unterscheiden. Sie ist der Grund, weshalb ich fast immer irgendeine Kopfbedeckung trage, seit wir unterwegs sind. Am heutigen Morgen mache ich es mir aber weniger leicht und zähme den Lockentornado mit einer beträchtlichen Ladung Pomade. Anja pflückt sich ihr Finish vom

Wegesrand und steckt sich stilecht eine weiße Plumeriablüte ins Haar. Für zwei umherstreichende Vagabunden sehen wir durchaus vorzeigbar aus.

In der Küche angekommen, macht uns Alli an einem Hühnchen vor, wie man es mit Garn zusammenschnürt, damit die Keulen dicht am Körper bleiben und beim Garen nicht verbrennen. Während wir anschließend die restlichen Hühnchen binden, schneidet Zara das Gemüse, das Louis geerntet hat. Und während der ein zweites Mal in den Agroforst läuft, um alles für die Obstplatten zu pflücken, stellt Océane bereits das Dressing her, das sich Alli für den Blattsalat ausgedacht hat. Als die Hühnchen in den Ofen wandern, zeigt uns Alli, wie wir die Brotfrucht zubereiten, die in Hawaii Ulu genannt wird. Mit mehr Kohlehydraten als die Kartoffel ist sie hier unerlässliches Grundnahrungsmittel. »Außerdem steckt sie voll mit Vitaminen, Antioxidantien, Ballaststoffen, Eisen, Omega drei und sechs und so weiter«, schwärmt die Chefköchin. Äußerlich erinnert die Ulu an eine Jackfrucht, ist aber nur so groß wie ein Fußball und wird mit maximal vier Kilogramm auch nicht ganz so schwer wie ihre botanische Verwandte. Ob die Ulu reif ist, erkennt man an der Farbe ihrer Schale. Ist sie grün, ist die Frucht unreif, aber verzehrbar, wobei ihr Geschmack an eine Artischocke erinnert. Eine gelbgrüne reife Frucht schmeckt hingegen fast wie eine handelsübliche deutsche Kartoffel. Zerkleinert lässt sich mit ihr praktisch alles anstellen, was einem bei Kartoffeln in den Sinn kommen könnte. Sie lässt sich braten, kochen, dünsten, rösten und backen, ja, selbst Chips hat Alli für einen Potluck schon daraus hergestellt. Heute aber soll die Ulu das gemischte Ofengemüse ergänzen. Weil die Ulu klebrigen Milchsaft blutet, gibt Alli etwas Öl aufs Messer, bevor sie uns damit durchs helle Fruchtfleisch schneiden lässt. Andernfalls wäre die Klinge später kaum noch zu reinigen.

»Wenn sie überreif sind, schmecken Ulu noch mal ganz anders. Dann sind sie auf einmal süß, und man kann leckere Desserts daraus machen. Aber das zeige ich euch ein anderes Mal.«

Als unser Teil erledigt ist, entlässt Alli uns aus der Küche. Der mit exotischen Kränzen verzierte Außenbereich des Restaurants ist schon rappelvoll mit Menschen, die sich angeregt unterhalten und roten Hibiskus-Eistee schlürfen. Blumenkleider, Blütenschmuck und Hawaiihemden, wohin das Auge blickt. Dann starten die Präsentationen. Auf einer großen Leinwand erzählen die GründerInnen nacheinander, wo sie mit ihren Projekten stehen, welche Herausforderungen in der Zwischenzeit zu bewältigen und welche Erfolge zu feiern waren. Es ist eine familiäre Atmosphäre. Es wird gelacht, geklatscht, gemeinsam überlegt und einander Glück gewünscht. Im ersten Vortrag dreht sich alles um Trockenfrüchte, im zweiten um Trockenfleisch. Während sich das Geschäft des dritten Unternehmens mit der Haltbarmachung von Lebensmitteln beschäftigt, geht es bei dem nächsten um den Müll, den der Konsum von Lebensmitteln fabriziert. Ein Service besteht daraus, Essensreste und andere kompostierbare Abfälle direkt beim Verbraucher abzuholen. Praktisch alles, was bei uns in der Biotonne, auf Kauai aber auf der überfüllten Mülldeponie landen würde, wird eingesammelt, kompostiert und zu Humus verarbeitet, aus dem wiederrum neue Lebensmittel gedeihen können. So will das junge Unternehmen zur Lösung des lokalen Müllproblems beitragen und gleichzeitig dem Schwund an fruchtbarem Mutterboden entgegenwirken. Und dann geht es noch einmal um unsere heiß geliebte Brotfrucht. Im letzten Vortrag erfahren wir, dass sich Ulu auch zu Mehl verarbeiten lässt, womit folglich Teigwaren und in diesem Fall Ulunudeln hergestellt werden können.

Als die Pasta-Präsentation unter großem Applaus endet, fällt die Leinwand, und das fertig aufgetischte Büfett kommt zum Vorschein. Schon aus der Ferne machen die opulenten Silberplatten mit ihren bunten Speisen einen fürstlichen Eindruck. Alli und Louis müssen sie in der Zwischenzeit aufgetragen haben. Die Geschäftsführerin von Common Ground ergreift das Mikrofon. Mit einer Dankesrede für die vorgetragenen Beiträge der GründerInnen moderiert sie den inhaltlichen Teil der Veranstaltung ab. Dann winkt sie Alli zu sich heran und verkündet feierlich, welche Köstlichkeiten wir ihr zu verdanken haben und mit wie viel Aloha sie alles zubereitet hat. Da sind die gebackenen Hühnchen mit Rosmarin, Zitronenscheiben und Meersalz und daneben das Ofengemüse aus Roter Bete, Karotten, Zucchini, Kürbis und – selbstverständlich – Ulu. Am tollsten sehen aber die Obstplatten aus, die Alli mit purpurroten Feuerpalmenblättern ausgelegt hat. Aufgeschnitten in Würfeln, Scheiben und Schiffchen, häufen sich darauf all die exotischen Früchte, die unser Schlaraffenwald hergibt: Mangos, Papayas und Apfelbananen, Kaktusfeigen und Rollinias, Drachen-, Stern- und Rambutanfrüchte, Maracujas und Erdbeerguaven. Endlich wird das Büfett mit einem großen Applaus für Alli eröffnet. Wie sehr sie ihn sich verdient hat!

Den Freitag und Montag rund um unser letztes Wochenende auf Kauai nehmen wir frei und erkunden mit einem Mietwagen vier Tage lang die Teile der Insel, die wir per Motorroller bislang nicht erreichen konnten. Im Waimea Canyon klettern wir über rot schimmerndes Gestein und durchstreifen urzeitliche Wälder und smaragdfarbene Täler, in denen wir uns daran versuchen, all die bizarr geformten Pflanzen zu bestimmen. Wir beobachten zankende Rotschopftangaren, balzende Hawaiigänse und mit einer Spannweite von über zwei Metern nicht zu übersehende Fregattvögel, die majestätisch über uns hinwegsegeln. Auf den Singletrails, die uns Louis und John verraten haben, erwandern wir hoch über dem Ozean die zerklüfteten Steilklippen der Na Pali Coast, an deren Kanten Kauais unberührte Schönheit in ihrer ganzen wilden Pracht zu unseren Füßen liegt. »Mana«, raunen wir uns zu, wenn wir in Ehrfurcht erstarrt innehalten, weil sich die atemberaubenden Ausblicke auf tosende Wasserfälle und grün überwucherte Schluchten anders nicht beantworten lassen. Die Luft ist durchwoben vom süßen Duft reifer Halafrüchte, die in warmen Gelb- und Rottönen vom Dschungelboden leuchten. Dass es noch derart naturbelassene Flecken auf der Erde gibt, letzte Paradiese, die vom Treiben der Menschen noch einigermaßen verschont geblieben sind, ist wahrlich keine Selbstverständlichkeit. Viereinhalb Milliarden Jahre – das ist das geschätzte Alter unseres Planeten. Im Vergleich zu seiner unvorstellbar langen Entstehungsgeschichte ist die der Menschheit nur ein winzig kleiner Augenblick. Ein Wimpernschlag, der unserem hocheffizienten Selbstzerstörungstrieb genug war, um mehr als zwei Drittel aller Wälder zu zerstören. In Deutschland haben wir traurige 0,6 Prozent geschützter Wildnis übrig gelassen. In Worten: Null Komma sechs. Wir laufen durch Fichtenplantagen und nennen es Waldspaziergang. Umso mehr gehen Anja und mir die Herzen auf, wenn wir in anderen Ländern ein kleines Stückchen übrig gebliebener Wildnis betreten dürfen. Unter Naturliebhabern gilt Na Pali gar als einer der schönsten Orte der Welt. Und als sei es ein Abschiedsgeschenk, regnet es an keinem einzigen unserer Ausflugstage auch nur einen Tropfen. Da wir uns einfach nicht sattsehen können, bestaunen wir den wilden Küstenstreifen am darauffolgenden Tag auch noch aus der Schlauchbootperspektive. Wir begegnen Spinnerdelfinen und auf zwei Tauchgängen zahlreichen Grünen Meeresschildkröten – leise ahnend, dass wir zu einer der beiden Tierarten in nicht allzu ferner Zukunft noch eine besondere Verbindung aufbauen werden.

»Und du willst wirklich, dass ich den ganzen Baum fälle?«

Im korallenfarbenen Licht des verklingenden Tages stehen Anja, Louis und ich im Food Forest. Mit den Köpfen im Nacken blicken wir auf einen stattlichen Bananenbaum und begutachten den Fruchtstand seiner Staude, da wir die in der Gemeinschaftsküche schon wieder leer gepflückt haben. Aber dieses Mal wollen Anja und ich selbst für Nachschub sorgen. Wir sind schon über einen Monat auf der Farm, haben über die außergewöhnlichsten Früchte gelernt, wie man sie pflanzt, pflegt, pflückt und zubereitet. Aber erst jetzt fällt uns auf, dass wir nicht die geringste Ahnung haben, wie man eigentlich eine stinknormale Banane erntet. Also haben wir Louis im Schlepptau und merken, dass wir so einiges über die vielleicht bekannteste aller exotischen Früchte noch nicht wussten.

»Ja, du fällst sie mit der Machete. Allerdings ist die Banane gar kein Baum, sondern ein Gras.«

»Gras?«, vergewissere ich mich.

»Genau, das größte Gras der Welt!« Louis zupft einen Grashalm vom Boden und zieht die einzelnen Blätter daran ab. »Wenn du dir den Grashalm mal genauer anguckst, siehst du, dass er keinen verholzten Stamm hat. Die Scheiden oder Stiele der Blätter, die hier und da vom Grashalm abstehen, legen sich in den unteren Bereichen übereinander und bilden einen Scheinstamm. Im Prinzip ist es mit den großen Bananenblättern genauso.«

Wir brauchen eine Weile, bis sich unsere Kinnladen wieder schließen. Auch, weil wir zum ersten Mal hören, dass der Fruchtstand nicht Staude, sondern Büschel genannt wird. Und – jetzt kommt's – dass die krumme Frucht der Banane botanisch gesehen eine Beere ist. Oben am Bananenbaum wächst also keine Staude, die voller Obst hängt. Nein, oben an der Bananen*pflanze,* die im Ganzen auch Bananen*staude* genannt wird, wächst ein *Büschel,* das aus sechs bis neunzehn verschiedenen *Händen* besteht, an denen krumme gelbe *Beeren* wachsen, die auch *Finger* genannt werden. So ändern sich Weltbilder.

Louis weist mich an, in welchem Winkel ich die Machete benutzen soll, damit die Banane in die geplante Richtung aus der Agroforstreihe fällt. »Und mit Schwung! Im Idealfall brauchst du nur einen Schlag.«

Ich gehe in einen breitbeinigen, festen Stand, fasse die Machete mit beiden Händen, so wie man es mit einer Axt tun würde, und hole weit über den Kopf hinaus aus. Wie durch Butter saust die Klinge durch das saftige Scheinstammgewebe. Für die letzten Zentimeter brauche ich noch einen schnellen Stoß, dann fällt die Staude vor Louis' Füße. Wir schnappen uns das Bananenbüschel und zerhacken den Rest der Pflanze in kleinere Stücke, die wir zurück auf den Forstboden legen, wo sie als natürlicher Dünger in die Erde eingehen werden.

Zum ersten Mal mit der Machete Beeren sammeln, zum letzten Mal Potluck. Der Abend vor unserem Rückflug ist in vielerlei Hinsicht unterhaltsam. Nach dem Essen bleiben wir noch lange beisammen, essen Uluchips und trinken Inselbier mit abschiedsverschlimmernden Fernweh-Namen wie *Big Wave* oder *Bikini Blonde.* Zusammen mit zwei ihrer Lilikoi-Scones überreicht uns Alli eine Karte. Alle aus dem Jurtendorf haben darauf ihre guten Wünsche für uns hinterlassen. Und auf der Vorderseite stehen in großen Lettern unsere Namen geschrieben. Sie sind mit Palmen, Blumen und regenbogenfarbenen Ornamenten verziert. »A hui hou« steht in Schreibschrift darunter – bis wir uns wiedersehen.

Wie man weiß, sind letzte Abende prädestiniert für große Fragen. Beseelt von gemeinsamen Erinnerungen, mogeln sie sich zwischen die Anekdoten. Liebe, Freundschaft, Glück und die Frage nach dem Sinn des Lebens. Heute ist Hoffnung dran.

»Was sagst du denen, die behaupten, regenerative Landwirtschaft sei nicht skalierbar?«, will Anja von John wissen.

»Na ja, es ist ein komplexes Thema, auf das es keine einfachen Antworten gibt. Vielleicht würde ich es erst mal philosophisch angehen. Wenn du dein Landwirtschaftssystem als etwas definierst, das sehr nah an einem natürlichen Ökosystem ist, dann kannst du die Frage auch einfach umformulieren: Ist Natur skalierbar?«

»Was zweifellos der Fall ist.«

»Wahrscheinlich meinen die meisten mit der Frage aber eher, ob regenerative Landwirtschaft wirtschaftlich skalierbar ist.«

»Ja, das meinte ich tatsächlich auch. Also im Vergleich zur industriellen Landwirtschaft, die auf Monokulturen, Pestizide und synthetischen Dünger und so setzt.«

»Ich denke, es ist so ein Wenn-dann-Ding. Wenn«, beginnt er mit viel Betonung, »sich die konventionelle Landwirtschaft für die Luft- und Wasserverschmutzung, die Zerstörung von Mutterboden und ihre ganzen anderen Externalitäten endlich mal verantworten müsste, und wenn regenerative Landwirtschaft gleichzeitig subventioniert werden würde, dann glaube ich, dass sie definitiv mithalten kann.«

»Und glaubst du, dass es je so kommen wird?«, hakt Anja nach. Auch ich kann mir derart komplexe Reformen kaum vorstellen, wo der Populismus doch gerade überall auf der Welt die Debatten vergiftet.

»Ja, das glaube ich«, entgegnet John bestimmt. »Weil man Geld nicht essen kann.«

10 | PANZENTRALAMERICANA

Mexiko und Zentralamerika

Das Reich der Lebenden und das der Toten ist in Mexiko durch eine Brücke miteinander verbunden. Errichtet, ehe die Zeit selbst begann, und geflochten aus Liebe – deren Banden, wie jeder weiß, unvergänglich sind. Seither treffen sich die Bewohner diesseits und jenseits des magischen Bauwerks zum Tanz. Anja würde sterben, um an diesem Ereignis einmal teilnehmen zu können. So weit lassen wir es natürlich nicht kommen. El Día de los Muertos, der mexikanische Tag der Toten, wird vier Tage und vier Nächte lang gefeiert. Keine einzige Stunde wollen wir davon verpassen. Auch deshalb sind wir nach fünf Wochen auf Kauai zurück nach Los Angeles geflogen, haben unseren kleinen dicken Van vollgetankt, uns von Skyler noch mal das mit dem Abblendlicht zeigen lassen und uns auf den Weg ins Land der Maya und Azteken gemacht.

Gestern sind wir in Todos Santos angekommen. Im 5000-Seelen-Städtchen an der südlichen Pazifikküste der mexikanischen Halbinsel Baja California wollen wir in diesem Jahr mittanzen. Wir haben die Hoffnung, dass wir die Traditionen, Zeremonien und andere Gepflogenheiten an einem Ort dieser Größe vielleicht etwas authentischer miterleben können als bei einer Megaveranstaltung wie in Mexiko-Stadt. Ob wir damit richtigliegen, werden wir sehen. So oder so liegt eine spannende Zeit vor uns. Nach langer Recherche haben wir ein tolles nächstes Projekt gefunden, das uns Einblicke in einen Beruf ermöglicht, zu dem wir ohne Volunteering ganz bestimmt keinen Zugang gefunden hätten.

Als nach einem vorangegangenen Videotelefonat die finale Zusage kam, waren wir noch auf Kauai. Wir saßen gerade beim Potluck, als die freudige Nachricht auf unseren Handys einsummte: Wir werden mit MeeresbiologInnen arbeiten! Es hatte tatsächlich geklappt. Das Projekt verspricht, ein echtes Abenteuer zu werden. Zwei Monate lang ziehen wir in ein abgelegenes Forschungscamp. Es befindet sich an der Pazifikküste in einem der wildesten Dschungel Zentralamerikas.

»Ihr müsst mit eurem Van bis nach Costa Rica fahren?« Ungläubig öffnete Louis eine Weltkarte auf dem Handy und zählte auf: »Zwischen euch und eurem nächsten Job liegen Mexiko – ihr wisst, wie riesig Mexiko ist? –, dann Guatemala, wenn ihr einen Schlenker fahrt, auch Belize, auf jeden Fall aber müsst ihr auch durch El Salvador, Honduras und Nicaragua.«

In Anjas Augen glitzerte die Reiselust: »Außerdem liegen noch der Día de los Muertos, Weihnachten, Silvester und Tausende von Meilen entlang der Panamericana zwischen uns und Costa Rica. Und ganz viel zentralamerikanisches Essen!«

»Wir haben zweieinhalb Monate Zeit«, fügte ich mit Blick auf den Kalender an. »Mitte Januar ist unser erster Arbeitstag. Außer Mexiko sind die Länder aber recht klein. Ich glaube, das ist schon okay viel Zeit. Wir wollen ja auch ein paar Umwege fahren und möglichst viel sehen. Wenn der Van durchhält, werden wir rechtzeitig bei der neuen Arbeit sein.«

Bislang machte der Chevy einen äußerst stabilen Eindruck. Zwar stand er gleich hinter der mexikanischen Grenze schon wieder auf der Hebebühne, allerdings nur, um die hinteren mit den vorderen

Reifen zu tauschen. Als wir eines Morgens vorm Van saßen und Kaffee tranken, bemerkten wir plötzlich, dass das Profil in den Außenbereichen unverhältnismäßig tief heruntergefahren war. In einer Werkstatt fanden wir heraus, dass die Vorderreifen im falschen Winkel aufgezogen waren. Der Reifentausch war schnell erledigt, und seither sind wir ohne weitere Vorkommnisse über die gesamte Baja-Halbinsel bis nach Todos Santos gefahren. Der oft haarsträubende Zustand mexikanischer Straßen ist ja hinlänglich bekannt. Zu den unzähligen Schlaglöchern kommen unentwegt schwer erkennbare Bodenschwellen hinzu. Manchmal warnt vorher ein Schild mit der Aufschrift *Topes*, was aber eher die Ausnahme als die Regel ist. Da sie für gewöhnlich auch mit keiner auffälligen Straßenbemalung gekennzeichnet sind, tauchen sie meistens wie aus dem Nichts vor einem auf. Es ist nur eine Frage der Zeit, wann man die nächsten Topes übersieht. Auto fahren macht in Mexikos Straßenverkehr einfach wenig Spaß. Jederzeit darauf konzentriert, dem nächsten Schlag auf die Achsen zu entgehen, ist es ein ständiges Ausweichen und Abbremsen. Materialschonend ist ein Roadtrip durch Zentralamerika sicher nicht. Nur unser alter Chevy zeigt sich von alldem unbeeindruckt.

Die mexikanische Halbinsel Baja California ist ein wahnsinnig beliebtes Reiseziel. Laut Klimadiagramm haben wir die beste Urlaubszeit erwischt. Zwischen Oktober und Mai ist es nicht zu heiß und nicht zu kalt. Jetzt lassen sich Wale, Mantarochen und Haie beobachten, und oben im Norden haben die Weinkellereien rund um Valle de Guadalupe Hochkonjunktur. Von dort bis ganz runter nach Todos Santos haben es uns landschaftlich die trockenen Wälder aus gigantischen Kakteen angetan. Sage und schreibe 4 000 Arten gibt es im Land. Die entdornten Blätter des Nopal etwa sind nicht nur essbar, sondern auch ausgesprochen wohlschmeckend und gesund. Sowieso haben wir viel geschlemmt, weil wir frisches Ceviche und heiße Tacos einfach so schlecht ignorieren können. Doch so richtig können wir die Baja-Begeisterung, die in einschlägigen Vanlife-Blogs fast überzuschwappen scheint, trotzdem nicht teilen. In der insgesamt doch eher kargen Landschaft sieht man wenig Grün, dafür umso mehr amerikanische Luxus-Camper und europäische Vanlifer, die sich an entlegenen Buchten unter ihresgleichen zusammenscharen. Das mag vielfältige Gründe haben, zu denen bestimmt auch das persönliche Sicherheitsgefühl zählt, weshalb ich einen Teufel tue und mir ein Urteil erlauben werde. Dennoch kann ich das Bild nachvollziehen, das wir als unübersehbar Privilegierte von außen betrachtet abgeben. Längst sind mit der abschätzigen Bezeichnung *Gringos* nicht mehr nur überheblich auftretende TouristInnen aus den USA gemeint. Mit allem Schnickschnack ausgebaute, in mitteleuropäischen Ländern zugelassene und hergeschiffte Campervans sind auf der Baja allgegenwärtig. Viele, mit denen wir ins Gespräch gekommen sind, haben tolle Pläne damit. Sie folgen ihrer Neugier und leben die Weltoffenheit, die sie sich für das menschliche Miteinander genauso sehr wünschen wie wir. Sie suchen Begegnungen mit Mensch und Natur, wozu sie sich in ein auf lange Zeit angelegtes Abenteuer entlang der Panamericana gestürzt haben.

Aber daneben gibt es auch Vanlifer, die mit sich selbst um die Wette zu reisen scheinen. Die Länder konsumieren wie Dinge. Die fürs nächste gestellte Foto von Pontius zu Pilatus hetzen. Die das mit der inneren Reise irgendwie nicht so ganz kapiert haben. In besonderer Erinnerung bleibt uns ein Pärchen, das so eindringlich von dem großen Wunsch berichtete, endlich 10 000 Follower auf Instagram zu schaffen, dass wir es anfangs für blanke Ironie hielten. War es nicht. Sie: Filzhut mit Hippie-Sonnenbrille, blondierte Haare und tonnenweise Modeschmuck. Er: präzise zerrissene Jeans, Hipster-Vollbart und zum Stirnband gebügeltes Bandana. Ihre Vintage-

Outfits wirkten so neu, dass man nach vergessenen Preisschildchen Ausschau halten wollte. Sie sprachen von Style und wirkten verkleidet. Nicht ohne Stolz berichteten sie von dem großen Reiseaufwand, den sie für ihre Postings betrieben. Ach, und wo sie nicht schon überall gewesen waren! Und an Weihnachten würden sie ihren mit Traumfängern und Boho-Decken ausgekleideten Campervan dann für ein paar Tage stehen lassen und nach New York jetten, um ihre Follower auf eine exklusive Shoppingtour mitzunehmen. »Manche Menschen wollen glänzen, obwohl sie keinen Schimmer haben«, hätte Heinz Erhardt attestiert. Fast taten sie uns ein bisschen leid. Aber nur fast. Weil es Leute wie sie sind, die einem bei Instagram unter dem Hashtag #vanlife ausgespielt werden, wenn an der Armutsgrenze lebende MexikanerInnen dort mal nachgucken wollen, was es eigentlich mit den ganzen perfekt ausgestatteten Lieferwagen auf sich hat, die so oft für lau in ihrer Gegend, aber selten für ein paar Peso auf ihren Campingplätzen herumstehen.

Zusätzlich strapaziert die unaufhörlich steigende Flut an digitalen Nomaden die Zuneigung Einheimischer. Mit aufgeklappten Laptops streichen sie von überall auf der Welt Honorare ein, mit denen viele MexikanerInnen einfach nicht mehr mithalten können. Digitale Nomaden und Expats aus Europa und Nordamerika bringen eine große Kaufkraft ins Land. Die Begeisterung darüber schwindet allerdings so rasant wie die kleinen Taquerías und Tienditas immer neuen Hipster-Cafés und Pilatesstudios zum Opfer fallen. Weil ihr Lebensstil – vielleicht unbedacht – die hiesige Kultur verdrängt und bezahlbaren Wohnraum vernichtet, scheint das Maß der Erträglichkeit in Ballungszentren wie Mexiko-Stadt bereits überschritten. In angesagten Stadtvierteln genießen die gut verdienenden Dauergäste für wenig Geld einen hohen Lebensstandard. Derweil protestieren einheimische AnwohnerInnen mit

Wandplakaten und Demonstrationen gegen die voranschreitende Gentrifizierung und neokoloniale Abhängigkeitsverhältnisse. Wer will ihnen ihre Befürchtungen absprechen, solange internationale Wi-Fi-JobberInnen in ihrer Blase hocken? Wenngleich wir Langzeitreisenden aus Mitteleuropa im eigenen Herkunftsland nicht als reich gelten, so führen wir dennoch ein Leben, von dem die meisten MexikanerInnen nicht einmal zu träumen wagen.

Wir freuen uns jeden Tag über die vielen Vorteile, die auch wir aus unserem Chevy ziehen können. Unser Eindruck ist aber, dass wir als vergleichsweise wohlhabende Gäste noch viel sensibler darauf achten müssten, was wir mit unserem Verhalten bewirken. Wenn wir uns als Reisende unter unseresgleichen abschotten, keine lästige Umstellung auf die lokale Küche riskieren oder regionale Gepflogenheiten ignorieren, hätten wir dann nicht genauso gut einen Club- oder Kreuzfahrt-Urlaub buchen können? Wenn die Neugier auf die Kultur des Gastgeberlandes gegenüber der Sehnsucht nach Reibungslosigkeit in den Hintergrund tritt, ist es dann verwunderlich, dass einem Unnahbarkeit attribuiert und Argwohn geschöpft wird? Mit Gedanken wie diesen suchten wir nach Erklärungen für unser limitiert begeistertes Reisegefühl, das uns bei der Baja-Durchquerung so häufig begleitete. Und mit Gedanken wie diesen wuchs unsere Vorfreude auf den äußersten Süden der Halbinsel, das Städtchen Todos Santos, als letzte und vermeintlich beste Gelegenheit, uns endlich ins Volksfestgetümmel zu stürzen und doch noch auf Tuchfühlung zu gehen, bevor wir aufs Festland übersetzen würden.

Für die vier Feiertage haben wir uns ein Zimmer mit Küche und Parkplatz am Stadtrand geleistet. Der Día de los Muertos ist immaterielles Kulturerbe der UNESCO. Seine prähispanischen Riten gehen auf die Kulturen der Nahua, Azteken und andere Urvölker zurück, in denen das Betrauern der Verstorbenen als respektlos galt. Heute wird der Totenkult von allen MexikanerInnen unabhängig von ihrer Religion oder ethnischen Wurzeln gefeiert.

Aufregung liegt in der harzrauchgeschwängerten Luft. Auch die von Anja und mir, als wir uns am späten Nachmittag durch kopfsteingepflasterte Gassen treiben lassen. Wir folgen dem rhythmischen Trommeln, das aus der Ferne durch das verwinkelte Innenstädtchen dringt. Eine Anwohnerin, die gegrillte Maiskolben über ihren Gartenzaun an Passanten verkauft, macht Anja ein Kompliment für ihr akzentfreies Spanisch. Sie ist bei Weitem nicht die Erste, denn in Mexiko spricht außerhalb der Großstädte kaum jemand Englisch. Schon seit Monaten hat sich Anja darauf gefreut, Spanisch zu sprechen. Offenbar so sehr, dass sie darüber ihre Schüchternheit vergessen hat. Munter parliert sie einfach drauflos, während ich meine dreieinhalb Wörter radebreche. Im Plausch mit der Anwohnerin erfährt Anja auch, dass wir nur dem Trommeln und dem Geruch schwelenden Harzes zu folgen bräuchten, um zum Kirchplatz zu gelangen, wo die offiziellen Zeremonien und Feierlichkeiten stattfinden. Als wir schließlich da sind, schlägt uns die wundersame Atmosphäre widerstandslos in ihren Bann. Im Licht der tief stehenden Sonne wuselt leise murmelnd des Lebens bunte Fülle – die des gegenwärtigen und des vergangenen. Um zu erfassen, was sich um uns herum abspielt, bedarf es buchstäblich aller Sinne. Über uns und den gesamten Kirchplatz spannt sich ein Netz aus Tausenden bunten Fähnchen, Krepppapier und Lichterketten. Zu unseren Füßen prunken aufwendige Bodengemälde aus gefärbtem Sägemehl, rotorangen Blüten der Totenblume Cempasúchil und flackernden Kerzen. Zwischen kunstvoll verzierten Totenschädeln aus Pappmachee und überbordend geschmückten, mit Gaben überhäuften Altaren tummeln sich Wesen aus einer anderen Zeit. Wandelnde Skelettdamen mit ausstaffierten Hüten und pompösen

Kleidern werfen uns tiefe Blicke zu. Nackthunde, die kabbalistische Zeichen auf ihrer schwarzen Haut tragen, streunen um die Warteschlange, die sich vor einem aztekischen Naturheiler gebildet hat. Er trägt einen prächtigen Federkopfschmuck und einen reich verzierten Lendenschurz. Wie die Hunde ist auch sein Körper mit kunstvoll gestalteten Insignien bemalt. Mit Pfefferbaumzweigen, glühenden Copalharzen, Trommelschlägen und anderen magischen Arkana vertreibt er die negativen Energien seiner Kundschaft. Anschließend bläst er in eine weiße Schneckenmuschel, woraufhin ein Ton wie aus einem Schiffshorn erklingt.

»Damit setzen sie die positiven Energien frei«, flüstert Anja.

»Es sind so viele Leute da, und trotzdem ist es so still hier. Bist du sicher, dass sie nicht trauern?«

»Findest du die Stimmung etwa nicht feierlich?«

»Doch, total! Aber ich hatte bei ›feierlich‹ eher an feiern gedacht.«

»Ich glaube, das kommt noch. Wenn es dunkel wird, ist hier ganz bestimmt eine andere Stimmung. Heute Abend ist ja auch der Catrina Contest, wo die schönste Skelettfrau gekürt wird.«

Jetzt, da wir unsere Stimmen wiedergefunden haben, drehen wir noch eine weitere Runde über den Kirchplatz.

»Die Altare heißen Ofrendas. Die gerahmten Fotos darauf zeigen die Verstorbenen. Und das Altarbrot wird Pan de Muerto genannt.«

Ich erspare mir die Frage, woher sie das eigentlich alles weiß. Sprache ist der Schlüssel zur Welt. Ohne Anja wäre mir diese hier vorerst verschlossen geblieben.

»Und wozu ist das Brot da?«

»Man sagt, dass die Reise von der Geisterwelt ins Reich der Lebenden ziemlich hungrig macht. Auf manchen Altären liegt aber auch was anderes als Brot. Guck mal, da liegen Schokoriegel, und da drüben steht sogar eine Flasche Mezcal zwischen den Totenblumen. Die Sachen mochte der Verstorbene wohl besonders gern.«

Auch auf den anderen Altären entdecken wir Leibspeisen und Genussmittel. Hier ist es eine Torte, da eine Zigarre. Während in Deutschland der Tod im Alltag keine Rolle spielt, holen ihn die MexikanerInnen einfach zurück in ihr Leben. Sie gehen offensiv auf ihn zu, Erwachsene wie Kinder, umarmen ihn als einen Teil, der ebenso wie die Geburt zum natürlichen Lauf der Dinge gehört. Statt einen Verlust zu betrauern, haben sie sich dafür entschieden, die Lebzeiten der Verstorbenen zu feiern. Akzeptanz und Dankbarkeit füllen das Vakuum und lindern die Verzweiflung. Dann bleiben wir vor einem Altar stehen, auf dem keine Lebens- und Genussmittel drapiert sind. Stattdessen finden wir ein Autoquartett und Bonbons zwischen den Totenblumen und Kerzen. Auch Malstifte liegen auf der Ofrenda samt gekrakeltem Kinderbild. Darauf ist die ganze Familie des verstorbenen Kindes zu sehen. Als Strichmännchen halten sich Eltern und Geschwister an den Händen. Daneben sitzt ein braun gefleckter Hund, und über ihnen streckt die Sonne den Wolken die Zunge heraus. Das blaue Schaukelpferd, das zusammen mit dem verstorbenen Jungen auf einem gerahmten Foto zu sehen ist, steht vor dem Altar. Ich spüre den Kloß in meinem Hals. Ich weiß nicht, wie es ist, Vater zu sein. Aber ich bin mir sicher, dass ich niemals die Kraft hätte, dem Verlust eines ungelebten Lebens auf mexikanische Weise zu begegnen.

Der Abend kündigt sich mit einem Konvoi aus Kleintransportern an. Männer mit stolzen Schnurrbärten lenken ihre geschmückten Pritschenwagen durch jede noch so enge Straße. Von den Ladeflächen winken verkleidete Menschen, während aus heruntergelassenen Seitenfenstern der Überschwang laut trompetender Mariachi-Musik auf die Passanten übergeht. Als die Nacht hereinbricht, ist Todos Santos bereits ein einziges Volksfest. Auf dem Platz vor der

Kirche tanzt der Reigen der Catrinas, in den Gassen die ganze Stadt. An jeder Straßenecke wird gekocht, getrunken und gefeiert. Wir essen Tamales, mit Maisbrei gefüllte Maisblätter, die so scharf sind, dass es in den Ohren kitzelt, und wehren uns nicht gegen die mexikanischen Biere, die man uns Deutsche unbedingt probieren lassen will. Und weil Anja neben dem Essen und dem Día de los Muertos nichts an Mexiko lieber mag als die Art, wie hier geflucht wird, lassen wir uns jede Menge neuer Schimpfwörter beibringen. *Que te folle un pez!* Ich hoffe, du wirst von einem Fisch gef***t!

Nach drei Tagen und Nächten in den Straßen von Todos Santos gehen die Feierlichkeiten am vierten Tag auf dem städtischen Friedhof zu Ende. Versunken in die Gesänge der Familien, schlendern wir die geschmückten Gräber entlang. Schließlich ist das letzte Fähnchen Harzrauch in den Himmel gestiegen, und es ist an der Zeit, unsere lange Reise gen Süden fortzusetzen. Wir räumen unsere sieben Sachen zurück in den Chevy, fahren nach Puerto de Pichilingue und gelangen mit der Autofähre über Nacht ans Festland.

Schuhe, die von Stromleitungen baumeln. Menschen, die ihr Vieh über die Fahrbahn treiben. VW-Käfer in allen erdenklichen Farben, die seit 1967 in Mexiko laufen und laufen und laufen. Das Straßenbild ist hier ein grundlegend anderes als auf der Baja. In den Ortschaften ist Frida Kahlo eines der beliebtesten Graffiti-Motive. Auf der Suche nach Fressbarem schleichen abgemagerte Straßenhunde mit gesenktem Kopf über den Asphalt. Und in den Gräben entlang der Landstraßen verbrennt immer jemand irgendwo seinen Müll. Meist haben wir den beißenden Gestank schon in der Nase, bevor wir das Feuer sehen. Über Stock, Stein und Topes holpern wir einem Lkw hinterher, dessen vier Hinterräder allesamt in dicken Achten laufen. Um keins der verhassten Schlaglöcher und keine Bodenschwelle mehr zu übersehen, heften wir uns neuerdings an

Autos mit örtlichen Kennzeichen. Es ist für die Augen viel entspannter, einfach der Spur eines anderen Fahrzeugs zu folgen, als zu versuchen, die schlecht sichtbaren Straßenschäden allesamt selbst zu erkennen. So muss ich nichts anderes tun, als die Hinterreifen des voranfahrenden Fahrzeugs im Auge zu behalten. Und wenn das Auto vor mir doch mal ein Hindernis übersieht, bin ich durch seine Erschütterung rechtzeitig gewarnt. »Schlaglochsuchgerät« nennen wir unsere neue Taktik. Überhaupt hat sich ein sonderbares Reise-Esperanto zwischen Anja und mir entwickelt, seit wir im Chevy unterwegs sind.

Anja: »Dahinten wird's windig. Könnte sein, dass du den Bergdoktor brauchst.«

Ich: »Das Dickerchen hat gestern erst seine Schnabeltasse gekriegt.«

Anja: »Coke Zero?«

Ich: »Gern. Wie viel Saft?«

Anja: »Zwölf Komma vier. Podcast?«

Ich: »Piratensender.«

Podcast: »Alexander Dobrindt bezeichnet UmweltaktivistInnen als Klima-RAF.«

Anja: »Que te folle un pez!«

Interpretationshilfe: In englischen Routenbeschreibungen bedeutet *windy* so viel wie kurvig oder serpentinenreich, weshalb von einem steilen Anstieg auszugehen ist, für den ich laut Anja in Betracht ziehen sollte, rechtzeitig vom Vorwärtsgang D in einen der Geländegänge D2 oder D3 zu schalten, in einen der *Berg-Ds,* wie ich sie nenne, was Anja wiederum an ihre aktuell liebste TV-Serie erinnert. Was die angekündigte Straßenführung betrifft, bin ich guter Dinge, dass unser alter Van sie schon meistern wird, auch weil ich erst gestern unter Zuhilfenahme des kleinen Trichters etwas Oldtimer-Öl nachgegossen habe, eine spezielle Flüssigkeit für den

Motor unseres Seniors. Zufrieden bietet Anja an, mir eine kalte Limonade anzureichen, woraufhin mir die Spannung unserer Solarbatterie einfällt. Da Kühlschränke enorm viel Energie ziehen und Batterien einen Schaden davontragen können, wenn sie unter eine gewisse Spannung fallen, kontrolliert Anja den Stand der Dinge per Handy-App. Unbesorgt schlägt sie vor, uns zum Zeitvertreib einen Podcast anzumachen, den wir – im Gegensatz zu so mancher Nachricht darin – sehr schätzen.

Die interamerikanische Autobahn zu fahren ist für sich genommen bereits ein echter Traum. Es ist ein bisschen irreführend, von *der* Panamericana zu sprechen, weil der legendäre Highway gar keine einzelne Straße ist. Vielmehr ist die Panamericana ein Netzwerk von Straßen, das Nord- und Südamerika verbindet. Mit rund 48 000 Straßenkilometern ist sie eines der längsten Fernstraßensysteme der Welt, das sich zwischen Alaska im Norden und Feuerland im äußersten Süden über den gesamten Doppelkontinent erstreckt. Damit führt sie durch sage und schreibe vier Klimazonen und viele unserer Traumländer. Diese Tatsache war einer der Hauptgründe für den Kauf unseres Chevy: Mit ihm können wir sogar weit abgelegene Projekte in Betracht ziehen, die so weit draußen in der Natur liegen wie unser nächster Job in Costa Rica. Dabei ist unser Chevy der fahrende Beweis dafür, dass es keinen 60 000-Euro-Sprinter braucht, um sich den Panamericana-Traum zu erfüllen. Mittlerweile würde ich sogar selbstbewusst das Gegenteil behaupten. Mit einem deutschen oder anderen europäischen Fabrikaten hat man es auf den amerikanischen Kontinenten schwer, Ersatzteile und Mechaniker mit entsprechend exotischem Know-how zu finden. Mit der Technik eines alten Ford, GMC oder eben Chevy kennt man sich hingegen in jeder Hinterhofwerkstatt aus. Im Vergleich zu anderen Transportern ist unserer außerdem wirklich klein – und das ist sein größter Pluspunkt. Mit ihm kommen wir sogar durch die engen Gassen von Mexikos Provinzstädtchen, passen in jede Parklücke und in jede Tiefgarage und verbrauchen überschaubar viel Benzin. Sollten wir der Panamericana auch in Südamerika weiter folgen, müssen wir den sogenannten Darién Gap zwischen Panama und Kolumbien überwinden. Es ist eine der gefährlichsten Gegenden der Welt. Denn der undurchdringliche Dschungel ist ein gesetzloser Raum, in dem Drogen-, Menschen- und Organschmuggler ihr Unwesen treiben. Es führt keine Straße hindurch, und somit ist es unmöglich, den Darién Gap über Land zu durchfahren. Sofern wir einige tolle Projekte in Südamerika finden, müssten wir unseren Chevy von Panama-Stadt nach Kolumbien verschiffen, bevor wir unsere Reise entlang der Panamericana fortsetzen könnten. In diesem Fall käme ein weiterer großer Vorteil eines kleinen Vans zum Tragen: Er passt in einen handelsüblichen Frachtschiffcontainer. FahrzeuginhaberInnen, deren Autos die Maße eines Containers überschreiten, sind hingegen auf sogenannte RoRo-Verschiffungen (von englisch *roll on roll off*) angewiesen. RoRo ist keine sehr beliebte Methode, weil die Fahrzeuge im Verschiffungsprozess nicht durchgehend verschlossen bleiben. Schließlich müssen sie vom Hafenpersonal an Bord gefahren, befestigt und bei Ankunft wieder an Land gefahren werden.

Essenzielle Entscheidungen betreffen aber nicht nur das Auto selbst. Weil weniger mehr ist, sollten auch die mitgeführten Ausrüstungsgegenstände gut überlegt sein. Müsste ich mich auf drei unentbehrliche Dinge für eine Reise auf der Panamericana festlegen, dann wären das eine Handy-App, ein Kanister und eine wiederverschließbare Flasche mit großer Öffnung.

Die App *iOverlander* ist Dreh- und Angelpunkt für unseren Alltag auf der Straße. In der GPS-basierten Anwendung lässt sich auch offline alles recherchieren, was für Überlandreisende von Belang ist. Tankstellen, Übernachtungsmöglichkeiten, Trinkwasserstationen, Supermärkte, Restaurants, Polizeikontrollen, schwierige Straßenverhältnisse, einfach alles. Die Community hinterlässt Kommentare, sodass meist aktuelle Details nachzulesen sind.

Zweitens: ein möglichst großer Trinkwasserkanister. In Zentralamerika werden wir daran erinnert, wie viel Freiheit es bedeutet, Wasser aus der Leitung trinken zu können. Denn in vielen Ländern, die wir hier durchreisen, ist genau das nicht möglich. Also haben wir einen sieben Gallonen fassenden Kanister an Bord, mit dem wir regelmäßig Füllstationen ansteuern, die in *iOverlander* verzeichnet sind.

Und zu guter Letzt haben wir je eine unserer Trinkflaschen geopfert und zu Pieselflaschen ernannt. In eine Flasche zu pinkeln gehört zu den weniger angenehmen Momenten der Reise. Wenn es aber keine andere Möglichkeit gibt, weil man sich im Stau oder auf einer viel befahrenen Straße befindet, ist so eine Pieselflasche Gold wert. Anja schaltet noch einen Trichter dazwischen – dasselbe Modell wie der, mit dem wir Motoröl nachschenken –, nutzt ihre Pieselflasche aber insgesamt viel seltener, als ich meine. Im Gegensatz zu Anja kann ich den Lauf der Dinge nicht lange zurückhalten. Je unmöglicher mir eine Pinkelpause erscheint, desto dringender muss ich auf die Toilette. Meine mit leuchtfarbenem Klebeband markierte Literflasche hat die tickende Wasserbombe in mir schon in vielen kritischen Situationen entschärft. Damit ist sie für alle Insassen von ausgesprochen großer Relevanz.

Es ist später Vormittag, als wir auf einer Landstraße in Richtung Guadalajara unterwegs sind. Morgen wollen wir uns in Tequila ansehen, wie die weltberühmte Spirituose hergestellt wird. Die letzte Ortschaft liegt lange zurück, und die nächste, in der wir tanken wollen, ist noch eine gute Stunde entfernt. Wir fahren durch karge, ausgetrocknete Landschaft. Ein Truthahngeier landet auf einer dieser gigantischen Kakteen, ein anderes Mal krabbelt eine pelzige Tarantel über den Asphalt. Einige Kilometer später wird die Straße breiter. Als uns ein Kleintransporter mit mexikanischem Kennzeichen überholt, klemmen wir uns hinter das Schlagloch-suchgerät und kommen zügig voran. Doch dann werden wir jäh aus dem Verkehr gezogen. Wir kennen das eigentlich schon. Kontrollen von Polizei und Militär sind in Mexiko an der Tagesordnung. Während sich Polizeibeamte häufig korrupt verhalten und ein paar Pesos ergaunern wollen, hat man in Militärkontrollen nichts zu befürchten. Für tricksende Polizeibeamte – wir sind bis dato tatsächlich nur an Männer geraten – haben wir uns einen eigenen Taschenspielertrick ausgedacht, der auch immer einwandfrei funktioniert hat. Er heißt »Stille Handy-Post«: Wir tun einfach so, als verstünden wir kein einziges Wort Spanisch. Wenn der Polizist daraufhin sein Handy zückt, um uns unser angebliches Vergehen maschinell zu übersetzen, wird's spannend. Technisch funktioniert das gar nicht mal so schlecht. Wenn man allerdings mit großer Ausdauer so tut, als würde die deutsche Google-Übersetzung keinerlei Sinn ergeben, hat uns bislang noch jeder kleinkriminelle Polizist entnervt unserer Wege ziehen lassen.

Polizist auf Spanisch zu Google: »Sie sind zu schnell gefahren.«

Google auf Deutsch zu uns: »Sie sind zu schnell gefahren.«

Wir auf Deutsch zu Google: »Wie bitte? Wir haben einen Elefanten überfahren?«

Google auf Spanisch zu Polizist: »Wie bitte? Wir haben einen Elefanten überfahren?«

Polizist über Google zu uns: »Nein. Sie haben die Geschwindigkeit übertreten.«

Wir über Google zum Polizisten: »Es gibt in Mexiko doch gar keine Elefanten.«

So ging das einmal eine Dreiviertelstunde hin und her.

Ein mexikanischer Pannenhelfer, mit dem wir einmal zufällig beim Essen zusammensaßen, erklärte uns noch einen anderen Ausweg. Er riet uns, immer darauf zu bestehen, das geforderte Bußgeld in der nächsten Polizeidienststelle zu bezahlen. Für Straßenkontrollen legte er uns zusätzlich ans Herz, Führerscheine und Ausweispapiere nie im Original auszuhändigen, die man uns nur gegen Schmiergeld wieder zurückgeben könnte. Also haben wir uns einen Stapel Kopien gemacht und hatten bald Gelegenheit, die Tipps des Abschleppfahrers auszutesten. Wie vorhergesagt, behauptete der Polizist, dass die nächste Dienststelle zwei Stunden entfernt sei und wir außerdem dort einen noch viel höheren Preis bezahlen müssten als hier bei ihm. Wir bestanden dennoch darauf, aufs Revier zu fahren. Da gab der Polizist auf und war so schnell verschwunden, wie er vor uns aufgetaucht war.

Wir sollten also gewappnet sein, doch die Männer, die es jetzt auf uns abgesehen haben, sind weder Polizisten noch Soldaten. Sie tragen keinerlei Abzeichen an ihrer Kleidung, die so schwarz ist wie die nummernschildlosen BMW, aus denen sie gestiegen sind. Während der mexikanische Kleintransporter ungehindert durchfahren konnte, stellen sich uns acht Männer in den Weg, jeder Einzelne doppelt so breit wie ich. Hätten sie Motorräder statt Limousinen, hätte man sie für Hells Angels halten können. Statt Lederkutten tragen sie schusssichere Westen und Maschinengewehre. Als einer der Typen breitbeinig auf uns zuläuft, steckt er seine Wumme vorne in den Hosenbund. Ich merke, wie mich seine alberne Show nervt, noch bevor sie richtig angefangen hat. Mit jedem Schritt, den er näher kommt, wird er größer und breiter. Es wird aber auch immer deutlicher, wie jung er sein muss.

»Was sind das denn für Heiopeis?«, stöhne ich. Es fällt mir schwer, den Zirkus ernst zu nehmen, den er und seine halbstarken

Kumpel aufführen. Noch haben wir keinerlei Ahnung, mit was für einer Gang wir es gerade zu tun kriegen.

»Vielleicht so was wie Polizisten in Zivil?«

»Mit Maschinengewehr in der Baggy?« Fest steht, alle acht sind schwer bewaffnet. Ich sollte mich zusammenzureißen und mir meine Genervtheit besser nicht anmerken lassen. Dann donnert es dreimal gegen mein Seitenfenster.

»Stille Handy-Post?«

»Stille Handy-Post«, bestätige ich und lasse das Fenster herunter.

»Bist du Amerikaner?«, bellt mir das tätowierte Gesicht eines grimmigen Mittzwanzigers auf Spanisch entgegen.

»Vergessen wir Stille Handy-Post« sage ich in schnellem Deutsch zu Anja. Der Typ hat eindeutig keine Geduld für irgendwelche Spielchen mitgebracht.

»Nein, das sind wir nicht«, antworte ich ihm auf Englisch. »Wir sind aus Europa.«

»Sí claro«, antwortet er verächtlich. Er mustert mich einen Augenblick, dann befiehlt er: »Du wartest hier!«, und pfeift einen seiner Kollegen heran, die gerade ein amerikanisches Wohnmobil hochnehmen. Einen Ford, wenn ich es richtig erkennen kann. Zwei der bewaffneten Männer durchsuchen den Innenraum, während sich ein dritter am Fahrerfenster postiert hat.

»Unsere Türen sind doch abgeschlossen, oder?«

Anja nickt. Dann tritt der herbeigerufene Kollege an mein Fenster. Von ähnlicher Statur wie der erste, aber kein Gesichtstattoo und bei bester Laune. Er begrüßt mich per Faustcheck und akzentuiertem, aber einwandfrei verständlichem Englisch.

»Hi, wie geht's?«, lächelt er durchs Fenster. »Woher seid ihr?«

»Wir sind aus Europa.«

»Mit einem Chevy und Washington-Kennzeichen?« Seine dunkelbraunen Augen lächeln skeptisch, aber sie lächeln noch.

»Wir haben ihn in Seattle gekauft und zugelassen.«

»Wohin wollt ihr damit?«

»Wir sind auf dem Weg nach Costa Rica.«

»Da fahren die Amerikaner auch alle hin.«

»Wir sind aber aus Europa. Aus Deutschland, um genau zu ein.«

»Aus Deutschland!«, wiederholt er begeistert und zählt auf, was er über Deutschland weiß: »Da gibt es das Oktoberfest und viel Bier! Sehr viel Bier, mein Freund.«

Das Eis scheint bereits gebrochen, als er einen Schritt zurücktritt und mit kritischen Blicken unseren Chevy beäugt. »Damit kannst du aber nicht die deutsche Autobahn fahren.« Er schüttelt den Kopf. »Viel zu alt. Und viel zu langsam, Mann!« Dann liest er mit lang gezogenen Vokalen unseren Schriftzug vor: »*Vagateers.* Was soll das denn heißen?«

»Es ist eine Abkürzung und unser Name auf Instagram. Es steht für *Vagabonding Volunteers.*«

Er schaut auf sein Smartphone, kann unser Profil aber nicht schnell genug finden. Also reicht er es mir rüber. Ich korrigiere den Tippfehler in der Suchmaske, rufe unser Profil auf und gebe ihm sein Handy zurück.

»Alles klar«, lässt er schließlich verlauten, »dann gute Fahrt, Vagateers!«

Uns dämmerte bereits im Gespräch, mit was für einer Bande wir es soeben zu tun hatten. Doch nur einen Kilometer weiter widerspricht ein am Straßenrand geparktes, voll besetztes Polizeiauto unserer Vermutung. Gehören die zusammen? Gehörten sie also doch zu einer Polizeieinheit?

Als wir am Abend einkehren, kommen wir mit Diego ins Gespräch, dem Besitzer unseres Campingplatzes. Wir schildern den Vorfall, und er bestätigt: Ja, das waren Narcos, Mitarbeiter von einem der mexikanischen Drogenkartelle. Sieben große Syndikate gibt es in Mexiko, die untereinander um Reviere und Schmuggelrouten kämpfen. Ihretwegen hat Mexiko eine der höchsten Mordraten weltweit. Mit zahlreichen korrumpierten BeamtInnen hat die Polizei kaum etwas entgegenzusetzen, weshalb die Regierung aufs Militär setzt.

Diego erklärt uns: Auf der Suche nach möglichst wohlhabenden, vorzugsweise amerikanischen TouristInnen stoppen die Narcos Wohnmobile. Halten sie die FahrzeughalterInnen für vermögend, durchsuchen sie unter einem Vorwand das Auto und lassen dabei ein kleines Päckchen Kokain, Heroin, Crystal Meth oder geringfügige Mengen anderer Drogen zurück. Ein paar Hundert Meter weiter würde eine geschmierte Polizeistreife das Fahrzeug dann erneut anhalten, die Drogen finden und die Fahrerin oder den Fahrer erpressen. Rangniedere Narcos können sich mit Maschen wie dieser ohne großes Aufsehen viel und schnelles Geld erbeuten.

Stimmt Diegos Vermutung, dann sind wir nur deshalb davongekommen, weil man uns für keine lohnenswerten Opfer gehalten hat. Der Blick von außen ins spartanische Innere unseres Uralt-Chevy erschien ihnen wohl wenig vielversprechend.

»Meinst du, es hat auch eine Rolle gespielt, dass wir keine US-BürgerInnen sind?«, fragt Anja.

»Vielleicht«, meint Diego, »vielleicht auch nicht.«

»Wie seltsam aber auch die Aktion mit unserem Insta-Account«, erinnere ich.

»Vielleicht folgt uns jetzt ein Narco?«

»Hoffentlich nicht«, lacht Diego. »Im Ernst, hättet ihr Hunderttausende Follower, wären sie vielleicht doch noch auf die Idee gekommen, dass es bei euch was zu holen gibt.«

Anja und ich werden auch auf unserer weiteren Reise weder in Mexiko noch in einem der zentralamerikanischen Länder Opfer von Kriminalität. Kein Autoeinbruch und auch kein Taschendiebstahl. Wir sind keiner einzigen Trickserei von Polizisten auf den Leim gegangen, und unsere Begegnung mit dem organisierten Verbrechen ist ziemlich glimpflich verlaufen. Ich will die hohen Kriminalitätsraten, die es in Mexiko und Zentralamerika unbestritten gibt, keinesfalls bagatellisieren. Wenn unbeteiligte TouristInnen durch Zufall zwischen die Fronten einer Kartellschießerei geraten, kann es auch für sie tödlich enden. Die Drogenkartelle sind bittere Realität und gefährlich. Die Motive für inoffizielle Polizeikontrollen, Taschendiebstähle, nicht genullte Zapfsäulen und andere Gaunereien, die einem in Mexiko immer mal wieder begegnen, sind aber ganz andere als die der machtgierigen Drogenbarone. Viele MexikanerInnen leben in Armut und existenzbedrohten Verhältnissen. In den Elendsvierteln des Landes herrscht blanke Perspektivlosigkeit. Sie müssen es alle irgendwie schaffen, sich selbst und ihre Familien durchzubringen. Vor diesem Hintergrund halten es manche Menschen für legitim, Anja und mich um ein paar Pesos zu beschubsen. Sie lesen uns als Teil einer privilegierten Wohlstandsgesellschaft, die es sich leisten kann, zum reinen Vergnügen in andere Länder zu reisen. Und damit liegen sie nicht ganz falsch.

Natürlich sind Diebstahl und Täuschung trotzdem nicht okay, und wir müssen unser Erspartes gut im Auge behalten, wenn wir noch ein bisschen damit auskommen wollen. Ein paar simple Tricks wie ein Lenkradschloss und ein Versteck für Wertsachen unter dem schweren Wasserkanister, das wir schon in den USA eingebaut hatten, helfen uns, sicher zu fahren. Außerdem haben wir in eine Dash Cam investiert. Gut sichtbar an der Windschutzscheibe angebracht, hat sie, so bilden wir uns ein, den ein oder anderen polizeilichen Täuschungsversuch in Grenzen gehalten oder gar verhindert. Dass wir die ganze Sache von vornherein sportlich gesehen haben, hat uns tatsächlich sehr dabei geholfen, bei allem Verständnis auch unseren Humor nicht zu verlieren. Denn den braucht es, um im

Zweifel auch mal mit ein bisschen Bargeld im Wert von fünfzehn, zwanzig Euro eine heikle Situation zu beenden. Mexiko ist so viel mehr als Kriminalität, vermüllte Landschaften und kaputte Straßen. Tiefrote Sonnenuntergänge, Traumstrände, aufregende Tauchspots, kristallklare Cenoten, mystische Wälder, wilde Dschungel, bunte Häuser, historische Mayatempel und aztekische Pyramiden sind nur einige der Gründe, weshalb wir eines Tages wiederkommen werden. Der Hauptgrund sind die MexikanerInnen selbst. Menschen wie Arturo, der uns einen ganzen Tag lang seine Heimatstadt Guadalajara zeigte, einfach so, umsonst, nachdem wir mit ihm auf den Straßen von Tequila ins Plaudern gekommen sind. Oder Gabriela, die uns einlud, ihre Waschmaschine, ihre Dusche und sogar den Pool zu benutzen, einfach so, umsonst, nachdem sie uns in einem Café auf unseren Van angesprochen hatte. Und dann ist da natürlich die mexikanische Küche, die als eine der vielfältigsten und traditionsreichsten von der UNESCO zum Weltkulturerbe erklärt worden ist. Wir haben uns übrigens viel zu lange von den manchmal etwas fleischlastigen Speisekarten beirren lassen. In Wahrheit waren es die spanischen Konquistadoren, denen die fleischlosen Gerichte der Azteken nicht zusagten. Prähispanische, urmexikanische Kost ist vorwiegend vegetarisch. Memelas zum Beispiel, dicke Maisfladen, belegt mit Bohnenmus, jungen Kaktustrieben, Austernpilzen, Zwiebeln und Käse. Und dazu eisgekühltes Agua de Jamaica. Wir werden Mexiko tief in unseren Herzen behalten.

Nach weiteren erlebnisreichen Aufhalten in Guanajuato, Mexiko-Stadt, Oaxaca, San José del Pacífico, Bahía San Agustín, San Cristóbal, El Chiflón, Montes Azules und Yaxchilán wollen wir eine Woche am Stück Pause vom Roadtrip machen, bevor wir nach Guatemala einreisen. Es ist Mitte Dezember, als wir *iOverlander* nach einer bezahlbaren Unterkunft in Grenznähe durchforsten. Wir wollen Wäsche waschen, das Auto von innen reinigen, den Kühlschrank auffüllen, rundum klar Schiff machen und kurz innehalten, bevor wir uns in Guatemala einen Ort für die Weihnachtstage suchen. Ernüchternd stellen wir fest, dass das nördliche Grenzgebiet wie leer gefegt scheint, was Unterkünfte angeht. Auch Google schlägt uns nur eine einzige Option vor. Und so geht unsere Zeit in Mexiko mit einem fünftägigen Urlaub im Stundenhotel zu Ende.

Vermutlich sind wir die ersten Gäste überhaupt, die nicht fünf Stunden, sondern fünf Tage buchen. Der Preis ist absolut okay, die Zimmer in rotem Plüsch gehalten, aber picobello sauber. Na klar, riesiges Bett, aber auch schnelles Internet und Schreibtisch. Alle Zimmer sind ebenerdig und haben eine eigene abschließbare, glänzend weiß geflieste Garage, in der ich nicht eine Sekunde zögern würde, mich im Sonntagsanzug für eine Unterbodenwäsche unter den Chevy zu legen. Was unsere Bedürfnisse angeht, hätten wir keine bessere Unterkunft finden können.

»Apropos, wie läuft es eigentlich zwischen euch beiden?«, will mein Freund Alex im Videocall wissen, nachdem er sichergestellt hat, dass Anja nicht im Zimmer ist. »Ihr seid schon fast ein ganzes Jahr zusammen unterwegs. 24/7 auf engstem Raum …«

»Und manchmal tagelang ohne Dusche, wie mit dir in Neuseeland«, ergänze ich.

Er weiß, dass ich jetzt nicht scherzen würde, wenn zwischen Anja und mir etwas nicht rundliefe. Wenn ich darüber nachdenke, ist es wahrlich nicht selbstverständlich, dass wir so reibungslos miteinander auskommen. Wir haben uns in den letzten zwölf Monaten kein einziges Mal ernsthaft gestritten. Wie wir das hinbekommen, kann ich Alex gar nicht genau beantworten. Unsere Umstände müssen ihm wenig romantisch vorkommen. Wenn wir keinen Campingplatz oder Stellplatz in der Natur finden, sind wir am Straßenrand, in Tiefgaragen und auf Supermarktparkplätzen zu Hause. Wir pieseln in Flaschen, duschen in Hallenbädern und waschen unsere Wäsche in Münzsalons. Im Chevy gibt es nichts als ein Bett, zwei Schrank- und vier Regalfächer. Und doch macht uns das einfache Straßenleben so glücklich wie noch nie.

»Je einfacher das Leben, desto besser kann man sich aufs Wesentliche konzentrieren«, erklärt sich Alex unsere Leichtigkeit.

»Ja, vielleicht ist es genau das. In gewisser Weise färben die unkomplizierten Lebensumstände auch auf unser Miteinander ab.«

Wenn wir hungrig sind, kochen wir. Wenn wir müde sind, dann schlafen wir. Wenn uns etwas gefällt, dann sagen wir das, und wenn uns etwas nicht gefällt, dann sagen wir das auch. Wenn wir eine Frage haben, dann stellen wir sie, und wenn wir uns unverstanden fühlen, dann erklären wir uns. Wenn wir geteilter Meinung sind, dann streiten wir darüber, und weil wir uns lieben, sparen wir auch nicht an entsprechenden Bekundungen. Wenn wir die Familie oder Freunde vermissen, dann rufen wir sie an, und wenn man Zeit für sich allein braucht, dann macht man einen Spaziergang, geht joggen oder legt sich irgendwo mit einem Buch ans Meer.

»Oh, und niemals, also unter gar keinen Umständen, nicht einmal, wenn draußen acht halbstarke Narcos lauern, darf Anja im Van bleiben, wenn ich in die Flasche pieseln muss.«

»Das also ist das große Geheimnis eurer überspannten Libido!«, lacht Alex.

»Überspannt?«

»Fünf Tage Stundenhotel, ich bitte dich. Eigentlich hätte ich gar nicht fragen brauchen, wie's um euch steht.«

Das Schild für die geänderte Verkehrsführung sieht aus wie ein Notenschlüssel im Labyrinthrätsel. Wir versuchen gar nicht erst, es zu verstehen, und fahren einfach geradeaus weiter. Dem in allen Farben bemalten und mit viel Chrom verzierten *Chicken Bus* hinterher. Vor den Toren Antiguas ist er bestimmt ebenfalls Richtung Stadtzentrum unterwegs. Die Busse prägen die Verkehrskultur und das Straßenbild Guatemalas. Wer einen sieht, bekommt auf der Stelle gute Laune, weshalb man in Antigua äußerst selten schlechte Laune hat. Es handelt sich um US-amerikanische Schulbusse, die nach ihrer Ausmusterung von Einzelpersonen oder guatemaltekischen Familien ersteigert und in der Heimat als öffentliches Verkehrsmittel eingesetzt werden. Wenn ein Bus nach Guatemala überführt wurde, wird er auf Orellana, Cubanita, Esmeralda oder irgendeinen anderen Frauennamen getauft und kosmetisch umgestaltet. Und wie! Mit größtem Aufwand und viel Liebe fürs Detail verwandeln leuchtende Airbrush-Bemalungen den Omnibus in eine einzige Leinwand. Christliche Motive, nackte Frauen und Comic-Helden verschmelzen übergangslos zu einem fahrenden Gesamtkunstwerk. Von der Stoßstange bis zur Rückleuchte bleibt kein Quadratzentimeter unverändert. Fransen, Bommel und anderes Gedöns baumeln von Rückspiegeln, Gardinenstangen und Haltegriffen. Die liebevolle Bezeichnung »Chicken Bus« rührt von der Angewohnheit der Passagiere her, häufig Hühner und andere Haustiere in den überfüllten Bussen mitzuführen.

La Antigua Guatemala – schon ihr klangvoller Name zeugt von der Leichtigkeit, mit der die vor barocken Prachtbauten strotzende Stadt ihre enorme historische Bedeutung trägt. Zwischen dem sechzehnten und achtzehnten Jahrhundert entwickelte sich die damalige Kolonialhauptstadt zum florierenden Kultur- und Wirtschaftszentrum Lateinamerikas, das sich neben Metropolen wie Mexiko-Stadt und Lima nicht zu verstecken brauchte. 1773 wurde Antigua von einem Erdbeben verheerenden Ausmaßes erschüttert, woraufhin man den Umzug der Hauptstadt auf eine knapp fünfzig Kilometer entfernte Hochebene beschloss. Es war die Geburtsstunde des heutigen Guatemala-Stadt.

Erdbeben sind nicht die einzige Bedrohung, die den entspannten Lebensrhythmus der EinwohnerInnen kaltlässt. Antigua ist umgeben von Vulkanen. Als Hintergrund kunstvoll gestalteter Torbögen, Gesimse und Portiken barocker Kolonialarchitektur verwandeln sie jeden Stadtbummel zur Fotosafari. Der Agua und der Acatenango sind erkaltet. Der Vulkan Fuego macht seinem Namen aber alle Ehre. Den ganzen Tag über lassen sich seine Ausbrüche beobachten – während man eingepfercht zwischen Hühnern und Menschen zur Arbeit fährt, auf dem Markt sein Suppengemüse kauft oder draußen im Café sitzt.

Über Antigua liegt eine unsichtbare Glocke aus Optimismus und Lebensfreude. Das spüren wir bereits, als wir dem Chicken Bus ins Stadtzentrum folgen. Wir sind von Norden kommend über Flores und einen Schlenker an die Karibikküste hergefahren. Auf Anhieb macht die Stadt einen bemerkenswert gepflegten und freundlichen Eindruck auf uns. Die Fassaden der Wohnhäuser haben Anstriche in erdigen Tönen. Im Vorbeifahren erhaschen wir immer wieder einen Blick in die üppig begrünten Innenhöfe. Dass Antigua als sicher gilt, hatten wir bereits gelesen. Überrascht sind wir über das angenehm milde Klima. Wir lassen uns den frischen Fahrtwind um die Ohren wehen und sind von unserer Weihnachtslocation begeistert, noch bevor wir unseren Chevy geparkt und gegen ein Pensionszimmer getauscht haben.

Unserem ersten Eindruck wird Antigua auch in den folgenden Tagen gerecht. An Heiligabend sitzen wir auf einer Dachterrasse und beobachten das traditionelle Feuerwerk, das Schlag Mitternacht den Himmel zwischen den Vulkankegeln erleuchtet. Zwischen den Jahren erkunden wir die Stadt und sind so angetan, dass wir unseren Aufenthalt spontan verlängern und beschließen, auch über Silvester hierzubleiben. Außerdem lösen wir das Geschenk ein, das wir uns gegenseitig zu Weihnachten gemacht haben: Wir werden eine geführte Vulkanbesteigung unternehmen. Um dem aktiven Fuego so nah wie möglich zu kommen, wandern wir auf den inaktiven Acatenango. Beide Gipfel liegen mit nur drei Kilometern Distanz dicht an dicht nebeneinander. Der inaktive Acatenango ist mit knapp 4000 Metern ein kleines Stückchen höher als der feuerspeiende Fuego. Um auf Augenhöhe zu sein, liegt das Basislager deshalb ein kleines Stückchen unterhalb des Gipfels. Die Ansammlung von neun Zwei-Personen-Kubuszelten und einer Outdoor-Küche ist mit einem fünfstündigen Anstieg zu erreichen. Mit 72 Jahren führt Juan unsere Gruppe so leichtfüßig durch die Wolken, als hätte die Natur sein Alter vergessen. Menschen wie Juan, die auch nach Jahrzehnten noch eine so unerschütterliche Lebensfreude aus ihrem Tun schöpfen, faszinieren mich. Was ist deren Geheimnis? Als wir durch einen von Lianen durchzogenen Nebelwald steigen, schließen wir zu unserem Bergführer auf. Dabei ist es gar nicht so leicht, mit ihm Schritt zu halten und bei der immer dünner werdenden Luft genug Puste für ein Gespräch aufzubringen. Wie erhofft, spart Juan aber nicht mit Anekdoten. Mit seinen einzigen zwei Zähnen nagt er an einem Apfel und erzählt, dass er in seinem ganzen Leben noch nie krank gewesen sei. Um seine dunkelbraunen Augen strahlen tiefe Lachfalten. Der Vulkan halte ihn fit. Die einzigen gesundheitlichen Probleme seien ein paar lästige Zahnschmerzen gewesen. Im Vorbeigehen rupft er den rotgelben Blütenstand und einige Blätter einer strauchartigen Pflanze ab. Das kleine Sträußchen drückt er Anja in die Hand und ergänzt, dass ihn Zahnweh heute nicht mehr plagen könne. Schon seit jenem Tag nicht mehr, an dem er sich mit der Curaçao-Seidenpflanze die Mundhöhle taub gekaut und sich die Zähne einfach nacheinander herausgezogen hatte. Wo kein Zahn, da kein Schmerz, begründet er so pragmatisch wie nüchtern. Erst, als er Anjas entgeistertes Gesicht bemerkt, da lacht er ein so herzhaft schelmisches Lachen, wie es wohl nur jemandem vergönnt ist, der sich auf einen Streich den Zahn der Zeit gleich mit herausgezogen hat.

Die von Wind und Bergwetter aufgeworfenen Furchen in Juans Gesicht erzählen aber auch tragische Geschichten. Von Naturgewalten, gegen die kein Kraut gewachsen ist.

Wir sind noch zwei Stunden vom Base Camp entfernt, als von irgendwoher Tarzan auftaucht. Er ist einer der streunenden Hunde, die in den bewaldeten Höhenlagen des Vulkans zu Hause sind. Wir haben auf unserer Wanderung schon einige von ihnen gesehen. Aus dem Nichts tauchen sie auf und wandern ein Stück mit. Bis sie schließlich, sobald sie von irgendwem ein bisschen Reis erbetteln konnten, wieder im Dickicht verschwinden. Doch Tarzan ist der Einzige, der einen Namen zu haben scheint und den Juan kopftätschelnd begrüßt. Weil er seinem Hinkebein und grauen Bart nach zu urteilen der augenscheinlich Älteste ist? Juan schüttelt den Kopf und erinnert an das Jahr 2018. Es war der dritte Juni, ein Sonntagmittag, als der Fuego mit einem Ausbruch biblischen Ausmaßes die Region heimsuchte. Die Katastrophe war nicht vorherzusehen. Die Menschen sind es gewohnt, dass die Erde ab und an wackelt. Zudem lag der Vulkan zu Beginn des Ausbruchs in Wolken, die das Ausmaß der Aschesäule kaschierten. So war es für viele zu spät – auch weil sie die rasende Geschwindigkeit unterschätzten –, den Lavaströmen zu entkommen. Die bis zu tausend Grad heißen Glutlawinen wälzten die Hänge hinab und ließen alles, was sich ihnen in den Weg stellte, zu Asche zerfallen. Sie begruben ein ganzes Dorf unter sich und hinterließen über hundert tote und elftausend heimatlose Menschen. Der einzige aller am Acatenango streunenden Hunde, der den vernichtenden Wutausbruch des benachbarten Fuego überlebte, war Tarzan.

»Hunde sind keine Wildtiere«, sagt Juan. »Sie sollten nicht hier sein. Aber Tarzan ist etwas Besonderes. Niemand ist im Dschungel mehr zu Hause als er.«

Tarzan begleitet uns bis hoch ins Basislager. Er liegt zwischen Anjas Füßen, als wir mit einem Tee vor unserem Zelt sitzen und es plötzlich mit einem urgewaltigen Donnergrollen losgeht. Der Fuego schleudert sein zähflüssiges Feuer hoch in den blauen Himmel, gefolgt von einer schwarz emporsteigenden Rauchsäule, hinter der die rote Fontäne sogleich verschwindet. Nach dieser ersten kurzen Eruption dauert es nicht lange, bis es zu regnen beginnt. Minutenlang prasselt Asche auf uns nieder. Kleine schwarze Hagelkörnchen, die sich in jeder Falte unserer Kleidung sammeln. Die nächste Eruption lässt nicht lange auf sich warten, schließlich ist dies einer der aktivsten Vulkane Guatemalas. Je länger die Ausbrüche anhalten und je später der Abend, desto besser ist das leuchtende Schauspiel zu sehen. Was wir aus nächster Nähe bezeugen, ist derselbe Vorgang, der zur Entstehung der Landbrücke zwischen den kollidierenden Nord- und Südamerika beitrug. Der Fuego liegt auf einem 40 000 Kilometer langen Vulkangürtel, dem Pazifischen Feuerring. Weil die Cocosplatte unter die Karibische und Nordamerikanische Kontinentalplatte abtaucht, wird sie nach und nach aufgeschmolzen und bahnt sich als Magma ihren Weg nach oben. Sobald sie an die Erdoberfläche tritt, sprechen GeologInnen von Lava, die glühend heiß ins Tal fließt und sich als Ascheregen über die ganze Region verteilt.

Und so geht das die ganze Nacht. Alle halbe Stunde speit der Fuego Fuego, und viele aus der Gruppe halten mit ihren Teleobjektiven durch bis zum nächsten Morgen. Aber dann, gleich nach Sonnenaufgang, zwingen die Urgewalten einen von uns doch noch in die Knie. Als der Fuego das nächste Mal spuckt, fasst sich der bis über beide Ohren verliebte Pedro aus Guatemala-Stadt ein Herz und bittet zu Füßen seiner Ana um ihre Hand.

»Sí!«, ruft die Gefragte ergriffen unter tosendem Applaus.

»Vamos amigos!«, fordert Juan nur zwei Sekunden später. Und lacht ein so schelmisches Lachen, wie es wohl nur jemandem vergönnt ist, der am Vulkan schon alles erlebt hat.

Die Neujahrsnacht verbringen wir in einem Restaurant, wie wir es noch nie zuvor gesehen haben. Es verfügt über zwei Etagen, bietet aber nur zwanzig Personen Platz. Und das auch nur, wenn man die Plätze an der Bar mitzählt. Wir haben reserviert und bekommen von der Besitzerin, eine durch und durch sympathische Quasselstrippe, eines der Tischchen in der oberen Etage zugewiesen. Da in dem winzigen Restaurant kein Platz für eine Treppe ist, gelangt man mithilfe eines Stricks über ein annähernd senkrecht aufgestelltes Steigbrett nach oben. Als Gästebuch dienen die Decken, Wände und Holztische, die übersät sind mit Unterschriften, kleinen Zeichnungen, Grüßen und Stickern. Wir bestellen Pizza, Burritos, gegrillte Auberginen und zwei Flaschen *Gallo,* mit denen wir auf uns anstoßen. Natürlich kommen wir nicht umhin, Bilanz zu ziehen. Wir sind dankbar und ein bisschen stolz, dass unser Volunteering-Experiment schon ein ganzes Jahr lang so gut funktioniert. Als wir loszogen, da wussten wir, dass wir für einen längeren Zeitraum in den afrikanischen Busch ziehen würden. Mehr aber auch nicht. Wo wir danach noch landen würden, wussten wir damals genau so wenig, wie wir heute wissen, wohin uns unsere Reise nach dem Projekt in Costa Rica führen wird. Wir wünschen uns, dass wir es nach Südamerika schaffen. Wir träumen von Ecuador, Peru und Chile. Davon, es mit unserem Van, der morgen dreißig Jahre alt wird, bis nach Patagonien zu schaffen. Doch aktuell sind die Voraussetzungen dafür alles andere als vielversprechend. In Peru ist die Hölle los. Bei Versuchen, die Proteste gegen die neuen politischen Kräfte im Land zu zerschlagen, eskaliert dieser Tage die Gewalt. Die täglich steigenden Zahlen an Menschenrechtsverletzungen, Verwundeten und Getöteten verunmöglichen jeden Gedanken an eine Einreise. Es wird tatsächlich unmöglich, bei dieser Nachrichtenlage durch Peru zu reisen, weil die Grenzen infolge der Ausschreitungen geschlossen sind. Ausgerechnet Peru! Für eine mögliche Weiterreise in Südamerika ist das Land von zentraler Bedeutung für uns, da es an jedes unserer südamerikanischen Traumländer grenzt. Es auf Umwegen durch Brasilien und Bolivien zu umfahren, würde uns enorm viel Zeit und Geld rauben. Wir stellen uns fürs neue Jahr also besser schon mal darauf ein, noch spontaner und noch flexibler zu reisen, als wir es ohnehin schon tun. Wenn uns diese Reise in zwölf Monaten eines gelehrt hat, dann ist es wohl, darauf zu vertrauen, dass sich die Dinge schon irgendwie fügen werden. Wir trinken darauf. Und um Punkt zwölf auf unseren Chevy. Happy Birthday, altes Haus!

Zum dreißigjährigen Jubiläum spendieren wir unserem Van eine vierhändige Schaummassage. Als er frisch geputzt ist, ziehen wir zurück in unser Heim auf Rädern. »Vamos amigos, ab nach Costa Rica!« Die schwierigsten Entscheidungen auf Reisen sind ja immer die, was man alles nicht sehen kann, weil man so vieles zugunsten längerer Aufenthalte nun einmal auslassen muss. Wir hatten uns für Guatemala und insbesondere für Antigua entschieden. Und auch für Nicaragua, wo uns die Binnenseeinsel Ometepe für einen letzten erholsamen Zwischenstopp empfohlen wurde. Sorry, El Salvador und Honduras, dieses Mal sind wir leider nur auf der Durchreise. Und danke, dass an euren Grenzübergängen alles so viel schneller und unkomplizierter lief als überall zuvor. Reisepässe ausstempeln, alte Auto-Einfuhrgenehmigung gegen neue tauschen, frische Stempel in die Pässe, fertig. Auch deshalb haben wir es geschafft, an nur einem langen Tag in drei Ländern gewesen zu sein. El Salvador, Honduras und jetzt Nicaragua.

In Granada, einer Stadt mit vielen Sehenswürdigkeiten am Ufer des Nicaraguasees, bahnen wir uns einen Weg zum Gemüsemarkt. Mit jedem Schritt achten wir darauf, mit niemandem zusammenzustoßen. Aus der Vogelperspektive muss der Straßentrubel aussehen wie eins dieser Wimmelbilder, auf denen man als Kleinkind stundenlang das Männchen im rot-weißen Streifenpulli gesucht hat. Menschen, Tiere, Fahrzeuge wuseln nur so durcheinander. Es ist laut und lebendig und unterhaltsamer als jede Fernsehsendung. Mit einem Eselskarren lässt sich ein junges Pärchen samt übersteuert krächzendem Gettoblaster gegen den Strom ziehen. Auf einem Motorroller, der blaue Wölkchen hustet, knattert eine ganze Familie im Slalom durch die Menge. Vorbei an einem schnauzbärtigen Mann, der seinen Bauchweggürtel über seinem Oberhemd trägt. Hingebungsvoll kämmt er sich den Schnauzbart, während ihm ein Dickbäuchiger in Schürze frisch frittierte Schweineschwarten so gestenreich anpreist, als dolmetsche er seine eigenen Gebärden. Von der Straßenmitte arbeiten wir uns staunend Richtung Bürgersteig vor. Irgendwo dahinten muss eine Seitengasse zum Markt führen. Das denke ich mir noch und bleibe wie gelähmt vorm Rinnstein stehen. Eine giftig blaue Brühe transportiert Plastikmüll wie kleine Schiffchen die Straße hinunter.

Es ist natürlich unfair, den Spuren des Trauerspiels ausgerechnet in Nicaragua zu folgen, denn in vielen Regionen angrenzender Länder ist es nicht anders als in Granada. Abseits der Nationalparks und anderer geschützter Naturreservate versinkt Zentralamerika im Müll. Nein, das ist fürwahr keine Neuigkeit. Umso schwerer ist der Anblick zu ertragen. Wir lassen die Gasse zum Gemüsemarkt links liegen. Stattdessen folgen wir dem traurig blauen Fluss aus Müll. Stumm passiert er längst verstopfte Gullys, setzt seinen trostlosen Weg durch das lärmende Alltagsgetümmel unbeirrt fort. Nicht die EinwohnerInnen der Schwellenländer sind das Problem, sondern die Umstände, mit denen sie jeden Tag zu kämpfen haben. Der Verpackungsmüll wird überwiegend von den reichen Industrienationen produziert. In Europa hält die Bundesrepublik den düsteren Negativrekord. Unter allen EU-Ländern ist Deutschland größter Produzent und Exporteur von Kunststoffabfällen. Weil es in Mittelamerika so gut wie nirgends eine zentral gesteuerte Müllerfassung gibt, landet der Abfall in der Umwelt oder wird im Straßengraben verbrannt, wie wir es entlang der Panamericana immer wieder gesehen und an den beißenden Dämpfen brennender Kunststoffe schon hundert Meter gegen den Wind gerochen haben. Vor einer Brücke fließt das giftblaue Rinnsal den Abhang hinunter. Als wir uns über die Brüstung lehnen, überfällt uns ein schonungsloser Anblick. Unter uns schwappt ein sechs Meter breiter Fluss aus giftigem Plastikbrei tot gegen seine von Unrat und Abfall übersäten Ufer. Wir kannten diese schockierenden Bilder aus den Nachrichten. Jetzt blicken wir mit eigenen Augen in das Weltproblem »Plastik«. Es ist in seinen Ausmaßen so überwältigend, dass uns jedes Mal schwindelig wird, wenn wir darüber reden. In Costa Rica werden wir mit MeeresbiologInnen zusammenarbeiten. Zweifellos werden wir dabei mit dem Thema in Berührung kommen. Eine letzte, mehrtägige Fahrpause auf der Insel Ometepe liegt noch vor unserem ersten Arbeitstag. Ein grünes Inselidyll im Nicaraguasee. Zwei in weißen Hängematten unbekümmert hin- und herbaumelnde Seelen hatten wir im Sinn, als wir eines erschöpften Abends die Buchung bestätigten. Aber eigentlich wollen wir in diesem Moment nichts lieber, als endlich wieder die Ärmel hochkrempeln und uns ins nächste Projekt stürzen, statt tatenlos auf die Heilung unseres Planeten zu hoffen.

11 | NACHTSCHICHT MIT DINOSAURIERN

Halbinsel Osa, Puntarenas, Costa Rica

Schwül und samtschwarz umfängt uns die Nacht. Auf dem zurückweichenden Pazifik glitzert silberne Gischt. Unsere Schritte über den schwarzen Vulkansand bringen heute zusätzliches Licht ins Dunkel. Wie die Funken einer blauen Wunderkerze spritzt der aufgeworfene Sand von unseren Schuhspitzen davon. »Myriaden winziger, einzelliger Algen. Die Flut hat sie angespült. Auf Störungen von außen reagieren sie mit Lichtstößen«, erklärt Isa das Phänomen der Biolumineszenz. Mit einem langen Schweif fällt eine Sternschnuppe durch den Gürtel des Orion. »Im Dunkeln sieht man mehr«, hatte uns Isa vor ein paar Tagen gesagt, als wir die junge Meeresbiologin das erste Mal in stockfinsterer Nacht auf ihrer Strandpatrouille begleiteten. Dabei stolperten Anja und ich ohne Taschenlampen vier Stunden lang durchs Nichts. Blind für jeden anderen Blick, außer den auf die Milchstraße, kostete es uns einiges an Überwindung, dem Geräusch von Isas Schritten zu folgen. Im Gegensatz zu ihren austrainierten Rezeptoren konnten wir weder unsere eigene Hand vor Augen noch Hindernisse, wie etwa angeschwemmtes Treibgut, sehen. Drei schwarze Nachtgestalten in schwarzer Arbeitskleidung auf schwarzem Grund. So wollen wir unter dem Vorhang der Nacht verschwinden. Niemand soll uns bemerken. Weder die Wildtiere noch die Wilddiebe. Letztere trauen sich seit Bestehen des Artenschutzprojekts aber immer seltener hierher.

»Ihr braucht ein paar Nächte, aber dann werdet ihr schon sehen. Im wahrsten Sinne des Wortes.« Wir konnten es uns nicht vorstellen, doch Isa behielt recht. Dies ist unsere dritte Nachtschicht. Erneut sind Anja und ich mit der Madrilenin unterwegs. Doch dieses Mal laufen wir trittsicher neben ihr her. Schwarz ist nicht gleich Schwarz, wie unsere sensibilisierten Netzhäute nun erstaunlich nuanciert unterscheiden. Samtschwarz das Universum, kühlschwarz der Dschungel, tintenschwarz das Meer, anthrazitschwarz der Sand. Wir befinden uns an der Playa Carate, einem der entlegensten und wildesten Orte Mittelamerikas. »Auf der Halbinsel Osa lebt die Hälfte aller in Costa Rica vorkommenden Tierarten«, schwärmt Isa. »Darunter Jaguar, Tapir, Scharlachara, Goldkehltukan, zwei Faultier- und vier Affenarten.« Wir befinden uns am Ufer des größten zusammenhängenden Tieflandregenwaldes der zentralamerikanischen Pazifikküste. Es ist eines der letzten übrig gebliebenen Naturparadiese, in dem unser kleines Forschungscamp *Mariposa Azul* liegt. Der schmale Randbereich zwischen den Welten, da, wo der Dschungel auf den Pazifischen Ozean trifft, ist unser dunkelschöner Arbeitsplatz. Dabei patrouillieren wir den Strand keinesfalls nur des Nachts entlang. Im Schichtwechsel mit den anderen Teammitgliedern sind wir auch in den frühen Morgenstunden am Abschnitt westlich des Río Oro unterwegs. *Comunidad Protectora de Tortugas de Osa,* kurz COPROT heißt das Projekt, für das NaturwissenschaftlerInnen und Volunteers an insgesamt zwei Strandabschnitten rätselhafte Wesen aus der Urzeit erforschen. Noch immer stecken sie voller Geheimnisse, obwohl Meeresschildkröten bereits seit 150 Millionen Jahren die Ozeane bevölkern. Sie haben die Verschiebung der Kontinente erlebt und wuchsen über sich hinaus. Die zwei Tonnen schwere Archelon Ischyros kam in der

Oberkreide auf 4,6 Meter Länge und hatte eine Flossenspannweite von vier Metern. Die Dinosaurier starben vor 66 Millionen Jahren aus. Meeresschildkröten überlebten nicht nur den verhängnisvollen Meteoriteneinschlag auf der mexikanischen Yucatán-Halbinsel, der das Massensterben der Saurier vermutlich einleitete, sie überdauerten auch Eiszeiten und trotzten allen möglichen Naturkatastrophen. Nur die Katastrophe »Mensch« scheinen auch sie nicht überleben zu können. Zumindest nicht ohne Menschen wie Isa.

Man geht von circa dreißig Schildkrötenarten aus, die einst unsere Meere durchkreuzten. Heute existieren weltweit nur noch sieben. Sie alle stehen auf der Roten Liste (IUCN) der vom Aussterben bedrohten Tierarten. Unechte Karettschildkröte, Lederschildkröte, Wallriffschildkröte und Oliv-Bastardschildkröte gelten als gefährdet, die Grüne Meeresschildkröte ist als stark gefährdet eingestuft, und die Echte Karettschildkröte sowie die Atlantik-Bastardschildkröte sind sogar akut vom Aussterben bedroht.

Die geschlechtsreifen Muttertiere kehren eines Tages, manchmal erst nach fünfunddreißig Jahren im offenen Ozean, an den Strand ihrer Geburt zurück, wo sie ihrerseits ein Nest graben und ihre Eier hineinlegen. Dafür reisen sie Abertausende von Meilen durch das Meer, auf denen sie schnurgerade Kurse halten können. Wie die ältesten aller Meeresreptilien diese Meisterleistung vollbringen, bleibt ungewiss. Es gilt als sicher, dass sie wie Zugvögel über einen Kompass-Sinn verfügen, mit dem sie das Magnetfeld der Erde erspüren können. Weil sich die magnetischen Pole aber ständig verschieben, wäre eine Navigation, die sich allein auf einen Magnetsinn stützt, für eine punktgenaue Heimkehr viel zu ungenau.

»Vermutlich nutzen sie auch das Licht der Sterne und den Stand der Sonne, um sich zu orientieren«, erklärt Isa. »Und ganz sicher auch Gerüche. Riecht ihr das?« Wir atmen die tropische Nacht, durch die der Wind eine süße, holzige Note trägt. »Vielleicht ist es gegen Ende ihrer langen Reise ja der Duft des Seemandelbaums, der sie in die Heimat leitet.«

Der Geruch von Zuhause als unfehlbarer innerer Kompass. Eine schöne Vorstellung. Weitere Vermutungen sind, dass Meeresschildkröten die individuellen Muster im Wasser wahrnehmen, in denen der Wellengang auf verschiedene Orte zurollt, und sie diese wie Fingerabdrücke voneinander unterscheiden können. Vielleicht spielen sogar die Brandungsgeräusche eine Rolle. Und nach wie vor ist nicht auszuschließen, dass Meeresschildkröten gänzlich unbekannte, vielleicht gar unerklärliche Sinne nutzen. Unbestreitbar gibt es auf unserer Welt mehr, als wir Menschen wahrnehmen können. Phänomene, die außerhalb unserer Vorstellungskraft liegen. Ein simples Beispiel: Menschen können sich keine neue Farbe ausdenken. Als Trichromaten besitzen wir drei Rezeptoren, mit denen wir alle Farben des Regenbogens sehen können – mehr aber auch nicht. Was darüber hinausgeht, liegt jenseits des menschlich Erfassbaren. Tetrachromaten wie Vögel und Schildkröten können aber noch viele andere Farben erkennen. Sie sehen Dinge, die wir uns in den kühnsten Träumen nicht vorstellen können. Anekdoten von vorausahnenden Elefanten, die frühzeitig vor Tsunamis flüchten, oder Ziegen, die die Ausbrüche von Vulkanen wittern, scheinen beileibe nur die Spitze des Eisbergs aus siebten Sinnen zu sein.

Wegen ihrer des Nachts so hohen Lichtempfindlichkeit ist auf Schildkröten-Patrouille keinerlei künstliches Licht erlaubt. Erst wenn die Arbeit am Tier beginnt, dürfen wir unsere Kopflampen im Rotlichtmodus einschalten.

»Wartet!«, gebietet uns Isa in einem Tonfall, der so gerade eben noch als Flüstern durchgeht. In schimmernden Reflexen skizziert das Mondlicht ihr gebundenes Haar. Ich merke, wie sich die Art Aufregung in mir ausbreitet, die nur ein wild lebendes Tier in mir auslösen kann. Die Vorfreude, das Herzklopfen, das plötzlich gesteigerte Lebensgefühl, wenn etwas eintritt, mit dem man nicht fest rechnen konnte. Passiert es doch, das Unplanbare, entsteht ein Zauber, der nicht käuflich ist. Kein Zoo der Welt kann dieses Gefühl reproduzieren, weil verschlossene Türen des freien Lebens größter Feind sind. Die ganze Schönheit des Augenblicks liegt in der Koexistenz. Tief und breit, wie von einem einzelnen Traktorreifen, liegt die Spur einer Grünen Meeresschildkröte vor uns. Mit bis zu zweihundert Kilogramm sind die stark gefährdeten Panzertiere echte Schwergewichte. So federleicht es eben noch in seiner Wasserwelt dahinschwebte, so schwerfällig hievt sich das trächtige Weibchen nun den Strand hoch. Ab und an hebt sie den Kopf, als vergewissere sie sich der eingeschlagenen Richtung. Wer weiß, ob es ihre erste Heimkehr ist, denke ich ins costa-ricanische Schwarz hinein. Vielleicht spürt sie gerade zum ersten Mal seit Jahrzehnten Land unter ihrem Bauchpanzer. Als sie zur Welt kam, war ihr Plastron noch ganz weich. Mit vielleicht zwanzig Gramm wog sie so viel wie ein Tütchen Backpulver. Jahrzehnte später zieht sie ihren massigen Dinosaurierkörper mit beiden Vorderflossen Richtung Vegetationszone, wo sie im Schutz der Dunkelheit ein Nest für rund einhundert Eier ausgraben und den Kreislauf des Lebens neu beginnen wird. Ihre Seufzer lassen erahnen, welche immensen Anstrengungen die werdende Mutter zum Fortbestand ihrer Art auf sich nimmt. Instinkte, so alt wie das Meer, gegen die harten Gesetze terrestrischer Physik. Kurz vor den Seemandelbäumen beginnt das Weibchen, sich um die eigene Achse zu drehen und dabei mit allen vier Flossen ein Stückchen Strand sauber zu fegen. Im Mondlicht ist gut zu erkennen, wie durch die anhaltende Bewegung nach und nach eine kleine Vertiefung entsteht. Als sie mit ihrer Körpergrube zufrieden ist, hält sie für einige laute Atemzüge inne. Fast wirkt es, als sammle sie noch einmal ihre Kräfte.

»Gleich geht es los«, flüstert Isa. »Lasst uns auf Position gehen.«

Ohne ein weiteres Wort schleichen wir uns heran, bis wir wenige Meter hinter dem Tier hocken und mit leisen Handgriffen unsere Ausrüstung und ein wasserfestes Büchlein aus dem Rucksack holen, in das wir unsere Field Notes schreiben. Was vorhin nur zu erahnen war, wird jetzt zur Gewissheit: Dieses Muttertier ist gewaltig! Vorsichtig lege ich mich bäuchlings hinter sie. So nah, dass ich die Details der zwei hellen Seepocken erkennen kann, die an ihrem untersten Hornschild kleben. Und so nah, dass ich sie riechen kann. Ihren eigentümlichen Duft werde ich nie wieder vergessen. Mit einer Mischung aus feuchter Erde und Algen riechen Grüne Meeresschildkröten nach dem, was sie sind: zwischen den Welten wandelnde Kreaturen. Heute Nacht bin ich fürs Zählen zuständig, wozu ich einen freien Blick auf die herausfallenden Eier haben muss. Währenddessen werden Anja und Isa die Schildkröte vermessen, taggen, sofern sich noch keine Identifikationsmarken an ihren Flossen befinden, und schließlich den exakten Standort des Nests vermessen. Nur Zentimeter vor meinem Gesicht beginnen zwei gewaltige Hinterflossen mit der eigentlichen Nestgrabung. In der Vergangenheit bin ich beim Gerätetauchen bereits des Öfteren Grünen Meeresschildkröten begegnet. Besonders neugierige Tiere konnte ich auf diese Weise auch durchaus schon aus nächster Nähe betrachten. Nie aber hätte ich mir vorstellen können, was mir ihre unter Wasser so steif wirkenden Flipper jetzt vorführen. Wie menschliche Hände wölben sich ihre flächigen Hinterflossen zu Schaufeln und heben mit größter Präzision eine zylindrische Höhle unter ihrer Kloake aus. Links, rechts, links, rechts. Immer im Wechsel. Es ist ein Vorgang entschlossener Seelenruhe. Nur unterbrochen von gelegentlichen Verschnaufpausen. Der Sand wird einfach zur Seite geschleudert, wobei ich aufpassen muss, mir keine Ohrfeige einzufangen. Unten, in einer Tiefe von etwa einem halben

Meter, entsteht die runde Nistkammer. Die Struktur des Baus ist mit der Form eines Rundkolbens vergleichbar, wie man ihn aus dem Chemieunterricht kennt.

Eine gute Dreiviertelstunde später scheint die werdende Schildkrötenmutter mit ihrem Nest zufrieden zu sein. Mit meiner Kopflampe gebe ich Isa und Anja ein Lichtzeichen, dass es jeden Augenblick losgeht. Dann richte ich den roten Schein zurück auf Mama Schildkröte, die ihre Flipper bereits auf der Nisthöhle abgelegt hat. Um freie Sicht zu haben, muss ich ihre linke Flosse ein Stück anheben. Wahnsinn! Jetzt halte ich doch tatsächlich einem Koloss von geschätzten hundertfünfzig Kilogramm das Händchen. Es ist glattes, überraschend weiches Leder, unter dem ich wie durch ein Schlüsselloch in eine andere Zeit hindurchlinse. Seit Millionen von Jahren spielt sich dieser Prozess ab, ohne dass die Evolution je einen Grund gesehen hätte, ihre Erfolgsformel zu verändern. Mit einer Spannung, die durch den gesamten Reptilienkörper bis in meine linke Hand hineinfährt, beginnt der intime Hauptakt des urzeitlichen Schauspiels. Ganz leise – plopp, plopp, plopp – fallen die ersten drei golfballgroßen Eier auf den Höhlenboden. Eine klare, zähe Flüssigkeit umgibt die weichen Schalen, schmiert und schützt sie, bis die Schildkröte das fertige Gelege mit feuchtem Sand zudecken wird.

Ich präge mir die genaue Uhrzeit ein, dann sage ich »Und los!« zu Isa und Anja, denn ab jetzt dürfen wir miteinander reden. Sobald das erste Ei draußen ist, fallen Meeresschildkröten in eine Art Trance-Zustand, in dem sich ihr Fortpflanzungstrieb von nichts mehr stören lässt. Alles in ihr ist jetzt auf Reproduktion eingestellt, was den Zeitpunkt ideal für unsere Arbeit macht. Natürlich verhalten wir uns trotzdem ruhig und unaufgeregt, um ihr Stresslevel so niedrig wie möglich zu halten. Während ich die ledrigen Eier zähle, drückt mir Anja das Ende des Maßbands in die freie rechte

Hand. Für die nächsten Minuten halte ich es direkt über die Nistgrube, während die anderen beiden per Triangulation den exakten Standort des Nests vermessen. Dabei suchen sie sich um das Nest herum drei verschiedene Punkte, in der Regel sind das Baumstämme, die sie mit einem farbigen Band markieren. Von dort wird die Entfernung zum Nest gemessen, sodass wir es auch Wochen später noch lokalisieren können, um den Schlüpferfolg zu bestimmen. Würden wir einfach ein Stöckchen in den Sand stecken, wüsste jeder Wilddieb, wo er zu graben hat. Anschließend nimmt mir Anja das Maßband wieder aus der Hand – ich zähle bereits die Eier 64 und 65 – und tauscht es gegen ein GPS-Gerät aus, mit dem zusätzlich die Koordinaten des Nests bestimmt werden. Die digitalen Positionsdaten sind zwar zu unpräzise, um das Nest zu finden, reichen aber aus, um die bevorzugten Nistzonen zu kartografieren.

Nur Augenblicke, nachdem mir Anja auch das GPS wieder aus der Hand genommen hat, legt nach gut achtzehn Minuten auch Mama Schildkröte ihr letztes Ei. Erneut blicke ich auf die Uhr, dann überträgt Anja alles ins Notizbuch. Insgesamt habe ich vierundneunzig normal große Eier sowie vier kleinere unbefruchtete Eier gezählt. In Letzteren befindet sich statt eines Embryos nur etwas Eiweiß. Sie werden austrocknen und in sich zusammenfallen, während die befruchteten Eier inkubieren. So verschaffen sie den frisch geschlüpften Schildkrötenbabys etwas mehr Freiraum im Nest, um auf ihrem anstrengenden Weg nach oben besser agieren zu können.

Während die frischgebackene vierundneunzigfache Mutter ihre Nistgrube zuschaufelt, spannen die beiden Frauen ein Maßband über ihren Rückenpanzer, den BiologInnen Carapax nennen. Sie notieren die Panzerlänge von 105,8 und -breite von 96 Zentimetern und beginnen mit dem Bodycheck. Das Tier wird erst optisch nach Auffälligkeiten abgesucht und schließlich auch abgetastet. Isa und Anja halten dabei Ausschau nach Angelhaken oder Leinen, die sich am Tier verfangen haben könnten, nach Narben von Bootsschrauben, fehlenden Gliedmaßen oder anderweitigen Verletzungen wie etwa dem Biss von einem Hai. Doch bei dieser Schildkröte scheint alles in Ordnung zu sein.

Zuletzt stanzt Isa je einen Metalltag mit einer individuellen Buchstaben- und Nummernabfolge in die Vorderflossen. Tags sind für die Forschung von elementarer Bedeutung, um die individuellen Tiere eindeutig identifizieren und gesammelte Daten zuordnen zu können. Sie geben Auskunft über Populationstrends, Bewegungsmuster, Strandungen, individuelle Wachstumsraten, die Fortpflanzungsgeschichte und vieles mehr. »EX104 und EX105«, notiert Anja, dann ist es geschafft.

Aus ein paar Metern Entfernung beobachten wir das Muttertier, wie es das geschlossene Nest mit Ästen und Laub sorgfältig vor Plünderern wie dem Jaguar tarnt. Vielleicht sehen wir sie in den nächsten Wochen noch einmal wieder. Insgesamt halten trächtige Meeresschildkröten genug Eier in sich, um in einer Nistsaison bis zu drei Gelege zu füllen.

Wenig später sitzen wir mit gepacktem Rucksack ein Stückchen oberhalb der Flutlinie im Sand. Wir atmen durch und lesen Sternbilder. Zum ersten Mal seit Afrika entdecken wir das Kreuz des Südens wieder. Isa, deren Lachen so ansteckend sein kann, erzählt von ihrem ersten Job in einem spanischen Zoo, in dem sie kreuzunglücklich war. Durch eine Freundin ist sie auf COPROT aufmerksam geworden. Kurzerhand schickte sie ihre Bewerbung nach Costa Rica, wurde eingestellt und will seither nichts anderes mehr tun, als das knapp fünf Jahre junge Artenschutzprojekt weiter auszubauen.

»Ich hatte den alten Job zwei Wochen vor meinem Abflug gekündigt«, berichtet Isa, während sie sich den Pferdeschwanz neu bindet. »Jetzt ist die Halbinsel Osa mein Zuhause.«

»Krass, Isa«, staune ich, »in nur vierzehn Tagen vom Zoo in die Wildnis.«

»Wir haben dagegen ewig gebraucht, bis wir mal in die Pötte gekommen sind«, erinnert Anja. »Wenn man auf sein Herz hört, kann so ein Lebenswandel offenbar ziemlich fix gehen.«

»Wer weiß, ob ich mich getraut hätte, wenn mir die Zeit zum Zweifeln geblieben wäre. Ich glaube, manchmal ist das Glück so in Eile, damit es der Kopf nicht zerdenken kann.«

In unseren Rücken ertönt leises Stöhnen. »Da bist du ja!«, raunt Anja.

Im Mondlicht robbt sich unsere stattliche Schildkrötenmutter Zug um Zug Richtung Brandung. Als sie die Linie der letzten Flut überschreitet, werfen ihre Vorderflossen blaue Funkenregen.

»Kneif-mich-Momente«, sagt Isa, »die schenkt einem die Osa jeden Tag.«

Nach etwas mehr als drei Stunden an Land hat es unsere Saurierdame zurück ins Wasser geschafft. Zwei Wellen waschen über ihren mächtigen Panzer, mit der dritten ist sie verschwunden.

Meeresforschung ist eine Reise in einen Kosmos voller Wunder, Überraschungen und Rätsel. Weniger als fünf Prozent der etwa dreihundert Millionen Quadratkilometer Meeresboden gelten als erforscht. Schon ab einer Tiefe von zweihundert Metern sickert kaum mehr Sonnenlicht durchs Wasser. Zunehmende Dunkelheit, Kälte und Druck erschweren die Forschungsbedingungen mit jedem weiteren Meter. In der aphotischen Zone ist schließlich alles Licht verschluckt. Je nach Klarheit des Wassers beginnt die totale Finsternis ab etwa achthundert Metern Tiefe. Im Durchschnitt sind unsere Weltmeere aber rund vier Kilometer tief. Der tiefste Punkt liegt im Westpazifik, wo der Grund des halbkreisförmigen Marianengrabens bis zu elf Kilometer unter der Wasseroberfläche liegt.

In diese finsteren Untiefen haben sich bis heute weniger Menschen begeben als auf den Mond. Unser Wissen über ozeanisches Leben ist im wahrsten Sinne des Wortes oberflächlich. Klar ist nur, dass in den verborgenen Unterwasserwelten von einer riesigen unbekannten Artenvielfalt auszugehen ist. Einundsiebzig Prozent der Erdoberfläche sind mit Meeren bedeckt. Sie bilden den größten aller irdischen Lebensräume – und wir sind drauf und dran, ihn zu zerstören, noch bevor wir ihn richtig kennengelernt haben.

Als ich *Meeresbiologe* unserem Traumjob-Katalog hinzugefügt hatte, spielten Schildkröten dabei keine Hauptrolle. Stattdessen sind es Wale, die hinter dem Traum stecken. Tiere so lang wie ein Tennisplatz, habe ich mir als Kind gedacht, wenn mein Aufschlag es mal wieder nicht über die Grundlinie geschafft hat. Die sanften und manchmal singenden Riesen hatten es mir angetan. Bis heute hat sich daran nichts geändert. Im Gegenteil, meine Faszination für die mystischen Giganten ist größer denn je. Deshalb steht *Meeresbiologe* auf unserer Jobliste auch in Klammern – gleich hinter dem Wort *Walforscher.* Von Südafrika über Kanada bis nach Hawaii und Mexiko, überall haben wir schon nach Möglichkeiten recherchiert, an einem tollen Walprojekt teilzuhaben. Manchmal kamen als Freiwillige nur StudentInnen der Meeresbiologie infrage, manchmal überzeugte uns das Projekt nicht, weil es bei näherer Betrachtung mehr nach Profit als nach Artenschutz roch. Hinzu kommt, dass der Walkalender nicht besonders gut zu unserem Reise-Timing passen will. Meistens sind die wandernden Meeressäuger gerade da, wo wir gerade nicht sind. Dass sich die Wanderungen der Wale eines Tages doch noch einmal mit unserer eigenen überschneiden und wir zum genau richtigen Zeitpunkt ein passendes Forschungsprojekt finden, ist doch eher unwahrscheinlich.

Als ich meine Hoffnungen auf ein Walforschungsprojekt irgendwann resigniert über Bord warf, dachte ich an Sylvia Earle, Antje

Boetius und Robert Marc Lehmann und daran, dass ich mir, ob Säugetier, Reptil oder Fisch, so oder so wünschte, mehr über das Leben im Ozean zu erfahren. Und so schrieb ich eine E-Mail an Christine Figgener, eine bekannte deutsche Meeresbiologin, die schon vor Jahren nach Costa Rica ausgewandert ist. Ihr Video, auf dem ihr Team einen Plastikstrohhalm aus der Nase einer Oliv-Bastardschildkröte entfernte, ging 2015 um die ganze Welt. Das schmerzverzerrte Gesicht ihrer Patientin ist kaum zu ertragen, doch das Video hat seinen Effekt nicht verfehlt. Es hat eine weltweite Debatte um Wegwerfprodukte entfacht, das Thema emotionalisiert und damit die heute gültigen Einwegplastik-Verbote enorm begünstigt. Als wir über ihr Schildkrötenprojekt an der Karibikküste Costa Ricas lasen, waren wir hellauf begeistert und wollten unbedingt mithelfen.

»Ich finde euren Enthusiasmus mega«, schrieb Christine noch am selben Tag zurück, »allerdings ist die Nistsaison im Januar und Februar vorbei. Hier oben an der Karibikküste haben wir in diesem Zeitraum nicht wirklich etwas für euch zu tun. Aber unten, an der Pazifikküste, sieht es ganz anders aus. Auf der Osa wird unsere Partnerorganisation COPROT alle Hände voll zu tun haben. Wenn ihr wollt, schreibe ich der Gründerin Laura mal eine Nachricht.«

Und ob wir wollten! Es ist nicht immer einfach, ethische von ethisch fragwürdigen Projekten zu unterscheiden, weshalb Empfehlungen so hilfreich sind und andernfalls die persönliche Kontaktaufnahme mit ehemaligen Volunteers so viel Sinn ergibt. Zum Beispiel sind Release-Events, für die frisch geschlüpfte Baby-Schildkröten zuvor in Eimern oder Pools aufbewahrt wurden – manchmal mehrere Tage lang, um zahlenden TouristInnen ein Erlebnis zu bieten –, sicherlich kein Artenschutz. Dafür muss man wissen, dass die kleinen Schlüpflinge eine geringe Menge übrig gebliebenes

Eigelb in sich tragen, mit dem sie die ersten anstrengenden Tage im Ozean überleben sollen. Verschenken sie die wertvolle Energie in Gefangenschaft, fallen ihre sowieso schon geringen Überlebenschancen weiter drastisch ab. Wird einem im Urlaub die Möglichkeit geboten, eine Entlassung in der Nacht oder in der Dämmerung mitzuerleben, die unmittelbar nach dem Schlupfvorgang stattfindet, kann die Gelegenheit dagegen unbedingt und guten Gewissens wahrgenommen werden.

Über Christine lernten wir also Laura kennen. Wir verabredeten ein Videotelefonat und erzählten ein bisschen von uns. Anschließend hatten wir das Gefühl, dass sich unsere Ausbildung zu Safari Guides zum ersten Mal in einem Vorstellungsgespräch bezahlt gemacht hatte. Weil wir unbedingt lernen wollen, alle Aufgaben in der Feldarbeit selbst durchzuführen, bot uns Laura an, das Team nicht als Volunteers, sondern als Research Assistants zu unterstützen. Da das Anlernen seine Zeit braucht, müssten wir uns allerdings für mindestens zwei Monate verpflichten. Das passte uns gut, womit die Sache in nur einem Telefonat geritzt war. Wir legten auf und mussten es anschließend noch mal laut aussprechen, einfach, weil's so verrückt klang: Wir dürfen in das tägliche Leben feldforschender MeeresbiologInnen schnuppern. Als Forschungsassistentin Anja und Forschungsassistent Lars. Natürlich unbezahlt, aber mit einer etwas verringerten Verpflegungspauschale. Für freie Kost und Logis zu arbeiten geht in einer Non-Profit-Organisation wie dieser nicht auf. Der logistische und finanzielle Aufwand, ein tief im Dschungel gelegenes Camp zu betreiben und regelmäßig mit Lebensmitteln zu versorgen, ist erheblich. Auch unser Chevy rentiert sich im Schildkrötenprojekt, weil wir während unserer Zeit bei COPROT darin schlafen. So können zwei zusätzliche Betten an weitere Freiwillige vergeben werden.

»Es gibt nie genug helfende Hände«, sagt Laura, als wir sie erstmals unverpixelt wiedersehen. Ihr Gesicht wirkt weich und ausdrucksstark zugleich – genau wie ihre Stimme. Sie hat wache, lebendige Augen, tiefbraun wie ihr hüftlanges Haar, das über beide Schultern fällt. »Ohne Volunteers würde es COPROT nicht geben. Schön, dass ihr da seid!«

Den täglichen Fachunterricht über die Ökologie und den Schutz der bedrohten Meeresreptilien bekommen wir von den fertigen und angehenden BiologInnen im Team. Als frischgebackene Mutter ist Laura nicht täglich hier draußen. Sie wohnt mit ihrer dreiköpfigen Familie in Puerto Jiménez, dem nächstgelegenen Ort. Als uns Laura im Camp besucht, sitzen Anja und ich noch etwas verschlafen vorm Chevy und genießen die vormittäglich milden Temperaturen. Wir haben unser fahrendes Zuhause auf der Wiese vorm Badehäuschen geparkt. Nach langen Nachtschichten ist es uns zum Ritual geworden, den Tag am Klapptisch mit Kaffee und Ferngläsern zu begrüßen. Es ist ein schöner Moment, denn es gibt immer was zu beobachten. Spätestens ab sieben Uhr hört man die Rotstirnamazonen, die sich laut krächzend von Baum zu Baum unterhalten. Stundenlang schreien sich die grünen Papageien an, als könnten sie nicht einfach einen Ast weiterfliegen. Ihre roten Verwandten mit den blau-gelben Flügeln, die Scharlacharas, sind derweil schon auf dem Weg zum Frühstück. Wie es sich für Verfechter der Monogamie gehört, fliegen sie immer paarweise zum Strand, wo sie sich über die Früchte der Seemandelbäume hermachen. Grüne Leguane sind im Dschungel schon schwerer zu entdecken. Doch wenn ein Männchen in Paarungslaune ist, leuchtet es knallorange aus dem grünen Dickicht heraus und kann sich unserer sowie der Blicke der Leguandamen sicher sein. Mit ihren überdimensionierten Schnäbeln sind auch die Goldkehltukane nicht zu übersehen. Sie sehen nicht danach aus, doch sind ihre

Schnäbel federleicht, da sie von Luftkammern durchzogen sind, die die Körpertemperatur regulieren.

Überhaupt spielen sich im Dschungel die spannendsten Dinge oben in den Baumkronen ab. Denn sie sind das Reich der Affen, und hier im Camp turnen alle vier in Costa Rica vorkommenden Arten herum. Die frechsten gehören zu einem Trupp Weißschulter-Kapuzineraffen, die das Zielpinkeln auf Menschen zu ihrem liebsten Hobby erklärt haben. Den Rotrücken-Totenkopfäffchen, die man vielleicht als Herrn Nilsson aus Pippi Langstrumpf kennt, sind wir hingegen herzlich egal. Auf ihrer täglichen Dschungelrunde kommen die Geoffroy-Klammeraffen gleich zweimal im Camp vorbei, nämlich einmal am späten Morgen und einmal am frühen Abend. Akrobatisch kann ihnen keine andere Art das Wasser reichen. Sie sprühen nur so vor Energie! Es ist eine wahre Freude, ihren waghalsigen Sprüngen und Klettermanövern zuzusehen, mit denen sie sich die dicksten Früchte aus den Baumkronen pflücken. Und dann sind da noch die schwarzen Mantelbrüllaffen, die mit hundert Dezibel so stimmgewaltig wie eine Kettensäge sind. Die ersten Europäer hielten sie für Waldgeister, weil sie in den Dämmerstunden so laut und bedrohlich durch den Urwald brüllen, dass einem das Blut in den Adern gefriert – bis man erkennt, dass es sich doch nicht um Godzilla, sondern bloß um harmlose, fünfzig Zentimeter kleine Vegetarier handelt, deren vergrößerter Kehlkopf und ein speziell geformtes Zungenbein einen ohrenbetäubenden Schallverstärker bilden. Dieses kakofonische Hörerlebnis bot sich uns bislang nur in den Abendstunden, was wir an einem entspannten Morgen wie diesem keinesfalls bedauern. Wenn keine Rotstirnamazone dazwischenlärmt, ist sogar das Trippeln der Blattschneideameisen zu hören, die mit ihrer grünen Fracht zwischen tanzenden Sonnenstrahlen aufmarschieren. Zwei Blaue Morphofalter kreisen um den Stamm einer Palme. Auf einer Aufsitzerpflanze finden sie endlich zueinander und entfalten ihre großen himmelblauen Flügel. Auf Spanisch sagt man *Mariposa Azul.* Sie sind die Namensgeber unseres Camps.

»Wir haben noch ein zweites Camp«, sagt Laura, nachdem wir eine Zeit lang zu dritt das tierische Treiben genossen haben. »Da sind auch unser Recycling Center und ein kleiner Permagarten eingerichtet. Es gibt mehr Betten und eine größere Küche, das Gelände ist auch weitläufiger als hier in Mariposa Azul. Hier seid ihr ja insgesamt nur zu acht. Feste, Freiwillige und Praktis zusammengerechnet, sind es drüben doppelt so viele.«

»Wo liegt das Camp denn genau?«

»Am Ende dieses Strandabschnitts, hinter der Mündung vom Río Oro links in den Dschungel, dann seid ihr nach hundert Metern da. Eure Frühschichten enden ja sowieso in der Nähe. Ihr könnt da jederzeit ein und aus gehen, euch Kaffee machen und euch zu den anderen setzen. Wir haben zurzeit in beiden Camps ganz tolle Teams.«

Durch Camp *Río Oro* kann noch ein zweiter, ebenso langer Strandabschnitt wie unserer abgedeckt werden. Damit stehen insgesamt acht Kilometer Strand unter dem Schutz von COPROT. Ich hole frischen Kaffee, dann müssen wir Laura noch mal von Afrika erzählen, aber auch von Jakes Permabeeten und Johns Agroforst. Mittelfristig soll der kleine Permagarten in Camp Río Oro eine größere Rolle in der Verpflegung des Teams spielen.

»Und du?«, stellt Anja schließlich die Frage, die auch mir unter den Nägeln brennt. »Was hat dich nach hier draußen verschlagen? Du kommst eigentlich aus England, oder?«

»Ja, das stimmt, und ich hab mich da immer irgendwie fehl am Platz gefühlt. Oder sagen wir, unerfüllt. Ich konnte es nie benennen, aber irgendwas hat gefehlt, so viel war sicher.«

»Du meinst beruflich?«

Laura nickt langsam. »Ich glaube, ich konnte dem ganzen Prinzip nie einen Sinn abgewinnen. Da gehst du jeden Tag zur Arbeit, legst über viele Monate Geld zur Seite, damit du irgendwohin reisen kannst, wo es schön ist, aber dann kannst du da nur zwei Wochen bleiben und gehst zurück in dieselbe Situation, aus der du gerade erst geflohen bist. Das ist doch verrückt! Und am nächsten Morgen klingelt der Wecker, und du hast dieses abscheuliche Gefühl im Bauch, dass ein neuer Tag an Dingen vor dir liegt, die du gar nicht wirklich magst. Aber du musst sie erledigen, Tag für Tag, Jahr für Jahr, weil du ja dein Haus mit dem schönen Garten halten willst, in dem du allerdings fast nie wohnst, weil du ja ständig bei der Arbeit bist.« Mit einem tiefen Atemzug fängt sie die Worte wieder ein, die wir so gut nachvollziehen können. »Das alles hat sich einfach nur verrückt angefühlt.«

»Und dann?«, will ich wissen. »Wie bist du hier in den Dschungel gekommen?«

»Irgendwann hatte ich mich in einem Naturschutzprojekt in Mexiko engagiert. Da war ich von morgens bis abends draußen und habe gemerkt, was es bedeutet, mit der eigenen Arbeit Positives zu bewirken und, wie soll ich sagen, meine Dankbarkeit auszudrücken, indem ich etwas zurückgeben kann. Weißt du«, erinnert sich Laura lächelnd zurück, »der Schritt nach Mexiko lag damals meilenweit außerhalb meiner Komfortzone. Aber er hat mir gezeigt, dass das Leben einem so viel mehr geben kann. Mit motivierten Menschen in Verbindung zu treten«, sie prostet dabei mit ihrem Tee gegen unsere Kaffeetassen, »zurück zur Natur zu finden, den kurzen Besuch auf diesem wunderschönen Planeten bewusst zu erleben, ach, ihr wisst schon, abends ins Bett zu gehen und das Gefühl zu haben, mit seinem Tag etwas von Bedeutung angefangen zu haben. Na ja, und von da an nahmen die Dinge ihren Lauf. Ich lernte mehr Leute kennen, hörte irgendwann von der Idee, auf der Osa dieses Projekt zu starten, und nahm es dann eines Tages einfach in die Hand.«

Als wir mit Laura vor unserem Chevy sitzen, den Affen beim Klettern zugucken und über Lebensentwürfe quatschen, muss ich auch an die Arbeitswelten von Graham, Jake oder den beiden Johns denken. Weil alle von ihnen, genau wie Laura, so beneidenswert erfüllt wirken, wenn sie über ihren Job sprechen. Weil Job sich aus ihrem Munde nie nach Arbeit anhört. Weil so eindeutig ist, wie stark die Moral ihrer Geschichten der von Lauras ähnelt. Auf einen Nenner gebracht, kommen wir dem Geheimnis postmateriellen Glücks zumindest ansatzweise auf die Schliche. Wem es mehr darum geht, etwas Positives zu bewirken, als Geld anzuhäufen, der ist auf dem besten Weg, die Quelle allen Glücks zu finden: sich selbst.

Als die ersten Aras vom Strand zurückkehren, räumen auch wir unseren Klapptisch ab und machen uns fertig. Denn Laura ist nicht nur unseretwegen im Camp. Sie hat einen Tierarzt und seinen Assistenten zu uns in den Dschungel bestellt, die den ganzen Nachmittag operieren werden. Den provisorischen Freilicht-Operationssaal, dazu einen Wartebereich und eine Aufwachstation müssen wir rechtzeitig mit Tischen, Decken und Faltpavillons aufbauen. Allerdings werden heute keine Schildkröten behandelt, sondern gewöhnliche Haushunde.

Hier im Dschungel gibt es eine kleine Gemeinschaft. Einheimische, die der Abgeschiedenheit ein Auskommen abtrotzen. Manche haben sich ein Haus aus Holz gebaut, andere leben in Unterschlüpfen, die aus Brettern und Kunststoffplanen zusammengenagelt sind. Die Gemeinschaft ist überschaubar, gesellschaftlich und wirtschaftlich von der Außenwelt abgeschnitten und unglaublich gastfreundlich und lustig. Wir genießen immer wieder den Kontakt, wenn wir bei Miguel vorbeischauen. Mit Anja kann er sich blendend unterhalten. Durch den Englischunterricht von COPROT treibt er seine Späße aber auch ohne jede Zurückhaltung mit mir. Genau genommen funkelt ihm der Schalk ununterbrochen aus den Augen. Miguel hat seiner Familie eine kleine Laube am Strand gezimmert. Wenn die zankenden Aras kurz vor Sonnenuntergang den Abend einläuten, kann man ihm Getränke abkaufen, die er mit seiner Enduro aus Puerto Jiménez hergebracht hat und die dank eines Solarpanels sogar kalt gestellt sind. Und so sitzen Anja und ich mit unseren ArbeitskollegInnen, die keine Nachtschicht haben, abends gern im Sand vor Miguels Zuhause. Als sei dieser Alltag das Normalste der Welt, dabei sind wir doch noch gar nicht so lange hier und können es noch immer kaum fassen, wenn wir uns unsere neue Wirklichkeit vergegenwärtigen. Unser neuer Kollegenkreis besteht aus MeeresbiologInnen, die uns zusätzlich wundervolle MentorInnen sind. Und die Geschichten, die wir uns vom Tag erzählen, handeln nicht mehr von Verkaufszahlen, Wachstumsstrategien und überflüssigen Meetings. Sie handeln vom Königsgeier, dem Gestreiften Pfeilgiftfrosch und anderen Sichtungen seltener Tiere. Zurzeit steht auch mein schwarzer Jaguarundi hoch im Kurs. Die mittelgroße Raubkatze aus der Familie der Pumas ist noch immer wenig erforscht. Kurz nach Sonnenaufgang hatte ich am Strand das große Glück, sie für ein paar verwackelte Videosekunden dabei aufzunehmen, wie sie sich aus dem grünen Dickicht wagte.

Im Kreise der Locals vor Miguels Hütte fällt kaum mehr auf, dass ihr Umweltbewusstsein in mancher Hinsicht noch ein anderes ist als unseres. Die kontinuierliche Aufklärungsarbeit von COPROT wird gut angenommen, obwohl es nicht ihr persönlicher Verzehr von Schildkröteneiern war, der den Bestand der marinen Reptilien bis zu ihrer Bedrohung dezimiert hat. Wie so oft spielen von den Industriestaaten verursachte Umweltprobleme die ungleich schwerwiegendere Rolle, wobei Klimawandel und Plastik nur zwei Punkte auf einer langen Liste sind. Auch, was den Verzehr angeht, übten sich die Industriegesellschaften einmal mehr in Maßlosigkeit. Unter europäischen Seefahrern galt Schildkrötenfleisch zunächst als Mittel gegen Skorbut. Als man erkannte, dass die Meeresreptilien bis zu einem Jahr ohne Nahrung überleben können, lagerte man sie, machtlos auf den Rückenpanzer gedreht, als lebenden Fleischvorrat an Bord. Später entwickelte sich die Schildkrötensuppe zur Delikatesse. Mit Sherry abgeschmeckt, landete sie auf den Speisekarten aller europäischen Luxusrestaurants und Hotels, die etwas auf sich hielten. Auch im Menü der *Titanic* durfte die »Königin der Suppen« nicht fehlen. Es kam, wie es kommen musste. Meeresschildkröten wurden industriell gejagt und geschlachtet. Ihr Fleisch verkam zum Massenprodukt, das als Dosensuppe in den Supermarktregalen landete. Immer ging es um das Fleisch der heute stark gefährdeten Grünen Meeresschildkröte, die deshalb auch den unheilvollen Beinamen Suppenschildkröte trägt. Als in Deutschland noch Schildkrötensuppe gegessen wurde, war ich bereits auf der Welt. Mit einem Hinweis für die KonsumentInnen, dass es sich um das Fleisch einer bedrohten Tierart handele, strich Tengelmann das Produkt erst 1984 aus seinem Angebot.

Dank der Aufklärungsarbeit und dem prinzipiellen Grundsatz von COPROT, Einheimische am Ökotourismus teilhaben zu lassen, gibt es an unseren Strandabschnitten nur noch zwei nicht-natürliche Feinde, die Schildkrötennester plündern. Wilddiebe, die hier *Hueveros* genannt werden, deren Zahl seit Bestehen der Forschungscamps aber zurückgeht, und zum anderen die Haushunde der einheimischen Dschungelgemeinschaft. Die lassen sich hier nicht so behütet halten, wie wir es aus Deutschland kennen. Stattdessen stromern sie selbstständig durch die Gegend, und dabei fressen Hunde nun einmal alles, was nach Fressbarem riecht. Es vergeht kaum eine Frühschicht, auf der wir keinen Hund in flagranti erwischen und aufgebuddelte Schildkrötennester wieder zuschaufeln. Natürlich will niemand den Menschen ihre Hunde wegnehmen. In der Abgeschiedenheit leisten sie ihnen wertvolle Gesellschaft und vermitteln nachts das Gefühl von Sicherheit. Der große Erfolg von COPROT liegt darin, die HundebesitzerInnen von der Kastration ihrer Schützlinge überzeugt zu haben, damit sie sich untereinander nicht noch weiter vermehren. Für heute Nachmittag gilt das Versprechen, dass jeder Hund, der zu unserem Kastrationstag gebracht wird, auch eine kostenfreie allgemeinmedizinische Untersuchung und Behandlung festgestellter Leiden bekommt. Und eine Tüte Hundefutter gibt es auch noch.

Neben Camp Mariposa steht ein Gebäude aus Bambus, in dem die Kinder der Gemeinschaft unterrichtet werden. Zur Dschungelschule gehört auch eine Spielwiese, auf der wir alles für die anstehenden Operationen herrichten. Zu acht sind die Pavillons, Klapptische und Sitzbänke schnell aufgebaut. Mit beschriftetem Treibholz teilen wir die Pavillons in Wartezimmer, Operationssaal und Aufwachbereich ein, dann dürfen sich die bereits wartenden HundebesitzerInnen setzen.

Bevor er mit seiner Arbeit beginnt, teilt Doktor Sánchez jedem von uns eine Aufgabe zu. Die spanische Muttersprachlerin Isa übernimmt die Rezeption, Laura knüpft und pflegt im Wartezimmer die Beziehungen zu den Einheimischen, Camp-Managerin Yolanda beschäftigt die Kinder mit einem gebastelten Tierquiz, Biologe Chris aus Manchester wiegt die Hunde, bevor Assistenzarzt López das Anästhetikum dosiert, Biologin Megan aus Bristol überwacht die Tiere im Aufwachraum, gemeinsam mit Emilia, einer Freiwilligen aus Mailand, wäscht und desinfiziert Anja das Operationsbesteck, und ich trage einen betäubten Hund nach dem anderen durch die Stationen. Wir funktionieren wie am Fließband, und weil auch der Zulauf an Patienten nicht versiegt, läuft unsere Tierklinik im stundenlangen Dauerbetrieb. Es macht richtig Spaß, im Team so produktiv vorwärtszukommen. Wenn ich gerade keinen Hund zu tragen habe, stehe ich am liebsten bei Doktor Sánchez am Operationstisch, der mir leutselig jeden seiner Handgriffe erklärt. Einem Boxer-Mischling muss zusätzlich eine klaffende Wunde am Hüftmuskel genäht werden. Die Geschichte dahinter hat sich Isa an der Rezeption erzählen lassen. Weil er ihn als nächtlichen Besucher für eine Gefahr hielt, wollte der Hund einen Tapir verscheuchen. Also lief er bellend auf das Rüsseltier zu, was er allerdings umgehend bereute. Der Tapir ist von eigenwilliger Gestalt. Ich finde, er sieht aus wie eine Mischung aus einem Schwein und einem Pferd. Der Pflanzenfresser kommt auf ein Kampfgewicht von über dreihundert Kilogramm. Fühlt er sich bedroht, kann es brenzlig werden. Denn er tritt stets die Flucht nach vorne an und kann mit seinen spitzen Eckzähnen ganz offensichtlich tiefe Fleischwunden verursachen.

»Fünfunddreißig Hunde und zwei Katzen«, freut sich Laura, als das letzte Tier auf dem Operationstisch liegt. »Dass unser Angebot so zahlreich angenommen wird, hätte ich nicht gedacht.«

Ohne das Verständnis der DschungelbewohnerInnen würden Artenschutzprojekte wie dieses nicht funktionieren. Deshalb steht die Integration der Locals bei COPROT an allererster Stelle. Sie sollen mitverdienen und sind ein weiterer guter Grund, weshalb Volunteers für ihre Freiwilligenarbeit in Natur- und Artenschutzprojekten etwas bezahlen. Anderenfalls könnten keine festangestellten MitarbeiterInnen finanziert werden, die uns Volunteers anleiten. Die Bereitstellung von Equipment sowie die logistisch aufwendige Versorgung mit Nahrungsmitteln, Strom und Wasser verursachen weitere Fixkosten und binden bezahlte Arbeitskräfte. Ohne Gelder aus öffentlicher Hand sind Nichtregierungsorganisationen auf Spendengelder und Voluntouristen angewiesen. Der Kontakt zu

Einheimischen, neu gewonnenes Wissen, Erfahrungen und Freundschaften sind der unschätzbar hohe Gegenwert.

Um Viertel nach vier summt uns mein Handy aus dem Schlaf. Still und dunkel liegt die Nacht auf Camp Mariposa. Nur Sirius funkelt unübersehbar hell durch das Seitenfenster am Kopfende. Seit zwei Wochen schon sind wir so weit, unsere Frühschichten eigenverantwortlich zu erledigen. Man vertraut in unsere Arbeit, was uns viel bedeutet. Darüber hinaus machen uns die täglich vier bis sechs Stunden in tiefem Sand körperlich fit. Wir arbeiten viel und gern, ernähren uns vegetarisch und schlafen tief und ergeben. Das frühe Aufstehen fällt uns leicht, weil uns das einfache Dschungelleben kerngesund macht. Mir wird hier draußen bewusst, dass ich viel länger ohne Fleisch oder Ersatzprodukte auskomme, als ich mir eingebildet hatte. Es fehlt uns an nichts.

»Vier Uhr sechzehn, höchste Eisenbahn.« Mit meinem linken großen Zeh knipse ich den Lichtschalter am Fußende an.

»Merkste selber, ne?«, gratuliert mir Anja zum deutschesten Satz, der jemals im costa-ricanischen Tieflandregenwald gesagt worden war.

Im behaglichen Schein der Lichterkette, die an der Decke rings über unserem Bett hängt, schlüpfen wir in luftige Sportklamotten. Dann schleichen wir uns mit auf Stufe eins gestellten Stirnlampen nach draußen und huschen über die Wiese zum Hauptgebäude des Camps, wobei wir aufpassen müssen, auf keine der nachtaktiven Halloweenkrabben zu treten. Im Dunkel schleicht auch die zwei Meter lange Giftschlange Plato Negro durchs Unterholz. Da die schwarzköpfige Grubenotter nur noch hier auf der Halbinsel Osa vorkommt, wäre eine Begegnung unwahrscheinlich großes Glück – oder, unter Umständen, auch unwahrscheinlich großes Pech. Um die Uhrzeit brauchen wir noch kein Frühstück, also greifen wir nur schnell nach dem Feldrucksack und überprüfen am Esstisch das Equipment. Zuletzt gehen wir die Daten durch, die Isa und Chris vor ein paar Stunden auf ihrer Nachtschicht gesammelt haben. Das Wichtigste steht in dem gelben Notizbuch mit den wasserfesten Seiten. Anhand ihrer Field Notes sehen wir, dass Isa und Chris mit zwei Oliv-Bastardschildkröten und einer Grünen Meeresschildkröte gearbeitet haben. Die Armen scheinen erst seit zwei Stunden zurück im Camp zu sein, weil sich die Grüne mal wieder mehr Zeit gelassen hat als die beiden kleineren, leichtfüßigeren und weniger wählerisch nistenden Oliven. Immerhin hatten sie eine erfolgreiche Schicht mit Nestern beider hier vorkommenden Arten.

Die Aufgaben der Frühschicht unterscheiden sich grundsätzlich von denen der Nachtschicht. Nachts patrouilliert man so lange seinen Strandabschnitt entlang, bis man auf eine nistende Schildkröte trifft. Ist man mit ihr fertig, patrouilliert man weiter und arbeitet mit der nächsten. Nach etwa vier Stunden ist Feierabend. Es sei denn, man trifft kurz zuvor auf eine Schildkröte, die gerade erst aus dem Meer kommt. Die Frühschicht wird *Censo* genannt. Das bedeutet wörtlich übersetzt Zählung: Wir laufen erneut den Strand ab und zählen alle Spuren der Nacht. Schließlich werden Isa und Chris einige nistende Schildkröten entgangen sein, die sich an anderer Stelle an Land wuchteten, während sie gerade mit einem Muttertier beschäftigt waren. Mit unserer morgendlichen Spurenerfassung vervollständigen wir das Bild nächtlicher Nistaktivitäten. Zusätzlich überprüfen wir, ob die Triangulationsmessungen, mit denen Isa und Chris ihre drei Nester lokalisiert haben, für uns als Dritte nachvollziehbar sind und ob man alle ihre dafür gesetzten Markierungen auffinden kann.

Auf dem Trampelpfad, über den man an den Strand gelangt, ist das Trommeln der Wellen schon zu hören. Bald riechen wir das Meer, dann spüren wir den weichen Sand unter unseren Füßen und ziehen uns die Schuhe aus. So kühl wird er nicht lange bleiben. Während die Sterne verblassen, identifizieren wir die Fährten von drei Oliv-Bastardschildkröten und einer Grünen. Jede von ihnen muss abgelaufen werden, um festzustellen, ob es zur Eiablage gekommen ist. Besonders bei den Grünen Meeresschildkröten kommt es immer wieder vor, dass sie den Nestbau selbst dann noch abbrechen, wenn sie nach stundenlanger Arbeit schon fast fertig waren. Oft genügt schon eine dünne Wurzel, auf die sie beim Graben treffen, um den gewählten Ort als nicht perfekt einzustufen. Manchmal scheint auch etwas mit der Konsistenz vom Sand nicht zu stimmen. Zumindest sieht es für mich bisweilen danach aus, wenn ich bäuchlings hinter einem buddelnden Weibchen liege und zusehen muss, wie die Höhle immer wieder kollabiert. In etlichen Fällen kommt es aber auch gar nicht erst zur Grabung. Dann kehren sie aus ungeklärten Gründen auf direktem Weg wieder zurück ins Meer. Natürliche Hindernisse wie ein unüberwindbarer Baumstamm oder die als ungeeignet befundene Beschaffenheit einer Stelle können die sogenannten *False Crawls* erklären. Wenn sich eine Schildkröte durch künstliches Licht gestört fühlt oder sie die Anwesenheit von Raubtieren wittert, wird sie ebenfalls abbrechen und sich aus dem Staub machen. Große Erkundungstouren unternehmen sie an Land in der Regel nicht. Das wäre wohl auch viel zu anstrengend und zeitaufwendig. Stattdessen kommen sie einfach an anderer Stelle erneut aus dem Meer, schleppen sich schnurgerade den Strand hoch und prüfen, ob die Gegebenheiten dieses Mal besser passen. Wenn man am Strand zufällig auf eine Meeresschildkröte treffen sollte, verhält man sich daher am besten ganz ruhig, vermeidet künstliches Licht, berührt das Tier nicht, sondern hält genügend Abstand, um unentdeckt zu bleiben.

Jede von uns erfasste Schildkrötenspur wird in einem Bereich über der Flutlinie als gelesen markiert, damit auf der kommenden

Frühschicht keine von ihnen doppelt gezählt wird. Dazu schlurfen wir mit beiden Füßen durch den Sand, bis die Spur eindeutig durchgestrichen ist. Zum Spaß bestimmen wir immer auch alle anderen Fährten, die wir in der Morgendämmerung am Strand entdecken. An der Lagune, die bei Flut mit übertretendem Meerwasser gespeist wird, haben sich wieder jede Menge Kaimane herumgetrieben. Dieses Mal finden wir auch die Trittsiegel eines Tapirs im feuchten Sand. Unten an der Flutlinie flüchten dicke Strandkrabben vor unseren Schritten. Blitzschnell verschwinden sie in ihren Höhlen, in denen sie des nächsten Tidenhubs harren. Anja hat recht, wenn sie sagt: »Der Strand hat tausend Gesichter.« Mit Treibgut, Laub und Wasser verändern Flut, Wind und Regen sein Antlitz. Von ungestüm und leidenschaftlich bis sanftmütig und still schwankt aber auch sein Charakter zwischen allen Gemütslagen. Voller Muscheln und flüsternder Lüftchen gibt er sich heute außerordentlich verspielt und leicht. Mit ihren langen zimtfarbenen Beinen und windverstrubbelten Haaren wirkt Anja wie aus ihm hervorgegangen.

In Staffeln aus fünf, sechs Vögeln segeln Pelikane in den Tag, der als orange leuchtender Streifen am Horizont erwacht. Knapp über der Gischt surfen sie in den Aufwinden, die über den Wellenkämmen entstehen. Es heißt, auf diese Weise sparen die Langstreckenflieger wertvolle Energie. Doch wer ihnen zusieht und den Bürgersteig schon mal in vergnügten Schlangenlinien zur Grundschule geradelt ist, der erkennt, dass es ihnen um mehr als bloße Effizienz geht. Für uns symbolisieren sie allmorgendlich das Gleichgewicht, das an diesem artenreichen Fleckchen Erde noch besteht. Frühschichten sind ein heilsamer Start in den Tag.

Dank der am Waldrand alle fünfundzwanzig Meter nummerierten Palmen ist das erste Nest von Isa und Chris schnell lokalisiert. Ein Weißrüssel-Nasenbär huscht aufgeschreckt davon, als ich das Rollbandmaß an den ersten markierten Baumstamm lege. Die drei

Striche, die Anja zur Überprüfung der Triangulation mit einem Stöckchen in den Sand malt, treffen sich in einem Punkt, der auch von der Spurenlage Sinn ergibt. Genau hier hat vor wenigen Stunden eine Grüne Meeresschildkröte ihre Eier vergraben. Wir machen ein Häkchen ins gelbe Notizbuch und verwischen unsere Spuren sorgfältig, damit kein Wilderer eine Chance auf schnelle Beute hat. Nur zwei nummerierte Palmen weiter erwischen wir einen Wilddieb der anderen Art auf frischer Tat. Wir kommen gerade noch rechtzeitig, bevor der braun-weiß gefleckte Hund die Nistkammer freilegen konnte.

»Gar nicht so lange her, da haben wir dir die Eier abgeschnitten«, schimpft Anja dem Rüden hinterher. »Und schon wieder so frech!«

Mit einer Fußbewegung schütte ich das Loch wieder zu, als mir eine Gruppe Rabengeier auffällt, die in einiger Entfernung im Sand landet. Schon mischt sich auch ein Karibikkarakara unter die aufgeregte Federschar. Neugierig stakst der schwarz gescheitelte Opportunist zwischen den Geiern herum, wobei er sein rotes Gesicht auf eine bestimmte Stelle im Sand gerichtet hält.

»Komm«, rufe ich, »wir müssen uns beeilen! Da hinten hat der Hund bestimmt noch ein anderes Nest aufgebuddelt.«

Laut rufend und mit wild fuchtelnden Armen rennen wir auf den geflügelten Pulk zu, um ihr Sonnenaufgangsbüfett schnellstmöglich zu beenden. Die Vögel zählen zu den natürlichen Fressfeinden der Panzertiere. Hätten wir Menschen die Meeresschildkröten nicht an den Rand der Ausrottung gebracht, würden wir nicht eingreifen. Gleichzeitig sind Rabengeier und Karakara ungefährdet, also retten wir, was noch zu retten ist.

In einem flatternden Chaos stieben die Vögel auf die nächstgelegenen Palmen, von wo aus sie uns im Auge behalten. Doch können wir auch jetzt weder ein Loch im Sand noch Eierschalen oder sonstige Hinweise auf ein freigelegtes Schildkrötennest erkennen.

Erst als wir davor knien und die Stelle im Zentrum der vielen Vogelfußspuren untersuchen, ahnen wir, was hier gerade vor sich geht. Zarte Risse zeichnen sich auf der Oberfläche ab, als ob der Strand darauf wartet, ein kleines Wunder freizugeben. Aus einem von ihnen taucht ein winziges, zartes Oliv-Bastardköpfchen auf. Mittig unter den Nasenlöchern, an der Spitze ihres Schnabels, ist sogar noch der Eizahn zu sehen. Das prähistorische Werkzeug ist angeboren. Ein minikleines abstehendes Dingsbums, mit dem man perfekt Schlitze in die Eiwand ritzen kann und das nach kürzester Zeit wieder abgeworfen wird. So kämpfen sich die Babys in ihrem unterirdischen Nest gleichzeitig aus ihren Eiern, als hätte ihnen jemand ein Kommando gegeben.

Ein wissenschaftliches Indiz, wie der synchrone Schlupfvorgang koordiniert wird, gibt es erst seit einigen Jahren. In Christines Buch *Meine Reise mit den Meeresschildkröten* habe ich zum ersten Mal über eine Studie von 2012 gelesen, in der mit Mikrofonen das Nest einer Süßwasserschildkröte belauscht wurde. Noch in ihren Eiern gaben die Babys der stumm geglaubten Arrauschildkröte divers vokalisierte Laute von sich. Ob sich in den Nestern der Meeresschildkröten Ähnliches abspielt? Oder sind es die Bewegungen, die der erste Schlüpfling bei seiner Befreiung verursacht, die auch die Lebensgeister seiner Geschwister in den umliegenden Eiern wecken? Die bei Oliv-Bastardschildkröten mit meist etwa hundert golfballgroßen Eiern gefüllte Nistkammer liegt bis zu einem halben Meter tief unter dem Strand. Sich daraus als Winzling von zwanzig Gramm auszubuddeln, kann nur im Team und mit Taktik gelingen. Sobald eine größere Gruppe geschlüpft ist, krabbeln und drücken und schubsen sie sich herum und klettern übereinander. Die Jungtiere an der Spitze des Haufens klopfen dabei den Sand von der Nestdecke, der durch die Gruppe nach unten rieselt und von den Schlüpflingen am Boden festgestampft wird. So steigt die Gruppe wie ein Fahrstuhl ganz langsam in Richtung Strandoberfläche auf. Die anstrengende Fahrt kann je nach Art bis zu fünf Tage dauern, doch ist sie nur der erste Schritt ihrer Odyssee. An der Oberfläche kriegen sie es mit Geiern, Karakaras oder Nasenbären zu tun. Damit es möglichst viele von ihnen ins Meer schaffen, ziehen die Jungtiere stets in Gruppen von zwanzig bis hundertzwanzig Individuen nach oben. Spätschlüpfer können allerdings noch bis zu zwei Tage danach auftauchen. Sobald es die Jungtiere ins Meer geschafft haben, sind sie wieder auf sich allein gestellt. Ihre einmalige postnatale Zusammenarbeit wird in der Ökologie Protokooperation genannt.

Anja und ich können unser Glück kaum fassen. Auf unseren Nachtpatrouillen haben wir Babys bereits schlüpfen sehen, denn in aller Regel warten sie auf den Schutz der Dunkelheit, bevor sie an der Oberfläche den Wettlauf gegen ihre Fressfeinde wagen. Ist es draußen zu heiß, dehydrieren sie, noch bevor sie das offene Meer erreicht haben. Dort können sie sich satt trinken, weil sie überschüssiges Salz über umfunktionierte Tränendrüsen wieder ausweinen können. So kommt es nur selten vor, dass die Mini-Dinos bei Tageslicht schlüpfen. Fasziniert liegen wir im Sand und beobachten, wie eine Schildkröte nach der anderen ihren Kopf aus dem Sand reckt. Mit ihren klimperkleinen Vorderflossen stemmen sie sich vollständig in eine komplett fremde Welt, in der sie sich erst noch zurechtfinden müssen. Frische Luft, Wind, neue Gerüche, das Meeresrauschen und in aller Regel der Mond und die Sterne – all das ist am Anfang ihres Lebens so verwirrend, dass sie erst mal still sitzen bleiben, manche von ihnen mehrere Minuten lang, um mit den vielen neuen Eindrücken klarzukommen. Diese Momente sowie der eigenständig bewältigte Weg zum Ozean gelten in der Wissenschaft als Schlüsselmomente im Leben einer Meeresschildkröte. Sie prägen sich den Strand ein, seine geomagnetische Signatur, vermutlich aber auch Gerüche, visuelle Anhaltspunkte und andere Informationen, die geschlechtsreife Weibchen in vielen Jahren erinnern und sich mit ihrer Hilfe auf den langen Heimweg machen. Ein ganzes Schildkrötenleben lang werden sie nicht vergessen, wo sie hergekommen sind.

»Schau mal, wie sie watscheln!«, ruft Anja verzückt. »Ich frage mich, wie viele Mädchen und wie viele Jungs unter ihnen sind.«

»Ohne die Nesttemperatur zu kennen, können wir nicht einmal schätzen. Laura hatte aber erwähnt, dass der Klimawandel mit steigenden Nesttemperaturen bereits mehr Weibchen als Männchen produziert.«

Hot chicks, cool guys – der Merksatz, den man uns in Südafrika zur Pantherschildkröte beibrachte, gilt für Meeresschildkröten genauso. Die temperaturbedingte Geschlechtsbestimmung ist einer der vielen Gründe, weshalb COPROT über den Bau einer Inkubationsstation nachdenkt. Mit einer entsprechenden Beschattung könnte man wieder ausgeglichenere Ergebnisse erzielen. Dazu würde man die frischen Gelege in Nisthöhlen verlegen, die vom COPROT-Team zuvor ausgehoben wurden. Da ein geschlechtsreifes Männchen mehr als ein Weibchen befruchten kann, gilt der Damenüberschuss noch nicht als dramatisch. Langfristig kann die Entwicklung aber zu einem ernsthaften Problem werden.

Unsere Anwesenheit hält die Rabengeier und Karakaras fern von den kleinen Babys, die nun beginnen, wie bis zum Anschlag aufgezogenes Spielzeug den Strand hinunterzurennen. Den Weg zum Meer finden sie instinktiv. Manch einen Schlüpfling wirft es in der Hektik auf den noch weichen Rückenpanzer, doch alle haben sie genug Kraft, sich selbst zu helfen und ihren Sprint fortzusetzen. Jeder Zweig und jede Kuhle im Sand sind für die Winzlinge ein Hindernis. Und dennoch ist es für ihr weiteres Leben unentbehrlich, dass sie es ohne menschliche Hilfe ins Wasser schaffen. Am besten kann man sie als eskortierendes Geleit unterstützen, das ihnen den Weg freiräumt und Fressfeinde fernhält. Eine häufig zitierte Statistik besagt, dass nur jedes tausendste Baby bis zur Geschlechtsreife überlebt. Auch im Wasser bleiben sie leichte Beute. Brandgefährlich ist die seichte Küstenregion, wo gleich zu Beginn ihrer Reise unzählige Fische in den Riffen lauern, die bei vorbei schwimmenden Häppchen dankend zuschnappen. Deshalb paddelt eine kleine, ab sofort auf sich gestellte Schildkröte in ihren ersten Lebenstagen wie wild drauflos. Mit ihrem letzten Rest Eidotter in der Bauchhöhle geht es immer orthogonal gegen die Wellenrichtung, um es hinaus in ihre Kinderstube zu schaffen: die blaue Unendlichkeit der Hochsee. Hat sie es tatsächlich in den offenen Ozean geschafft, sucht das marine Jungtier Zuflucht unter einem Stück Treibholz oder dahintreibendem Sargassum. In der Ödnis ist so ein Büschel frei schwimmender Braunalgen ein prima Versteck und isoliert gegen kühlere Temperaturen. Umstände, die auch kleinere Fische und Krebstierchen zu schätzen wissen. Mit ihnen als abwechslungsreiche Mahlzeiten ist der algige Unterschlupf die perfekte Mitfahrgelegenheit für die heranwachsende Schildkröte. Getarnt und gut versorgt, lässt sie sich von den großen Meeresströmungen immer weiter hinausziehen, wobei ihr Magnetsinn stets die Orientierung behält. Über die Jahre wächst die einst so kleine Herumtreiberin unter ihrem Büschel Braunalgen unproportional in die Breite, bevor sie später auch wieder deutlicher an Länge dazugewinnt. Ihr eigentümliches Wachstum ist ein weiterer Trick der Evolution, der sie möglichst schnell zu breit für die Mäuler der meisten Raubfische werden lässt. ForscherInnen schätzen, dass manche Schildkrötenarten auf diese Weise bis zu zehn Jahre im offenen Ozean treiben.

»Überlebende eurer Oliv-Bastardschlüpflinge werden das offene Meer sogar nie wieder verlassen«, sagt Chris, als wir ihm nach der Frühschicht von unserem Baby-Glück berichten. »Beziehungsweise nur, wenn es sich um ein trächtiges Weibchen handelt, das zur Eiablage heimkehrt.«

»Die Grünen ziehen aber irgendwann in flachere Regionen, oder?«, erkundigt sich Anja nach der zweiten Spezies in unserer Obhut.

»Ja, ganz genau. Spätestens im subadulten Alter werden sie zu VegetarierInnen. Dann suchen sie sich feste Nahrungsgründe, wo sie in seichtem Wasser genug Seegras finden. Apropos Grüne, ich mache am späten Nachmittag eine PHI. Lust mitzukommen?«

Eine *Post Hatching Inspection* ist die Exhumierung von Überbleibseln eines Schildkrötennests. Wenn wir auf unseren Frühschichten anhand der Spurenlage feststellen, dass die Babys eines Nests geschlüpft sind – bei Grünen Meeresschildkröten also nach fünfzig bis sechzig Tagen –, warten wir wegen möglicher Spätschlüpfer noch weitere drei Tage ab. Sind die vorbei, gräbt man sich mit der Hand durch bis zur Nistkammer. Dabei wird alles gezählt und bestimmt: verendete Schildkrötenbabys, leere und geschlossene Eierschalen, die wir öffnen müssen, um die Entwicklungsphase der eingegangenen Embryonen zu bestimmen. Natürlich tragen wir Gummihandschuhe, doch es bleibt eine übel riechende Arbeit, bei der einem Maden in Hülle und Fülle begegnen. Eine PHI gehört definitiv nicht zu den schönsten Aufgaben eines feldforschenden Meeresbiologen. Doch gibt es keine andere Möglichkeit, den Schlüpferfolg zu bestimmen. Und manchmal zeigt die Exhumierung auch ihre angenehme Seite: Nämlich immer dann, wenn wir das ein oder andere lebendige Baby befreien können, das ohne unsere Hilfe verendet wäre. Nie zuvor haben wir Selbstwirksamkeit direkter erlebt.

Dieses Mal sind es zwei Grüne Schlüpflinge, die Anja und ich lebend bergen können. An ihrer helleren Unterseite und den weißen Rändern entlang ihrer Flossen sind sie leicht von Oliv-Bastardbabys zu unterscheiden. Um ihnen Schatten zu spenden, eskortiert sie Anja ins Meer, während Chris und ich die leeren Eierschalen in Zehnerhäufchen sammeln. Für die Schädlingsbekämpfung macht der 31-jährige Biologe aus Manchester normalerweise Tieren wie Ratten und Milben den Garaus. Hier, rund 9 000 Kilometer von seiner englischen Heimat entfernt, rettet er tierisches Leben. Jedes Jahr verbringt *Frogman,* wie Freunde ihren Amphibien-Ultra rufen, seinen Urlaub als Freiwilligenhelfer in ökologischen Schutzprojekten. Dieses hier stand schon lange auf seiner Liste. Aber nicht nur, weil er auf der Osa in jeder freien Minute seltenen Froscharten nachstellen kann.

»Weil für Meeresschildkröten die Liste an menschengemachten Gefahren so furchtbar lang ist«, erklärt er und wischt sich mit dem Oberarm den Schweiß von der Stirn. »Unverantwortliche Fischereimethoden, illegaler Konsum von Eiern und Fleisch, verbotener Handel mit Schildpatt, Umwelt- und Lichtverschmutzung, gefressener Plastikmüll, Landwirtschaft, Habitatverluste durch Hotelanlagen und so weiter und so fort.«

»Landwirtschaft? Inwiefern beeinträchtigt denn der Ackerbau das Leben im Meer?«

»Auf der ganzen Welt leiden Meeresschildkröten an bösartigen Tumoren. Fibropapillomatose, kurz FP, vermutlich durch ein Herpesvirus ausgelöst. Am stärksten befallen sind aber Populationen, deren Nahrungsgründe in Küstengewässern liegen, die an Stadtgebiete und industriell bewirtschaftete Flächen grenzen. Dort gelangen Abwässer, Pestizide und chemische Düngemittel so hochkonzentriert ins Meer, dass sie Krebs verursachen.«

»Oh Mann, auf unserer Reise kommt die konventionelle Landwirtschaft aber wirklich schlecht weg«, seufze ich und erzähle, was wir in Kanada und Hawaii über die Zusammenhänge von Düngemitteln und dem Verlust von Mutterboden und ländlicher Artenvielfalt gelernt haben. »Sie hat uns ja gute Dienste erwiesen, aber heutzutage müsste man es doch eigentlich viel besser wissen. Woran kann man denn erkennen, ob eine Schildkröte an FP erkrankt ist?«

»Der Krebs befällt die inneren Organe, wuchert als blumenkohlartige Geschwulste aber auch außen an den Schleimhäuten und weicheren Stellen am Körper.«

»Himmel, ich glaube, das habe ich bei einer Nachtschicht schon gesehen! Am Hals und an den Flosseninnenseiten einer Grünen. Das war doch sogar mit dir, oder?«

»Ja, Freitag war das. Grüne Meeresschildkröten sind von allen Arten am stärksten betroffen. Ich hab's beim Bodycheck bemerkt und aufgeschrieben. Wir können ja mal die Datenbank fragen, wie viele erkrankte Tiere hier schon bekannt sind.«

COPROT hat eine eigene Datenbank, die wir jederzeit einsehen können. Noch ist das Projekt so jung, dass es bei den gesammelten Informationen um den Aufbau eines Grundstocks geht, aus dem erst künftig repräsentative Schlüsse über hiesige Schildkrötenpopulationen gezogen werden können.

Plastik, Überfischung, vergiftende Abwässer, Ökosysteme, die für Hotels und Ackerland geopfert werden – MeeresbiologInnen müssen sich mit einer Menge unangenehmer Wahrheiten herumschlagen. Dasselbe gilt für Safari Guides, PermagärtnerInnen, AgroförsterInnen, ja selbst auf Johns Campingplatz wird gegen die Folgen menschlicher Hybris gekämpft. In der griechischen Mythologie ist sie die Vorbotin des Untergangs. Und tatsächlich sieht es ganz danach aus, als würden wir Menschen an der eigenen Maßlosigkeit zugrunde gehen. Alles, was wir zu Beginn unserer Reise als Traumjob bezeichneten, erweist sich in erster Linie als schonungsloser Blick in den Spiegel. Was wir darin sehen, geht Anja und mir oft an die Nieren. Sind das Traumjobs, oder ist das Selbstkasteiung? Nur zu gut können wir nachvollziehen, wenn man reflexartig wegschaut, bevor die eigene Psychohygiene vollständig auf der Strecke bleibt. Es gibt Momente, in denen wir uns eine seelische Auszeit von den Nachrichten nehmen, um ein Wochenende lang nichts über anhaltende, verschlimmerte und hinzugekommene Katastrophen erfahren zu müssen, die der Mensch wider besseres Wissen auf seinem vorm Kollaps stehenden Heimatplaneten anrichtet. Was also hat es noch mit einem Traumjob zu tun, wenn es jeden verdammten Tag darum geht, der unabänderlich scheinenden Gleichgültigkeit des Menschen mit Optimismus und Tatkraft entgegenzutreten? Was motiviert Laura und Isa, jeden Tag unter den Teppich zu gucken, unter den die Menschheit ihren Dreck kehrt? Welches groteske Missverständnis hat uns zwei Traumjobber bloß hierher verschlagen? Im Entsetzen stellen wir uns Fragen wie diese immer wieder. Zum Glück liegen uns die Antworten längst auf der Hand beziehungsweise unterm Teppich, unter den wir täglich blicken. Dort gibt es nämlich noch immer ein paar unberührte Flecken, Hoffnung stiftende wilde Refugien, die nur jene zu Gesicht bekommen, die bereit sind nachzusehen. Menschen wie Laura, Isa und in jedem seiner Urlaube auch Chris arbeiten den Planeten gesund. Stückchen für Stückchen. Das haben sie mit allen anderen Menschen gemeinsam, mit denen wir auf unserer Reise arbeiten durften. Wer auf ÜberzeugungstäterInnen wie sie trifft, erfüllt von dem eigenen Tun, der hat keinen Zweifel daran, dass sie in ihrer Arbeit auch das beste Rezept gefunden haben, die eigene Psyche gesund und stark zu halten. Wer anpackt, erträgt die Wirklichkeit, weil er sie im selben Augenblick verändert.

In einem Alter, in dem ich noch mit meinem YPS-Detektivset gespielt habe, legt sich die zwölfjährige Skye mit Großbritanniens größten Handelsketten an. Über ihre erste Kampagne, mit der sie

66 000 Unterschriften sammeln konnte, haben Medien wie *National Geographic, The Guardian, BBC* und die *Süddeutsche Zeitung* berichtet. So hat sie erst *Waitrose* überzeugt und später auch *Tesco* das öffentliche Versprechen abgerungen, den Vertrieb von Kinderzeitschriften einzustellen, denen minderwertiges Plastikspielzeug beiliegt. Tesco muss allerdings auch ein Jahr später noch daran erinnert werden, dass es sich gehört, abgegebene Versprechen auch einzuhalten. Detektivsets mögen vor dreißig Jahren dazugehört haben, in die aufgeklärte Gegenwart sollten sie aber besser nicht hinübergerettet werden. Dabei begann die Geschichte des Plastiks äußerst verheißungsvoll: ein neues, beliebig formbares Material, das billig herzustellen und dabei so unzerstörbar ist, dass es nicht einmal verrottet. Ein Geschenk des Himmels? Heute, gut hundert Jahre später, treiben schier unvorstellbare 150 Millionen Tonnen Plastik in den Ozeanen. Jedes Jahr kommen laut WWF zwischen 4,8 und 12,7 Millionen Tonnen hinzu – eine Lastwagenladung pro Minute. Es dauert Jahrhunderte, bis der Kunststoffmüll zerfällt und sich als Mikroplastik bis in alle Meerestiefen verteilt. Herausgefiltert von Kleinstlebewesen, Muscheln und Fischen, geht das Plastik in die Nahrungsketten ein, an deren Enden auch wir Menschen es in uns aufnehmen. Niemand kann genau sagen, wie viele Tiere jährlich an unserem Plastikmüll verenden. Es werden Hunderttausende sein, die entsetzlich qualvolle Tode sterben. Im Plastozän, dem Zeitalter des Plastiks, kontaminiert der einst für Fortschritt stehende Kunststoff unsere Meere, Flüsse, Seen und Böden. Der Mensch hat es mal wieder auf ganzer Linie verbockt. Stark genug, sich jeden Tag mit dem Megaproblem auseinanderzusetzen, ist ein rothaariges Mädchen aus einem kleinen walisischen Dorf namens Fairbourne.

»Es hat die Menschen in den Wegwerfmodus versetzt«, sagt Skye über das aus fossilen Rohstoffen hergestellte Billigmaterial, »und solange es lukrativer ist, neues Plastik herzustellen, als altes zu recyceln, wird sich das auch nicht ändern.«

Während mir keine andere Antwort als Kopfschütteln einfällt, schaltet Skye auf Angriff.

»Der Kampf gegen den Kunststoff ist ja nicht verloren«, sagt sie entschlossen. »Wir müssen nur mehr Menschen daran erinnern, ein paar schlechte Angewohnheiten zu ändern.«

»Menschen wie Ken Murphy«, sage ich, weil sich der CEO von Tesco seit einem Jahr taub stellt.

»Ja, den vielleicht auch. Aber viel wichtiger sind alle anderen. Kein Wegwerfplastik mehr zu benutzen ist halb so wild. Man muss nur drauf achten, dann fällt einem der unnötige Strohhalm von alleine auf.«

Was mich an Skye so nachhaltig beeindruckt, ist die unerschöpflich scheinende Zuversicht, die aus ihr nur so heraussprudelt. Sie bezeichnet sich selbst als Aktivistin, und mir würde auch keine andere Bezeichnung für jemanden einfallen, der mit so viel Intellekt, Eifer und Veränderungsfreude dem Plastozän die Stirn bietet. Wir haben Skye bei einer der regelmäßigen Strandsäuberungsaktionen von COPROT kennengelernt. Mit ihrer Mutter Hannah ist sie in Camp Río Oro untergebracht, wo das Recycling Center steht. Hier landet der eingesammelte Müll, wird sortiert und wiederverwertet. Und genau das ist der Grund, weshalb Skye ihre Mutter überredet hat, sich hier als Freiwillige zu engagieren.

»Ich möchte nicht an Plastikstränden laufen«, sagt sie, als ich nach ihren Beweggründen frage. Und sie hat recht. Mehr muss dazu nicht gesagt werden. Falls sich jemals einer fragen sollte, was ein Mensch allein denn schon bewirken könne, der überprüfe die Zeitschriftenregale in Großbritanniens Supermärkten und erinnere sich an das Mädchen aus Fairbourne.

Auf unserer Reise tragen letzte Tage immer denselben Widerspruch in sich. Man möchte sich nicht schon wieder von gerade erst lieb gewonnenen Menschen verabschieden. Und im nächsten Augenblick können wir es kaum erwarten, der alten Witterung zu folgen, von der wir auch nach über einem Jahr noch immer nicht so recht wissen, wovon sie eigentlich geleitet wird. Die entstehende Gefühlslage ist ein Cocktail aus Melancholie und Euphorie zur Halbwegs-Happy-Hour. Durchaus anstrengend, schon am frühen Morgen so gefühlsduselig durch den Tag zu schwanken. Möglicherweise haben sich auch noch ein paar Nachwirkungen von gestern Abend daruntergemischt. Da haben wir uns mit dieser wundervollen Dschungeltruppe nochmals am Strand versammelt, sind ein letztes Mal in den Sonnenuntergang geschwommen und haben vor Miguels Hütte bis in die späte Nacht zusammengesessen. Es ist so verrückt, wie schnell Menschen unterschiedlichster Kulturen zusammenwachsen können. Verschworen im Traum einer wilderen Welt, geht es weniger um die Anzahl der Tage als um die Fülle geteilter Erinnerungen. Wir haben hier am Strand Lauras Dschungelhochzeit gefeiert und Blüten über das frisch vermählte Paar geworfen. Auch die Streifzüge mit Isa werden uns fehlen, die sie Bio-Blitz nennt und bei denen in einer vorher verabredeten Zeit so viele Tierarten wie möglich bestimmt werden. Chris und sein Spleen für Frösche, Skye und ihre tapfere Unbedingtheit, Miguels trockener Humor und seine Familie. Die lärmende Gesellschaft der Aras, das echogleiche Quaken der Tukane, das gespenstische Brüllen der Affen – die ganze ungezähmte Osa und unser dunkelschöner Arbeitsplatz zwischen den Welten, da, wo der Dschungel auf den Pazifischen Ozean trifft. All das werden wir so sehr vermissen, während der ungebrochene Wandertrieb inständig unseren Aufbruch postuliert. Als wir gestern Nacht bei Miguel im Sand lagen und ein letztes Mal die Sterne zählten, waren wir uns alle sicher. Eines fernen Tages werden wir instinktiv an dieses abgelegene Fleckchen Strand zurückkehren. Genau wie die Meeresschildkröten.

12 | TIEFTAUCHER IM AZORENHOCH

Faial, Azoren, Portugal

In dem Augenblick, in dem wir auf unseren kinoroten Sesseln sitzen und den Zündschlüssel drehen, finden unsere ambivalenten Abschiedsgefühle ihr jähes Ende. Durstig gurgeln sich sechs Zylinder aus ihrem Dornröschenschlaf. Im Rückspiegel winkende Hände, vor uns der Dschungel, dahinter die Zivilisation. Wir sind wieder unterwegs. Nur ein Ziel haben wir nicht.

In den folgenden Tagen kreisen wir etwas verloren durch Costa Rica. Die südamerikanische Nachrichtenlage stellt uns vor eine schwierige Entscheidung. Vielerorts hat die peruanische Regierung den Notstand ausgerufen. Die seit der Amtsenthebung von Präsident Castillo herrschenden Unruhen finden kein Ende. Wir lesen von anhaltender Gewalt, von Auseinandersetzungen, die Todesopfer fordern. Die südlichen Landesgrenzen nach Bolivien sind noch immer geschlossen. Selbst wenn wir von Norden kommend nach Peru einreisen würden, kämen wir im Süden nicht mehr raus. Solange Peru eine von Straßenschlachten gepflasterte Sackgasse ist, halten wir uns an die Einreisewarnungen vom Auswärtigen Amt.

Wir wissen nicht, wohin mit uns. Wir hatten doch den Van gekauft, um nach Projekten in unseren südamerikanischen Traumländern zu suchen. Doch unter diesen Umständen können wir nicht planen und brauchen neue Projekte gar nicht erst anzufragen.

Gleichzeitig wollen wir den zum Greifen nahen Kontinent nicht einfach so verloren geben. Ecuadors Galapagosinseln, Boliviens schneeweiße Salzpfannen, der uralte Traum von Patagonien. Wie zwei Zootiere im Käfig kreisen wir in unserem Camper-Van vor Südamerikas Toren. Wir spielen auf Zeit, reisen nach Panama ein, können uns auf das südlichste Land Mittelamerikas aber kaum richtig einlassen. Keiner von uns wagt, es auszusprechen, obwohl wir längst ahnen, dass wir auf einen Wendepunkt zusteuern. Ein Blick auf die Landkarte genügt, um den Widersinn einer Überlandreise durch Südamerika aufzudecken. Wenn wir Peru umfahren müssen, würde Ecuador zur Sackgasse, und jedes andere Land, in das wir uns hineinwünschen, würde Tausende Kilometer Umweg bedeuten. Wir hadern mit unserer Situation, nicht aber mit den Walzregeln, die wir uns zu Beginn der Reise auferlegt hatten. Dort heißt es, wir wägen unsere Transportmöglichkeiten bestmöglich ab. Die nötige Container-Verschiffung unseres Vans und zwei Flugtickets von Panama nach Kolumbien, die der unbefahrbare Darién Gap erzwingen, kosten viel Zeit, Geld und CO_2 – Summen, die, wenn wir ehrlich sind, in keinem Verhältnis zu dem stehen, was wir uns aktuell von einer Südamerikareise versprechen dürfen. Wozu der Aufwand, wenn wir dann vor verschlossenen Landesgrenzen stehen oder enorme Umwege in Kauf nehmen müssten? Die Unwägbarkeiten lassen ja nicht einmal zu, dass wir uns als Volunteers für neue Projekte bewerben.

In der dritten Märzwoche stehen wir mit unserem Chevy am Ufer des Panamakanals. Mit dem Laptop auf dem Klapptisch stoße ich auf eine Nachrichtenmeldung aus Bolivien.

»Okay«, sage ich und blicke vom Bildschirm auf, »dann lass uns den Van hier und jetzt in Panama verkaufen.«

„Wieso? Hat sich was geändert?“

»In Peru hat sich nichts geändert. Nur können wir Bolivien jetzt auch vergessen. Im ganzen Land grassiert das Denguefieber in nie dagewesenem Ausmaß. Nach Angaben der Behörden«, lese ich vor, »handelt es sich um die schlimmste Infektionswelle seit der Corona-Pandemie. Es gibt bereits Dutzende Tote. Die Krankenhäuser gehen über ihre Belastungsgrenzen, die ganze Situation steht kurz vor dem Kollaps.«

Anja hat längst eine Weltkarte aufgeschlagen. »Bolivien auch noch zu umfahren wäre ja totaler Quatsch. Und dann käme auch noch Paraguay, bevor wir zurück nach Westen einscheren könnten.«

»Wir sind uns doch einig, dass Südamerika ohne Van keinen Sinn für uns ergibt, oder?«

»Wir würden ohne Auto kaum was sehen, geschweige denn, in irgendwelche abgelegenen Projekte kommen.«

»Sehe ich auch so. Aber dann sind Zeit, Geld und Emissionen für Frachtschiff plus Flugzeug es nicht länger wert. So schwer es mir fällt.«

Anjas stummes Einverständnis ist ein trauriges Nicken. So, wie ich sie kenne, ist sie in diesem Moment aber auch erleichtert, dass der Weg aus dem Dilemma beschlossen ist.

»Unser kleiner dicker Van!«, entfährt es ihr. Mit ausgestrecktem Arm tätschelt sie ihm den Kotflügel. »So ein Hübscher. Nicht zu klein, nicht zu groß. Schon traurig, dass wir nicht mit ihm durch Patagonien reisen werden. Es wäre perfekt gewesen.«

Wir stellen uns darauf ein, einige Wochen, mit Pech sogar Monate, in Panama-Stadt auf potenzielle KäuferInnen warten zu müssen. Den Gedanken, uns die Zeit mit einem weiteren Roadtrip durchs Land zu verkürzen, verwerfen wir wieder. Wir haben ein bisschen Bammel, so kurz vorm Verkauf noch einen Unfall oder wertmindernden Schaden zu riskieren. Also mieten wir uns in eine bezahlbare Unterkunft ein, wo wir ein Badezimmer, Internet und einen Zugang zu einer Waschmaschine haben. Unser Apartment ist so spartanisch wie außergewöhnlich. Es ist ein ausgemusterter Frachtschiff-Container, der zum Tiny House umgestaltet wurde. Noch am Abend des ersten Tages geht unsere Verkaufsanzeige online. Wir teilen sie in den sozialen Medien und posten sie in diversen Panamericana-Gruppen. Und dann bleibt uns nichts anderes übrig, als der Dinge zu harren, auf dass sie sich in Bälde fügen.

Es sind seltsame Wochen, die wir in Panama-Stadt verbringen. In einer vierzehn Quadratmeter kleinen Transitzone sind wir auf unbestimmte Zeit gestrandet. Solange sich keine InteressentInnen melden und es zu keinem Kauftermin kommt, können wir auch noch immer keine Projektbewerbungen schreiben. Nur unverbindlich recherchieren wir, auf welchem Kontinent es mit welchem Projekt für uns weitergehen könnte.

Ende März wird Panama-Stadt mit jedem Tag heißer. Aus den Kanaldeckeln steigen üble Gerüche. Hupende Autos mit verdunkelten Frontscheiben überfüllen die Straßen. Menschen bekommt man nur in den klimatisierten Supermärkten und Shopping Malls zu sehen. Auch wir gehen der Hitze aus dem Weg. Und während die Tage ohne das leiseste Kaufinteresse verstreichen, hocken wir in unserem Container und lassen unsere eingebungsfreien Gedanken von der Klimaanlage wegsaugen. Nachts knäulen wir uns in der trockenen Kälte zusammen, morgens stoßlüften wir unsere Blechbunker mit frischer Heißluft. Mit dem ersten Kaffee denken wir die Gedanken vom Vortag weiter, die in der stetig surrenden Klimaanlage unausgesprochen verschwinden.

Es wird April, und wir sind keinen Schritt weiter. Die Stagnation ist zermürbend. Immerhin zeichnet sich ab, dass es uns als Nächstes Richtung Asien verschlagen könnte. In Malaysia sind wir gleich auf mehrere Projekte gestoßen, die sich allesamt vielversprechend anhören, und unterschiedlichste Traumjob-Boxen ticken. Warme Tagträume von Orang-Utans und restaurierten Korallenriffen verflüchtigen sich, als die Tür aufschwingt und Anja hereinstürmt.

»Huch!«, erschrecke ich mich. »Hast du Durchfall?«

»Pass mal lieber auf, dass du jetzt nicht vom Stuhl fällst. Wir haben Post!«

»Post?«

»An der Supermarktkasse piepst plötzlich mein Handy. Und dann die mega-nette Nachricht. Ein Pärchen aus der Schweiz hat sich in unseren kleinen Dicken verliebt. Genau wie wir damals!«

»Und weiter?«, drängle ich.

»Nachdem ich geschrieben hatte, dass er noch zu haben ist, wollen sie Anfang nächster Woche zu uns nach Panama-Stadt kommen, eine Probefahrt machen und, wenn alles gut ist, sofort kaufen. Ich glaube, die kommen aus Kolumbien hoch.«

Nach wochenlangem Stillstand geht ab diesem Moment alles Schlag auf Schlag. Plötzlich werden uns die endlosen Tage zu kurz. Wir kommen kaum noch hinterher mit allem, was wir nun gleichzeitig in die Wege leiten wollen. Zuerst bringen wir den Chevy picobello auf Vordermann und überlegen uns, wie wir unsere *Vagateers*-Schriftzüge rückstandslos vom Lack kriegen. In der Hoffnung, dass das Pärchen es sich nicht doch noch anders überlegt, nehmen wir ersten Kontakt zu verschiedenen Projekten in Malaysia auf. Dann bereiten wir die Kaufabwicklung vor, was mit US-Zulassung im zentralamerikanischen Ausland ein nicht ganz unkompliziertes Unterfangen ist, bei dem neue Fahrzeugpapiere und Kennzeichen auf dem Postweg aus den USA organisiert werden müssen. Von jetzt auf gleich sind wir wieder im Spiel. Fast genießen wir den Stress, bedeutet er doch, dass wir unsere Reise nun endlich wieder selbst in der Hand haben.

Am zehnten April übergeben wir die Schlüssel unseres so lieb gewonnenen alten Chevy G20 an die grundsympathischen Tamara und Simon. Sie wollen den wahrscheinlich knubbeligsten Van Nordamerikas zurück in die USA fahren. In acht Ländern hat er uns das Gefühl von Zuhause geschenkt. Wir haben in Tiefgaragen und auf Supermarktparkplätzen gewohnt, an verlassenen Stränden und belebten Straßen, im tiefsten Dschungel und unter wilden Tieren. Egal, wie es um uns herum aussah, vorm Einschlafen haben wir immer an dieselbe holzverkleidete Decke geschaut. Jetzt sehen wir durch ein paar Abschiedstränen nur noch verschwommen, wie er ohne uns im hupenden Stadtverkehr verschwindet. Es war nicht ohne Risiko, wesentliche Teile unserer Ersparnisse in einen Oldtimer zu stecken. Aber die Rechnung ist aufgegangen. Wir konnten ihn zu einem guten Preis weitergeben, was unser Reisebudget unterm Strich erheblich geschont hat.

Eine weitere Woche später stehen wir zwar immer noch mit Malaysia in Kontakt, doch zieht sich die Korrespondenz wie Kaugummi in die Länge. Wir wissen, warum wir so lange auf Antworten warten müssen, und haben Verständnis für den Personalmangel, der keine Seltenheit in Nichtregierungsorganisationen ist. Trotzdem wollen wir dringend raus aus Panama-Stadt und den nächsten Schritt auf unserer Reise unter Dach und Fach bringen. Mehr und mehr fühlt sich unser Wohncontainer wie ein Gefängnis an, aus dem wir unter allen Umständen ausbrechen wollen.

»Sag mal«, ruft Anja eines Abends aus dem Schlafzimmer, »hast du eigentlich jemals wieder nach einem Projekt mit Walforschern geguckt?«

»Nee. Wir haben es ja jetzt ein Jahr lang versucht.«

»Also willst du gar nicht mehr?«

»Na ja, was heißt wollen. Wir waren ja jetzt auf der Osa und haben da mit MeeresbiologInnen gearbeitet. Mit den Walen ist es wohl leider dasselbe wie mit Südamerika: Es soll halt irgendwie nicht sein.«

»Lars?«, fragt Anja nach einer kurzen Pause erneut. »Und was, wenn doch?«

Hätte Anja aus alter Gewohnheit nicht doch noch einen Blick in den Walkalender geworfen, wären wir jetzt nicht zurück. Zurück in Europa, genauer gesagt Portugal, dem die Azoren politisch zugeordnet werden. Geografisch ist das Bild ein anderes. Fast mittig zwischen dem europäischen und dem nordamerikanischen Festland, könnte es für die Vulkaninselchen keinen abgelegeneren Ort im Nordatlantik geben. Mit längstens einundzwanzig mal vierzehn Kilometern Fläche ist Faial die fünftgrößte Insel im Archipel. Neben ein paar verstreuten Ortschaften liegt ganz im Südosten das beschauliche Städtchen Horta, in dem wir einen Monat lang wohnen werden. Mit etwa 2 000 einheimischen Seelen und aktuell 14 Grad Celsius ist Horta das krasse Gegenteil von der Wolkenkratzer-Metropole Panama-Stadt, wo wir heute vor einer Woche bei 34 Grad Außentemperatur in den Flieger stiegen. Wir hatten noch immer keine Zusage aus Malaysia erhalten, als Anja feststellte, dass im kommenden Monat Mai viele große Walarten an den Azoren vorbeiwandern. Dass sie ein paar Suchanfragen später auf die Website eines Walforschungsprojekts stieß, ist auf den Azoren nicht weiter verwunderlich. Dass sie zum perfekten Zeitpunkt eines fand, eines, das auch Volunteers ohne meeresbiologische Vorbildung suchte, glich der berühmten Nadel im Heuhaufen. Als ich mich wieder einkriegte, nahmen wir Kontakt auf, sagten umgehend zu, buchten unsere Reise und saßen 48 Stunden später im Flugzeug. Malaysia rennt nicht weg, Zeit hatten wir aber schon genug verloren. Im Mai feiere ich zum zweiten Mal auf dieser Reise Geburtstag. Den letzten verbrachte ich mit Elefanten, den diesjährigen unter Walen, womit ich mit allen meinen Lieblingstieren gefeiert haben werde.

In den ersten, noch arbeitsfreien Tagen auf Faial hatten wir uns mit einem Mietwagen einen Überblick verschafft. Aus dem panamaischen Backofen kommend, genossen wir die kühleren Temperaturen und kletterten am Westende der Insel auf den Vulcão dos Capelinhos, wo es einem unter blauem Himmel stürmisch um die Nase weht. Man sagt, die Azoren seien das Hawaii Europas. In der Tat erinnern das ozeanisch-subtropische Klima, die vulkanische Topografie und tiefblaue See an die tropische Inselgruppe im Nordpazifik. Doch wer sanfte weiße Sandstrände im Sinn hat, der kommt hier definitiv nicht auf seine Kosten. Faial ist keine verträumte Oase unter Palmen, wo man Kokosnüsse schlürft und faul in der Hängematte döst. Die Insel hat das unbändige Temperament einer Piratenbraut, die in ihrer ganzen furchtlosen Schönheit mit der Faust im Wind den unerbittlichen Elementen trotzt. Doch hinter dem von Sturmtauchern umkreisten Schild aus schroffen Steilklippen verschwindet das anthrazitfarbene Basaltgestein unter leuchtend grüner Vegetation. In höheren Lagen wachsen Lorbeer, Wacholder und Baumheide. Farne und weiß blühende Calla flankieren sprudelnde Bächlein, in deren Nähe endemische Gagelbäume und Picconien gedeihen. Kapuzinerkresse, Glöckchenlauch, wilder Spinat und Fenchel wachsen einfach so am Wegesrand. Genau wie Schmetterlingsingwer, nur dass man den nicht essen kann. Was Wildkräuter angeht, ist Anja zurück in ihrem Element. Neben Pflanzen, die sie aus Deutschland kennt, versichern auch Finkenschlag und Amselflöten, dass wir an diesem exotischen Ort tatsächlich in Europa sind. Gehen wir spazieren, huschen überall Eidechsen davon. Ob in einem Wäldchen oder auf dem Kopfsteinpflaster in Hortas Altstadt, wo zwischen weiß getünchten Häuschen schon vereinzelt blaue Hortensien blühen, für die Faial so bekannt ist.

Bereits in der frühen Luftfahrt war Faial eine wichtige Zwischenstation für die ersten Transatlantikflüge. Für Segler ist sie das bis heute. Als letzte Anlaufstelle auf halber Strecke macht hier jeder noch mal halt, der den Atlantischen Ozean mit Wind und Takelage überquert. So ist die kleine Marina in Horta zum vielleicht berühmtesten Jachthafen der Welt geworden. Niemand weiß so ganz genau, wer eigentlich wann das erste Bild auf die Kaimauer gemalt hat. Seit Jahr und Tag läuft unter Seeleuten jedenfalls keiner mehr aus, ohne sich zuvor mit Pinsel und Farbe verewigt zu haben. Befangen im Aberglauben, anderenfalls Schiffbruch zu erleiden, haben zahllose SkipperInnen und KapitänInnen den Hafen in ein einziges Mosaik aus bunten Kaimauer- und Bodengemälden verwandelt. Hortas Marina ist ein Gesamtkunstwerk, das sich im Laufe der Jahrzehnte stets ein bisschen verändert, weil verwitterte Gemälde aus Platzmangel mit neuen übermalt werden dürfen. Soll ja keiner sinken müssen im Atlantik. Damals wie heute trifft man an den geschichtsträchtigen Kaimauern AbenteurerInnen, TierfilmerInnen und MeereswissenschaftlerInnen aus aller Herren Länder. Und ab sofort auch uns. Denn hier am Hafen hat auch unser Walforschungsprojekt sein Quartier bezogen.

Wie schon an den vorangegangenen Tagen verbringen wir auch den Vorabend unseres ersten Arbeitstages im *Peter Café Sport*. Die Hafenkneipe mit der meerblauen Fassade liegt nur einen Steinwurf von unserer Projektbasis entfernt. Seit 104 Jahren wird an Peters Theke Seemannsgarn gesponnen, lassen sich AtlantiküberquererInnen Pakete aus der fernen Heimat herschicken, finden WeltenbummlerInnen eine Mitsegelgelegenheit über handgekritzelte Aushangzettelchen. Als Dreh-, Angel- und Kontaktpunkt ist das Café Sport eine nicht wegzudenkende Institution für Seeleute von nah und fern. Die holzverkleideten Wände und Decken sind übersät von Wimpeln, Aufklebern und kuriosen Mitbringseln. Und als der Walfang Mitte der Achtzigerjahre endlich eingestellt wurde, eröffnete die Kneipe im ersten Stock auch noch ein Scrimshaw-Museum voller kunstvoll gravierter Pottwalzähne. Der Kellner mit den dunklen Augenbrauen und kantigem Unterkiefer kennt uns schon. Mit Schwung serviert er Pasta mit Pilzen und den Fang des Tages, dazu zwei *Gin do Mar,* die maracujainfusierte Spezialität des Hauses.

»Hättest du je damit gerechnet, an deinem Geburtstag auf den Azoren zu sein?«

Mir kommen die letzten Tage genauso unwirklich vor wie Anja. »Vor allem hätte ich nie damit gerechnet, jemals so unerwartet plötzlich hier zu landen. Gedanklich war ich längst in Malaysia.«

»Und physisch im Wohncontainer.«

»Tja, und jetzt auf Faial! Und morgen«, sage ich feierlich und stoße mit Anja an, »morgen werden wir Walforscher!«

Mit frischer Seeluft weckt uns der Spätfrühling durch das von Vorhängen gerahmte Fenster. Aus weißer Bettwäsche und kleinen Augen wandert mein Blick von der kleinen Nische, eingerichtet als Kleiderschrank, zum Bücherregal mit Fachliteratur über Meeressäuger und Romanen, die in örtlicher Kulisse spielen. Wie geborgen man sich auf einer der abgelegensten Inseln im Nordatlantik fühlen kann. Zu unserem Zimmer gehört ein glänzend schwarz gefliestes Bad mit weißen Armaturen. Dazu eine moderne Küche und ein großes Wohnzimmer, die wir uns ab kommender Woche mit zwei weiteren Volunteers teilen werden. So komfortabel haben wir lange nicht gewohnt. Das Ferienhaus, dessen zitronengelbe Fassade eine silberne Walfluke ziert, gehört Tiago. Gemeinsam mit Joanna hat er das Forschungsprojekt *Whale Project Azores* ins Leben gerufen, für das wir hergereist sind. Es ist Montag, der erste Mai. Unser erster Arbeitstag. Und das erste Mal, dass wir so viel für die Teilnahme an einem Schutzprojekt bezahlen. Das liegt allerdings weniger an der hübschen Unterkunft als an den laufenden Kosten, die ein Walforschungsprojekt decken muss. Täglich sind zahlreiche technische Geräte, Forschungsausrüstung, kostspielige Messinstrumente und ein Motorboot im Einsatz, die gepflegt, gewartet, repariert und betankt werden wollen, damit es auch am nächsten Morgen wieder vier bis sechs Stunden hinaus aufs Meer gehen kann. Hinzu kommen Gehälter für drei angestellte MeeresbiologInnen, die viel Zeit in unsere Schulstunden und praktische Einarbeitung investieren. Unabhängig von allem Sinn, den Freiwilligenarbeit ergibt, geht unsere Reisekasse jedoch langsam, aber sicher zur Neige. Wir mussten tief in unsere Geldbörsen gucken, bevor wir die je 1600 Euro für einen knappen Monat überwiesen haben.

Bevor wir zu unserer Reise aufbrachen, haben wir mit durchschnittlich 1 000 Euro pro Person und Monat gerechnet – inklusive Unterkünfte, Lebensmittel, Transport- und Kompensationskosten. Das ist die Zahl, die einem immer wieder begegnet, wenn man sich im Internet über andere Rucksackreisende informiert, die ohne unnötigen Luxus in der Welt unterwegs sind. Kanada und vor allem die USA haben wir leider zum denkbar ungünstigsten Zeitpunkt erwischt, nämlich mitten in der durch den russischen Angriffskrieg abermals verstärkten Inflation, sodass wir dort trotz spartanischem Vanlife fast das Doppelte pro Person ausgegeben haben. In den Projektmonaten auf dem Campingplatz, im Permagarten und im Agroforst auf Kauai haben wir hingegen kaum Geld ausgegeben. Im Durchschnitt sind wir trotzdem mit rund 1 500 Euro pro Person und Monat hingekommen. Deutlich mehr als ursprünglich gedacht. Auf der anderen Seite konnten und wollten wir auch nicht noch sparsamer sein und einen Teil unseres Budgets bei der lokalen Bevölkerung unserer Gastgeberländer lassen. Eine Reise ohne authentisch regionale Küche, Einkäufe auf den Wochenmärkten, Übernachtungen in familiengeführten Unterkünften und vor allem ethisch geführte Wanderungen durch die Natur könnten wir uns nicht vorstellen. So gerechnet, liegt der Preis für das Walprojekt nur knapp über dem Betrag, den wir im Schnitt sowieso pro Monat ausgegeben haben. Unser Geld wandert ohne Umwege in die Kasse von Tiago und Joanna, ist damit zu hundert Prozent in die gute Sache investiert, was uns volle hundert Punkte fürs Karmakonto und ein urgemütliches Ferienzimmer beschert.

Was das Thema »gut investiertes Geld« angeht, dürfen auch Gedanken zu den großen For-Profit-Plattformen nicht fehlen, die einem Google bei der Suche nach Projekten wie diesem oder anderen exotischen Volunteer-Gelegenheiten stets bevorzugt ausspielt. Mit ihrem Fachwissen um Suchmaschinenoptimierung und Produktvermarktung schalten sie sich zwischen ausgewählte Arten- und Naturschutzorganisationen und die VoluntouristInnen. Für ihre Leistung beanspruchen sie einen Teil des Geldes, was völlig in Ordnung ist. Auch ihnen zum Dank nimmt der Ökotourismus eine positive Entwicklung. In ihrem Schatten reduziert sich allerdings auch die digitale Sichtbarkeit kleinerer Projekte, die aus unterschiedlichsten Gründen noch nicht vom Radar der großen Plattformen erfasst wurden. Wer zusätzlich in die Tiefe recherchiert, der wird auf weitere Projekte stoßen, die vielleicht noch besser passen als die Angebote in den großen Schaufenstern.

Zweifellos abzulehnen sind Vermittlungsplattformen, die unverantwortliche Tätigkeiten in Kinderheimen und Waisenhäusern verkaufen. Ungeachtet der Tatsache, dass elternlose Kinder feste Bezugspersonen mit fachlicher Ausbildung brauchen, lassen manche Anbieter ständig wechselnde BackpackerInnen auf sie los. Natürlich werden auch Tiere für das Geld reisender Volunteers ausgenutzt. Oft mit unfassbarer Dreistigkeit. In Südafrika haben wir von einer Einrichtung gehört, in der Freiwillige angeblich verwaiste Löwen großziehen. Was sie nicht wissen, ist, dass die Raubkatzen später nicht ausgewildert, sondern reichen Trophäenjägern zum Abschuss vorgeführt werden. Die Interessen am Artenschutz und der lokalen Bevölkerung sollten keinesfalls hinter die der zahlenden Kunden geraten.

Seit Jahren ist der Trend zum Freiwilligendienst im Ausland ungebrochen. Das ist eine uneingeschränkt gute Nachricht, weil das Ehrenamt eine starke Antwort auf die Frage ist, wie zeitgemäßes Reisen aussehen kann. Doch ist es in einer profitgetriebenen Welt leider erst dann möglich, mit Sicherheit Gutes zu tun, wenn man sich vorher gut informiert hat. Davon muss sich aber niemand entmutigen lassen. Wer ein kleines bisschen Zeit investiert, kann sich mit einer Internetrecherche und einfachen Überprüfungsmaßnahmen absichern. Wer eine kommerzielle Reiseagentur vor der Buchung um eine transparente Kostenverteilung bittet, kann ausschließen, dass nur ein Bruchteil seines Geldes im eigentlichen Schutzprojekt landet. Wird einem die Aufstellung verwehrt, dann ist dort sicher irgendwas faul. Und über ein unverbindliches Videotelefonat mit den Projektverantwortlichen lässt sich ebenfalls ein Gefühl dafür entwickeln, ob man zusammenpasst.

Mit gefüllten Thermoskannen, Brotzeit und dem großen Kameraobjektiv im Rucksack verlassen wir um acht Uhr das Haus. Unser Weg zur Arbeit beginnt mit einem Spaziergang entlang einer zweispurigen Straße. Rechts unter uns ist das Meer, und an einem so sonnigen Morgen wie heute hat man einen atemberaubenden Blick auf die Nachbarinsel Pico und Portugals höchsten gleichnamigen Berg.

Als ich den Knopf einer Fußgängerampel drücke, muht es uns hinterrücks an. Erschrocken drehen wir uns um und gucken in die großen runden Augen einer schwarz gefleckten Kuh. Während sich ihre Zunge hoffnungslos tief ins linke Nasenloch verirrt, starten ihre klimpernden Wimpern einen wenig subtilen Annäherungsversuch. Mit einem schlabbernden Geräusch zieht sie ihren dreißig Zentimeter langen Greif- und Fressmuskel zurück ans Tageslicht, um ihn mit erkundenden Tastbewegungen auf meinen Jackenkragen loszulassen. Keine Sekunde zu früh springt die Ampel auf Grün. Im Stadtbild von Horta sind die grasenden Wiederkäuer nicht wegzudenken. Auf dem schmalen Grünstreifen neben der Bushaltestelle, unter dem Werbeschild vom Supermarkt, auf den Verkehrsinseln, ja jedes kleinste Stückchen Wiese ist von einer Kuh besetzt. Angebunden an einen Strick, dessen anderes Ende an einem in den Boden geschlagenen Holzpflock geknotet ist, mähen und düngen sie zwischen Asphalt und Kopfsteinpflaster jeden begrünten Quadratmeter und sorgen für ein gepflegtes und, das kann man wohl sagen, einzigartiges Kleinstadtidyll. Wobei man sie natürlich regelmäßig umsiedelt und den Strickradius ihrem neuen Aufgabengebiet anpasst. Die liebäugelnde Kuh, die eben noch hinter der Ampel stand, ist vielleicht morgen schon am Briefkasten anzutreffen.

Am Ende der Straße liegt Porto Pim, eine Bucht, in der es sogar einen kleinen Stadtstrand gibt. Die Pastelerias servieren bereits Kaffee und süße Frühstücksteilchen. Der herrliche Duft aus den Backöfen hat längst auch die Spatzen auf den Plan gerufen. Von einem kunstvoll bemalten Mäuerchen beobachten sie die Zeitung lesenden Gäste und stürzen sich auf jeden hinunterfallenden Brotkrumen. Von hier geht es nur noch ein paar Schritte durch die von geziegelten Häuschen gesäumte Rua Nova, dann sind wir zurück in der berühmten Marina.

Vor sanft im Hafenbecken schaukelnden Booten werden Aufstellschilder platziert, auf denen Tauchausflüge und Whale-Watching-Touren angeboten werden. Ein Mann mit Vollbart und blauem Troyer schiebt einen fahrbaren Kleiderständer voller Öljacken hinaus vor die Ladentür. Nebenan werden Tischgarnituren aus Teakholz aufgebaut, während die Mitglieder eines Filmteams bereits in ihren Neoprenanzügen stecken und Equipment für Unterwasseraufnahmen auf eine Motorjacht laden. Auch Tiago scheint in seine morgendlichen Verrichtungen vertieft. Einmal hatten wir den auf Faial geborenen Meeresbiologen und Tauchlehrer schon bei der Schlüsselübergabe im Ferienhaus getroffen. Nun sehen wir ihn auf einem grauen Zodiac-Schlauchboot, wo er, das Handy zwischen Ohr und Schulter geklemmt, angeregt telefoniert, während er den schwarzen Schutzbezug vom Steuerstand zieht. Unauffällig lenke ich Anjas Aufmerksamkeit zurück aufs Filmteam.

»Siehst du den mit den grauen Locken und den buschigen Augenbrauen?«

»Macht einen ganz schön fitten Eindruck für sein Alter. Was ist mit dem?«

»Das ist Amos Nachoum.«

»Und woher kennst du den?«

»Ich kenn ihn nicht. Aber er ist ein ganz bekannter Tierfotograf aus Israel. Der ist mit weißen Haien, Orcas und sogar mit Polarbären geschwommen.«

»Was der wohl heute vorhat?«

»Mann, am liebsten würde ich fragen, ob er nicht auch ein paar Volunteers gebrauchen kann.«

»Guten Morgen, ihr beiden!« Tiago, der in der Zwischenzeit vom Schlauchboot geklettert ist, läuft gut gelaunt auf uns zu. Ich schätze ihn auf mein Alter, aber er ist deutlich höher gewachsen, ohne dabei schlaksig zu wirken. Seine hochgeschobene Sonnenbrille hält die glatten braunen Haare aus der Stirn. »Was für ein Wetter!«, strahlt er uns an. »Kommt mit. Ich stelle euch Joanna vor. Und ihr bekommt noch ein paar Öljacken und eine wasserdichte Hose. Wir wollen direkt los. Südwestlich von Pico ist eine Gruppe Pottwale unterwegs.«

»Woher weißt du das?«

»Die Frage ist berechtigt«, lacht Tiago. Mit ausgestrecktem Arm zeigt er hoch auf eine Kammlinie, deren Hang einen Teil der Bucht von Porto Pim bildet. »Das ist der Monte da Guia, ein Krater, keine hundertfünfzig Meter hoch. Etwas hinterm Gipfel ist Carlos positioniert. Er ist einer der Whale Spotter, mit denen wir zusammenarbeiten. Gerade hat er mir am Telefon gesagt, wo er die Pottwale gesichtet hat. Jetzt müssen wir nur noch zusehen, dass wir rechtzeitig vor Ort sind.«

Zodiacs sind vielseitige Schlauchboote, die von Tauchausflügen über militärische Operationen bis zu Rettungsmissionen für verschiedenste Zwecke eingesetzt werden. Sie bestehen aus einem aufblasbaren Rumpf und einem festen Boden aus Kunststoff. Der Kombination verdanken sie ihre hohe Flexibilität, mit der sie sich auch auf kabbeliger See behaupten. Der Beweis unserer eigenen Widerstandsfähigkeit muss erst noch erbracht werden. Vorsichtshalber haben wir außer den Pillen gegen Seekrankheit nichts gefrühstückt. Eingeschlagen im wasserdichten Friesennerz, heizen wir in Richtung der gesichteten Pottwale. Das Wetter ist herrlich, doch das gegen die Bordwand schlagende Wasser sorgt in verlässlicher Regelmäßigkeit für Sprühwasserduschen. Tiago steht am Heck hinterm Steuer. Wir haben auf den zwei Sitzbänken Platz genommen, die vom Steuerstand bis zum Bug reichen und insgesamt vierzehn Fahrgästen Platz bieten. Heute sind wir aber die einzigen Passagiere. Joannas Statur mag zierlich und ihre Körpergröße bescheiden sein, doch sie strahlt eine angenehm lässige Selbstgewissheit aus. Salz und Sonne haben ihren locker gebundenen Dutt hellbraun gebleicht. Wie ihr Lebensgefährte ist auch sie Meeresbiologin und Tauchlehrerin in einer Person. Verkehrt herum auf einem der Plätze vor uns sitzend, holt uns die Wissenschaftlerin auch im übertragenen Sinn ins Boot.

»In der Regel stehe ich oben auf dem Absatz am Heck und scanne die Wasseroberfläche nach dem Blas von Walen.« Damit meint sie die beim Ausatmen geblasenen Fontänen. »An klaren Tagen wie heute sind sie kilometerweit zu sehen. Wusstet ihr, dass sich die Anatomie eines Wals auf seine Atemwolke auswirkt?« Wissbegierig schütteln wir die Köpfe. »Bartenwale haben einen V-förmigen Blas, was insofern Sinn ergibt, als sie zwei Atemlöcher haben. Bei den ganz großen Vertretern, also Blau- und Finnwal, hat er wiederum die Form einer Birne. Zahnwale haben nur ein Blasloch, das sich beim Pottwal aber nicht mittig, sondern vorne auf der linken Kopfseite befindet. Dadurch ist seine Fontäne immer im Winkel von 45 Grad nach vorne geneigt.«

»Deshalb konnte der Whale Spotter so genau sagen, dass es Pottwale sind, die er vor Pico gesichtet hat.«

»Ganz genau! Jeden Morgen telefoniert Tiago als Erstes mit Carlos. Sobald wir auf dem Boot sind, halten er und anderswo positionierte Spotter uns über Funk auf dem Laufenden. Trotzdem könnten jederzeit auch noch nicht gemeldete Pottwale vor uns auftauchen. Manchmal bleiben sie eine Dreiviertelstunde unter Wasser.«

»Auch hier schon?« Eigentlich bin ich mir sicher, dass Pottwale auf ihren ausgedehnten Tauchgängen die von Legenden umrankten Riesenkalmare fressen, die sie in etwa einem Kilometer Tiefe jagen. Manchen Bullen wurde gar eine Tiefe von 3 000 Metern bescheinigt. Pottwale sind Tiefseetaucher. Wir aber befinden uns noch in Küstennähe.

»Die Unterwasser-Topografie ist hier wahnsinnig steil. Nur ein paar Minuten vom Hafen haben wir schon 500 Meter Wasser unter uns. Jetzt dürften es längst tausend sein.«

In den Weltmeeren schlummern gigantische Gebirgsketten, deren höchste Erhebungen Seamounts genannt werden. Sie können Tausende von Metern aufragen und bleiben dennoch unter

Wasser. Der Mittelatlantische Rücken ist mit 20 000 Kilometern der längste aller vulkanischen Gebirgszüge, zu dem auch die Azoren gehören. In ihren Gewässern ist die Dichte an Seamounts ungewöhnlich hoch. Einst sind die neun kleinen Inseln selbst aus den Gipfeln, Kämmen und Plateaus hervorgegangen. Den massiven Wassertiefen und nährstoffreichen Auftrieben verdanken sie ihre marine Artenvielfalt und die ganzjährig auftauchenden Pottwale. Jetzt im Frühjahr zieht die nordatlantische Planktonblüte aber auch viele weitere Meeressäuger an. Für Joanna und Tiago ist es die beste Zeit des Jahres, um neue Daten über möglichst viele der siebenundzwanzig von weltweit einundneunzig hier vorkommenden Walarten zu sammeln. Um ihnen dabei eine echte Hilfe zu sein, werden wir in den kommenden Wochen auch theoretisch unterrichtet.

Die Forschungsmöglichkeiten an den tonnenschweren Tieren sind stark limitiert. Sie jagen in lichtlosen Tiefen, in die ihnen kein Mensch folgen kann, und wandern jedes Jahr Zehntausende von Kilometern, auf denen man sie mit einem GPS-Tracker nur streckenweise begleiten kann. Weil man im Ergebnis noch immer so wenig über Wale weiß, sind für Joanna und Tiago so ziemlich alle Daten relevant, die Populationsgrößen und -strukturen, Migrationsrouten, Jagd- und Sozialverhalten, Fortpflanzung und ihre geheimnisvolle Kommunikation betreffen. Methodisch bauen sie ihre Forschung auf DNA-Proben, die Analyse akustischer Merkmale sowie auf die Identifikation von Individuen durch Fotografie. Foto-ID ist eine sehr zeitaufwendige Methode, die regelmäßige Ausfahrten erfordert. Doch liefert sie im Abgleich mit den Archiven anderer Forschungseinrichtungen zahlreiche verhaltensspezifische Informationen, ohne dass man dabei die Komfortzone der Tiere verletzen müsste. Mit Fotos bestimmter Körperteile können Wale und Delfine eindeutig identifiziert werden. Bei Orcas funktioniert das am besten anhand der Form und Größe ihrer Rückenflossen sowie der weißen Zeichnung dahinter, dem Saddle Patch. Bei Blauwalen ist es das Fleckenmuster auf dem Rücken, bei Buckelwalen, meinen singenden Lieblingen, und Pottwalen muss man hingegen abwarten, bis die Tiere abtauchen und im letzten Augenblick ihre Schwanzflossen zeigen. Narben, Kerben, Zeichnungen und ihre individuelle Form machen jede Fluke einzigartig.

Schon bald sind unsere ersten Forschungsobjekte in Sichtweite. In respektvollem Abstand hinter einer Gruppe von neun Pottwalen schaltet Tiago den Motor in den Leerlauf. Mit der Kamera im Anschlag steht Joanna auf, und wir tun ihr es gleich. Ohne den Blick von den Tieren abzuwenden, kommentiert sie gegen den Wind rufend, was wir sehen.

»Okay, vor uns haben wir eine Schule aus Kühen und Jungtieren. Ihr kennt euch doch mit Elefanten aus, bei Pottwalen ist es genau dasselbe. Innerhalb einer Gemeinschaft kümmert man sich untereinander auch um den Nachwuchs der anderen Mütter. Und wenn die Jungs mit vier Jahren alt genug sind, dann verlassen sie den Clan, suchen sich andere halbstarke Bullen und treiben sich mit denen als Junggesellenbande rum. Erwachsene Bullen sind häufig als Einzelgänger anzutreffen. Alles genau wie bei den Elefanten in Afrika.«

Wow! Das Verhalten afrikanischer Elefanten, amerikanischer Bisons und jetzt auch noch das der Pottwale auf ein und demselben schwergewichtigen Nenner zu sehen plättet mich. Wie neun dicke Baumstämme treiben die Elefanten der Meere nebeneinander an der Oberfläche. In regelmäßigen Abständen ertönt ihr mächtiger Blas. Die Lautstärke der schnaubenden Atemgeräusche ist eine Offenbarung. Es sind voluminöse, druckvolle Geräusche, wie man sie vielleicht erwarten könnte, wenn man mit einem Messer in einen voll aufgepumpten Autoreifen sticht.

»Ausgewachsene Pottwale werden bis zu 20 Meter lang, 55 Tonnen schwer und fressen bis zu eine Tonne Futter am Tag. Die Gruppe vor uns wird sich nicht länger als acht bis zehn Minuten von ihrem letzten Jagdversuch erholen und dann bis zu fünfundvierzig Minuten abtauchen. Haltet euch bereit, wir wollen möglichst viele Fluken fotografieren.«

Mit meiner Kamera und dem großen Teleobjektiv kann ich Joanna von Beginn an unterstützen. Dachte ich bis eben, denn jetzt bekomme ich die schaukelnde Realität der Foto-ID als nervöse Umdrehungen in meinem Magen zu spüren. Schlauchbootfahren, begreife ich in diesem Augenblick, ist eine ganz andere Disziplin als Schlauchbootstehen. Ohne vorwärtspreschenden Propeller ist unser Zodiac-Boot nichts als eine instabile Nussschale, in der unsere taumelnden Gleichgewichtssinne jeder unvorhersehbaren Woge hilflos ausgesetzt sind. Es dauert nicht lange, da wirft sich Anja bäuchlings auf den luftgefüllten Rumpf und lässt sich geräuschvoll noch mal alles durch den Kopf gehen, was ihr Joanna nur Sekunden zuvor über »Horizont fixieren« erklärt hat. Doch auch mir leistet die Reisetablette keine überzeugenden Dienste. Zumal ich mich nicht auf den Horizont, sondern mit Teleobjektiv auf die Wale vor mir konzentrieren soll. Leider wiegen die Wellen den Pottwal, den ich durch meine Kamera unablässig im Auge zu behalten habe, völlig asynchron zu unserem willkürlich wackelnden Schlauchboot. Es hilft nichts. Ich muss das Objektiv absetzen und den Horizont anstarren, zumindest für ein paar erholende Atemzüge. Mehr als zwei sind mir nicht vergönnt.

»Aaaaachtuuuuung!«, ruft Joanna lauthals gegen den Wind und Anjas sich zusammenziehendes Zwerchfell. »Kamera bereithalten!«

Vier der neun Riesenkörper wölben sich empor. Ich muss mich zusammenreißen, um den Blick durch meine Kamera zu ertragen. Aber dann stehen vier Fluken senkrecht vor meiner Linse. Im Serienmodus halte ich den Auslöser gedrückt, bis sie nach wenigen Sekunden vollständig verschwunden sind. Als sich kurze Zeit später auch die restlichen Gruppenmitglieder mit winkender Schwanzflosse verabschiedet haben, sinke ich benommen auf meinen Sitzplatz. »Ihr werdet euch dran gewöhnen«, spricht uns Joanna Mut zu. Nur zu gern möchte ich daran glauben. Ab sofort werden wir jeden Tag im Schlauchboot unterwegs sein. Jeden Tag werden wir auf Tuchfühlung mit meinen Lieblingstieren gehen. Seiwale, Finnwale, Buckelwale, mit viel Glück kann man zurzeit sogar einem der stark gefährdeten Blauwale begegnen, dem größten Tier, das je auf Erden gelebt hat. Es ist ein Kindheitstraum: Der Nordatlantik ist jetzt unser Arbeitsplatz. Morgen nehme ich zwei von den Pillen gegen Seekrankheit.

Nach vier Stunden geht es ohne weitere Walsichtung zurück in den Hafen. Kaum in Fahrt, stabilisiert sich das Boot, und auch der Fahrtwind steuert seinen Teil dazu bei, unsere Gleichgewichtssinne zu kurieren. Schon den ganzen Tag sehen wir Portugiesische Galeeren, quallenartige Organismen, die wie transparente Schiffchen über die glänzende Wasseroberfläche segeln. Joanna erzählt uns, dass die zartblau und lila schimmernden Nesseltiere sogar gegen den Wind kreuzen können, als wie aus dem Nichts eine Hundertschaft Streifendelfine auftaucht. In energiegeladenen Luftsprüngen schießen die wunderschön gezeichneten Tiere voran. Schnell haben sie uns eingeholt, doch Tiago gibt Gas, und so lassen wir uns ein Stück Richtung Küste eskortieren. Scheuer als andere Delfinarten, halten sie dabei stets ausreichend Abstand zu uns.

Nach dem Mittagessen im Café Sport sind wir beide wieder vollständig hergestellt. Zurück am Hafen, setzen wir uns auf der bemalten Kaimauer in die Sonne, bis auch Tiago und Joanna für unsere erste Theoriestunde von ihrer Pause zurückkommen. Auch die kleine Marina macht Siesta. Das geschäftige Treiben von heute Morgen ist einem Stillleben gewichen. Gezähmt platscht das Wasser an die Bootswände. Selbst der Wind ist nur noch ein müdes Lüftchen, das zaghaft an den Flaggen spielt und es manchmal in den Takelagen klackern lässt. Nur das Filmteam ist noch am Pier beschäftigt. In silbernen Aluminiumkisten tragen sie die ganze Technik von Bord der Motorjacht zurück in ihre Station, die sich nur zwei Türen neben der Tauch- und Forschungsbasis von Joanna und Tiago befindet.

»Was dein Tierfotograf wohl heute erlebt hat?«

»Das frage ich mich auch.« Der Mann, den ich für Amos Nachoum halte, wirkt gut gelaunt. Bestimmt hat er was Aufregendes vor die Linse bekommen. »Aber weißt du was?«, sage ich und springe von der Kaimauer, »Ich frage ihn einfach!«

Eine zweite Chance, mit einem preisgekrönten Tierfotografen in Kontakt zu kommen, werde ich vielleicht nicht mehr kriegen. Also schlendere ich, unauffällig vor mich hin pfeifend, in seinen Laufweg.

»Oh, tut mir leid«, sage ich überrascht, bevor wir zusammenstoßen und ihm seine sündhaft teure Unterwasserkamera aus dem Arm fallen würde, »meine Schuld! Du bist Amos Nachoum, oder?«

»Das stimmt«, antwortet der grau gelockte Mann vergnügt, »und wer bist du?«

Eilig stelle ich mich vor, sage, dass ich mit Anja ehrenamtlich für das Whale Project Azores arbeite.

»Freut mich, dann sind wir also Nachbarn. Was habt ihr heute gesehen?«, fragt er, während er seinen Weg unbeirrt fortsetzt.

»Eine Schule Pottwale und jede Menge Streifendelfine. Und ihr?«

»Wir haben von Orcas gehört, sind aber zu spät gekommen.«

»Die sind hier selten, oder?«

»Ja, äußerst selten. Wenn du welche sehen willst, fahr am besten nach Norwegen. Immerhin haben wir noch Minkwale fotografiert.« In dem Tonfall, den man für *Ich muss jetzt wirklich los!* anschlägt, sagt er »Lars, auf gute Nachbarschaft. Lass uns doch Ende der Woche auf ein Fino gehen. Wir sehen uns!«

Fino nennt man in Portugal ein kleines gezapftes Bier, das es für einen Euro wirklich überall – selbst beim Bäcker – zu kaufen gibt. Nach unseren ersten Schulstunden, in denen es um die Geschichte des Walfangs auf den Azoreninseln ging, haben wir uns auf den Weg in den Feierabend gemacht – uns beim *Café Porto Pim* dann aber spontan zwei der Minibiere bestellt und uns draußen unter die Locals gemischt. Mit *Super Bock* vom Fass lehnen wir zwischen nimmermüden Spatzen am bemalten Mäuerchen und blicken in die Bucht hinaus. Die alte Walfabrik, von der Joanna uns eben noch erzählt hat, ist nicht zu übersehen. Linker Hand, zu Füßen des Monte de Guia, grenzt der Stadtstrand an einen Komplex rot geziegelter Gebäude mit weißen Fassaden, Staffelgiebeln und einem gemauerten runden Schornstein. Lange Zeit war die Waljagd eine wichtige Einnahmequelle für die in weiter Abgeschiedenheit lebenden InsulanerInnen. Es ging ihnen um den Pottwal, um Moby Dick, der aufgrund seines ganzjährigen Vorkommens auch König der Azoren genannt wird. Pottwale haben eine eigentümliche Anatomie: Ihr Körper besteht bis zu zwei Dritteln aus Kopf. Drin sind bis zu 2,5 Tonnen Walrat oder Spermaceti, wie man die fett- und wachshaltige Substanz ebenfalls bezeichnet, weil man sie ursprünglich für Sperma hielt. Anno dazumal gingen Wissenschaftler – Frauen können es fürwahr nicht gewesen sein – davon aus, dass es doch eine sinnvolle Idee der Evolution sei, ein zwanzig Meter großes Ejakulatmonster zu erschaffen, das sein flüssiges Saatgut auch noch genau da bunkert, wo man sich bei ihnen etwas Hirn gewünscht hätte. Wie Mann sich die Fortpflanzung vorstellte, wenn doch weibliche Pottwale mit ebenso überdimensionalen Köpfen voller Spermaceti herumschwimmen, ist leider nicht überliefert. Doch überdauert ihr Gelehrtenlatein im englischen Gattungsnamen bis heute: *Sperm Whale*.

Heute ist längst bekannt, dass der Walrat eine wichtige Resonanzfunktion bei der Echo-Ortung einnimmt. Pottwale erzeugen Serien von Klicklauten, deren von festen und halbfesten Objekten reflektierter Schall wie bei einem Echolot ausgelesen wird. MeeresforscherInnen bezeichnen die an Morsezeichen erinnernden Geräusche als Codas. Über sie orientieren sie sich in der lichtlosen Tiefsee, spüren ihre Beute auf, und auf diese Weise kommunizieren sie auch untereinander. Im Kreise eines Clans kursieren charakteristische Lautfärbungen, mit denen sie sich von Mitgliedern anderer Gruppen abgrenzen – sie klicken im Dialekt. Inwieweit es sich bei ihrer Kommunikation um Sprache handelt und ob wir Menschen sie entschlüsseln können, ist eines der vielen ungelösten Pottwal-Geheimnisse. Sicher ist, jede Clique schnackt ihr eigenes Platt. Und wenn sie an der Oberfläche treiben, können sie sehr ausdauernd miteinander klönen.

Erst 1984, als bei uns in Deutschland gerade das Schildkrötenfleisch aus den Supermarktregalen verschwand, schlossen sich die Azoren dem generellen Walfangverbot an. Gleichwohl unterschied sich die Waljagd auf den Azoren in grundlegender Weise von den Jagdmethoden im Rest der Welt: Auf den Azoren wurde der Walfang nie industrialisiert. Die Männer nutzten schmale Holzboote, in denen sie direkt an den Pottwal heranruderten und Handspeere warfen, die an ein langes Tau geknotet waren. In ihren langen Todeskämpfen kam es vor, dass Wale die kleinen Ruderboote mit einem Flukenschlag zertrümmerten. So gab es immer wieder auch bei den Waljägern Tote und Verletzte zu beklagen. Mit Rachsucht, wie sie Moby Dick zugeschrieben wurde, hat das allerdings nichts zu tun. Es sind sanfte Riesen, denen die Insulaner nachstellten und die sie per Hand zerlegten und verarbeiteten. Immerhin wurde jeder Teil eines erlegten Tieres verwertet. Blubber, wie die dicke Fettschicht genannt wird, mit der sich Wale vor Kälte schützen, und Walrat waren besonders wertvoll für die Herstellung von Tran und Lampenöl. Der Walfang hat eine lange Tradition auf den Azoren. Doch im Gegensatz zu Norwegen, Island und Japan, die noch immer Jagd auf die bedrohten Meeressäuger machen, haben die Azoren mit ihrer Tradition gebrochen. Hier wurde Walfang in Waltourismus umgewandelt, der den EinwohnerInnen ein zeitgemäß verdientes Einkommen bringt und Perspektiven bietet. Aus der alten Walfabrik ist ein Museum geworden, in dem einem diese eindrückliche Geschichte anschaulich erzählt wird. Heute sind die Azoren ein Paradies für Wale, in dem es den Menschen um nichts als ihren Schutz und die Erforschung all der Rätsel geht, die sie ihnen bis heute stellen. Sofern er denn ethisch praktiziert wird, kann Ökotourismus einen großen Beitrag dazu leisten. Deshalb kommt es vor, dass auch Joanna und Tiago eine Handvoll TouristInnen mit an Bord nehmen.

Mit jedem neuen Tag auf See gewöhnen wir uns besser an den Wellengang. Habe ich mir nach unserer Auftaktfahrt morgens noch zwei Pillen gegen Seekrankheit eingeschmissen, habe ich sie nach zehn Arbeitstagen komplett abgesetzt. Auch Anja musste nie wieder spucken. Mit jedem Tag auf See kommen auch neue Aufgaben dazu, die wir übernehmen dürfen. Zum Beispiel lokalisieren wir jede Walbegegnung mit einem GPS-Gerät. Die Koordinaten überführen wir in ein wasserfestes Notizbuch, in dem wir auch Spezies, Anzahl sowie adulte, subadulte und juvenile Lebensstadien der Tiere dokumentieren. Wenn Walkot vorbeischwimmt, keschern wir uns eine Fuhre aus dem Meer und befüllen kleine Plastikbehälter, die anschließend ins Labor geschickt werden. Während anfangs kein einziges meiner heillos verwackelten Flukenfotos zu gebrauchen war, habe ich den Dreh mittlerweile immer besser raus. So steuere ich der Datenbank die ein oder andere Fluke, Rückenflosse und Rückenzeichnung bei. Nachmittags arbeiten Anja und ich die Fotos ab, indem wir sie in mühseliger Handarbeit editieren, archivieren und mit zahllosen anderen Fotos abgleichen. Es vergeht kein Tag, an dem wir keinen Pottwal aus nächster Nähe sehen. Aber wir haben auch schon andere Wal- und zahlreiche Delfinarten gesehen. Manchmal kommen sie so nah an unser Schlauchboot, dass wir nur unsere *GoPro* ins Wasser halten müssen, um tolle Aufnahmen zu bekommen. Das bislang schönste Erlebnis bescherten mir Buckelwale. An meinem Geburtstag entschieden sich gleich zwei meiner Lieblingswale, direkt unter unserem Boot durchzuschwimmen. Mehr geht nicht!

In den anhaltenden Theorieeinheiten unterrichtet uns Joanna über Wale im Allgemeinen und Pottwale im Besonderen. Mit Ava aus London und Selina aus Genf haben wir mittlerweile zwei motivierte neue Volunteers an der Seite. Das Leben im Ferienhaus und die Mittagspausen sind mit ihnen viel lustiger geworden. Manchmal gehen wir auch abends noch gemeinsam raus, aber oft sind wir alle viel zu müde von den vier bis sechs Stunden auf See. Und dann ist da ja immer noch Amos, der Tierfotograf, mit dem wir uns über den morgendlichen Small Talk angefreundet haben. Heute Abend wollen wir endlich unsere Verabredung zum Bier umsetzen.

Mit hoher Geschwindigkeit lenkt Tiago sein Zodiac-Boot nördlich an Pico vorbei. Der Katamaran, von dem wir über Funk den Tipp mit dem Buckelwal bekommen haben, ist schon zu sehen.

»Ava, Lars, haltet eure Kameras bereit!«, schallt es durchs Boot. »Könnte knapp werden, aber gleich sind wir da!«

Dass ein so zierlicher Mensch wie Joanna mit einem so kraftvollen Organ ausgestattet ist, erstaunt mich jeden Tag aufs Neue. Da steht sie ganz hinten am Heck auf ihrem erhöhten Absatz, hinter ihr heult der Außenborder im roten Drehzahlbereich, von vorne trommelt der Fahrtwind, und am sechs Meter entfernten Bug erhalten wir ihre Anweisungen so deutlich wie eine Lautsprecherdurchsage im Freibad. Unverzüglich springen wir auf und bringen uns in Position. Mit gezückten Teleobjektiven heizen wir über den Atlantik. Das Schlauchboot springt unermüdlich über die Wellen, doch den Bogen für einen sicheren Stand bei Vollgas haben wir jetzt raus. Das Doppelrumpfboot kommt immer näher. Steuerbord haben sich Menschen mit blauen Windjacken und orangen Schwimmwesten an der Reling versammelt. Joanna sieht den Wal als Erste, »Buckelwal auf zwei Uhr!«, woraufhin Tiago sofort vom Gas geht. Augenblicklich wird es still an Bord. Leise tuckernd nähern wir uns dem schwarzen Rücken eines Riesen, der wie die glänzende Kuppe eines Seebergs die Wasseroberfläche durchbricht. Sein tiefes Atmen hat etwas Urberuhigendes. Er ist um einiges größer als die beiden Buckelwale, die uns an meinem Geburtstag so nah kamen. Es ist aber nicht ihre Größe, wegen der es mir ausgerechnet Buckelwale so angetan haben. Andere Arten, allen voran der Blauwal, kommen fast auf das Doppelte seiner Höchstlänge von siebzehn Metern. In seiner ganzen Runzligkeit, den Furchen, Tuberkeln, Seepocken und seinen meterlangen Schwingen wirkt der Buckelwal wie das sanftmütige Wesen einer Märchenwelt, das man um weisen Rat ersuchen möchte. Mehr noch als seine Verwandten verkörpert er mit seinen melancholischen Gesängen das Unergründliche, die Wunder und Geheimnisse, die uns Menschen unerklärlich bleiben. Wie orientieren sie sich auf ihren unvorstellbar langen Wanderungen? Warum wuchten sie ihre tonnenschweren Körper in kraftaufwendigen Sprüngen aus dem Meer? Wie viel Kultur steckt in ihren

Liedern, deren teils extrem komplexe Melodien von Artgenossen anderer Populationen übernommen werden? Manche von ihnen machen wie Chart-Hits die Runde von einem in den anderen Teil der Weltmeere. Bei keiner anderen Spezies konnte diese Form der kulturellen Übertragung beobachtet werden. Buckelwale haben etwas tröstlich Sagenumwobenes an sich. Wie Magier arbeiten sie mit einem kreisrunden Vorhang aus Luft, den sie um einen Schwarm Fische blasen, bevor er in ihren bartenbesetzten Schlünden verschwindet. Wem das abhandengekommene Staunen und Wundern aus Kindheitstagen fehlt, der sollte einen Buckelwal aufsuchen.

Noch während der Wal ein letztes Mal seine Lungen füllt, beugt er seinen Rücken. »Aaaaachtuuuuung!« Die weit geöffneten Blaslöcher schließen sich, dann fährt seine Wirbelsäule über einen hohen Bogen in die Tiefe. Kaum dass seine winzige Rückenflosse verschwunden ist, zieht sich eine mächtige Schwanzflosse aus dem Wasser, die sich anmutig vor uns aufbäumt. Einen Herzschlag lang scheint sie an der Oberfläche zu verharren. Ihr überwältigendes Ausmaß wird mir nur durch den direkten Vergleich bewusst, den die dicht neben der Fluke positionierten Menschen auf dem Katamaran darstellen. Joanna wird die Schwanzflosse dieses Buckelwals später auf mindestens vier Meter schätzen. Und ich habe bei dem ganzen Zauber das Fotografieren vergessen.

Das zweite und das dritte Highlight an diesem Tag sind zwei Pottwal-Clans. Wir nähern uns den Tieren immer nur von hinten, um ihr empfindliches Biosonar nicht frontal dem Lärm unseres Motors auszusetzen und um ihnen nicht im Weg zu sein, wenn sie sich in kurzen Flachtauchgängen langsam fortbewegen. Dichter als fünfzig Meter fahren wir nicht heran. Es sind einfachste Regeln, die den Walen unnötigen Stress ersparen.

»Sollte man meinen, doch leider halten sich nicht alle Anbieter von Whale-Watching-Touren daran«, ärgert sich Joanna. Obwohl es viel wahrscheinlicher ist, dass ein nicht bedrängter Wal neugierig wird und von sich aus an ein Boot heranschwimmt.

»Sieben Weibchen und zwei Junge auf elf Uhr«, kommentiert Joanna die Gruppe links vom Bug. Sie schwimmen in Staffelformation«, also parallel und sehr dicht nebeneinander, »wobei sie den Körperkontakt suchen und ihre soziale Bindung auch akustisch pflegen, indem sie Codas austauschen.«

»Haben Pottwale überhaupt natürliche Feinde?«, will Ava wissen.

»Sie kommen hier nur selten vor, aber wenn, dann sind es Orcas, die den Jungtieren gefährlich werden können. Bei Gefahr wechseln Pottwale in die Margeriten-Formation. Dabei bilden sie wie Blütenblätter einen Kreis um die schwächsten Gruppenmitglieder und halten ihre Schwanzflossen nach außen gerichtet, damit sie von allen Seiten zuschlagen können. Aaaaachtuuuuung!«

Unter sekundenlangen Verschlussgeräuschen erheben sich erst fünf, dann eine und schließlich noch mal drei Fluken. Von groß bis klein waren alle Größen dabei.

»Dann sind die beiden Jüngsten jetzt also mit auf Tauchgang?«

»Dafür haben sie noch nicht die Luft. Die werden schnell wieder auftauchen und warten, bis ihre Mütter und Tanten wieder zurück sind.«

Obwohl wir heute schon so viele Walfluken fotografieren konnten, scheinen die Sichtungen kein Ende nehmen zu wollen. Tiago legt das Funkgerät kaum noch aus der Hand. Nur zu gerne würde ich die portugiesischen Durchsagen der Whale Spotter verstehen, die mir irgendwie aufgeregter vorkommen als sonst.

»Woooooaaaaahhh!«, entfährt es der ganzen Schlauchbootbesatzung wie aus einem Mund. Einer der Jungwale schießt wie ein Torpedo aus dem Wasser, fliegt hoch in die Luft, bis sein ganzer Körper zu sehen ist, und platscht über seine flache rechte Flanke zurück ins Meer.

»Das gibt es doch nicht!«, jubelt Anja, und schon schießt auch das zweite Jungtier aus den Wellen und legt einen Rückenklatscher hin, der dem seines Spielkameraden in nichts nachsteht. ForscherInnen, die ein solches Verhalten *Breaching* nennen, vermuten darin ein Kommunikationsmittel, das Artgenossen über weite Strecken hören können. Möglich ist auch, dass auf diese Weise Parasiten von der Haut gelöst werden oder die Wale einfach nur aus purer Lebensfreude aus dem Wasser springen. Wenn ich mir die zwei Kiddies so ansehe, tippe ich klar auf Letzteres. Jetzt ist der Erste wieder dran und beantwortet den Rückenklatscher mit einem erneuten Seitwärtssprung, aber dieses Mal kommt er mit der linken Seite auf. Der andere versucht es auch gleich wieder, wobei er das Wasser so weit in alle Richtungen spritzen lässt, wie er nur kann. Wieder und wieder schießen die übermütigen Sprösslinge aus der Tiefe, als wollten sie uns vorführen, wozu sie mit ihren kindlichen sechs, sieben Metern Körperlänge schon fähig sind. So schüchtern sie sich eben noch zwischen den Erwachsenen einreihten, so aufgedreht lassen sie es unbeaufsichtigt krachen. Was für eine Vorstellung!

»Kaum ist die Katze aus dem Haus, tanzen die Mäuse auf den Tischen!«, rufe ich vergnügt.

In der Zwischenzeit reißen die Stimmen aus dem Funkgerät nicht ab. Vielleicht versteht Anja etwas?

»Leider gar nicht. Wenn ich's lese, dann verstehe ich was. Aber schnell gesprochen und dann noch durchs kratzende Funkgerät, keine Chance.«

»Okay, wir müssen los«, entscheidet Joanna, »und zwar jetzt!«

»Jetzt schon? Vielleicht springen sie noch mal.«

»Glaubt mir, ihr wollt auch los«, entschuldigt sich Joanna verschwörerisch, während Tiago sein Zodiac um die eigene Achse nach rechts dreht. Etwas bedauernd höre ich Anja noch »Tschüss, ihr

Walkinder!« sagen, da frisst sich der Außenborder schon in die Wellen, dass es den Bug nur so in die Höhe zieht.

»Den Horizont, zwölf Uhr, behaltet ihn im Auge«, gibt uns Joanna noch mit auf den Weg. Konzentriert suchen wir durch unsere Sonnenbrillen die Grenze zwischen Meer und Himmel ab. Minutenlang starren wir voraus, bis sich endlich, auf Punkt zwölf Uhr, eine riesenhafte Fontäne abzeichnet. Wir alle im Boot wissen, dass nur eine einzige Spezies einen Blas solchen Ausmaßes erzeugen kann. Doch noch wagt es niemand, unser in der Ferne aufsteigendes Glück auszusprechen. Hoffentlich kommen wir rechtzeitig an, ist alles, was ich denken kann. Ohne ein Wort zu sagen, halten wir unsere Mützen fest, während wir auf die überdimensionierten Atemwolken zurasen. Doch die Fahrt will einfach nicht enden. In einiger Entfernung passieren wir eine Schule Großer Tümmler, dann eine Schar betulich treibender Gelbschnabel-Sturmtaucher. Als wir uns den Zugvögeln nähern, entfalten sie ihre langen Flügel, laufen patsch, patsch, patsch wie Jesus auf der Wasserstartbahn, bis sie der Wind in die Lüfte hebt. Endlich, nach stundenlangen fünfzehn Minuten, sind wir da. Wir haben es rechtzeitig geschafft, müssen aber feststellen: Wir haben uns vertan. Das ist kein Blauwal, den wir vor uns sehen – es sind drei! Jubelrufe schallen von Bord unseres Schlauchboots über den offenen Ozean. Das größte Tier der Erdgeschichte, von dem es sowieso nur noch 10 000 bis höchstens 25 000 Exemplare gibt, das in aller Regel als Einzelgänger lebt, sehen wir in einer Wandergruppe von drei ausgewachsenen Individuen gen Norden ziehen. Sie folgen der jährlichen Frühlingsblüte des Phytoplanktons und den daraus resultierenden hohen Konzentrationen von Zooplankton und Krill. Die Kolosse wiegen bis zu zweihundert Tonnen, wobei bei Männchen in der Regel zwischen 24 und 28 Meter und bei Weibchen gar bis 33 Meter Körperlänge gemessen werden. Bei Bartenwalen ist es typisch, dass die Kühe noch etwas größer werden als die Bullen. Bei Zahnwalen, wie etwa den Pott- und Schwertwalen, ist es genau umgekehrt.

»Hört mal her«, meldet sich Joanna vom Heck, »wir begleiten sie so lange, bis wir die Rückenzeichnungen von allen dreien fotografiert haben. Dann versuchen wir, die Seite zu wechseln und ihre fleckigen Rücken von dort auch noch mal zu dokumentieren. Wenn sie abtauchen, werden sie spätestens nach fünfzehn Minuten wieder auftauchen. Alles klar?« Vier Daumen schnellen in die Luft. »Dann mal los!«

Selbst in einer Entfernung von fünfzig Metern kommt es mir vor, als sei unser Vierzehn-Personen-Schlauchboot auf die Größe eines albernen Schwimmrings geschrumpft, in dem ich als Kind in der Ostsee geplanscht habe. Für einen Moment tauchen verblichene Erinnerungen auf, vom Glück, dem Leben mit der unverwüstlichen Zuversicht eines Dreikäsehochs zu begegnen. In einer Welt voller Phänomene und Unerklärlichkeiten, wo Fische unter Wasser atmen, Sterne auf dem Meeresgrund laufen, man das Rauschen der Wellen in Muscheln füllen und es sich unters Kopfkissen stecken kann, da, und nur da, wo das Leben nicht zu Ende gedacht ist, ist alles möglich. Sogar eine Bötchenfahrt mit drei Blauwalen. Auf Knien lehne ich am Rumpf. Nur eine Armlänge von der Wasseroberfläche entfernt, warte ich hinter meinem Teleobjektiv auf den nächsten auftauchenden Rücken, als ich im Augenwinkel eine Veränderung im dunkelblauen Wasser registriere. Als würden wir auf Flachwasser laufen, schiebt sich ein hellblau leuchtender Boden von hinten auf unser Schlauchboot zu. Joanna ruft »Wal im Anflug auf fünf Uhr!« und »Er wird jeden Augenblick auf drei Uhr auftauchen!«, dann wächst vor meiner Nase ein grauer Berg aus dem Ozean, aus dem eine Fontäne aus Sprühregen zehn Meter den Himmel emporschießt. Auf seiner glatten Oberfläche fließen helle Flecken von rechts nach links. Der marmorierte Rücken scheint nicht enden zu wollen. Jetzt schiebt sich die Dorsalflosse heraus. Die kommt mir ganz schön klein vor, bis ein aufgeschreckter Sturmtaucher mit einer Spannweite von gut einem Meter über den Walrücken hinwegsegelt und kein bisschen größer wirkt.

Bei einem Lebewesen länger als ein Tennisplatz versagt mir jedes Gespür für Größenverhältnisse. Um das Unvorstellbare fassen zu können, klammere ich mich an Vergleiche, die ich aus alten Kinderbüchern erinnere: ein Herz so groß wie ein Kleinwagen, die Zunge schwerer als ein Elefant, ein Atemzug, der für 2000 Luftballons reicht. Ich blicke auf die beispiellos überdimensionierte Kreatur neben mir beziehungsweise auf den Ausschnitt, der über Wasser zu sehen ist. Das ist es also, was die Evolution hervorbringt, wenn sie Megafauna im Kopf hat. Wie oft habe ich mir als Kind diese Schaubilder angesehen, auf denen die schwarze Silhouette eines Menschen neben die von Dinos und Blauwalen gesetzt wurde. Schlagartig umfängt mich eine innige Dankbarkeit, endlich zu wissen, wie sich die Nähe zu einem solchen Großtier in Wirklichkeit anfühlt. Jetzt, in diesem Augenblick, lebe ich das Leben, auf das sich mein jüngeres Ich so ungeduldig gefreut hat. Es ist ein sonderbar versöhnliches Glücksgefühl, den Plumpsack mit den dicken Stampfern und Fraggles auf der Brotbüchse doch nicht komplett enttäuscht zu haben. Was er wohl dazu sagen würde, wenn er könnte? Vielleicht, dass ich das gar nicht mal so schlecht hingekriegt habe. Den Umständen entsprechend, versteht sich. Er würde sich für mich freuen, schätze ich, dass ich mit Anfang vierzig noch ein bisschen was von ihm wiedergefunden habe. Darüber, dass ich begriffen habe, jetzt, in genau dieser Blauwal-Sekunde, noch immer die jüngste Version von mir selbst zu sein, die ich je sein werde. Dass die Zeit mit jedem Wimpernschlag ein weiteres My voranschreitet. Frage ich ihn, den pausbäckigen Blondschopf, liegt das gelingende Leben nicht im Wissen, wie es einmal verlaufen wird, sondern im Wagemut, es mit kindlicher Wissbegier und jugendlichem Rückgrat auf sich zukommen zu lassen. Vorbehaltlos, dem Lauf der Dinge vertrauend. Weil damals wie heute jeder Tag der erste vom Rest des Lebens ist.

»Drei? Da habt ihr wirklich großes Glück gehabt, Wahnsinn!«

Überschwänglich halte ich Amos ein paar Fotos von den Blauwalen unter die Nase, während wir ihm die Story erzählen. Erst als er sich alles angehört und jedes Foto gesehen hat, haben wir Geduld für die Speisekarte.

»Sie haben hier geangelten Thunfisch, den sie super zubereiten. Wenn ihr erlaubt, dann würde ich euch gern einladen. Tut mir leid, dass es erst jetzt geklappt hat.«

In der Zwischenzeit habe ich ein bisschen in seiner vor Denkwürdigkeiten wimmelnden Biografie gestöbert. Anfang der Achtzigerjahre berichtete er im amerikanischen Fernsehen von seinen außergewöhnlichen Tierbegegnungen unter Wasser. Das war der Beginn einer steilen Karriere im Tauchtourismus, befeuert durch zahlreiche Prominente, die ihn für exotische Tauchausflüge buchten. Fasziniert von Weißen Haien, Orcas und anderen ikonischen Meerestieren, begann er zu dieser Zeit, sich in die Unterwasserfotografie einzufuchsen. Schließlich erlangte er auch als Wildtierfotograf weltweites Ansehen. *National Geographic* beauftragte ihn, Expeditionen mit einigen der anerkanntesten PionierInnen ihrer Zeit zu leiten, wie etwa der Ichthyologin und Verhaltensforscherin Dr. Eugenie Clark, der Ozeanografin und Meeresbiologin Dr. Sylvia Earle oder dem Astronauten Buzz Aldrin. Amos drehte Dokumentarfilme mit Stan Waterman und war Mitbegründer eines israelischen Meeresnationalparks im Roten Meer. Seine zigfach ausgezeichneten Fotos werden in den bedeutendsten Zeitschriften der Welt veröffentlicht. Erst kürzlich ist er in der kanadischen Arktis zu Eisbären ins Wasser gestiegen und nahm sie als erster Fotograf überhaupt aus der Unterwasserperspektive beim Schwimmen auf. Wahnsinn! Jetzt sitzt der 73-Jährige vor uns und ist immer noch nicht satt. Natürlich wollen wir wissen, was so jemand zwei tagträumenden Voluntouristen ins Poesiealbum schreibt.

»Ich kann nur ahnen, wie viel Zeit dein Job in Anspruch nimmt.«

»Ja, mein Zuhause ist das Meer«, bekennt er, »deshalb bin ich die meiste Zeit unterwegs.«

Mir brennen eintausend Fragen auf der Zunge, zu den schwimmenden Eisbären, der trauernden Schwertwalkuh und der tauchenden Anakonda, die ich mir aber verkneife, weil er sie vermutlich nicht mehr hören kann.

»Was für ein Traumjob«, entwischt es mir stattdessen.

»Vielleicht. Man muss viel dafür opfern, zumindest ging es mir so. Aber ich schätze, so hat nun mal alles seinen Preis. Warum sollte es bei meinem Job anders sein?«

»Was davon fiel dir denn besonders schwer?«

»Zeit, die man anderenfalls mit Freunden und der Familie verbringen würde.«

»Standen denn deine Eltern hinter dem Wunsch, Tierfotograf zu werden?«, will Anja wissen.

»Nein, mein Vater wollte immer, dass ich Tischler werde und wie jeder normale Mensch eine Familie gründe.«

»Ist das nicht furchtbar schwer ohne Rückhalt?«

»Du darfst einfach nicht auf die lauten Stimmen von außen hören. Spitz deine Ohren, und dann hör auf die eine leise Stimme von innen. In irgendeiner Hinsicht will doch jeder glücklicher sein, als er gerade ist. Aber nur die wenigsten sind so konsequent und verändern ihre Situation, was oft im Außen begründet ist.«

Als der Thunfisch und drei Finos kommen, sind wir an der Reihe. Natürlich ist Amos vor allem an unseren Tierbegegnungen interessiert, und wir sind ein bisschen stolz, dass ihn die ein oder andere Geschichte aus Afrika und Costa Rica aufhorchen lässt. Und dann, im Anschluss an eine Schwarzbär-Story aus Kanada, frage ich doch noch nach seinem arktischen Schwimmausflug mit drei Eisbären.

»Wie heißt es doch gleich? If it's black, fight back. If it's brown, lay down. If it's white, good night. Aber du lebst offensichtlich noch.«

Amos muss sehr lachen. »Natürlich hatte ich Angst«, relativiert er dann, »mein Herz schlug wie verrückt! Die Mutter und ihre beiden Jungen schwammen zwar einige Meter über mir, aber Polarbären sind hervorragende Taucher, die Robben und Belugas aus dem Wasser holen. Man muss höllisch aufpassen, dass man sich nicht falsch verhält. Die Komfortzonen der Tiere müssen immer respektiert werden. Du musst Ruhe und Gelassenheit ausstrahlen. Fotografen, die sich aggressiv verhalten, machen einen verhängnisvollen Fehler.«

»Und das alles in einem Alter, in dem andere Kreuzworträtsel lösen. Was kostet eine Kopie von der Schatzkarte zu deinem Jungbrunnen?«

»Wenn du weißt, wofür du es machst, hält dich auch im Alter nichts von deiner Arbeit ab. Ich wollte immer fotografieren, um bedrohte Tierarten zu schützen. Sollte trotzdem das Schlimmste eintreten, können die nachkommenden Generationen wenigstens sehen, wie wunderschön die Lebewesen auf der Erde einst waren. Die Natur braucht Botschafter, die mit Fotos und Filmen das Bewusstsein für sie stärken. Mehr Menschen, die von Tieren und ihren Lebensräumen fasziniert sind, bedeuten mehr Rückenwind für den Artenschutz.«

Weit draußen stellt Tiago den Motor ab. Der wolkenbedeckte Himmel tönt das Wasser tiefgrün. Keine Welle, kein Lüftchen, kein

Hinweis auf Leben. Still und spiegelglatt liegt der Atlantische Ozean zwischen Pico und São Jorge wie ein Ententeich im November. Vorgestern früh sind Ava und Selina aus dem Ferienhaus ausgezogen. Wie in unserer ersten Woche sind es auch in der letzten nur noch acht Augen, die an Bord von *Keiko* den Horizont auf Atemwolken absuchen. Joanna und Tiago haben ihr Zodiac-Boot nach dem Orca-Männchen benannt, das als Zweijähriger vor Island gekidnappt und an ein Aquarium verkauft wurde. Zwei Jahrzehnte hielt man ihn in engen Becken gefangen, in denen er Kunststücke vorführen musste. Mangels Bewegung kollabierte seine Rückenflosse, wie man es auch von anderen Schwertwalen kennt, die zum menschlichen Vergnügen in Tanks gesperrt werden. Das Happy End, das Keiko als Titelheld im Kinofilm *Free Willy* erlebte, war ihm im echten Leben nicht vergönnt. Dem Druck von TierschützerInnen und der Öffentlichkeit gab man schließlich nach, doch nach neunzehn Jahren Gefangenschaft nahm seine Rückkehr in die Wildnis mit einer Lungenentzündung ein vorzeitiges Ende.

In Freiheit schwimmen Orcas und Delfine manchmal hundert Kilometer am Tag und fangen sich ihre Beute auf tiefen Tauchgängen. Es sind intelligente, hochsensible Tiere, die ein komplexes Gefühlsleben entwickeln. Die Schwertwalkuh, die Amos fotografierte, hielt an dem Leichnam ihres neugeborenen Kindes fest, weil sie trauerte. Orcas und Delfine brauchen die Gesellschaft ihrer Familien- und Gruppenmitglieder. Die kargen Tanks von Meereszoos, Delfinarien und Freizeitparks zermürben ihre Seele. Mit unterbewegten Körpern, verkümmerten Sinnen und eingeschlafenen Instinkten kommt immerhin auch der Tod meist früher, der sie von ihrem traurigen Leben in Gefangenschaft erlöst. Es sind nicht nur Einrichtungen wie *Sea World*, *Marineland* und *Loro Parque*, die noch immer Meeressäuger in Becken sperren. Mit Nürnberg und

Duisburg gibt es auch in Deutschland zwei Zoos, die an ihren Delfinarien festhalten. Das Wirkungsvollste, was man dagegen tun kann, ist, niemals eine Einrichtung zu besuchen, in der sie Delfine, Orcas oder andere Wale halten.

Kann man keinen Blas am Horizont entdecken, bleiben zwei weitere Möglichkeiten, auf See einen Wal zu finden. Man bekommt über Funk einen Tipp von einem der Whale Spotter, oder man lauscht in die Tiefe. Weil auch das Funkgerät so still bleibt wie der eingeschlafene Atlantik, steckt Joanna ihr Hydrofon zusammen. Was aussieht wie eine Salatschüssel am Stiel, ist eine Angel für Walgeräusche. Mit dem Hydrofon können Wale auch unter Wasser aufgespürt werden. Da Pottwale gern auch eine Dreiviertelstunde in der Tiefsee verbringen, ist es ein unverzichtbares Werkzeug an Bord. Die durch ihre Kopfhörer empfangenen Klicks, Stöhnlaute oder Gesänge verraten Joanna nicht nur die Spezies, sondern auch, aus welcher Richtung sie kommen und ob die Tiere die Umgebung unter Wasser gerade nach Fressbarem absuchen, ob sie bereits einer Beute hinterherjagen oder ob sie miteinander kommunizieren.

Während Joanna mit ihrem Hydrofon in alle Richtungen lauscht, lehnen auch wir über dem Rumpf und genießen die Stille. Ein neugieriger Tümmler lugt neben mir aus dem Wasser. Doch unser stehendes Boot ist ihm wohl zu langweilig. Ohne Bugwelle, auf der man surfen könnte, taucht er mit einem kaum wahrnehmbaren Plätschern wieder ab. An der anderen Rumpfseite treibt schlaftrunken eine Unechte Karettschildkröte auf Anja zu. Es ist nicht die Erste, die wir auf unseren Walfahrten sehen. Da es auf den Azoren so gut wie keine Sandstrände gibt, sind sie nicht zum Nisten hergekommen. Sie sind an einem Strand entlang des Golfs von Mexiko geschlüpft, haben es hinaus in den offenen Atlantik geschafft und machen sich seither den Golfstrom als Förderband zunutze. Wir sind noch immer fasziniert von den schwimmenden Dinosauriern und allem, was wir über ihre Wanderungen und Navigationsfähigkeiten in Costa Rica gelernt haben.

»In ostnordöstlicher Richtung ist eine Gruppe Pottwale unterwegs«, vermeldet Joanna. »Sie dürften gar nicht weit weg sein. Tiago, lass uns in mäßigem Tempo los. Nein, halt, warte noch einen Augenblick«, korrigiert sie sich selbst und dreht sich zu uns um. »Anja, Lars, holt eure *GoPro* raus, und kommt her.«

Aufgeregt eilen wir zu Joanna. An einem Stick halte ich die Kamera ins Wasser, während ich versuche, das planschende Etwas an der Oberfläche zu identifizieren, das sich schnurstracks auf uns zubewegt. Je näher es kommt, desto klarer ist zu erkennen, wie immens groß das Tier ist. Der silbergrau schimmernde Körper scheint auf die Seite gedreht oder seltsam verformt. Jedenfalls paddelt es ziemlich unbeholfen unter der Wasseroberfläche.

»Was hat es? Müssen wir es retten?« Damit spricht Anja auch meinen ersten Gedanken aus.

Im selben Moment fällt mir die Portugiesische Galeere auf. Offensichtlich versucht der kreisrunde Mund des Geschöpfs, nach ihr zu schnappen.

»Ist es ein Mondfisch?«, rate ich.

»Sehr gut! Wir sagen auch lateinisch Mola mola. Was weißt du über ihn?«

»Nur, dass er Quallen frisst. Und dass es keinen Knochenfisch gibt, der schwerer wird.«

»Im Schnitt wiegen sie eine Tonne, aber sie können noch viel schwerer werden. Vor zwei Jahren haben Kollegen einen toten Mola alexandrini entdeckt, einen Riesenmondfisch. Sie haben ihn bei uns im Hafen mit einem Gabelstapler gewogen: 2,7 Tonnen!«

Mondfische sehen so unförmig aus, als hätte sie ein Vorschulkind mit dicken Wachsmalstiften in den Ozean gekritzelt: eine schuppenlose Scheibe mit Kulleraugen, an der alle Körperteile unproportional und irgendwie deplatziert wirken.

»Nachts halten sie sich in 600 Metern Tiefe auf. Tagsüber kommen sie an die Wasseroberfläche. Zum Fressen, aber auch, um sich von der Sonne aufwärmen und Möwen die Parasiten vom Leib picken zu lassen. Dazu drehen sie sich auf die Seite und schimmern wie ein Mond.«

Ich betrachte seine großen dunklen Augen, mit denen er transparente Quallen auch auf große Entfernung erkennen kann. Wie es wohl ist, du zu sein? Vermutlich weniger seltsam, als Mensch zu sein. Obwohl du, mit Verlaub, nicht danach aussiehst. Aber im Gegensatz zu uns schwimmst du nicht seltsam verloren durchs Leben, weil du dich selbst finden oder einen Sinn suchen musst. Du fragst dich nicht, warum es eigentlich das Universum gibt und was du jetzt genau damit zu tun hast. Du bist einfach da, merkwürdig und schön. Musst dir nicht den Kopf zerbrechen oder Außergewöhnliches erreichen, um deine Rolle im großen Ganzen zu finden. Du snackst einfach deine Leibspeise und bist damit unersetzlich. Warum das so ist, interessiert dich nicht. Seltsame Fragen stellen nur wir Menschen. Und dann erkennen wir, dass du die Quallenpopulation im Gleichgewicht hältst – und stellen schon wieder die nächste Frage: Wenn die Evolution jedes Geschöpf mit einer gemeinnützigen Funktion versehen hat, muss sie dann nicht auch einen Grund für unsere Existenz haben? Warum sind wir Menschen hier? Warum ich?

»Na schön«, höre ich Joanna, »lassen wir den Mondfisch allein. Wir wollen ja nicht ohne Walsichtung Feierabend machen.«

Viel mehr als die Fähigkeit, große Fragen wie die nach dem Warum zu stellen, bleibt nicht übrig, was den Menschen von anderen Lebensformen unterscheidet. Sprache, Kultur, Bewusstsein, Vorstellungskraft, Planungsfähigkeit, Moral: Schlüsselmerkmale, die der

Mensch als Zacken seiner Schöpfungskrone gern exklusiv für sich behalten hätte, dürfen in der einen oder anderen Weise auch bei Walen vermutet werden, sofern sie nicht bereits nachgewiesen sind. In ihrer Rolle als »Gärtner der Meere« übernehmen sie gleich mehrere, für die Allgemeinheit überlebenswichtige Funktionen im System. Durch ihre ständigen Tauchgänge durchmischen sie die Wasserschichten. Dank ihnen gelangen wichtige Nährstoffe aus der Tiefe an die Oberfläche. Sie düngen die Meere auch aktiv. Durch den eisen- und phosphorhaltigen Walkot sprießt das Phytoplankton, das am Anfang aller marinen Nahrungsketten steht. Außerdem lässt ihr Kot Algen besser wachsen, die der Atmosphäre Kohlendioxid entnehmen. Wie Bäume in einem Wald sind Wale aber auch selbst lebende CO_2-Speicher. Und wenn sie eines Tages sterben, sinken sie auf den Grund, wo der Kohlenstoff Hunderte Jahre gebunden bleibt. So wie jede einzelne andere Spezies leisten auch sie einen unverzichtbaren Beitrag für den Fortbestand von Leben auf der Erde. Wie oft habe ich mich vor dem Hintergrund gefragt, was denn dann meine Rolle darin sein soll. Meine im Besonderen, aber auch die des Menschen im Allgemeinen. Was, wenn die Antwort auf die Frage die Frage selbst ist? Anatomisch ist das Hirn unsere Superpower. Wozu unsere Neugier, wozu unser Geist, wenn unsere Nische im System nicht das Fragenstellen ist? Vielleicht haben wir im unbekümmerten Hedonismus der vermeintlichen Überlegenheit unsere Fragen bloß noch nicht präzise genug formuliert. Warum gibt es den Menschen für den Menschen, ist Quatsch. Nur menschliches Leben bereichern zu wollen führt zu nichts Gutem. Zum Glück sind ja noch Mondfisch, Wal und fünfzehn Millionen andere Arten zur Stelle, die uns an die richtige Frage erinnern: Warum gibt es den Menschen samt seiner kognitiven Fähigkeit, komplexe Fragen zu stellen, auch für sie?

Nach nur wenigen Minuten Fahrt kommt Leben in den Ententeich. Der verlassen geglaubte Ozean verwandelt sich in ein Tollhaus. Vor uns, neben uns, hinter uns, einfach überall tauchen Pottwale auf. Da es bei der Foto-ID nicht nur auf die Regelmäßigkeit ankommt, mit der sich WalforscherInnen aus allen Ecken der Welt gegenseitig ihre Fotos zur Verfügung stellen, sondern auch auf die Anzahl der Individuen, die sie täglich vor die Linse kriegen, könnte unser Arbeitstag nicht besser enden. Als *Citizen Scientist* kann übrigens jeder, der im Urlaub schon mal eine Whale-Watching-Tour mitgemacht hat, die Walforschung mit seinen Fotos unterstützen. Auf den Plattformen happywhale.com und flukebook.org kann man seine eigenen Fluken und Rückenzeichnungen hochladen. Dabei ist es wirklich spannend zu sehen, ob man irgendwo anders auf der Welt vielleicht einen Match hat.

Noch nie haben wir so viele Pottwale auf einmal gesehen! Wir kommen aus dem Fotografieren gar nicht mehr heraus, und tatsächlich erkennen wir einige Wale bereits wieder, ohne ihre Fluke im Archiv abgleichen zu müssen.

»Das war doch Lazy Daisy, die da gerade abgetaucht ist, oder?«, ruft Anja begeistert. In ihrer Gruppe ist die Walkuh mit der markanten Kerbe dafür bekannt, am längsten von allen an der Oberfläche zu chillen.

»Absolut! Total untypisch, dass sie sich so zeitig zurück auf die Jagd macht. Ganz schön busy, unsere Lazy Daisy!«

Nachdem wir das Salzwasser von Keiko gewaschen haben, verabschieden wir uns und gehen italienisch essen. Trotz unerbittlich voranschreitender Ebbe in unserer Reisekasse gönnen wir uns, Joannas Restaurant-Empfehlung auszuprobieren, bevor wir Faial verlassen. Außerdem gibt es was zu feiern: Ich habe einen Buchvertrag unterschrieben und darf Anjas und meine Geschichte aufschreiben. In gewisser Weise geht damit noch ein weiterer Traum in Erfüllung, den ich nie auf unsere Jobliste geschrieben hatte.

»Tatsächlich habe ich früher gedacht, wie cool es wäre, als Journalist herumzureisen und für irgendeine Zeitung Reportagen und Abenteuergeschichten zu veröffentlichen.«

»Schöner als in einem Buch kann unsere Geschichte doch gar nicht erzählt werden!«

»Weißt du noch, was Amos gesagt hat, als es um sein Alter ging und darum, dass er noch immer herumreist und Tiere fotografiert?«

»Dass die Natur Botschafter braucht und so weiter?«

»Ja, genau. Ich meine, was für eine geile Aufgabe! Das klingt doch schon so, als hätte ihn die Evolution höchstpersönlich beauftragt, so wie sie dem Mondfisch das Quallenlutschen anvertraut hat. Und jetzt, mit dem Buch, kann ich mich auch daran versuchen. Nur halt mit der Tastatur statt mit dem Fotoapparat.«

»Apropos, morgen Abend hält Amos schon seinen Fotovortrag im Oceanic Café, und am nächsten Morgen müssen wir los.«

Mit »los« meint Anja den Umzug nach Pico, eine von vier Azoreninseln, die wir als Touris besuchen wollen. Derweil müssen wir auch Ausschau nach einem neuen Projekt halten. Im Laufe der letzten Wochen hat sich herausgestellt, dass die malaysischen Projekte aus unterschiedlichsten Gründen leider keine Optionen mehr sind. Für die Arbeit mit Orang-Utans müssten wir zuvor wochenlang in Quarantäne, um auszuschließen, dass wir die seltenen Menschenaffen mit irgendeinem Infekt anstecken. Das Korallen-Projekt, in dem tauchende GärtnerInnen Korallen züchten und Riffe restaurieren, können wir uns finanziell nicht mehr leisten. Auch zeitlich würde es alles andere als gut passen, und so haben wir momentan noch immer kein nächstes Ziel. Fest steht nur: Das nächste wird wohl unser letztes Projekt auf dieser Reise sein.

Auf den Azoren zwingt uns das langsam ausblutende Reisekonto, ein Ablaufdatum für die Walz auszurechnen. Aber noch sind wir nicht zurück in Deutschland. Noch ist alles möglich. Auch, dass wir in unserer letzten Weltreise-Station doch noch einfach kleben bleiben. Bei einem alten Bekannten hat es jedenfalls geklappt. Seine Nachricht summt über WhatsApp rein, als unser Essen serviert wird.

»Vielen Dank!«, sage ich an die Kellnerin gerichtet und »Ich fasse es nicht!«, als sie verschwunden ist.

»Meine Güte, was gibt's denn?«

»Denis hat geschrieben, du weißt schon, vom Campingplatz in Squamish.«

»Und? Hat er eine Freundin?«

»Nein, Menschenskind! Er darf in Kanada bleiben!«

»Dann kann er sich jetzt eine Festanstellung suchen«, jubelt Anja.

»Die hat er auch schon. Er zieht hoch nach Whistler, wo er ganzjährig in einem Skihotel arbeitet, das günstige Wohnungen für die MitarbeiterInnen zur Verfügung stellt.«

»Gute Nachrichten machen genau so hungrig wie Seeluft.«

»Der Pizzagröße nach gilt das aber nicht für Locals.«

13 | REICH DER FEDERN

Titirangi, Auckland, Neuseeland

Kein Ausflug, kein Abendspaziergang, kein Schritt ins Grüne, ohne dass Anja ihr Fernglas griffbereit umgehängt hat. Die Ausbildung zu Safari Guides zwang uns nicht nur, südafrikanische Vogelarten zu studieren, sondern auch Anja zu ihrem Glück. Längst hat sie mich überholt, was ihre Artenkenntnis angeht, weil sie einfach da weitermachte, wo sie im afrikanischen Busch aufgehört hatte. Jeder Piepmatz, der ihr zwischen Kanada und Panama vors Okular flatterte, wurde identifiziert. So viel Übung schult auch das Gehör: Auf den Azoren wurde mir zum ersten Mal bewusst, dass sie eine Vielzahl der Arten nicht nur an ihrem Gesang erkennt, sondern die gängigsten sogar ausschließlich an ihrem Flattergeräusch. Vögel sind Anjas ganz große neue Leidenschaft. Und wo könnte man mehr über Wildvögel lernen, ihnen näher kommen und sie aktiver schützen als in einer Wildvogel-Klinik? Und welcher Ort wäre besser für aufstrebende OrnithologInnen geeignet als ein abgeschiedener Inselstaat, dessen Vogelwelt in 80 Millionen Jahren keinem einzigen fressfeindlichen Säugetier ausgesetzt war?

Als sich Neuseeland vom Urkontinent Gondwana trennte, wagte die Evolution ein einzigartiges Experiment. Sie erschuf ein Reich der Federn, ein Ökosystem ohne Landsäuger, in der jede Nische durch Vögel besetzt wurde. Prädatoren gab es nur aus der Luft:

lachende Eulen, Rohrweihen und Adler mit einer Spannweite von drei Metern wie der Hokioi. Sie jagten auf Sicht, weshalb sich der Waldboden im Schutz seiner ausladenden Farne und Koniferen als so sicherer Lebensraum erwies, dass viele Vogelarten das Fliegen aufgaben. Das sparte ihnen eine Menge Energie und brachte Laufvogelarten wie den Kiwi hervor, der am Boden die Rolle der Insekten- und Laubfresser übernahm, für die anderswo Ameisenbären oder Igel vorgesehen waren. In der weiten Abgeschiedenheit entwickelte sich Neuseeland zur Kreativschmiede der Evolution, in der sie mit ihrem Vogelprojekt wahrhaft Ausgefallenes zutage förderte. Extravagantes, wie den Schiefschnabel, den weltweit einzigen Vogel, dessen Schnabel zur Seite gebogen ist – stets nach rechts –, um zu erkunden, ob sich unter Kieselsteinen Essbares verbirgt. Pummeliges, wie den Kakapo, der mit vier Kilogramm weltweit dickste, einzig flugunfähige Papagei. Gigantisches, wie die Weibchen des Riesenmoas, die dreieinhalb Meter groß und 250 Kilogramm schwer wurden.

Neuseeland war ein Land wie kein anderes auf der Welt. Aber dann, über Nacht, änderte sich alles. Mit der Ankunft der Menschen starben viele Arten aus. Die Menschen gingen auf Jagd, schleppten in ihren Booten aber auch Säugetiere wie Ratten ein, die sich bis heute über die Eier und Küken der Bodenbrüter hermachen. So verlor das einstige Reich der Vögel unwiederbringlich den Großteil seines fantastischen Federvolks. Einige, darunter auch Kiwi, Kakapo und Schiefschnabel, haben es geschafft, bis heute zu überleben. Sie sind vom Aussterben bedroht, aber nicht chancenlos. Die letzte Station unserer Walz ist Aotearoa, wie Neuseelands UreinwohnerInnen vom Volk der Maori ihr »Land der langen weißen Wolke« nennen. Ab September arbeiten wir zwei Monate im landesweit größten Krankenhaus und Reha-Zentrum für Wildvögel. Ab September also … und bis dahin?

Für unseren vorerst letzten Streich hatte Anja auf alles eine Antwort. Bei einem Spaziergang auf der Azoreninsel Flores fragte sie scheinheilig: »Wann warst du denn eigentlich das letzte Mal bei deinen Cousinen in Australien?« Sie wusste, dass mein letzter Besuch Jahre zurücklag und sich Marlies, Christa und Karin riesig über ein Wiedersehen freuen würden. Und so kam es, dass wir den gesamten Juli und August an der Sunshine Coast verbrachten, bevor wir nach Neuseeland weiterreisten. Die geringe Distanz zwischen Australiens Ostküste und Neuseeland und das unverhoffte Wiedersehen mit lange vermissten Teilen der Familie sind nur zwei Fliegen eines ganzen Schwarms, die wir mit einer Klappe schlugen: Nach der Schrottplatz-Party konnten wir Anjas Geburtstag dieses Mal gebührend feiern, ohne Mietkosten gaben wir kaum Geld aus, und mit meinen Cousinen konnten wir einige tolle Ausflüge unternehmen. Der nahe gelegene Noosa-Nationalpark war dafür ein besonders geeigneter Kandidat, und als Marlies eine Geländewagen-Tour nach K'gari vorschlug, waren wir sofort Feuer und Flamme. Die Insel ist bekannt für ihre subtropischen Regenwälder, die von Dingos bewohnt und von ellenlangen Sanddünen umgeben sind. Neben den mystisch heulenden Rudeltieren versteckt sich im Dschungel aber auch ein geheimnisumwitterter See. Er besteht aus purem Regenwasser, ist von kristallener Klarheit und wird von den Butchulla, ein Stamm der Aborigines, Boorangoora genannt, was mit »Wasser der Weisheit« übersetzt werden kann. Wenn es wichtige Entscheidungen zu fällen gab, versammelten sich die Butchulla im weichen Sand seiner Ufer und lauschten den Ratschlägen, die ihnen der See in den Wind schrieb. Strände und Grund des Sees bestehen aus reinem weißen Quarzsand. So was kannte ich zuvor nur von den Whitsunday Islands oder den Malediven, aber noch nie habe ich derartige Farbwelten in Kombination mit Süßwasser gesehen. K'gari ist noch immer ein besonderer Ort, obwohl die

Insel in keinem Reiseführer fehlt und im australischen Sommer entsprechend viele TouristInnen anlockt. Bekannt ist sie ihnen unter dem Namen Fraser Island, doch kürzlich hat sie ihren ursprünglichen Namen endlich zurückerhalten. Entfernt erinnere ich mich noch daran, als Ayers Rock – das berühmteste Naturdenkmal Australiens – zurückbenannt wurde. Seinen englischen Kolonialnamen hatte der rote Sandsteinmonolith in den Neunzigerjahren verloren. Seither heißt er wieder offiziell so, wie ihn die Aborigines seit jeher nannten: Uluru. Nun ist auch Fraser Island dem Beispiel gefolgt. K'gari bedeutet Paradies – ein passender Name für die Insel, in Richtung eines paradiesischen Zusammenlebens allerdings nur ein winziger Schritt. Auch zwei Jahrhunderte nach der Kolonialisierung leben Australiens UreinwohnerInnen noch immer am Rand der Gesellschaft, kämpfen gegen Rassismus und Diskriminierung.

Von uneingeschränkter Gleichbehandlung kann zwar auch bei Neuseelands Maori noch keine Rede sein, doch ist man den australischen Zuständen meilenweit voraus. In weiten Teilen scheint dem Inselstaat ein multiethnisches Miteinander zu gelingen, was wir schon bei unserer Ankunft spürten, als wir vorige Woche am Flughafen Auckland landeten. Aus Australien kommend, fielen uns sofort die zweisprachigen Straßenschilder auf, die in Neuseeland gang und gäbe sind. Unser Uber-Fahrer schwärmte von Mātauranga, der holistischen Weltwahrnehmung und der tiefen Naturverbundenheit seiner maorischen Freunde, und erzählte, dass es in den Pubs für alle ein Gänsehautmoment sei, wenn die neuseeländische Rugby-Nationalmannschaft mit dem Haka, einem rituellen Maori-Tanz, Stärke und Einheit demonstriert. Tiere, Pflanzen, Berge, Flüsse, Seen und Ortschaften tragen maorische Namen, was sicherlich dabei hilft, der hiesigen Natur auch von der weißen Bevölkerung einen bedeutsameren Stellenwert beizumessen. Seit unserer Ankunft haben wir uns einen Sport daraus gemacht, die wohlklingenden, für unsere konsonantenreich trainierten Sprachzentren jedoch oft schwer zu verdauenden Namen einwandfrei wiedergeben zu können. Endgegner ist ein Hügel in Hawke's Bay: Taumata-whakatangi-hanga-koauau-o-Tamatea-turi-pukakapiki-maunga-horo-nuku-pokai-whenua-kitanatahu. Weltweit hat keine topografische Erhebung einen längeren Namen. Und wohl auch keinen reizvolleren, denn übersetzt bedeutet er: »Der Ort, wo Tamatea, der Mann mit den großen Knien, der Berge hinabrutschte, emporkletterte und verschlang, und der durch das Land reiste, für seine Geliebte Nasenflöte spielte.«

In unserer neuen Wahlheimat haben wir es da deutlich leichter. Titirangi bedeutet so viel wie »Hügel, der in den Himmel ragt«. Aucklands grüner Vorort liegt auf dem südlichen Ende der Waitakere Ranges, einem bewaldeten Höhenzug, dessen schmale Straßen sich durch Nikau-Palmen, Silberfarn und immergrüne Kauri-Bäume schlängeln. Titirangi ist bekannt für seine malende und literarische Boheme, die bis heute viele Kreative und Kulturschaffende anzieht. Hier bewohnen wir die Ein-Zimmer-Einliegerwohnung im Haus von Catrin und Gerald. Die Schule der beiden Lehrkräfte liegt gar nicht weit von unserer Wildtierklinik entfernt. Weil unsere Feierabendzeiten aber so gar nicht zueinanderpassen, müssen wir die angebotene Mitfahrgelegenheit ausschlagen. Stattdessen legen wir uns gebrauchte Mountainbikes für rund zweihundert Neuseeland-Dollar zu. Damit schaffen wir es in nur zehn Minuten zur Arbeit – und in fünfundvierzig zurück. Die Wildtierklinik liegt unten am Naturhafen Manukau, unsere Einliegerwohnung oben in Titirangi. Morgens ist die Steilabfahrt ein berauschender Wachmacher, nach Feierabend ein schweißtreibendes Workout im Drahteselschieben.

Das Wildvogelkrankenhaus *BirdCare Aotearoa* ist eine gemeinnützige Organisation, die innerhalb der staatlichen Richtlinien der Naturschutzbehörde Department of Conservation (DOC) und des Wildlife Rehabilitators Network of New Zealand (WReNNZ) operiert. Im ganzen Land ist es das größte seiner Art, das von einem verblüffend kleinen wie inspirierend engagierten Team aus TierärztInnen, KlinikmanagerInnen, Rehabilitationsfachleuten, ForschungskoordinatorInnen, VerwaltungsmitarbeiterInnen und freiwilligen HelferInnen am Leben gehalten wird. Das Hauptgebäude, ein zweistöckiges Haus, steht auf dem höchsten Punkt eines weitläufigen Grundstücks. Fährt man die lange Einfahrt hinauf, passiert man viele Außenvolieren, die links und rechts auf der Wiese stehen und mit großen Ziffern gekennzeichnet sind. So gelangt man automatisch zur Rezeption, die sich im Parterre der nördlichen Traufseite befindet. Hinterm Haus führt ein schmaler Pfad durch ein abschüssiges Waldstück zum Strand hinunter. Um das Hauptgebäude herum verteilen sich weitere Volieren und drei Nebengebäude: die Reha-Abteilung für See-, Küsten- und Entenvögel, ein Häuschen für die Zucht von Futterinsekten und die sogenannte Triage. Im Französischen bedeutet der Begriff Auswahl oder Sichtung, in medizinischen Kontexten ist die Einteilung von PatientInnen nach der Schwere ihrer Verletzungen gemeint. So wie in Krankenhäusern für uns Menschen gehört Triagieren auch in der Notaufnahme von Tierkliniken zum Alltag. Es ist die erste Station eines jeden Vogels, der hergebracht wird – und manchmal auch die letzte. Denn manchmal ist das größte Geschenk, das man einem aussichtslos dahinsiechenden Tier noch machen kann, sein Leid durch eine Einschläferung zu beenden. Ist auch nur ein Fünkchen Hoffnung zu erkennen, wird nicht – oder noch nicht – euthanasiert. So werden nach der Erstuntersuchung in aller Regel die Medikation, Therapie und Ernährung besprochen. Handelt es sich um einen See-, Küsten- oder Entenvogel, zieht er anschließend ins entsprechende Nebengebäude. Alle anderen Arten ziehen ins Hauptgebäude, wo sich eine allgemeine Pflegestation, eine Intensivstation sowie eine Aufzuchtstation für Nestlinge und flügge Jungvögel befinden. Außenvolieren kommen in den allermeisten Fällen nur für Vögel infrage, die sich bereits auf dem Weg der Besserung befinden.

Anjas und mein erster Patient ist ein verwaistes Gänseküken: eine Paradieskasarka. Es ist eine endemische, also ausschließlich in Neuseeland heimische Halbgans. Im Erwachsenenalter beschert ihr auffälliger Sexualdimorphismus beiden Geschlechtern ein prachtvolles Federkleid. Die Unterschiede zwischen Mann und Frau zeichnen sich in der Vogelwelt ja oft durch wunderschöne, weil balzende Hähne und unauffällig gekleidete Hennen aus. Bei Paradiesgänsen herrscht Gleichberechtigung. Die offensichtlichsten Unterschiede ihrer Prachtkleider sind ein schneeweißer Kopf bei Weibchen und ein schwarzgrün schimmerndes Haupt der Männchen. Für Küken gilt das allerdings noch nicht. Geschlechtsunabhängig sehen die durchschnittlich sechs Gössel alle gleich herzzerreißend niedlich aus. Es sind schwarz-weiß marmorierte, tennisballgroße Daunenbällchen, aus denen irgendwo ein schwarzer Minischnabel und zwei Schwimmfüßchen herausgucken. Sie machen ständig diese rührenden Piepsgeräusche, die einen ungeahnt intensiven Beschützerinstinkt in mir hervorrufen. Doch das ist nichts gegen die Schockverliebtheit, die Anja überkommt. »Das ist das Flauschigste, was ich je in der Hand gehalten habe!«

Das aktuell größte Problem unseres ersten Patienten ist seine Einsamkeit. Ohne Eltern und Geschwister läuft er Gefahr, depressiv zu werden. Führt der schwindende Lebensmut zur Verweigerung der Nahrungsaufnahme, kann seine Traurigkeit tödlich enden. Unser Küken braucht dringend einen Freund. In der Aufzuchtstation erklärt uns die aus Peru eingewanderte Tierärztin Lili den Plan, den sie für seine Pflege gefasst hat.

»Wir lassen ihn erst mal im Brutkasten, bis er sich vollständig aufgewärmt hat. Dann ziehen wir ihn in einen größeren Käfig um, morgen oder übermorgen vielleicht.«

»Wussten die Finder, was mit seinen Geschwistern passiert ist?«, frage ich.

»Nein, sie haben ihn alleine vorgefunden.« Lili legt ihre Stirn in Falten und pustet sich eine dunkelbraune Strähne von der Nase. »Ungewöhnlich, bei sechs bis zwölf Geschwistern und Eltern, von denen beide Teile gemeinsam auf den Nachwuchs aufpassen. Ich tippe auf *Birdnapping*. Das sagen wir, wenn ein junger Vogel entführt wurde. Es passiert ständig, ohne dass es den Menschen bewusst ist. Sie meinen es nur gut und wollen helfen, dabei ist das oft gar nicht nötig, weil die Eltern noch ganz in der Nähe sind und ihr Junges bald wieder aufgesucht hätten.«

»Das heißt, man soll erst einmal abwarten, bevor man hilft?«

»In den meisten Fällen ja. Nur wenn man einen körperlich verletzten Vogel findet, sollte man umgehend handeln. Das bedeutet aber nicht, ihn selbst zu füttern. Wir hatten schon Küken, die vollgestopft mit Brot oder sogar Hundefutter zu uns kamen, was sie natürlich nicht überlebt haben. Am besten setzt man einen verletzten Vogel vorsichtig in eine kleine Kiste und gibt ihn in professionelle Hände.«

Findet man einen Jungvogel, der keine äußerlichen Verletzungen aufweist, sollte man sein ungefähres Alter anhand seines Federwuchses bestimmen. Ist er nicht vollständig befiedert, erklärt uns Lili, ist es ein Nestling. Sofern man sein Nest erreichen kann, setzt man das Küken einfach zurück. Vogeleltern nehmen ihre Jungen trotz menschlicher Berührung wieder an. Findet man ein Küken, das bereits rundum gefiedert ist, handelt es sich um einen flüggen

Jungvogel. Sofern ihn keine Katzen, Autos oder sonstigen unmittelbaren Gefahren bedrohen, sollte man in ausreichender Entfernung mindestens eine Stunde lang abwarten, ob seine Eltern nicht doch wieder aufkreuzen.

»Vogeleltern suchen ihre Jungen manchmal 24 Stunden lang, bevor sie die Hoffnung aufgeben«, sagt Lili. »Für unser Paradiesküken müssen wir uns was ausdenken. Kriegen wir in den kommenden Tagen weitere rein, die seiner Art und in etwa seinem Alter entsprechen, könnten wir sie nach einer Quarantänephase zusammenführen. Warten wir's ab.«

Bis dahin dürfen wir uns nicht zu intensiv mit ihm beschäftigen. Ganz im Gegenteil: Wir müssen streng darauf achten, dass die Tiere während unserer Pflege nicht auf uns geprägt werden. Sie müssen unbedingt wild bleiben und zu ihren eigenen Gunsten eine natürliche Scheu vor Menschen behalten. In erster Linie gehört dazu, dass wir die Tiere nur anfassen, wenn es wirklich sein muss. Das Paradiesküken bekommt keine Behandlung oder Medizin. Solange es von alleine frisst, muss es nur berührt werden, wenn wir zweimal täglich seinen Käfig sauber machen und es wiegen.

Im Erdgeschoss des Haupthauses, zwischen Rezeption, Intensivstation und Wäscherei, befindet sich die allgemeine Pflegestation mit integrierter Futterküche. Die Krankenzimmer sind rechteckige Kunststoffboxen, die übereinandergestellt zwei der Stationswände vollflächig bedecken. An den Gittertüren fast aller Boxen sind Handtücher als Sichtschutz angebracht. Daran hängen Klemmbretter mit Informationen über die jeweiligen Patienten. Ganz oben stehen Vogelart, Verletzungen, Behandlungsweisen und der Ernährungsplan. Darunter werden fortlaufend Pflege, verabreichte Medikamente, Futteraufnahme und die Gewichtsentwicklung dokumentiert. So behalten alle BetreuerInnen den Überblick. Nur zwei der Boxen sind leer, während oben in der Aufzuchtstation derzeit kein Jungvogel außer dem Paradiesküken gepflegt wird. »Das wird sich sehr bald ändern«, weiß Lili. »Die Brutsaison vieler Singvögel steht unmittelbar vor der Tür. Dann wird es im Kinderheim mindestens so voll wie hier unten.« Übers Jahr verteilt kümmert sich BirdCare um durchschnittlich 6 000 Wildvögel.

In der Mitte der großen Pflegestation stehen Edelstahlmöbel, die der Behandlung und im Küchenbereich der Futterzubereitung dienen. In den Regalen, Schubladen, Kühl- und Gefrierschränken finden sich alle Zutaten, um jede nur denkbare Vogelkost zuzubereiten. Unterschiedlichste Samen, Kerne, Pellets, Nahrungsergänzungsmittel, Mehlwürmer, Heimchen, frisches Obst, tiefgekühltes Gemüse, Mäuse, Hühnerküken, Fische, Muscheln und noch viel mehr. Doch auf der Stirnseite der edelstählernen Kochinsel liegt ein Rezeptbuch, das Orientierung in die Küchenarbeit bringt. Lili fordert uns auf, es einfach mal zu versuchen. »Schlagt einfach die Seite über Paradieskasarkas auf und folgt den Rezeptanweisungen für Jungtiere.«

Eine Viertelstunde später präsentieren wir ein Schälchen mit zermörserten Kükenfutterpellets und eines, in dem wir zermanschte Erbsen mit Tiefkühlspinat vermischt haben. Über beide Schälchen haben wir getrocknete Mehlwürmer gegeben, da Paradiesgänse in ihren ersten Lebenswochen überwiegend Insekten fressen. Anschließend haben wir gemahlene Katzenkekse und eine kleine Menge Vitaminpulver drübergestreut, bevor als finales Topping zermahlene Eierschalen mit einem Salzstreuer folgten. In der Natur fressen viele Vogelarten Schneckenhäuschen und ihre eigenen Eierschalen, um ihren ausgesprochen hohen Kalziumbedarf zu decken. Bei uns erfüllen die Schalen gewöhnlicher Haushühner denselben Zweck. Fein gemahlen sind sie in den meisten Vogelrezepten als letzte Zutat zu finden.

»Gut gemacht«, lobt Lili, während sie ihre Latexhandschuhe in den Arztkittel gleiten lässt, »und jetzt bereiten wir noch eine Futterwanne zu. Paradiesküken lieben es, wenn ihr Essen auf dem Wasser treibt.«

Was wir anhand des flauschigen Paradiesükens gelernt haben, werden wir ab sofort zweimal täglich für alle anderen Vögel ebenfalls tun: Käfig sauber machen, desinfizieren, mit frischem Grün aus dem Waldstück behaglich einrichten und individuelles Futter zubereiten. Dank der anderen, teils sehr erfahrenen Freiwilligen und MitarbeiterInnen, vor allem aber dank Lili, die uns immer neue Aufgaben anvertraut, steigt unsere Lernkurve rasend schnell in ungeahnte Höhen. Bis Ende unserer ersten Arbeitswoche haben wir gelernt, wie wir Vögel wiegen, baden, trocknen, ihnen Medizin einflößen, Cremes auftragen, Laserbehandlungen vornehmen, Augentropfen verabreichen, Wasserdampf inhalieren lassen und wie wir ausgebüxte Patienten mit einem großen Kescher wieder einfangen. Jeder Tag verrät uns neue, mit Latexhandschuhen stets hygienisch ausgeübte Handgriffe und festigt die vom Vortag. Der wichtigste von allen ist der, wie man Vogelarten verschiedenster Größen mithilfe eines Handtuchs behandlungsfertig macht. Vom kleinen Gössel bis zum ausgewachsenen Waldpapagei werden die Tiere in Frottee eingeschlagen. Als Burrito eingewickelt, sind die Flattertiere perfekt fixiert, können weder sich selbst noch uns verletzen und kühlen weniger schnell aus.

Jeder Arbeitstag beginnt um acht Uhr mit einer Lagebesprechung, an deren Ende Lili die aktuellen Aufgaben verteilt. Sie achtet dabei auch auf Abwechslung, sodass wir nach und nach Einblicke in alle Stationen der Klinik erhalten und Erfahrungen mit verschiedenen Vogelarten sammeln. Wobei ihr nicht entgangen ist, dass Anja besonders viel am Paradiesgänseküken liegt, das am selben Tag wie wir in die Klinik gekommen ist. Ihr »Parry« ist mittlerweile in die Abteilung für See-, Küsten- und Entenvögel umgezogen, wo er unter wärmendem Rotlicht noch immer auf Gesellschaft wartet. Nur eine Plüschente und ein kleiner Spiegel lindern seine Einsamkeit. Einen echten Freund kann man damit aber nicht ersetzen. In unserer zweiten Arbeitswoche wendet sich das Blatt. Aus heiterem Himmel ruft uns Lili in die Triage. Als wir das Untersuchungszimmer betreten, steht eine grüne Kiste auf der Liege, etwa halb so groß wie ein Schuhkarton. Lili knipst die große Operationsleuchte an.

»Schau mal rein«, fordert sie Anja lächelnd auf, die sich sogleich an der Box zu schaffen macht. Vorsichtig lupft sie den mit Luftlöchern durchbohrten Deckel. Zum Vorschein kommt ein gelb-braunes Flauschhäufchen.

»Ach herrje«, entfährt es Anja, »wie süß! Und ganz allein, das arme Ding, genau wie Parry. Ist das eine Stockente?«

»Ja! Alles andere als endemisch, aber«, das Aber dehnt sie wie Kaugummi in die Länge, »ich dachte mir, das einsame Entlein kommt deinem Paradiesküken doch wie gerufen.« Dann drückt sie einer über beide Ohren strahlenden Anja den Karton in die Hand. »Lasst es uns versuchen!«, schlägt Lili vor, und Anja, so schnell aus der Triage wie aus dem Häuschen, ward nicht mehr gesehen. Die kleine Ente ist in etwa so groß wie Parry, frisst dasselbe Futter und ist kerngesund. Für die obligatorische Quarantänephase richten wir ihm einen eigenen Käfig ein. Kommende Woche stellen wir die beiden Waisenkinder einander vor.

Die Paradiesgans ist nur eine der endemischen Vogelarten, für deren Überleben wir bei BirdCare kämpfen dürfen. Unsere tägliche Visite gleicht einem Who's who neuseeländischer Biodiversität. So pflegen Anja und ich derzeit auch einen aquamarinblauen Eisvogel, den einheimischen Kotare. Nach einem Flug gegen ein Fenster füttern wir ihn per Hand: frische Mehlwürmer und mit Wasser vollgepumpte Heimchen, damit er genug Flüssigkeit zu sich nimmt. In der Nachbarbox erholt sich ein Kereru von einer Katzenattacke. Die

Maorifruchttaube mit dem goldschillernd grünen Gefieder ist dreimal größer und schwerer als europäische Stadttauben, und doch greifen Hauskatzen und eingeschleppte Hermeline auch erwachsene Exemplare an. Unser Kereru mag nicht essen, auch nicht aus der Hand, weshalb wir ihm mit Lilis Hilfe püriertes Obst über einen Schlauch füttern müssen.

Was dem Ruru zugestoßen ist, konnte seine Finderin nicht genau sagen. Sie hat eine Katze in Verdacht, obwohl der angeknackste Schnabel und ein zugeschwollenes Auge eher auf einen Zusammenstoß schließen ließen. Sein geschienter Schnabel scheint gut zu heilen, und auch das Auge hat sich wieder geöffnet, ist aber noch immer blutunterlaufen. Der Kuckuckskauz ist Neuseelands einzig überlebende Eulenart. Melancholisch hört man ihn seinen eigenen Namen in die Nacht rufen: »Ru-ru!« In der Mythologie der Maori steht er mit der Geisterwelt in Verbindung und symbolisiert Vorahnung. So glaubt man beispielsweise, dass ein Todesfall bevorsteht, wenn sich ein Ruru auffällig nah neben einem Haus niederlässt. In der allgemeinen Pflegestation behandeln wir außerdem den verstauchten Flügel von einem Tui. Der Honigfresser mit dem berühmten Pastorenkragen hat gleich zwei Stimmköpfe abbekommen, mit denen er verblüffende Tonabfolgen erzeugt. In einem Moment trällert er ein wohlklingendes Ständchen, im nächsten hört er sich an wie ein signalunterbrochenes Walkie-Talkie im Funkloch. Des Weiteren pflegen wir heimische Glücksschwalben, Maskenkiebitze, Brillenvögel und Fächerschwänzchen. Und in der Intensivstation haben wir einen Kaka so weit aufgepäppelt, dass er in wenigen Tagen ins große Außengehege umziehen darf, wo er sich auf seine Freilassung vorbereiten kann. Vermutlich gibt es nur noch 10 000 der olivbraunen Waldpapageien mit den karminroten Bäuchen. Der Kea, Neuseelands alpiner Bergpapagei, hat noch schlechtere Karten. Die Zahlen schwanken, doch dürfen 6 000 Exemplare als seriöse Bestandsschätzung betrachtet werden. Als eine der größten Bedrohungen beider Papageien- und aller anderen Vogelarten gelten eingeschleppte Raubsäuger wie der Hermelin.

Das einst von Vögeln regierte Reich scheint dem Untergang geweiht. Die sogenannten gebietsfremden invasiven Fressfeinde töten jedes Jahr 25 Millionen einheimische Vögel. Doch so erschreckend der Zustand auch sein mag, noch gibt es Überlebende. Maori nennen sie Taonga-Arten, wobei Taonga in ihrer Sprache »Schatz« bedeutet und das unschätzbar wertvolle Erbe benennt, das zukünftigen Generationen unbedingt erhalten bleiben muss. Und es gibt berechtigte Hoffnung. Dank eines überaus ambitionierten Programms der neuseeländischen Naturschutzbehörde (DOC), die das Potenzial hat, das Artensterben zu stoppen: *Predator Free 2050* ist die Antwort auf die Einsicht, dass es nicht mehr ausreicht, die Natur zu schützen, sondern dass sie wiederhergestellt werden muss. Um die einzigartige Fauna zu retten, die sich, abgeschnitten vom Rest der Welt, über Millionen von Jahren entwickelt hat und zu der neben Vögeln auch Fledermäuse, Reptilien, Amphibien, Weichtiere und Insekten gehören, muss sie gegen die eingeschleppten Raubsäuger verteidigt werden. Die schädlichsten von ihnen sind Marder, wie Hermeline, Wiesel und Frettchen, sowie Ratten und Fuchskusus, die in Neuseeland Possums genannt werden. Während Marder und Ratten Küken und kleinere Vögel direkt töten, töten Possums auch indirekt, indem sie ihnen auch noch die Waldfrüchte wegfressen.

Als uns Catrin und Gerald mit einem Abendessen in ihrer Einliegerwohnung willkommen hießen, hatten sie erklärt, wie sich das Umweltbewusstsein der Bevölkerung im Straßenverkehr auswirkt: »NeuseeländerInnen lieben ihre Natur! Wer hier lebt, bremst nicht für Säugetiere. Und schon gar nicht für Possums. Das mag brutal klingen, aber ihr müsst verstehen, dass sie ganze Wälder kahl fressen. Man sagt, mit jedem überfahrenen Possum rettest du einen Baum.« Im Reflex des Tierfreunds kann einen diese Haltung schon mal erschüttern. Dabei ist es wichtig, sich eine Sache zu vergegenwärtigen: Artenschutz ist kein Tierschutz. Wenn das Wohl des einzelnen Tieres dazu führt, dass eine komplette Art ausstirbt, stehen die beiden Prinzipien in Konflikt zueinander. Manchmal, wie in Neuseeland, so sehr, dass man sich zwischen ihnen entscheiden muss. Das ethische Dilemma: Darf der Mensch Tiere töten, um andere Tiere zu retten? Um sich einer Antwort zu nähern, hilft ein Blick auf das große Ganze. Kiwi, Kaka, Kea und Konsorten stünden ohne den Menschen nicht vor ihrer Ausrottung. Wir Menschen haben uns über Neuseelands Biodiversität hergemacht und ihr zu allem Übel auch noch ein Überfallkommando aus Abermillionen Beutegreifern beschert. Neuseelands Fauna hatte nie eine Chance, weil die Vögel evolutionär nicht auf Säugetiere programmiert sind. Der pummelige Kakapo, weltweit einzig flugunfähiger Papagei, bleibt bei Gefahr wie angewurzelt stehen. Er vertraut auf seine moosgrüne Tarnfarbe, was ja durchaus Sinn ergibt, weil ihn Greifvögel dann nicht mehr sehen können. Bei Jägern wie dem Menschen oder seiner hungrigen Gefolgschaft aus Mardern und Ratten ist stehen bleiben aber kein so schlauer Gedanke. Heute gibt es nur noch 247 der kuriosen Laufvögel.

Da wir es waren, die ihren Lebensraum zerstört haben, obliegt es auch unserer Verantwortung, ihn wiederherzustellen. Und zwar so, wie wir ihn ursprünglich vorgefunden haben. Zu den dafür dringlichsten Maßnahmen gehört die vollständige Beseitigung unserer eingeschleppten Schädlinge. Bei Ratten, Mardern und Possums handelt es sich um invasive Reproduktionsweltmeister. Mit Fallen und hauptsächlich aus Getreide bestehenden Giftködern soll ihr vollständiges Verschwinden in die Tat umgesetzt werden. Das klingt knüppelhart, doch anderenfalls wäre die Rettung von Neuseelands Flora und Fauna aussichtslos, was auch für unser eigenes, menschliches Fortbestehen ein Problem wäre. Aktiver Artenschutz bewahrt die letzten intakten Ökosysteme unserer Erde vorm Kollaps. Verschwinden sie, verschwinden auch wir. *Predator Free 2050* ist eines der spannendsten Umweltschutz-Unterfangen, die wir auf unserem Planeten wagen. Regierung, Bevölkerung und Wissenschaft müssen an einem Strang ziehen, um diese Mammutaufgabe zu lösen. Schon jetzt lässt das beispiellose Projekt weltweit Hoffnung für menschliche Einsicht und entschlossenes Handeln aufkeimen. Abermals wird Neuseeland zum Schauplatz eines durch und durch außergewöhnlichen Experiments. Nur steckt dieses Mal nicht die Evolution im Kreativ-Workshop, sondern der Mensch im Rettungsdienst dahinter. Steht ihm gut.

An einem Dienstag nach einer verregneten Nacht bekommen wir einen Basstölpel und einen Zwergpinguin in die Station für See-, Küsten und Entenvögel, in der auch Parry untergebracht ist. Der Basstölpel sei ein entkräftetes Alttier, berichtet Lili in der allmorgendlichen Lagebesprechung. Trotz physischer Unversehrtheit sei sein Zustand kritisch. Er habe so gut wie keinen Appetit, weshalb sie vorerst selbst die Pflege übernehmen wolle. Der blaue Pinguin ist noch ein Jungtier. Auch ihn will Lili zunächst selbst im Auge behalten. Sein Finder entdeckte ihn allein unter einem strandnahen Holzbohlenweg, angeblich verwaist. Lili bat ihn, beim nächsten Mal noch etwas länger abzuwarten und zu beobachten, ob seine Eltern nicht doch noch von der Futterjagd heimkehren. Dann sind Anja und ich an der Reihe. Zur Freude aller können wir unseren Statusbericht mit erheiternden Nachrichten und Handyvideos beginnen. Gestern Nachmittag entließen wir erst einen quicklebendigen Graumantel-Brillenvogel und anschließend einen erleichterten Kereru zurück in die Freiheit. Wie immer genau an den Orten, an denen ihre FinderInnen sie einst aufgelesen hatten. Das Befinden des kleinen Parry beschreiben wir hingegen schon seit Tagen mit denselben zwei Adjektiven: zaghaft und kleinmütig. Unsicher beim Baden, unentschlossen beim Essen, zögernd in seinem Entdeckungsdrang, steht das einsame Paradiesgänseküken oft vor seinem winzigen Kosmetikspiegel und fiepst nach seiner Familie. Tut es das nicht, schmust es unter der Rotlichtlampe mit seiner Plüschente. Sein fehlender Schwung ist fürwahr herzerweichend, doch dem soll heute ein Ende gesetzt werden. Für das Stockentenküken im Käfig nebenan, ebenfalls verwaist und wenige Wochen alt, geht heute die Quarantäne zu Ende. Für die Wohngemeinschaft richten wir eine der größeren Käfigboxen her. Die Standardeinrichtung bei jungen Entenvögeln ist artübergreifend dieselbe. Zuerst wird die gereinigte und desinfizierte Box mit ein paar Schichten Tageszeitungspapier ausgelegt. Wichtig ist, dass zuvor die Heftklammern entfernt wurden, weil Schwimmfüße empfindlich sind und Küken gern nach allem picken, was in der Gegend rumliegt. In eine der hinteren Käfigecken kommt ein weiches Kissen, das wir aus einem zusammengefalteten Handtuch und einem der gespendeten Kissenbezüge aus Einweg-Vlies bauen. Ein frisch gewaschenes Plüschtier und ein Spiegel komplettieren die Einrichtung, in der wir zuletzt eine frisch aufgefüllte Wasserglocke und Futtermischungen platzieren. Für Parry kommt zusätzlich noch die flache Futterwanne mit etwas geschnittenem Gras und getrockneten Mehlwürmern hinzu. Während wir die Käfige von Entenvögeln reinigen, lassen wir die Tiere für gewöhnlich in einem ausgemusterten Whirlpool baden. Kleine Entenküken sind nämlich die vogelweltgrößten Scheißerchen: Nach zehn Minuten sieht's in frisch geputzten Entenkäfigen schon wieder aus wie im Schweinestall.

Paradiesgänschen und Stockentlein treffen also zum ersten Mal beim gemeinsamen Bad aufeinander. Das Entenküken, das wir ab sofort Katy nennen, setzen wir zuerst hinein. Weil die Tiere selbst entscheiden sollen, wann und ob sie überhaupt ins Wasser wollen, setzen wir sie immer auf den trockenen Einstiegsbereich. Kaum hat Katy registriert, wo sie ist, springt sie mit Anlauf ins Wasser und paddelt übermütig drauflos. Dann setzen wir Parry dazu, der wie immer erst einmal am Beckenrand sitzen bleibt. Er braucht seine Zeit, bis er mit sich etwas anzufangen weiß. Gewohnt verdutzt watschelt Parry mal einen Schritt hierhin, dann mal zwei dorthin. Die aufgeweckte Katy hat ihn hingegen längst im Visier. Auf ihren Schwimmrunden zieht sie unauffällig auffällig nah am Beckenrand vorbei und beäugt das seltsam schwarz-weiß gefleckte Küken. »Hoffentlich ist er ihr nicht zu langweilig«, murmelt Anja. »Spring doch mal zu ihr rein, Parry!« Doch dazu kommt es nicht. Mit eingelegtem Turbo rast Katy auf den Beckenrand zu und springt mit genauso viel Karacho aus dem Wasser, wie sie hineingehüpft ist. Dann hält sie, patsch, patsch, patsch, zielstrebig auf das verdutzte Gössel zu, schmiegt sich an und schließt beseelt die Augen. Als wir die beiden in ihr fertig eingerichtetes WG-Zimmer setzen wollen, kuscheln sie noch immer auf dem Whirlpool-Einstieg. Zwei ineinandergegossene Daunenkügelchen, die ab jetzt gemeinsam groß werden.

Küken von Entenvögeln suchen instinktiv nach Gesellschaft und Wärme. Schlafen, Daunenpflege, Essen ausprobieren und die Gegend erkunden macht zu zweit einfach viel mehr Spaß als allein. Animiert von seiner Entenfreundin, blüht das Paradiesküken in den folgenden Tagen auf, verschmäht sein Gemüse nicht mehr und entdeckt, wie viel Spaß das Baden machen kann. Die beiden Besties sind nicht mehr zu trennen. Muss einer auf die Waage, ruft der andere voller Verzweiflung seinem verloren geglaubten Spielkameraden hinterher, bis er wieder da ist. Als wir nach einem langen Wochenende zurück in die Klinik kommen, haben sie sich sogar das Tauchen beigebracht. Mit gesteigertem Appetit wachsen die beiden Küken in rasender Geschwindigkeit heran. Jeden Tag legen sie an Gewicht und Körpergröße zu. Die echten Federn verdrängen nach und nach die weichen Daunen, und schon bald – wie es sich für eine Gans gehört – hat Parry seine Entenfreundin überholt. Als er einen guten Kopf größer ist, ziehen wir die beiden schließlich in eines der Freigehege um. Nächster Stopp: Freiheit.

Die Vorfahren der Maori stammen von der südpazifischen Insel Hawaiki. Sie lag nahe dem Äquator, irgendwo zwischen den Cookinseln, Tahiti und Hawaii, doch ist sie auf keiner Landkarte zu finden. Ihr exakter Standort bleibt ein Geheimnis. Gewiss ist nur – das beweisen Sprache und Kultur der Maori –, dass Hawaiki vor langer, langer Zeit in Polynesien lag. Damals hatten Streitigkeiten mit anderen Sippen den Stamm von Pouahi in eine verzweifelte Lage versetzt. Pouahi war ein Tohunga. So bezeichnen die Maori ihre Priester und Heiler. Vermutlich sind nunmehr 1 000 Jahre vergangen, da hatte er eine Vision. Pouahi sah ein weit entferntes Land, das seinem Stamm alles bot, was man zum Leben brauchte. Trinkwasser, das in sprudelnden Kaskaden von himmelhohen Bergen fällt, und fruchtbare Wälder, in denen sein Volk erfolgreich jagen und sammeln würde. Er sah Bäume, deren Holz sich trefflich zum Hausbau eignet, und Flachse, deren meterlange Blätter sich zu Kleidung und Hängematten flechten lassen. Und da waren Federn, so viele Federn, die sie warm halten würden und mit denen sie sich schmücken könnten. Nun war Pouahi aber ein Tohunga und kein Nautiker. Also erzählte er dem mutigen Seefahrer Kupe von seiner Vision. »Und ich sah Vögel, größer als jeder Krieger! Es ist ein Ort voller Mana«, sagte Pouahi, womit er für die spirituelle Macht der Natur dasselbe Wort benutzte wie seine hawaiianischen Verwandten. »Wir könnten dort in Harmonie mit allen Wundern leben, die Himmel und Erde nach ihrer Trennung hervorbrachten.« Als

Pouahi seine Ausführungen beendete, machte Kupe gemeinsam mit seiner Frau Kuramarotini und einer Besatzung aus freiwilligen Männern und Frauen ihr Waka, ein zweirümpfiges Wanderkanu, sturmfest und hochseetüchtig. Schließlich kam der Tag, an dem ihre waghalsige Expedition begann. Je südlicher sie reisten, desto länger stand der Mond am Himmel. So konnten sie auch nachts der langen weißen Wolke folgen, die ihnen auch tagsüber den Weg zu weisen schien. Nach Stürmen, die sie nur dank des Meeresgottes Tangaroa überlebten, und unzähligen Tagen auf See schwanden Kräfte und Moral. Da wuchtete sich gleich neben ihrem Boot ein riesenhafter Wal aus der Tiefe – genau, wie es Pouahi prophezeit hatte. Als sie zum Himmel blickten, war die lange weiße Wolke über ihnen verschwunden. Die ganze Besatzung hielt Ausschau nach ihr, bis Kuramarotini sie am Horizont wiederentdeckte. Dort lag sie majestätisch über dem verheißungsvollen Land, für das sie Hawaiki verlassen hatten. »He ao! He ao! He Aotearoa!«, jubelte Kupes Frau. Die Wolke! Die Wolke! Die lange weiße Wolke!

In einer lang gezogenen Bucht an der nördlichen Landspitze, der Hokianga-Nui-A-Kupe, gingen die Entdecker von Bord ihres Ruderkatamarans. Sie hatten es geschafft! Sie sind die polynesischen ErstsiedlerInnen von Aotearoa, dem Land der langen weißen Wolke.

So oder ähnlich muss sich das Abenteuer von Kupe und seiner Besatzung zugetragen haben. Maori geben ihr Wissen mündlich an die nachfolgenden Generationen weiter. Dadurch ergaben sich im Laufe der Jahrhunderte unterschiedliche Versionen der Entdeckungslegende Neuseelands. Unbestritten ist Kupes Ankunftsort. In Hokianga betraten er und seine GefährtInnen zum ersten Mal neuseeländischen Boden. In der geschichtsträchtigen, im obersten Northland gelegenen Region liegt das malerische Fischerdörfchen Rawene, in dem Anja und ich das Cottage von Catrin und Gerald für ein paar freie Tage bewohnen. Da es derzeit leer steht, hatten uns die beiden angeboten, es zu nutzen. In Absprache mit Lili verlegten wir unsere Schichten und reservierten uns den günstigsten Mietwagen, den wir finden konnten. Den Kurzurlaub am Hokianga Harbour haben wir dringend nötig. Nicht, weil uns die Arbeit bei BirdCare erschöpft, sondern weil sie zu Ende geht – und mit ihr das ungezähmte Vagabundenleben, das so viel Entschlafenes in uns neu geboren hatte. Es hat mich dem Menschen, der ich so gerne sein würde, nah wie nie gebracht. Wenn es endet, ist unsere Suche nach dem Glück nur noch eine Episode. Schon seit Tagen schwillt der Kloß in unseren Kehlen. Tagsüber will die Sonne nicht mehr richtig scheinen, und nachts verglühen die Sternschnuppen schneller als sonst. Ein kurzes Flackern bloß, schon stürzen sie in die Wirklichkeit. Statt in einem Buch versinke ich abends schwermütig in unseren Fotos, als suchte ich nach Beweisen, dass die letzten zwei Jahre kein Traum waren. Anja sagt ständig Sätze, die mit »ein letztes Mal« beginnen, und einmal habe ich sie über alten Tagebucheinträgen weinen sehen. Wir sind doch noch gar nicht am Ziel! Wir sind doch noch gar nicht fertig mit der Welt. Nach zwei Jahren Leichtigkeit, in denen uns die eigene verselbstständigte Reiseidee den Weg wies, werden wir ihr nicht länger folgen. An Traumjobs, Traumländern, Neugier und Fernweh für ein drittes Walz-Jahr mangelt es nicht. Und doch geht unsere Weltreise in Neuseeland zu Ende. Wir haben kein Geld mehr. Bis wir neues verdient haben, ist die Zeit der unbezahlten Arbeit vorbei. Statt in den Tag hineinzuleben, verstricken sich unsere Gedanken wieder in Erinnerungen an das Erlebte und in alte Zukunftsfragen. Wie wollen wir künftig ein Einkommen verdienen? Wo wollen wir leben? Sind wir damals nicht wegen ebendieser Fragen losgezogen? Die Angst, am Ende keine einzige der Antworten gefunden zu haben, für die wir einst den Aufbruch wagten, verklebt uns den Geist. Nichts kommt uns jetzt gelegener als das Angebot von Catrin und Gerald, unsere Köpfe in Rawenes dörflicher Abgeschiedenheit zu lüften.

An der sanft ansteigenden Küstenlinie, wo sich die Einfahrt zum Hokianga-Naturhafen befindet, fängt sich der Meereswind. Von hier greift der fjordartige Meeresarm gut dreißig Kilometer in Neuseelands Nordinsel. Manche Büschel, in denen der Neuseelandflachs das Südufer bedeckt, haben einen Umfang von zehn Metern. Seine breiten, ellenlangen Blätter fühlen sich ledrig an. Bis heute werden sie von den Maori auf traditionelle Weise zu Körben und Taschen geflochten und ihre gezwirnten Fasern zu Textilien gewoben. An einer Stelle, von der wir auf die gegenüberliegende Hafenseite und über die Tasmanische See blicken können, unterbrechen wir unseren Spaziergang. Im Windschutz der Flachshorste und schilfartigen Pampasgrasbüschel, die an mannshohe Staubwedel erinnern, machen wir eine Pause.

Anjas Blick ruht versonnen auf einem Punkt auf der großen Sanddüne am anderen Ufer. Hier also ist Kupes Expedition vor einem Jahrtausend angekommen, weil sie fest entschlossen, nun ja, einem Traum gefolgt sind. Doch im Gegensatz zu Kupe werden wir in Neuseeland nicht sesshaft. Trotz spannender Jobs an atemberaubenden Orten gelingt unser Vorhaben auch im siebten Anlauf nicht so einfach, wie wir es uns zu Beginn vorgestellt hatten. Wo auch immer wir einen Match hatten, versagten uns entweder ethische oder wirtschaftliche Fragwürdigkeiten die spontane Ansiedlung. Mancherorts wollen wir keinem Einheimischen eine Arbeitsstelle wegschnappen, die er dringender braucht als wir. Anderenorts können spendenfinanzierte Schutzprojekte keine weiteren Gehälter finanzieren.

Vor unserem Aufbruch habe ich gedacht, vielleicht gehöre ich woandershin, an einen anderen Ort auf der Welt, mit einer anderen

Aufgabe. Weil es Anja ähnlich ging, haben wir auf unser Bauchgefühl gehört, unsere Rucksäcke geschnürt und uns auf die Suche nach diesem Ort und einer neuen Berufung gemacht. Kein Ort ist weiter von Deutschland entfernt als Neuseeland. Da sitzen wir nun, zwei Jahre später, am buchstäblich anderen Ende der Welt. Die Heimat liegt gut 12.700 Kilometer tief unter unseren Hintern. Wir blicken auf den Hokianga Harbour, sind wie Kupe am Ende unserer Reise, doch im Gegensatz zu ihm noch nicht angekommen. Ich stelle mir vor, wie seine entkräftete Mannschaft ihr mitgenommenes Holzboot in die Bucht zu unseren Füßen steuert. Ihren überglücklichen Jubel hätte man an unserem Rastplatz sicher laut und deutlich hören können. Was für ein Überschwang der Gefühle an Bord ausgebrochen sein muss. Und trotzdem, das habe ich jetzt verstanden, ist Glück kein Ankunftsort. Es ist kein Hafen, in den man einläuft, festmacht und bis ans Ende seiner Tage in Glückseligkeit lebt. Man kann sein Glück suchen gehen, und es lässt sich auch finden. Nur festhalten lässt es sich nicht. Ich kann das sagen, denn Anja und ich haben das Glück gesehen.

In Botswana wollten wir immerzu auf den Adlerfelsen klettern und die Elefanten in die rote Sonne wandern sehen. In Kanada wollten wir unser Zelt für immer am Strand vom Küstenregenwald stehen lassen und im Morgenlicht den Tierspuren folgen. In Hawaii wollten wir ewig durch den Schlaraffenwald spazieren und Potlucks feiern, bis uns die Bäuche wehtun. In Costa Rica wollten wir bis ans Ende unserer Tage die Sterne zählen, auf den Azoren nie wieder ohne das Flüstern der Sturmtaucher einschlafen, und hier, in Neuseeland, könnten wir unsere Wanderstiefel nie wieder ausziehen und würden vermutlich doch niemals alle Facetten des Landes sehen. Aber etwas für immer festhalten, das geht nun mal nicht. Glück ist so flüchtig wie die Sonne, die im Meer versinkt. Wer jedoch seinen Träumen in die Welt hinaus folgt, kann dem Glück entgegensegeln. Zwar wird man dabei wohl kaum auf die Insel der Glückseligkeit stoßen. Manchmal allerdings, wenn sich unterwegs alles fügt, taucht das Glück ganz unversehens auf. Aus dem Blauen heraus, wie der Wal neben Kupes Holzboot und ephemer. Wenn der Regen pünktlich zum Einschlafen gegen das Fenster trommelt, wenn man einem Fremden behilflich sein kann, ein unerwarteter Sonnenstrahl durch die Wolken fällt, sich vor Lachen die Limonade ihren Weg zurück durch die Nase bahnt, oder wenn in einem fernen Land blechern ein Lied aus dem Autoradio klingt, in dem man sich zu Hause fühlt. Für einen winzigen Zeitschnipsel kriegt man das Glück bisweilen zu fassen, aber es ist unmöglich, sich daran festzukrallen. Vielleicht, überlege ich, sollten wir uns weniger auf die Suche nach dem Glück konzentrieren als auf das Glück, das uns bei der Suche begegnet. Dabei muss die Quelle des Glücks keine Reise sein. Isas Glücksmomente buddeln sich zum Beispiel ausschließlich auf der Osa aus dem Sand. Das Glück von Graham und Ian lässt sich nur im afrikanischen Busch und am besten barfuß aufspüren. Und bei manchen kommt das Glück sogar selbst zu Besuch, checkt für zehn Dollar auf einem Campingplatz in Squamish ein und setzt sich zu John ans Lagerfeuer. Die Quellen, aus denen Menschen ihr Glück schöpfen, sind so wunderbar vielfältig wie die Menschen selbst. Nein, Glück ist kein Ort, kein verlässlich anhaltender Zustand. Doch wenn in jemandem eine Aufgabe wohnt, kann es ansässig werden. So wie Waldpilze, die ihre Hütchen mal hier, mal da aus dem Moos recken, aber stets nahe derselben Waldlichtung aufgestöbert werden wollen. Auch diese Art Glück haben wir unterwegs gesehen. Immer wieder sogar. Überall, wo wir als reisende Volunteers angeheuert haben, zeigte es sich in den Gesichtern unserer ArbeitgeberInnen. Schon bald war es gar nicht mehr so schwer zu erkennen, denn es ist in allen Augenfarben der Welt dasselbe Funkeln, das aufblitzt, wann immer sich jemand des Wirkens seiner eigenen Arbeit gewahr wird. Momente, in denen man seinen Wert für die Gesellschaft oder ein Ökosystem erkennt, sind aus purem Glück gemacht. Es kommt mit dem Tun, weshalb ein harter, entbehrungsvoller Alltag, wie ihn sich unsere GastgeberInnen ausgesucht haben, das Leben als Ganzes mit Erfüllung und Sinn versehen kann. »Wer ein Warum zum Leben hat, erträgt fast jedes Wie«, schrieb Nietzsche. Umgekehrt kann selbst ein müheloses Leben in finanziellem Reichtum von erbärmlicher Leere und Nutzlosigkeit geprägt sein. Ohne Sinn hat alles keinen Zweck.

Zugegeben, es ist eine überaus privilegierte Definition von Glück, die sich nur Menschen mit erfüllten Defizitbedürfnissen erlauben können, die wie Anja und ich in keinen Kampf ums blanke Überleben hineingeboren wurden. Doch je mehr Menschen wie wir sich das Glück leisten, ihrer Arbeit oder dem nächsten Urlaub einen Sinn zu verleihen, desto mehr kann diese Welt mit uns Privilegierten anfangen.

»Wir müssen wieder zu Geld kommen, und zwar schnellstmöglich«, erinnert Anja an den Ausgleich unserer eigenen Defizite. »Wir brauchen eine Wohnung und müssen uns vom Kühlschrank bis zum Bett so ziemlich alles kaufen, was es an essenziellen Dingen gibt. Die Frage ist nur, womit wir künftig Geld verdienen wollen. Auch wenn wir's eilig damit haben, kann ich mir nicht vorstellen, da weiterzumachen, wo ich vor der Reise aufgehört hatte.«

Keiner von uns beiden will zurück in die Person fallen, gegen die man vor zwei Jahren angetreten ist. Vor uns liegt ein weißes Blatt Papier, verlockend unbeschrieben, wie wir es uns damals gewünscht hatten. Doch wir sind noch nicht so weit, den ersten Satz darauf zu schreiben. Was ist, wenn wir künftig noch auf Ideen kommen, wie wir doch an einem unserer Traumorte leben und arbeiten könnten? Zum Beispiel, indem wir Arbeitsplätze schaffen, statt welche zu belegen. Andererseits hätten wir auch nichts dagegen, unsere Traumjob-Walz zu einem späteren Zeitpunkt einfach fortzusetzen.

»Wir müssen ja nicht schon morgen einen eigenen Nationalpark gegründet haben«, sage ich schließlich zu Anja. »Vielleicht können wir vorläufig nicht mehr alles tun, was wir wollen. Aber wir können uns das Herzstückchen unserer Reise bewahren, das kleine bisschen Freiheit, gegen die Routine anzuleben und nichts mehr zu tun, was wir nicht wirklich wollen.«

Den stotternden Motor, der uns einst im Alltag antrieb, haben wir längst gewechselt. Wer weiß, wohin er uns als nächstes bringt und welche Aufgaben dort auf uns warten. Wenn wir unterwegs eines verinnerlicht haben, dann ist es, den Verlauf unserer Reise dem Leben zu überlassen. Die Welt wird uns den Weg schon zeigen, hatte Jake einmal gesagt. Das Ende eines Abenteuers ist der Anfang eines neuen.

»Wir haben noch so viele Träume auf der Liste. Was kann da schon schief gehen?«

Während ich mich selbst reden höre, dämmert mir, dass es bei unserer langen Reise in Wahrheit nie darum gegangen sein könnte, unseren Traumberuf zu finden. Sondern darum, uns an den eigenen Haaren aus der lebenverschlafenden Trance herauszuziehen, in die uns das Nachlatschen ausgetretener Laufbahnen versetzt hat. Möglicherweise ging es darum, endlich aufzuwachen und für unsere Träume einzustehen, die sich über all die Jahre angehäuft haben, und sie anzupacken, bevor es zu spät ist. Und wer sagt denn überhaupt, dass es für jeden von uns diese eine traumhafte Berufung gibt? Wer sagt, dass man sich für einen Beruf entscheiden muss? Es ist ein hartnäckiger Irrglaube, dass wir von Anfang an eine klare Vorstellung davon haben müssen, welchen Lebensweg wir einschlagen wollen. In Wahrheit ist es manchmal gar bitter nötig, sich das

Drehbuch zu schnappen und einen Plot-Twist hineinzuschreiben. Es ist Anjas beziehungsweise meine beziehungsweise deine Geschichte. Machen wir eine gute daraus.

Es gab Abschnitte in meinem Leben, in denen eine dicke Glasscheibe zwischen mir und meinem Alltag war. Ich saß an Tischen und dachte, ich gehöre nicht dazu. Ich zog in Wohnungen und fühlte mich nicht zu Hause. Ich fand einfach keine Verbindung, es war, als funkte ich auf falscher Frequenz. Lange Zeit fühlte ich mich fremd, bis schließlich auch das Zugehörigkeitsgefühl zu mir selbst verloren ging. Als ich meine innere Stimme eines Tages wiederfand, haben Anja und ich unsere Sachen gepackt und zusammen die Welt umrundet. Wir sind auf Menschen getroffen, die anders denken, leben und lieben als wir. Wir haben Träume und Ängste mit ihnen geteilt, ihre Leibspeisen gekocht und zu ihren Lieblingsliedern getanzt. Und sie haben uns gezeigt, dass es immer einen anderen Weg gibt. Ich bin jetzt 42 Jahre alt. Biologisch habe ich so ziemlich genau die Mitte meines Lebens erreicht. Ich bin wohnungslos und habe in diesem Augenblick, da ich diese Zeilen schreibe, nicht die geringste Ahnung, wie meine zweite Lebenshälfte aussehen wird. Aber mal ehrlich, wer mag denn schon Bücher, bei denen bereits in der Mitte feststeht, wie sie am Ende ausgehen? In Wahrheit ist es doch so: Das Leben ist keine Excel-Tabelle. Niemand muss auf die »Das macht man so«-Dogmen hören, niemand muss das Leben der anderen leben, niemand muss sich für eine Schublade entscheiden, um auf Gedeih und Verderb darin zu versauern. Anja ist Übersetzerin, Projektleiterin, Safari Guide und die definitiv ausdauerndste Hobby-Ornithologin, die je durch Neuseelands Regenwälder geschlichen ist. Nichts, was wir als Nächstes anstellen, müssen wir *nur* sein. Es ist nie zu spät, auch das zu werden, von dem man sich vorstellt, dass man es ebenfalls sein könnte.

Doch unsere Tage sind begrenzt. Während wir tadellos funktionieren, unsere Steuererklärung machen, Wäsche falten, Arzttermine vereinbaren, den Rasen vertikutieren, die Vorstandspräsentation schreiben und die WhatsApp vom Kunden beantworten, lauscht man am Lagerfeuer in Botswana dem fernen Brüllen der Löwen, lesen winzige Dinosaurier auf der Osa zum ersten Mal das Sternenlicht, ziehen die mächtigen Blauwale durch die Azoren gen Norden. Unser Planet ist voller Wunder. Wer wissen will, wohin er in einer anderen Lebenswelt käme, der nehme sein Herz in beide Hände, stoße dem Hamsterrad einen Stock zwischen die Speichen und folge seinen Träumen. Für nichts anderes ist Zeit.

EPILOG | VERHEIRATET WIE DIE ALBATROSSE

Parry, Anja und ich wurden am selben Tag eingeliefert und haben die Klinik zwei Monate später auch gemeinsam wieder verlassen. Wir wollten »unsere« Paradieskasarka natürlich selbst in die Freiheit entlassen, nachdem wir sie vom vereinsamten Daunenknäuel bis zum Gänserich mit platonischer Entenfreundin aufgepäppelt haben. Wir verabschiedeten uns vom Klinikteam, aßen noch einmal mit Catrin und Gerald zu Abend, spendeten unsere Fahrräder und verließen Titirangi. Damit die Schwermut nicht zu tief in uns einsinken würde, bemühten wir uns, die letzten Stunden unserer Walz ohne großes Federlesen hinter uns zu bringen. Den letzten von drei Monaten, die uns unsere Visa in Neuseeland zugestanden, wollten wir fröhlich gestimmt auskosten. Dafür nahmen wir uns einen Mietwagen, mit dem wir eine ausgiebige Abschlussrunde durch den Rest des Landes drehten, und holten Anjas Papa Manfred vom Flughafen ab, der vom kalten Allgäu ins sommerliche Auckland reiste, um uns zu begleiten.

Per E-Mail hatte mir Alex seine Aufzeichnungen der Route geschickt, die wir beide auf unserer gemeinsamen Reise vor fast zwanzig Jahren gewählt hatten. Als wir auf der Südinsel den Arthur's Pass hinunterfuhren, waren sie noch immer da: die pink und blau und violett leuchtenden Lupinenfelder, die mir vor alpiner Kulisse und türkisen Bergseen über zwei Jahrzehnte lang so lebhaft in Erinnerung geblieben sind. Dass es sich um eine invasive Art handelt, die heimische Pflanzen verdrängt, Lebensräume zerstört und Nistplätze bedrohter Vogelarten überwuchert, war mir damals nicht bewusst. Heute weiß man es besser, weil der Zustand unseres Planeten es ins Zentrum des öffentlichen Bewusstseins und damit in die politische Diskussion geschafft hat.

Auch Manfred war als Jungspund schon mal hier, mit einem Freund, genau wie ich und Alex. Mit Anfang vierzig stehe ich wieder an derselben Stelle: zurück in Neuseeland, zurück auf Los. Mit dem Unterschied, dass mir die zwanzig Jahre, die zwischen meinen beiden Neuseelandreisen liegen, genauso lang vorkommen wie die vergangenen zwei Weltreisejahre mit Anja. Nie hätte ich es für möglich gehalten, dass so viel Leben in so wenig Zeit passt. Zwei traumhafte Jahre, die ein Vielfaches über ihre Quanten hinausgewachsen sind – physikalisch unmöglich und doch kein Quatsch. Das menschliche Hirn speichert neue Erfahrungen nachweislich intensiver ab als Vertrautes. Für Dr. Marc Wittmann vom Institut für Grenzgebiete der Psychologie und Psychohygiene ergeben sich dadurch zwei Gleichungen.

Erstens: Passiert wenig Neues, nehmen wir die Zeit im Augenblick als lang, im Rückblick als kurz wahr. Ereignislose Tage auf der Couch, Langeweile und Stillstand, wie die ersten Corona-Jahre, kürzt uns das Hirn bis zur Nichtexistenz aus dem Gedächtnis. Während wir sie durchleben, will die Zeit kaum vergehen, ist klebrig und zäh. Doch im Nachhinein fragen wir uns, wo all die Tage, Monate oder Jahre bloß geblieben sind.

Zweitens: Passiert viel Neues, nehmen wir die Zeit im Augenblick als kurz, rückblickend als lang wahr. Die bewegendsten, aufregendsten Tage vergehen immer am schnellsten. Im Rausch der Eindrücke fliegen sie nur so dahin, und ehe man sich's versieht, sind sie vorüber. In der Erinnerung dehnen sie sich aber in die

Länge. Die wertvolle Fracht wird im Langzeitgedächtnis raumgreifend konserviert und gut sichtbar abgelegt. Hier liegt auch das Phänomen begründet, dass unsere Kindheit, in der wir ungezählte Erfahrungen zum ersten Mal gemacht haben, langsamer zu vergehen schien als unser routiniertes Erwachsenendasein.

»Da wir das Leben nicht verlängern können, müssen wir es verdichten«, schrieb ein weit gereister Roger Willemsen einst. Unvermutet liegt der Schlüssel dazu in der Waghalsigkeit. Der Zeit zum Trotz füllen wir mit jedem neuen Abenteuer ein weiteres Häufchen Sand ins Stundenglas.

Unsere Visa sind schon fast abgelaufen, als wir an einer grasbewachsenen Steilküste, versteckt in einem gut getarnten Observatorium, die Rückkehr eines Weltenbummlers beobachten. Der windumtoste nördlichste Punkt der Otago-Halbinsel ist einer der wenigen Orte, an denen man den Nördlichen Königsalbatross zu Gesicht kriegen kann. Albatrosse sind die größten flugfähigen Vögel der Welt. Mit einer Spannweite von über drei Metern und einem Gewicht von neun Kilogramm kann der Königsalbatross nur bei starkem Gegenwind starten. Oft bedarf es mehrerer Anläufe, um die Schwerkraft zu überwinden. Doch ist er einmal in der Luft, holt ihn so schnell nichts mehr vom Himmel. Ohne dabei jemals wieder Land zu berühren, verbringen junge Albatrosse ihre ersten drei bis fünf Lebensjahre auf hoher See. Pro Jahr bewältigen die Langstreckenflieger bis zu 190 000 Kilometer. Geschlechtsreif kehren sie eines Tages an den Ort ihrer Geburt zurück. Verlieben sich zwei Albatrosse ineinander, folgt eine mehrjährige Flirt- und Kennenlernphase, in der sie kichernd und schnatternd miteinander tanzen. Haben sie sich einmal füreinander entschieden, bleiben sie ein ganzes Albatrossleben lang zusammen, das vierzig, manchmal gar sechzig Jahre dauern kann. Das in Fernweh und Treue verbundene

Paar kehrt alle zwei Jahre in ihre heimatlichen Gefilde zurück, wo es miteinander tanzt, singt und ein Ei legt. Im gesamten Vogelreich haben Albatrosse die niedrigste Scheidungsrate. Ihr ganzes Geheimnis besteht im Gleichklang eines simplen Versprechens: für immer reisen, singen und tanzen.

DANK

So ist das also, ein Buch zu schreiben. Was für ein Ritt! Und ich habe jede Minute genossen. Von ganzem Herzen danke, liebe Marieke Schönian, dass du an unsere Geschichte geglaubt und mich mit Geduld und Fingerspitzengefühl betreut hast. Ich hätte mir keine bessere Lektorin an meiner Seite wünschen können.

Zutiefst dankbar bin ich auch dem restlichen Team vom Ullstein Verlag für die Chance, LeserInnen in den Alltag von Menschen eintauchen zu lassen, die sich auf der ganzen Welt dem Schutz der Natur und ihrer Tierwelt verschrieben haben. An dieser Stelle auch ein aufrichtiges Dankeschön an Aline Schwarz, ihr Team von Hörbuch Hamburg und an Sprecher Roland Wolf für die Vertonung von *Traum über Kopf*.

Besonderen Dank schulde ich meinem Agenten Oliver Brauer, der auch unter widrigsten Überseeverbindungen kein Videotelefonat scheute, um mir beizustehen und Selbstzweifel aus der Leitung zu kicken. Ohne die Agentur Brauer wäre der Ullstein Verlag nicht auf mich aufmerksam geworden.

Und Oliver? Der hätte wiederum ohne Eva Lehnen vom SPIEGEL nie etwas von unserer Traum-Walz erfahren. Wir sind dir sehr dankbar, liebe Eva, für den wunderbaren Artikel.

Ein besonders dicker Dank gilt Fabian Sixtus Körner, der diesem Buch sein großartiges Coverdesign verliehen hat und als *Journeyman* meine reisestilistische Früherziehung übernommen hat.

Den unschätzbar wertvollen Menschen, die sich an den entlegensten Enden der Welt postiert haben, die jeden Tag da draußen unseren Planeten gesund kämpfen und uns über Wochen und Monate an ihren Missionen teilhaben ließen, könnten Anja und ich nicht dankbarer sein: Graham, Ian und Wes im südafrikanischen Busch, John in Squamish, Gemma und Jake auf Vancouver Island, John, Alli und Louis auf Kauai, Laura, Isa, Skye, Jordan und Frogman auf der Osa, Joanna, Tiago und Ruth auf Faial und das mit all seinen Volunteers dann doch riesengroße Klinikteam in Auckland. Danke, dass es euch gibt.

Liebe Laura Nunziante, lieber Timur Vermes, aller Anfang ist schwer. Mit euren wertvollen Ratschlägen, guten Vorschlägen und eurem Zuspruch wurde vieles leichter. Danke!

Der Pokal für den sanftesten Start in dieses Abenteuer geht an Anne in Kapstadt. Danke, danke, danke. Wir denken so oft an dich, Luna, Juno und Kiki.

Den Start ins Vanlife haben wir Lisa und Kevin aus Seattle zu verdanken. Lisa, die den schönsten aller Chevy Vans im Netz entdeckte, Händchen bei der Kaufabwicklung hielt und ihn schließlich aufzurüsten half, und ihr Freund Kevin, der uns als Warm-up in den Kreis seiner Familie zum Nicklebush Campout auf die Olympic-Halbinsel lud und mit seiner Band *High Divide* unsere entsprechende YouTube-Episode beehrt. Tausend Dank!

Danke, lieber Skyler, liebe Elise, liebe Kate und lieber Des, dass wir unseren kleinen dicken Chevy wochenlang auf eurem Grundstück in Los Angeles parken und anschließend mit Abblendlicht durch Zentralamerika fahren konnten.

Dir, liebe Christine Figgener, haben wir zu verdanken, dass unser Weg über die wilde Osa geführt hat. Vielleicht konntest du beim Lesen des Kapitels erahnen, wie viel uns die Zeit dort bedeutet hat. Ein aufrichtiges Danke dafür! Und damit auch dir, mein lieber, guter Dominik, ein dickes Dankeschön, da wir Christine ohne dich nicht kennengelernt hätten.

Für deine Aufgeschlossenheit gebührt unser Dank auch dir, lieber Amos Nachoum. Ohne unseren morgendlichen Hafenplausch wären wir nicht halb so gut in die Arbeitstage auf See gekommen. Es war uns eine große Ehre. Und falls du auf deiner nächsten Eisbären-Expedition doch noch zwei aufstrebende Volunteers gebrauchen kannst: + 49 151 … na, du weißt schon.

Meine herzallerliebsten Cousinen Marlies, Christa und Karin, wir haben die Zeit mit euch, David, Billy und dem ganzen Rest der Bande so sehr genossen! Innigsten Dank für all die traumhaften Ausflüge und köstlichen Abendessen, für Anjas rauschendes Geburtstagsfest und dass ich an ausnahmslos jedem Spieleabend die Kartenmischmaschine bedienen durfte.

Und euch, ihr lieben besten Eltern, euch beiden danke ich für eure ungebrochene Nachsichtigkeit, dass diesem verdammten Sandwichkind so faustdicke Ohren gewachsen sind.

Nur bei dir, Anja, wüsste ich weder, wo ich anfangen, noch, wo ich aufhören sollte, Danke zu sagen. Diese unvergessliche Reise, jede eingebrannte Erinnerung daran, unsere Geschichte in einem Buch. Es wäre alles bloß ein Traum geblieben.